中国社会科学院创新工程学术出版项目

考古学专刊甲种第四十号

夏鼐文集

A COLLECTION OF XIA NAI' S WORKS

第四册

中国社会科学院考古研究所 编辑

社 会 科 学 文 献 出 版 社 出版

目　录

Contents

Part VI Archaeological Narratives, Comments and Short Remarks

第六编
考古漫记与述评、短论等

甘肃考古漫记*

序　言

　　甘肃的河西走廊，北界贺兰山，南界祁连山，是秦汉以来由黄河流域到西域的交通要道。汉唐盛世，在这一区域的边防建设和政治设施，虽在一两千年后的今日，还令人赞叹不置。而中西文化的交光互影，也在这条交通孔道上留下许多痕迹。19世纪末叶以来，西洋及日本考古学者，在河西及新疆一带，作了许多考察及发掘的工作。他们辉煌的成绩，当为大家所熟悉。至于洮河流域的史前遗址，自经瑞典安特生氏发现后，也成为公认的考古工作的乐土。1944年，中央研究院、中央博物院筹备处和北大文科研究所，合组西北科学考察团历史考古组。我奉

---

　　* 本文是作者于1949年初离开历史语言研究所回到故乡温州后，家居无事时撰写的。当时未能写完，缺第五、六章。1955～1956年，曾将其中第二章的第三、四、五节，第三章的第一、二节和第四章的第二节，在《考古通讯》连载，题为《敦煌考古漫记》。后依作者手稿，又据其遗存提纲及《夏鼐日记》增补五、六二章连同十多篇文章，汇编为《敦煌考古漫记》一书（百花文艺出版社，2002年）。现据该书编入文集。

命参加考古方面的工作，一共在甘肃工作了两年。本书便是根据当时的日记来叙述这次考古旅行的经过。这本漫记把许多耳闻目见的各种琐事，也都记进去，并不限于考古方面。便是涉及发现遗址的情形及考古方面的收获，也力求通俗；不是专门研究考古学的读者，也可以感兴趣。至于欲作专门研究的学者，则另有《甘肃考古报告》一专书在写作中，可以供他们参考。不过那种枯燥的报告，便是专门学者，也没有几个人能从头到尾地看过一遍。

这次考察的时期，正是抗战最后的两年，也正是最艰苦的时期。经费支绌，设备不周，交通工具不够，做这些工作的困难，是可想而知的。但是在今日回忆当时的情形，因为所经过的艰苦已为时光所冲淡，只觉那时的工作另有一种乐趣。考古工作的目的，是想复原古代人类的生活情况。但是我们自己的考古生涯，尤其是在这一种情况下的考古生涯，不也是后世所要想知道的事吗？不也是同样地具有历史的价值吗？将来中国考古学发达后，以更精密的方法和更宏大的规模来做这些工作，必定有更丰富的收获。我们这次筚路蓝缕的工作，所收获到的一些古物，数量上仅是沧海一粟，质量上也成为不足轻重的普通品。反倒是我们所留下来的这些充满人间味的工作情况的记载，成为较稀有的东西，或许更可珍贵呢！

至于考古方面的通俗叙述，也是我的一种尝试。我们知道那些费了很大精力所写成的专门性考古报告，它们的命运常常是安放在图书馆书库中和极少数的学者的书室内，仅供专家的偶尔取阅。当那些专家偶尔由书架上取下考古报告来查阅时，也像对付从地下新发掘出来的古物一般，须先行拂去书皮上的尘土和蜘蛛网。翻了几下之后，仍放进书架上。这些巨著又在书架上过他们漫漫悠长的空闲岁月。它们能够这样地偶尔一被查阅，便算是尽了它们的功能。写作者的一番苦心，便不算是虚抛了。至于通俗性的读物，可以获得较多的读者，且可作专门性质的考古报告的介绍书，使人知道在专门的报告中，可以查得到一些什么材料。但是并不能完全代替专门的报告。本书虽是力求通俗，但也力求正确，以免以误传误。

现代的考古学，是要做这一门学问的人，不要专埋首读书，要他动脚到处寻找新材料，并且亲自动手把它挖掘出来或记录下来。我这一册漫记，便是叙述这些动手动脚寻找材料的亲身经历。普通一般人的观念，虽然决不会以为植物学家必定是杏眼桃腮，或动物学家是燕颔虎颈，但一提到考古学家，便以为外貌一定带几分古气：戴着玳瑁边眼镜，额上满布着皱纹，嘴上长着灰白胡子，用他们干瘪的手指抚摸绿锈斑斓的商彝周鼎。因之，一提到考古学家便联想到遗老。显然的，这种观念是错误的。读了这册漫记后，我想他们一定对于现代的考古学有一种新认识。我并没有想写一本文学作品，请读者也别用文学的眼光来评估它。这里面有些拖沓冗长的地方，也请宽恕作者剪裁和修辞技术的拙劣。

第一章　从兰州到敦煌

（一）兰州初旅

1944 年 4 月 4 日，我由重庆出发赴甘肃作考古的旅行。这时在江南已经是"杂花生树，群莺乱飞"的春天，遥想冰天雪地的西北，也快要从冬眠中苏醒了。我是 2 月 26 日由南溪李庄到重庆的。一到重庆，就开始筹备在西北考察所需要的一切东西，接着忙于订飞机票。同组的向觉明（达）先生于 3 月 21 日乘机赴兰。那天我也是在候补乘客的名单中，临时被"刷"下来。那时渝兰班机每两星期仅有一次，好容易捱到 4 月 4 日，才得起程。

4 日早晨，天未发亮便起床。6 时许，由上清寺聚兴村的中央研究院宿舍，雇了挑夫将行李挑到珊瑚坝飞机场。我自己跟在后面步行去。

我的行李过磅时逾重 2 公斤。当时客机稀少，逾重的行李，虽出费也不准携带。但是考察团的必需物品，又不能搁下不带。幸得航空公司的那位职员通融办理，马马虎虎过去。一会儿，那位职员交给我信件一封，骆驼脂一小瓶，托我带交兰州机场中一位职员。我自然一口答应下来。这时才知道刚才通融办理的真正原因。海关检查行李完毕后，乘客以飞机票换取登机号牌。听了鸣钟号后，乘客鱼贯入机场。9 时许，便起飞了。

这是我第一次乘坐长途飞机，也是第一次到西北去，所以心怀着满腔的好奇心。这班飞机乘客共 24 人，座位颇舒适。由窗口向外面下望，长江若带，丘陵田畴和屋舍，都显得很小，像盘景上的假山石；人畜在地面上蠕动有类蚂蚁。飞机上升到高空后，但见公路如线，蜿蜒于绿色田野间；路上的行人和车辆，已细小得看不见了。棉絮般的白云，朵朵由飞机底下掠过。一会儿，飞越整片的积云上面，白云堆叠作波浪起伏状，恍如大海，反映着日光，耀目如雪。使我联想起前年在峨眉山顶的俯瞰云海。又飞一会儿，底下的云层稍稀薄，云隙中露出的地面上景物的断片。后来便入岩石嶙峋的山岳地带，由上空向下望，又另是一番光景。这是川陕交界的巴岭山脉。过了汉水流域后又入秦岭山岳地带。这些山多是濯濯的童山，仅有少数生长有草木，山谷间的溪流两侧的平坦的地方，常有小农村。过了秦岭山脉后，便是平坦的渭水流域。田亩划成大小不同的长方形格子。许多田中已经种上秧苗，显出深浅不同的绿色方格，犹如百衲的裂裟，与四川境内依山势做成的月牙形的梯田，完全不同。中午抵宝鸡县，降落在机场中，以便乘客上下，旋又起飞，越过甘肃东部的陇山等。沿途是黄土地带，便是高山上也多盖上一层黄土。这一带天气仍寒冷，田间尚未种上农作物。看下去是一片荒山，便是平原上的城郭村庄和田畴，也都作黄沙色，令人觉得单调和荒凉。这时候机身起伏不定，许多乘客都呕吐了。我也忍受不住，拿起机上所备的纸袋，吐了几口酸水。过了十几分钟后，便看见到黄河和河畔的兰州城，目的地已经在望，我心中很高兴。飞机降落时，已经是下午一时余。出了飞机，看见机场的栅栏外，围着一大群接亲友的人。在这人丛中，我发现了向先生，连忙向他打招呼。进城后，我们便借住甘肃科学教育馆。那时的馆址是在中山林旁，面对着五泉山，场地颇为广敞。

旧友汤象龙先生这时正在兰州，那天便约向先生和我在省政府西首的太平洋餐馆用晚餐。席间谈到近年来流行的"西北考察热"；听说"到西北去"的口号，近来已稍加修正，改为"西北不可不去，不必再去"。玩腻了江南的生活，不妨到西北来换换胃口；但是西北的穷苦情形，却使他们不敢再来领教。向先生前年曾到敦煌工作了一年，这次重来西北，再接再厉，勇气可佩！汤先生这时正为金城银行筹备西北畜牧公司，颇有久居之意。雄心勃勃，想在西北做一番事业。他们两位谈得津津有味。我只管吃兰州特产的珍珠萝卜。这些萝卜，只有指头那样大小，用鸡汤调制，很是鲜美，我们在汤中，在菜蔬中，在馒头和花卷中，发现了好几根羊毛，他们两位说："人家说西北是不毛之地，真是冤枉了西北。瞧，到处是羊毛！"

我们在兰州一共住了12天。兰州城内经过现代化后，马路颇为宽大。省政府前的那条马路多为维吾尔人所开的店铺，店号用"阿尔泰"、"金山"等名，出售毯子、瓜干、杏脯、葡萄干之类。掌柜和伙计都是高鼻深目多须的维吾尔人，充分地表示出这是中原和西域接触的前哨。抗战起后，德苏交战以前，我国的国际交通，因为海岸被封锁，滇缅路也曾一度封闭，只剩西北一条路线。兰州市上俄国货充斥。最近由草地运输过来的东路货却取而代之。狮子牌牙粉代替了蓝盒子的俄国牙粉。

虽然已是春天，这12天内却陆续下了三次雪，温度降到华氏三十七八度；四川李庄深冬最冷的日子也不过如此而已。晚间有时降到华氏32度（即摄氏零度），已是冰点。我们勾留在兰州的时期中，去过省政府数次，请求省府通令沿途各县政府协助考察团。又去西北公路总局接洽西行的交通工具，并希望将逾重的行李，免费运输。都获得完满的结果。

　　除了筹备西行的事情外，在兰州城内及郊外，我也稍做点调查的工作。4月13日偕向先生赴十里店国立西北师范学院，听说那边曾发现史前的彩色陶片。出西门，经黄河铁桥。河水已解冻，有几个皮筏子顺流而下。黄河岸侧几个水车伸张着巨大的轮子，因为河水尚浅，静止不动地矗立着。抵师院后晤及考古学教授何乐夫（士骥）先生。何教授战前曾参加北平研究院陕西宝鸡发掘团的工作。据云去年冬间，趁寒假的机会，率领学生在兰州附近做调查工作，发现史前遗址八九处。他把调查所得的遗址分布图及所得的彩陶片和石器给我看，是属于仰韶及马厂文化系统。又承他引导我们往观师院校舍东侧的遗址，是在一个黄土的台地上。因为已经过一度采掘，地面上遗物很少，我们仅捡得十几片陶片，都是红陶。陶片上多绘黑色或深红色，有一片不绘彩而印压细绳纹。未曾见到灰土坑，似乎原来的文化遗存即不很多。听说附近油矿局堆栈内空地也有一个史前遗址，因为没有熟人介绍，无法进去调查。

　　第二天，我们又到兰州西南约30里的西果园去调查。坐着国立西北技专的校车去，是一辆橡皮轮的板车，用马匹拉，俗称"拉拉车"。昨天何教授告诉我们，西果园的土门后山和曹家嘴，都曾发现史前彩陶遗址。我们先到曹家嘴，询问当地人，都说不知道。我们只好自己去找寻。遭侵蚀后的黄土台地，被深沟隔成丘峦。这些小丘高出现在河面约四五十米。一沟之隔的地方，常常要上下一二百米才能达到。踏查颇为吃力。我们费了一个多钟点，毫无所得，很是失望。有一个住在青岗岔的农民询问我们找寻什么，说他邻居曾掘得古代陶瓶，现藏家中。我们便去一观，是齐家式的两耳瓶，红陶无彩。因为主人不在家，我们打听不出来出土地点。只好先返西北技专休息。技专的校长听说向先生来校，便来拉住他硬要他对全体学生作学术讲演。我便独自溜到校侧的土门后山去调查。这山也是一个黄土台地，被农民改造作数层梯田。我便在农田中找到彩陶遗址。这些彩陶片多带有红黑彩锯齿纹，块粒较大，数量也多。似乎是被扰过的史前墓地。我拣选了几块花纹较佳的彩陶片，便返西北技专，向先生讲演已毕，正在用茶点。我把所采的彩陶片给他看。他说："居然采到标本，可算是不虚此一行。"我们在暮色苍茫中乘坐拉拉车进城去。晚上，将这两天所采的陶片洗刷干净，写上出土地和田野号，以免混淆。后来在《兰州附近的史前遗存》一文中发表。

兰州城内的古迹，现今存留的并不多。城内西北隅的木塔寺，原名嘉福寺，始建于唐贞观时。木塔屡毁屡修，最后于同治十三年毁于火。现在仅保存有木塔寺巷的巷名，不复得见木塔的影子。东南隅学院街的普照寺，一称大佛寺，相传也是始建于唐贞观年间，但已在日机轰炸兰州时炸毁。现在改为公园，称作兰园，仅保存金泰和二年所铸的铁钟，放在一个亭子中。鼓楼西首的庄严寺，已改作民众教育馆。寺建于唐初，相传为薛举故宅。《光绪皋兰县志》谓寺有三绝，即塑绝、字绝及画绝。现今所存的塑像是后人改塑的，已不足观。元李溥光所书的"敕大庄严禅院"，字体遒劲，仍挂在民教馆礼堂中。至于殿后壁上的观音，相传吴道子所画，虽已一部分剥落，庄严生动，确非凡笔。但未必出于唐人。陈万里等以为宋代名手所绘（《西行日记》，页50），大致不错。西郊握桥旁的金天观是明肃藩所建。两廊的壁上绘有老子八十一化事迹。我国现存的古代壁画，几乎都是佛教图绘。这种道教的壁画，极为罕见。虽时代不算很古，也是很可珍贵的遗存。城南的五泉山，殿宇颇多，现为西北长官的公署，未能上去游览。

有一天，我出东梢门到东郊去调查。东郊有明代理学家段容思的祠堂，旁边有纪念段氏的牌坊和一块"段容思故里"石碑。段氏名坚，是薛瑄的私淑弟子。再往东走，便是乡村了。田中已开始耕种。兰州一带有铺石子种田的办法。将小石砾铺于田中，以免土中水分的过度蒸发。俗谚有"累死老子，乐死儿子，饿死孙子"之说。铺摊石砾的工作极为辛苦，成功后有二三十年的丰收，但最后又成为不生产的砾田。裴景福说："甘省田地三十年向不加粪。三十年上石子一次，大者如碗，小如拳……至三十年石力尽，再易新者……所易新石，必须挖取土内未见风日者，地上顽石不能用也。"（《河海昆仑录》，中华本，卷二，页85）便是指这种方法。

离兰州的前两天，吴良才先生来访问我。良才是考古学家吴禹铭（金鼎）先生的堂弟，现在兰州中国银行握桥办事处当主任。虽从事于金融事业，但对于考古的兴趣很浓厚。禹铭曾在给我的信中特别介绍他这位堂弟。这次虽是我们初次会面，却一见如故。他告诉我从前在渭水流域发现史前遗址十余处的经过；又说，这次在兰州的中正山也找到了彩陶片。一直谈到夜深11时余他才回家去，还约我们第二天到他家中去谈。在他的家中，我获见到他在中正山所采的彩陶标本，和他所写的陕西武功县二处史前遗址调查报告的稿本（后来在《华西边疆学会志》第16卷中发表）。我答应他将来西行归来后和他一同在兰州做点调查工作。

（二）从兰州到酒泉

4月17日我们由兰州起程西行，乘坐西北公路局的班车。这些班车是前几年用羊毛向苏联交换得来的小卡车，俗称羊毛车。样式虽不漂亮。机件却很坚实。只因使用的日子过久，所以也常出毛病。行李铺盖先放进车中，客人便坐立在行李堆上。同行的有郯国选团长，温州乐清人，是我的同乡。去年驻扎在敦煌的时候，与向先生很合得来，曾结伴考察汉代玉门关附近的边防遗迹。现在移驻永登，不久便要开拔赴新疆。这次是由兰州公毕返永登团部。

车子7时半开行，原定中午可以在永登打尖，傍晚可抵武威，谁知道刚到河口镇附近轮胎便发生毛病，在镇上停车修理。这时有调赴新疆的第191师的军队经过此间，或乘卡车，或骑马，或步行，络绎不绝。

汉唐盛世的出师西域，和清末左宗棠的西征，行军的情形想来大概和此相似吧。我们的车子修理后再开行，到了离徐家磨二公里的地方，又抛锚了。司机下来检查，说是无法修理。便派助手搭别人的车子赴永登车站请拨救济车。我们乘客只好步行到徐家磨镇上，在小饭铺中用午餐。等候了两三个钟头，仍无消息。大家都有点绝望了。有几个乘客已在镇上找栈房预备过宿。郏团长最着急，说昨天曾打长途电话给家里，叫太太预备午饭的菜蔬。如果今晚不能抵家，太太必定要惦念得一夜睡不好觉。最后，永登来的救济车居然来到，大家喜出望外，都很高兴。车抵永登时已经天黑，郏团长留我们在团部中过宿，又招待我们在他的家中晚餐。我听向先生说，郏团长的少公子只七八岁，颇为顽皮。郏团长的家庭教育很带军人的作风。孩子和别家小孩打架，如果输了，算是自己不争气，不准哭诉。如果打哭了人家的孩子，宁可做父亲向人家赔罪，决不责斥自己的孩子。又任孩子喝一两杯酒，说可以训练酒量。这真可算是斯巴达式的教育了。

第二天，我们向郏团长告别后，由永登出发。车子开了 30 公里左右又是抛锚，检查结果是车轮出毛病。恰巧有一辆军用车也抛锚了停在旁边，正用军用电话机与永登车站联系。我们的司机便请他叫车站派救济车送车轮来。修理好了继续开行，不久便经过乌梢岭。上下山岭都是5 公里左右，山巅有湘子庙。这岭海拔在 3000 米左右，地势颇高。路侧积雪尚未完全融化。公路上雪初融消，颇为泥泞。下坡处路旁有一块白色大石头，上镌"甘州石"三字。下午 4 时抵古浪县城，车始稍停。我们今天早晨匆匆上车，并未进早点，这时饥饿已极。一进饭铺，不等菜蔬炒好送来，便先吃了两大块锅块。饭后西行，到了距武威约 9 公里的地方，车轮又出毛病。据司机说，如果乘客都下车步行，车子尚可勉强开到武威车站。我们便下来步行。走不了多远，天便昏黑了。只有天上繁星的微光，照着我们走路。公路上多是小石子，蹈上去作响，行走颇吃力。走完 9 公里，到武威已是夜深 9 点多钟。先找寻旅社预备宿处，接着便上街寻饭铺进膳。铺子以时晏多已关门。只好在一个小店中买了两块叫作"牛舌头"的麦饼，夹着牛肉片同食，颇有欧美的"三明治"的风味。

抛锚的车子停留在武威修理。路局另派一车送我们赴酒泉。19日7时半开行。今日须要赶236公里到张掖，车行颇速。昨天所见到的公路北面的明代边墙，今日更是连续不绝。这些边墙是版筑而成的土墙，有些地方已经崩圮，几和地面相平。相隔相当距离便有烽台的遗存，是四方形的大土台，旁边又平列着5座小土台，可惜车行过速，未能下车观察。到永昌县城打尖，已是午刻。由永昌西行，沿途渐显荒凉。常常数十里无人烟；只见一片生长芨芨草的荒地。残存的明代边墙蜿蜒于其间。将近山丹时，公路北越边墙再向西行，路北有低山，显露黑色煤层，其地名煤洞沟。地人以土法开采。因为运输困难，故未能以新法作正式开矿。山丹和东乐两城，都在边墙的南面。由车上向南望，只见边墙的后面，有角楼高耸的土城，衬着背后的积雪未消的祁连山，和蔚蓝的天空相接，为状颇美。最后又进边墙内，不久便抵张掖，已是6时许。下榻于车站旁一间新开的文安宾馆。房子是新建筑的，土炕上的泥尚未干，窗棂上也还没有糊上纸，室内没有凳桌，房间没有锁子。可算是简陋到极点了，但是房金却并不便宜。将行李安放好后，我和向先生进城去用餐，顺便观光这有"金张掖"之称的河西大都市。张掖城中是曾经过现代化的修整，街道很广阔，可以行驶大卡车。我们在西门内大街走了一段，只觉两旁店铺的门面太划一化了，有点像鸽子笼，过于单调，听说8时便关城门，我们匆匆用餐后便出城返旅舍睡觉。

20日由张掖县城出发。县城附郭的村落颇多。绿荫中露出农舍，田禾盈畴，有点江南的风味。车行约10公里，过了崖子村后，渐见沙碛。不久即入所谓"黑水国"遗址。公路跨越遗址及沙碛约十来华里，两旁每隔数步便有一小堆砖块，听说这一段公路的路面也是用古砖铺成的。前年马步青军长用兵工筑路时，忽然发起挖古物的兴趣，派他的士兵在这遗址上大掘其古墓。所破坏的古墓，闻达数百座。所得的古物几乎完全不知下落。仅有一件宋天禧年间的陶罐，现存放在武威民教馆。出沙碛后，经过沙井、沙河、威狄堡，都是小村镇。沿途多是荒芜的盐渍土，俗称碱滩。遮盖着薄薄一层结粒的碱土，恍如雪后的地面，仅生长着芨芨草、骆驼刺等耐碱性的植物。在高台车站停车午膳后，继续西行。公路起初仍行于盐渍土的地带。经碱泉子后，入山丘地带。两旁都是不毛的荒山。至元山子后，又为平坦的戈壁，多细石子。至清水堡，停车休息。在一小店铺中饮茶啜稀饭。然后又经过戈壁，间以沙堆。一望无垠，不见人烟。忽有4只黄羊，由我们车子的前面，越过公路，快跑如飞，一会儿便没入荒碛中不见影子了。将近酒泉时，渐见草原，有低头吃草的羊群和牧羊的小孩。抵酒泉已是傍晚。我们领取行李后，便呼车赴酒泉气象观测所。主任张益三君是向先生的旧识，接到我们由兰州动身时的电报，便已为我们预备好寝室了。

晚间在张主任房里闲谈。他是酒泉人。据说酒泉本地人多自称是从前由山西大槐树下移民过来的。传说当时山西的官厅下令，凡不愿迁移者可齐集在大槐树下，答应他们可以不迁移。安土重迁的人民，多跑到大槐树下。政府变了卦，把他们一网打尽，送到河西来。我记得从前在安阳参加发掘时，好些河南人都说他们祖先是从山西洪洞县搬来的，并且说他们的足趾枝出一小块肉，便是由洪洞县这一血统遗传的证据。这些移民的传说，由民族学的眼光看来，颇为有趣。

我们在酒泉休息了5天，顺便在城内外稍作调查的工作。《汉书·地理志》说："酒泉郡，武帝太初元年开。"颜师古注："旧俗传云，城下有金泉，泉味如酒。"现在县城东门外二里许的泉湖公园中那个酒泉池，传说便是古代的酒泉。22日，我们前往游览。近公园处有白骨塔，是左宗棠平肃州回乱时所埋的攻城阵亡将士的骸骨。公园进口处有清励楼，也是左宗棠所建。现在供养着佛像。楼上伸两翼有阁道以通东西二墩，墩上建有文昌阁和纸祖庙。楼后有一明廊。越过廊中央的月门，便是酒泉池。泉水的周围新砌以砖石，泉水清莹。泉旁的酒泉亭已毁，仅存基地。泉北有一半月形的大池，上架小桥；两侧又有东西二大池，都满生芦苇，迎风萧瑟。池岸所植的杨柳，这时已吐新芽。过小桥后，有一座新筑的昭忠祠，祀奉七七抗战的酒泉籍的阵亡将士。这或许便是清末的澄清堂原址。

24 日，搭乘刘亦常专员的便车往游文殊山。据《乾隆肃州志》，山中寺庙"旧称有三百禅室，号曰小西天。增废先后不常，大约皆是唐贞观中所遗也。"同治回乱时经过兵火，现今的各庙都是后来重修的。这天是阴历四月初二，正是庙会，进会的人很多。连在附近游牧的蒙古妇女，也有几位上山来观光，穿着浓艳彩色的服装，戴着一大串的银首饰，下垂到腰间。我们初到大经堂，那儿正在演剧。附近的青衣寺，便是《肃州志》所说的"缁衣僧募建"的圣寿寺。寺内有元泰定三年《太子喃答失重建碑记》，放置在后殿的庭院中。正面汉文，背面是畏吾儿字母写的文字，和酒泉县城东门的门洞中所嵌的石柱上的文字相同。碑额现取下放在旁边地上，正面汉字，背面西夏字。寺的边廊上嵌有康熙年间的碑。由青衣寺出来，至台子寺，正殿供养三尊佛。殿后有石洞，洞壁有佛龛；洞的制作颇古，或为唐代残遗；但洞中的壁画和塑像，都是近代所重修的。前后山的中间，山腰有小石洞二行。我们爬上一看，内中有两洞仍有壁画残存，作风是元代的。在画面有明代游人的题记，年号是正德和成化。我们正想到后山去参观，这时天上黑云四合，有下雨意，只好先返城。后来由敦煌归来时，于 12 月 22 日再游文殊山，才游到后山，后山庙寺的中心是千佛楼。楼旁有一古佛洞，洞有方形的中心柱，柱的四周有佛龛，塑佛像各三。佛龛的样式和全洞的构造，都很像敦煌千佛洞的六朝时代的洞子。但是洞中的壁画，虽已熏黑，还可以看得出来是元代密宗的佛教画；洞门口两侧的画是清代所绘的。塑像也是近代所作的。那时候已经下了冬雪，前后山残雪未消，皓如昆冈。散布其间的许多寺庙，恍若琼楼玉宇。

（三）金塔县的古代烽台

我们在酒泉预备到金塔县去考察，目的是为调查金塔西北的汉代烽燧遗址，必要时稍作发掘。驻在酒泉的肃丰渠工程管理处原素欣主任说有赴金塔的便车，4 月 26 日由酒泉起程。我们请酒泉的专员公署先期通知金塔县政府，请其襄助。25 日整理行装，预备次日出发。那天晚餐时专员公署的白德清秘书告诉我们说："昨天金塔发生了严重的事变。由毛目开往酒泉的预备第七师的一个连长，经过金塔县城时，要县政府代为雇车。因为雇车不足额数，语言冲突。这连长竟开枪击射。阎县长身受两弹，已送到酒泉入医院。师部已经派一营长，偕同专员公署人员前往金塔调查。希望考察团暂缓出发，等今晚的消息再做决定。"我们的一团高兴，好像被浇了冷水。没奈何，只好耐心等候消息。幸得在没有睡觉以前接到专署的通知，说那位闹事的连长已经开小差跑掉了，金塔现下安静如常。考察团可以照原定计划明天出发。我们都很高兴。

由酒泉到金塔，我们坐的是马拉的大车。为着渡河的方便，这些车的车轮特大，直径达 1.8 米；为着防止翻车的危险，车箱虽小，不过一米来宽，车轴却很长，达 2 米许。车行很慢，但因此可以沿途欣赏风景，比较乘坐长途汽车好得多。前几天我们由兰州来酒泉，汽车行驶若飞。每天晚上止宿时，拍去满身的沙尘后，我们脑中对于沿途景物只剩有模糊不清的印象。如果碰到抛锚，那是更加倒霉了。反不若大车每天都可以达到预定下宿的地方，从容不迫。大车出酒泉东门后，车子沿着渠道而行。这时已经开渠闸放水进田，道旁沟渠也都是水。我们赶车的人是车行老板，临时代替伙计带车，不谙马性，不会控御。刚出郊外不远，大车的左轮便陷到路旁的河滩上，车子向左倾斜，几乎要翻身。我们吓得连忙从车上跳下来。先将行李箱子取下来，然后央求过路的村民帮忙，费了很大气力，才把车子拉出来。走了不多远，又发生过一次。

这次我们较镇定，但是也费了大劲儿才拉出来。午间抵二十里马房，下车休息，喝了两碗开水，吃了两块夹着枣子的馍馍。这一带有近代烽台的遗存，从这里经白家墩、腰墩到三墩庙，约5里有一大土墩，有时大墩旁边附有五座小墩。由三墩庙向东北行，过北大河至阘门，似为明代边墙所开的门。这里边墙的遗迹很显著，由河的东岸越河而西。有些地方是两层几乎互相平行的边墙，相去数十步。这些版筑成的土墙，有时夹杂一薄层小石子。沿边墙每隔若干丈便有一土台，以便瞭望之用。车过大石岗后，沿途荒凉，不见农村。北大河的西岸是高低起伏的沙山。东岸是碱滩，向北望是紫色的夹山。我们坐得腻了，下车步行。碱滩表面一层结晶的白色盐渍土，践上去如踏雪而行，踏过处雪泥留脚痕。一会儿便到了夹山的山脚。这山的岩石嶙峋，不长草木。只见一片紫红色，几乎找不出青绿的点子，地人称之为火焰山。又称这一段的北大河为通天河，大概是受了《西游记》小说的影响。夹山是由金塔到酒泉的一道屏障，在山脚有一座规模较大的烽燧遗址。烽台虽已倾圮，但高度还达5米许，呈正方形，边长约3.5米，是用版筑的方法，泥土中间以芦苇和芨芨草，并且插入垂直的木椿以便支持。烽台的旁边用土墙圈一方场。土墙已倾圮得几和地面相平，但痕迹显明，每边长达56米。烽台恰可位在这方场的西北角上。这也许是唐代的残存。由夹山峡入山，步行了好几里山路，豁然开朗，向北展开金塔县境的平原。县城附郭绿树成荫，县西却是一望无涯的沙碛。车子向西一转弯，便停在青山寺的鸳鸯池水利工作站。这里离金塔县城只有半天的路程。我们当晚便宿在工作站中。

第二天上午，我们参观鸳鸯池工地。这一带因为雨量缺少，灌田的水是靠祁连山融化的雪水。金塔县位于北大河的下游，河中的水量大部被酒泉的农田占了先，流到金塔的水，又大部分渗入沙土中，所以常闹饥荒。甘肃水利林牧公司受省政府的委托，在酒泉金塔交界的鸳鸯池筑一个蓄水坝，长180米，高28米，蓄水量为1200万立方米。水大时贮蓄池中，等到水小时再逐渐放水。完成后可灌溉 10 万亩。1943 年 6 月正式开工。我们去参观时，正在工程进行的高峰，工人达 400 人。预定 1945 年春间可以完工。后来以经费关系，拖延到 1947 年 7 月 16 日才完工，举行放水典礼。全工程花了 86 万人工，可算是河西的一个巨大工程。筑坝的地方正在夹山的西边，很是荒凉。附近没有人家，只有几座庙宇。主庙是青山寺全圣宫，此外有三皇宫、菩萨殿、三教殿、王母宫等，都是光绪年间所建的。但是这里的香火一定起源很早。在后山的王母宫后殿，我们看到两尊菩萨像，听说是由前山移来的。修眉高鼻，腰肢纤细，姿态很生动，是唐代的作风，绝非近代物。水利工作站便设在庙中，这班年青的工程师便在这荒山中建设起这伟大的工程。

下午由鸳鸯池赴金塔县城（图 1）。下山后，车子经过 30 里的戈壁，沿途看见一座土墩，和一条东西横贯的边墙的遗迹。近县城时，始有农村。附郭的村庄多栽植树木。这里气候较酒泉为温暖，大概由于地势较低的缘故。我们这两天在黄沙碎石中走路，现在看到绿叶成荫的白杨细柳，一片浓绿色，精神不觉一振。车子由南门进城，门额是"祁连绩懋"四字。车子停在县农会门前，这是水利工作站的城内办事处，我们便下榻其处。顾淦臣工程师详细地告诉我们前天这里所发生的事变的经过。因为那件富于戏剧性的事变，地点便在这农会中，顾工程师也在场，躬逢其会。据说那天县长正在农会中开水利会议。那位连长因为雇车未足额，派特务长来交涉，要县长亲自到连长那儿去解释，县长说等会议开过后便来。不知道那位特务长回去说了些什么话。一会儿连长便进来了，气势汹汹地责问县长。一语不合，便拿出手枪来射击。子弹从县长的下颌旁擦过去，却打穿了旁边的一位小学教员的手腕。会场秩序大乱，阎县长和顾工程师都躲进靠着墙壁的一张木床底下。那连长把枪向床下又发了几弹，才扬长而去。听说回去后叫部下的士兵携着枪冲进县政府去寻索，又派兵把守了城门。幸得县长受伤尚轻，已偷偷地被送往酒泉医治去了。连长知道事情闹大了，想叫士兵跟着他叛变，劫掠一番而散。但是士兵不敢答应，仍要开往酒泉报到。连长和特务长二人便只好私自逃跑了。我们到那开会的室中去，还可以看到地上的血渍和壁上的弹痕。

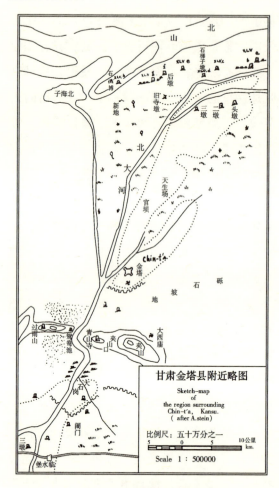

我们在金塔县城内，一共住了三天。县城是乾隆五十年所筑，当时为王子庄州同的治所，民国 2 年才改设县治。城很小，周围仅 430 丈，住民不过百来户。贯通南北两门的是城内唯一的大街，旁边寥寥几间店铺。进城那天晚上，我们在北关的荣兴园进膳，是当地唯一的饭菜馆。第二天我们向县政府接洽，希望代雇车辆，并派员协助工作，代购所需的粮食和应用物品。又借得 1934 年邑人赵积寿（仁卿）等所修的《金塔县志》。这书未曾付刻，仅有钞本。赵先

图 1　甘肃金塔县附近略图

生仍健在，当地人称呼他为赵三爷。我们曾去拜访过他一次。城内的古迹不多。关岳庙有一明万历二十六年铸造的铁钟。山陕会馆所改的关帝庙中，有好几座石碑，但都是清乾隆及以后历次重修时所立的。

城南五里许是金塔寺，俗称塔儿寺，30 日是阴历四月初八，恰是

庙会的日子。我们曾去瞧热闹。正殿于回乱时曾遭焚毁，光绪间重建。塔在殿后，是康熙年间金塔营游击孙一贵所建，土质铜顶，围七丈，高五丈。塔身作圆形，上尖，塔座方形。殿右有雍正十年、乾隆七年及乾隆四十六年三座石碑。殿中有道士击鼓鸣铙，但进香者仅数十人。听说往年庙会比较热闹，有时还演戏酬神。寺后的园林中正桃花盛开，娇艳动人。向先生在花旁凝立着似有所感。我看见他那张因连日旅行被阳光晒成紫红色的脸孔，和桃花相映成趣。我便拿出照相匣子来，一面笑着说："好一个人面桃花相映红！"向先生听见哈哈大笑，连忙躲开了，没有收入镜头。出殿门后，前面不远便有边墙的遗迹，似乎和我们前日由鸳鸯池来金塔中途所遇到的相连接。每隔四五里便有一个土墩。在殿附近的那一段，还有一个土筑的小碉堡，现仍有人守望。我们登碉堡向南一望，边墙外是戈壁，一片荒碛，直接紫色的夹山。戈壁上有近代的坟丘及墓碣，点缀其间。夹山的后面，屹立着雄伟的祁连山，积雪皑皑，恍若玉屏风。返首向北望，边墙以内，田畴开辟，村树蔚茂，枝梢微露出墙垣，魁星阁高耸其上。绿油油的浓荫中间，点缀着鲜红的桃花和洁白的杏花，另是一个世界，恰和边墙外的荒凉，成一对比。

5月1日，我们由县城出发北行去调查汉代的烽燧遗迹。县政府派了一个职员和一名警察随同我们一起去。车子由北关出城，沿户口坝渠北行。这天大风扬尘终日不息，日光黯淡，远村如在雾中。午间在天生场打尖，傍晚抵三墩村，即下榻村长家中。行李安顿好后，我们便出来参观叫作三墩的那个土墩。这墩子高约五六米，用一根垂下来的粗绳作为梯子。我们握着绳子爬上去，举目四瞩。可惜今天风沙太大，视线不能及远。屏障似的北山和相去不及 10 里的二墩土台，都仅隐约可见。

第二天，晨间风静，我们骑驴子由三墩东北行，去参观二墩。所经过的地方，多是荒地。二墩是用夯土筑成，位于一小丘上，较四周略高。我们爬到墩顶上去瞭望，西面的三墩和东面的头墩，都相去仅 10

里许，可以看得很清楚。因为头墩的形制和其他二者相类，似乎都是近代的东西，所以我们没有再向东行；决定向北越过北大河去看斯坦因氏所已发现过的汉代烽燧。由二墩北行，经过沙丘起伏的荒碛，约行10里，越过梧桐河，至十保。在李保长家中休息，用过点心后，继续北行。这时已过午刻，天气骤变，开始刮风，尘沙扑面。引路的村民主张回三墩去。我和向先生坚持依照原来计划越过北河到北山脚一看汉代的古墩。风越刮越猛烈。太阳为尘沙所遮蔽，模糊不清。骑驴逆风而行，连眼睛都睁不开。幸得口袋中携有避风镜，取出戴上。行10余里后，便到了北河。河床很宽，这时南山雪未融化，水量不多，仅有很浅的细流一条。我们骑驴涉水而过。过河下驴稍息后，登一沙梁，举目四望。这时风稍静止，空中尘沙较少。我们看见东面相距约10里许有一土墩，翼然屹立，保存尚佳。西面相距约2里也有一墩。后者土名石梯子墩。我后来用斯坦因的记载和地图来对照，推测前者大概便是他的第45号C墩，后者便是d墩。他仅到过第45号a和b两墩，据云两墩都已倾圮。b墩以西的几个都是由望远镜测入，他未曾亲临其地。我们因为石梯子墩相距较近，便骑驴前往一观。墩作长方形，长9米，宽6米，高达8米。东北角有土墙围成的正方形小城垒，后来被牧人当作羊圈。围墙内堆积羊粪厚寸许。将羊粪铲开一片，发现下面便是岩石，不见堆积有古代遗物。这墩以西相去约10里，另有一墩，大概便是斯坦因的e墩。这时已下午3时许，风刮得很厉害。我们便决定先返三墩。逆风而行，沙粒扑面作痛，连呼吸都觉得困难。经过10多里的沙碛后始见人烟。抵三墩时已傍晚了。

我们原来的计划，是想由三墩越过戈壁到花海子。我们知道斯坦因当年考察时，是由花海子到酒泉县城，然后便由酒泉赴三墩，向东北的毛目而去。他的行程漏去这一段的戈壁，因之他所绘的汉代长城及烽燧的图，也缺少这一段。我们想做点"补阙拾遗"的功夫，补充这一个空白，并且采集点汉代烽燧上所遗的古物。但是我们到三墩后，便听说

1930 年有洋人 3 人，骆驼 8 匹，由毛目来，至金塔县补充给养后，仍北返沿北山麓西行赴花海子。沿途测量地图和捡拾石子。无疑的，这是中瑞西北考察团中的柏格曼的一队。他们既已去过，我们发现新材料的机会很少。昨天我们拟雇到花海子去的骆驼，议价不合，没有成功。今天在大风中奔波了一天，兴致又被风吹低了不少。当天晚上，我和向先生商量，决定放弃了到花海子去的计划，想明天继续乘牛车西行，到西红后便返金塔，不再雇用骆驼。后来我们在南京见到中瑞考察团的旅行记，知道柏格曼和步林都没有走过三墩到花海子的那一段，颇懊悔当时没有贯彻原来的计划。

5 月 3 日由三墩起程，越梧桐河后，至梧桐大坝的新佑宫，下车少憩。途中农舍田陇相望，尚属富庶。过大坝后向西北行，近旧寺墩河，渐见流沙，景况荒凉。过午刻以后，狂风又起，不过没有昨天那样猛烈。抵旧寺墩已是下午 2 时余，便下榻一位在玉门油矿局做事的景姓家中。叫作旧寺墩的那土墩便在屋后，有梯子可以上登墩顶。墩后有破屋数间，空着无人居住。据说那一户农家，因流沙侵入他的农田中，只好举家离乡移民到新疆去谋生。可见这里流沙问题的严重。第二天早晨，我们由旧寺墩骑驴北行考察。经过十来里的沙碛，将近北山的山脚，有一片麻岩的小丘。丘上立着一座废墩，是板筑所成的土墩，已经大部倾圮，颓然矗立，土名驴秋墩，一称后墩（《唐语林》卷六云"顾况与韦夏卿饮酒。时金气已残，夏卿请席徵秋后意。或曰寒蝉鸣，或曰班姬扇，而顾曰马尾。众哂之。曰此非在秋后乎？"今北人俗语，唐时盖已然）。由这墩的顶上向东望可以看见石梯子墩。据引路的地人说，这两墩中间稍北的小丘上，也有一墩，我以为驴秋墩大概便是斯坦因的第 45 号 f 墩，中间的那个是 e 墩，即前天由石梯子墩西望所见到的。驴秋墩的附近地面有陶片，我们捡拾一些，其中有灰色绳纹陶，似为汉代物。也有些石英碎片，细察之，都未经人工打制，不成石器，大概花岗片麻岩中所包含的石英的天然碎片。向西望不见有墩，我们上一小丘，沿着山梁向西行了一段，才发现一已倾圮的废墩，和前者相距仅 2 里余，大概是斯氏的第 45 号 g 墩（XLV. g.）。斯氏图上表示两墩间有边墙遗迹，疑当时斯氏远望山梁误认为土墙。这墩是由一厚层的碎石泥沙和一薄层的芦苇细柴，相叠而成，和敦煌的有些汉代烽燧，构造相同。墩旁也有些汉式的陶片和石英碎片。我们在墩的东南作试掘，地面因为细粒沙土都被风吹走，剩下的是碎石，以下有一层约 2 厘米来厚的沙土，再下面便是灰色土夹着木炭，未发现其他遗物。我们又骑驴西行数里，上登一小山向西望，不见烽墩，仅有一山巅上似有石块一堆，像是游牧人民用以指路的石鄂博，或许便是斯氏的第 45 号 h 墩，这时已经过午，我们行了 10 多里回返到昨晚止宿的旧寺墩。下午乘牛车继续西行。原拟赶到西红，因动身过晚，经东岔、七堡而抵三堡，已是 8 时余，天已黑了，只得下宿于三堡的王保长家中。从东岔以西，多是沙窝。三堡一名新地四分。这里的饮水含碱质颇多，味碱。听说西红的饮料更甚。水利工作站的人在那儿饮了这些水，都患腹泻。本地人已经喝惯，倒不觉得如何。西红是金塔县最西北的一村，再过去便是荒漠。那天晚上在三堡也听说 1930 年左右，有洋人二三人，沿着北山麓西行往花海子。赶骆驼的是毛目人丁五，已经亡故。

5 月 5 日，我们决定到西红北面的北海子一看。骑着驴子由三堡出发，向西北行，所经过的地方多是沙窝，再往北是呈现页状构造的土壤，被侵蚀得起伏不平，长着沙漠中特产的柽柳。约行 10 余里，便抵北海子的南岸。这一个大湖的水色蔚蓝，明亮如镜。背后便是北山。用望远镜隔着湖水望北山，不见烽墩，仅有一所卡房。向东稍北可以看见昨天所曾望到的小山巅的石鄂博。由那小山而西，北山向后退，呈一弧形，抱着这北海子。我们所站的地方稍西，是由西红流入北海子的河渠，渠侧生长着树木。更西便是荒碛，一望无际。我们返新地的三堡后，便商定明日招几个工人到 XLV. g. 墩再作试掘，看地面下是否尚保存汉代遗物。午饭后，我们套车东行，傍晚抵旧寺墩。托保长招雇 6 个工人。第二天，带了工人前往发掘。工人来时很晚，我们 10 时余才开始工作。在土墩的东面，掘了纵横四道探沟。地面的碎石一薄层，下面便是带沙的黄土。靠近土墩的地方，二者中间尚有一层带细木炭的红烧土，但都没有遗物出现。探沟深达半米多，时已近午，又刮起风来。锄铲一翻动，沙土飞扬得更剧烈，连眼睛也不能睁开。挣扎一会儿后，实在无法继续工作，只得收工回去。骑驴返旧寺墩，沿途风声猎猎，尘沙蔽天，比较前几天的风尤大。第二天早晨风还未息，又下起细雨来。我们由旧寺墩返金塔县城，风狂雨横，坐在车子里颇觉寒冷，拥裘而坐。道路中好几处积水，行车颇为困难。中午经三塘坝，下车少憩。抵县城时，已是天黑了。雨已停止，但道路泥泞。我到饭馆进膳返舍时，在路上竟跌了一跤。

5 月 8 日，由金塔起程返酒泉。托县政府雇的车子，11 时始来，出发颇晚。当天在临水堡过宿。第二天下午才抵酒泉。天虽放晴，但又刮起风来。因为所走的是来时的原路，沿途我们多躲在车厢中，放下帘子来避风。这次我们去金塔，往返花费了十多天。虽没有什么收获，但也给我们以荒漠工作的经验。

（四）由酒泉到敦煌

从酒泉到敦煌，本来每隔 10 天便有一次公路局的班车，逢一由酒泉开行。想不到自 5 月 1 日起，因军运忙迫，班车停开。什么时候可以恢复，连公路局人也没有把握。只有设法搭乘军车到安西后再转赴敦煌。我们于 5 月 9 日返酒泉后，便开始接洽西去的车辆。勾留在酒泉的期间中，我们曾到地绅崔德斋（崇桂）先生家中去看他所收藏的古物。崔先生从前曾当过好多年酒泉师范的校长，现任省参议员。他所藏的有汉式陶器及铜器数件，五铢钱一串，都是酒泉东关外瓦窑出土的。又在蒙藏委员会的马宁邦先生处看到他所收藏的明正德五年四月十三日谕赐哈密忠顺王速檀拜牙郎的谕书和礼单，由咸丰至民国 3 年金塔协辖下红崖堡黄番呀喇嘎副头目的承袭档案，包括一册自康熙三十七年起的副头目家谱。马先生来河西已近 10 年，历年在南山北山的各蒙藏部落中做调查工作。他谈起这十年的工作经验，滔滔不绝，津津有味。

我们在酒泉等得有点不耐烦了，12 日到水利林牧公司工作站去接洽，想借用驴子或马车再到文殊山一次。返舍时，碰到阎述祖（文儒）先生由陕西宝鸡赶来参加我们的考察团。他是向先生的高足弟子，在北大文科研究所从向先生专攻唐史。原已说好就近由陕到甘来参加我们的工作。向先生在兰时，曾电催他从速前来。我们离兰时，又曾电告他留下旅费在科教馆，请他随后追踪前来。他因为路上候车费时，今天才抵这里。依照着我们留在兰州的通讯处，跑到酒泉测候所来找我们。我们起初以为他或许因事不能前来了，这时碰到了，殊出望外。考察团增添一生力军，欣喜可知。我和阎先生是初次会面，但一见如故。后来在西北一块儿工作两年之久，合作无间。考察团所以有这样的收获，得力于他不少。

酒泉的专员公署曾替我们介绍搭乘西去的军车，因为我们行李过多，没有搭上。这天述祖到酒泉，恰巧有炮兵二团六营的军车，也经过酒泉西开新疆。营长裴超是述祖的小同乡，说起来还有点亲戚的关系。第二天述祖前往和他接洽，他便答应我们搭乘到安西。我们先将行李送去，装在车上。

5 月 14 日，我们由酒泉起程西行。出西门后，其初沿公路两旁尚有村落，6 里至丁家坝后，公路所经过的都是荒凉的戈壁；离公路颇远的地方，间或见有村树。路旁每隔 5 里左右，有一烽台，大约是明代所修的。由丁家坝至嘉峪关，一共看见 6 个烽台，将近嘉峪关时。远远地便可看到耸峙于公路北边的关楼，距公路约一公里许，裴营长提议下车前往一游。我们自然赞同，以便一共前往观光。内城很小，周围不过 220 丈，仅有东西二门，门洞以烧砖砌成，门楼三层，颇为雄伟。内城中驻扎军队。东门外有民居及店铺，另有外城围绕。靠近东门有一座关帝庙。庙中碑碣都是清末同光时物；铁钟系明嘉靖二十六年铸，铁炉是乾隆时所铸，进内城上城楼眺望，南面是积雪的南山，北面是马鬃山的支脉黑山。公路由东而西，蜿蜒如线。东面到丁家坝，数十里间，虽然荒凉，尚疏稀地分布有几个农村。西面荒漠戈壁，一望无际，不见人烟。怪不得前人有"一出嘉峪关，两眼泪汪汪，向前看，戈壁滩。向后看，鬼门关！"的歌谣。明代以这关为限，放弃西域。清代虽势力已及新疆，但也以这关作为中原的极西边塞。出关西行的人，除了商贾和官吏外，都是充军出塞的，便是到新疆做官的人，也有许多是贬职谪戍去的。他们出关时的心绪自然分外恶劣。我们由城楼下来后，出西门。门外路侧矗立一石碑，书"天下雄关"四字，是嘉庆十四年肃州总兵官李廷臣所书。门外西北隅多碎石，相传出塞的人取石向城抛掷，如果落地作唧唧声，其人得再生入关门。现在西门外两侧的城垣，有一大块是后来用新砖修补的，便由于历年被人用石子抛掷的结果。我们虽不迷信这传说，为了好玩，也各取几粒石子丢过去，但没有听到唧唧声的回响，未免有点失望。

由嘉峪关继续西行，所经过的地方都是戈壁滩。10 余公里后看见路侧一个破城子，大概便是双井子。50 里是惠回堡，由车上望过去，绿荫中几间农舍。再西行便经过"九沟十八坡"。这一带的地形高低不平，有几道小山梁和深沟。土坡上满布着小石砾，车行时震动颇剧。午间经火烧沟。沟的两侧露出横断面。低处有红色土如被火烧过一般。火烧沟驿站以西不远，公路有一道支线南行通老君庙油矿局。这在抗战期中闻名于世的玉门油矿，我却没有机会去参观。10 余公里过赤金湖，路渐平坦。碎石子的戈壁，也换上了碱渍土和沙碛，生长着芨芨草和骆驼刺。有一群骆驼在路旁放牧，听见卡车隆隆的声音，仰起头来，用迟钝的眼光向我们一瞅，便仍旧低下头悠然咀嚼地上的骆驼刺。再西行是赤金堡。堡在路南约一公里余。远望村树蔚茂，村落似颇大。又过赤金峡驿站，便是石油河。这河发源于老君庙矿区附近，河滩上有黑色的原

25

油斑渍。地人把这种原油作机械油用，敷于大车的木轴上，以减少摩擦。原油色黑而腻，插以纸条，可以燃点，但不很明亮。这油田是抗战起后才加正式开采。但是晋张华的《博物志》已提到这里有泉水，出石漆，如不凝膏，燃之极明（《后汉书·郡国志》的刘昭注引文）。赤金峡以西40多公里，都是戈壁滩，连烽墩我们也仅见到一座。越过离玉门县城仅6公里的巩昌河后，才见到村庄和农村。此后村落相望。3时半进玉门县城。县城很小，作长方形，南北仅300米，东西约400余米。全县人口，（包括四乡），在1943年6月是28600余人，但油矿区的职工人员连同家属便达万来人。

第二天，卡车由玉门出县城北行，经过约十里的庄园，又入生长着茇茇草之类的草原。因为土壤中盐分过多，所以不宜于种植农作物，有骆驼几十匹放牧于这草原上。时已初夏，骆驼开始脱毛，形状极丑，但它们有悠然自得的姿态。更北又是不生草木的戈壁滩，车子折向西行，沿着疏勒河的北岸，一直向西奔驶。右首是北山，左首是河岸，车轮辗着戈壁上的石砾，嗒嗒作响。转弯处不远，便是同治间毁于回乱的桥湾堡，现在成为阒无居人的废城。城的西北尚可看到一座庙宇和小塔，惜不能下车一游。这庙便是雍正十年所建的永宁寺，听说庙里有用人皮蒙的鼓，不知道仍存在否。由桥湾到安西龙王庙这100多公里的戈壁滩，只有新建的布隆吉、双塔堡和小湾三个驿运站。每站仅有两三间房子。未筑公路以前，从玉门到安西的大车路，是在疏勒河以南。因为这河以南，沟渠很多，泥土又松，所以改线筑在河以北的戈壁滩上。我们在车上隔着河向南望，仍旧可以看见许多林木苍蔚的农村。布隆吉、双塔堡和小湾的村堡，都在河以南的大路旁侧。快到中午时，隔岸看到绿荫中一座小城，便是安西县城。汽车站在县城西北的龙王庙。我们的车子在站中少停，然后南驶过一桥，折向东行，开进安西县城的西门。车子停在城中心的十字街口。我们下车匆匆午餐后，便到县政府去接洽赴敦煌的车。县政府中人说，明晨便有车去敦煌，并且留我们下榻于县政府内的庶务室。晚上，我们约请裴营长等在城内一条龙饭馆晚餐，致谢他允许我们搭乘这一段路程的好意。安西城也很小，仅有东西二门。东门外流沙堆积得和城齐，都是被风吹来的。俗有"安西一年一场风"的话，是说一年从始到终，一场风刮个不停。

从前没有汽车行驶时，从酒泉到安西要坐8天的大车。现在是当天可以赶到。我们这次也只走了两个半天。从安西到敦煌，如果有汽车，也只需要大半天的工夫，但是我们这次只能坐大车，要走四站，即瓜州口、甜水井、疙瘩井和敦煌城。各站互相距离是70里左右，恰巧是一天的路程。如果夜间也行车，可以三天赶到。我们急于想达到我们的目的地，所以和车夫议价后，便告诉他，希望能提早到敦煌。晨间车子由安西起程，出西门，向西南行。这里大车路和公路分道。公路是沿着山脚走戈壁滩，因为汽车可以一口气跑到敦煌，不需要中途停憩食宿的腰店。大车是经过有人烟的村落，或有腰店憩宿的地方。我们最初所经过的是田园和村庄。20多里至头工村，下车稍息。跑到一个农民家里，拿出茶叶请他烧点茶，又拿出馍馍来充饥。然后又行30多里，多戈壁滩和盐渍土，中间也有村落和田园，经六工村至瓜州口。瓜州口的北面约2公里许，有一座废城。我们曾下车前往一看。因为时间不早，决定明天再来仔细调查。先到瓜州口下宿。瓜州口只有一家腰店。店中有客房两间，马槽数个。院子里散满牛马的粪。这里离开最近的村子也有十几里路，店中只供给井水和烧火用的牲粪与红柳柴，其余的东西都要客人自己携带。客房中一个土炕，上面铺着一领破旧的草席，席上放着一小儿。我们知道戈壁中腰店的情形，事先已有预备。进店后，汲水烧汤来洗面和泡茶。然后取出带来的挂面、葱韭和酱菜，当作晚餐。我们三人围坐着炕上的小儿，饮茶闲谈。偶然仰视，见蛛丝烟炱，从屋椽下垂，迎风荡摇，如紫藤花。只要不落在我们的饭菜中，风趣也颇不恶。

从瓜州口以南到敦煌是200来里的戈壁滩。这里赶车的人，热天都是夜间行车，中午以前停车休息。因为戈壁上在中午极热，深恐牲口受不住。我们便利用上午的空暇时间，由瓜州口腰店跑到北面的废城去看。外城颇大，略作正方形，每边 300 来米，城垣大体还完整，有南西二门。内城在东北角，似乎作军事上的堡垒用，城垣较坚厚，仅开一南门以通外城。我们在外城中看不到建筑物的遗迹，但内城中的房屋土墙尚高可隐人，是由土坯砌成的。有些屋中还有卧炕和仓廒的遗迹。路旁有一井，井中尚有水。我徘徊于断垣颓墙的中间，颇似当年留欧时凭吊罗马庞贝古城。不过，这里废址的地面，遗物很少，我仅捡得近代的蓝花白瓷一片。我们登城垣上面眺望。城外有田畴和沟洫的遗痕。但是附近 10 里以内，除了瓜州口的腰店外，没有居人。我们回到腰店。在店南不远有一座小庙，作正方形，每边约 5 米，是由土坯砌成的。庙顶外面是四阿式，内面是穹顶，结构和敦煌千佛洞背后戈壁上五代时曹氏所建的天王堂相似。庙内还剩有壁画残遗。画的作风是五代时的。所画的是什么经变，因过于残缺，不能断定。小庙稍北，数百步外，有建筑物遗迹，旁列五小墩，更北有一方形城堡的残迹，已是在我们所歇宿的腰店的西北了。

　　下午 4 时许，由瓜州口起程。经芦草沟时，见沟旁山上有瞭台，山麓有卡房及五小土墩。我们便下车前往一观。卡房是一座边长约 18 米的小方城，城垣上雉堞尚完整；但城内无建筑物残遗，散满羊粪，偶有蓝花白瓷碎片。瞭台高踞山上，是一个实心的土墩；南面有土梯可攀登墩顶，上面仅有一间已倾圮的小房屋，供给瞭望者居住。由顶上向下眺望，可以看出芦草沟刚从山中流出时，沟水颇大，两旁长着小柽柳；但是下流为戈壁中沙土所吸收，不多远，便消减不见了。登车再向西行，不久，太阳西落。我初次尝到戈壁中夜行的滋味。虽是满天繁星，但戈壁中情况，很是孤寂凄凉。四围远望，平沙无际，偶见几株红柳，高踞沙堆上，有类鬼魅。夜色渐沉，渐觉寒冷，拥裘偃卧车中，似睡非睡。中宵抵甜水井，车子停憩数小时。我仍睡在车中，向、阎二先生下车跑进这里唯一的一间腰店中歇宿。天尚未亮，车夫又喊醒我们，套好车子继续前行。在黑暗中，我们又入睡了。但时常被车子的剧烈震动所惊醒。卧听车轮辗地的沙沙声和狂风的猎猎声，颇为单调。我因为感冒鼻塞，加以睡眠不够，头昏脑晕。车子抵疙瘩井时，已快近中午，我们连忙下车休息。这里也仅有一间腰店，我们取出自己携来的食物当午餐。汲取这里的井水作饮料，又碱又苦，还带涩味。自安西到敦煌路上三个歇宿的地方，走过的人说它们是"瓜州口无瓜，甜水井不甜，疙瘩井没有疙瘩"。前二语是不错的，但是疙瘩井却确实有一小疙瘩，是一土堆，便在腰店旁边，上头还建筑有一座小庙。附近又有一瞭望台，侧列五小墩。休息了一个下午，到了傍晚7时，又登车继续前行，这一带的车夫惯于戈壁上夜行，他们赶车上大路后，便躺卧在车上酣睡，一任牲口自行。戈壁上常常仅有一条大车路，并无支道。牲口又是经常行走这一路的，道途很熟，不怕迷路。只可怜我们这些不惯于夜行的人，颇为所苦。述祖闷在车厢中，不能安睡，很想呕吐。我们抵达敦煌县东门外时，天快要亮了，东方已显鱼白色。我们停车城外，等候到开了城门，怀着进香者跨进庙门的心情驱车进城。这是5月19日，离开我由四川李庄研究所出发的日子，已是86天了。可是我们总算是抵达了今年工作的目的地——敦煌。

第二章　敦煌佛爷庙古墓发掘记

（一）敦煌的地理和历史

西方的人，由现在的新疆，要越过1500里以上的戈壁才抵敦煌。经过了快近20天遇不到一个居民的戈壁旅行，自然觉得敦煌是一个非常丰腴的乐土。便是我们由东方来的人，由酒泉县城经过900多华里路程后，也觉得这是酒泉以西的人口最多、面积最广的沃洲。所谓"沃洲"是指沙漠中的可耕地，即英文的Oasis，可译为水草田或绿洲。敦煌的全县虽达64100余平方公里，它的人口是27585人（1943年6

月）。这 27000 多人却几乎全部集中于一个东西宽约 24 公里、南北长约 27 公里的沃洲中。它的可耕地内的人口密度，在关外三县中最高。有些地理书上的人口密度，以全县的面积来计算，便显得敦煌人口密度特别低。却不知道敦煌南湖的一个保长的管辖区，便包括要走 7 天路程才达县境界线的戈壁滩。

敦煌沃洲位于河西走廊的西端，是一个扇形的冲积地，由古代的党河泛滥所造成的。这沃洲的四周围若不是盐碛土，便是砾质戈壁或砂碛。这里全年的总雨量虽不到 50 毫米。从南山流来的党河，却给予沃洲内的土壤以充分的水量，使农田有丰富的收获。斯坦因氏在 1907 年 4 月 5 日曾在敦煌城西门外观测党河的流水量，是每秒 2100 立方英尺。人民在城西南约 40 里的沙枣墩，筑坝拦水，然后分引渠道，陆续分出十渠，引至各乡又分支沟，以资灌溉。像河西其他各县一样，敦煌渠道管理的制度，很是严密。我们曾经由地绅吕少卿（钟）处，抄得一份《敦煌十渠水利规则》。里面规定由农民公举渠正、十渠渠长和排水水利人的方法。详细规定各渠平口的尺寸，轮浇的次第，放水的时限，按照水势大小及户数多寡，以求分水能合理公平。又规定挖渠的时期，看守渠口的方法，违章的处罚。粗看去似觉过于烦琐，但是下游的农民不至于缺水，不至于与上游起争端，便靠这些水利规则。农作物以小麦、青稞、小米、高粱和棉花为最重要。瓜和果类出产也颇多，其中哈密瓜的佳者不下于原产地，而李广杏（相传是李广携带的）为本地的一种特产。

党河由敦煌县西南的渠口北流约 50 公里，注入疏勒河。下游水少，在枯水的时期，全渗入地中，所以不适于农耕。疏勒河是我们在玉门县便曾遇到过的。这河也发源于祁连山中，北行至玉门县城的西北，折向西流，恰在公路的南侧。经过安西县继续西流，在敦煌县的北境，收容党河的水。两河汇合处的附近，敦煌人叫作北湖，安西人叫作西湖。疏勒河更向西流，最后在敦煌的西湖，潴蓄为黑海子，土名为哈喇诺尔。据斯坦因的调查，下游于水大时尚可由黑海子向西延长 90 来公里，另

潴成一小湖。从玉门以西的疏勒河在经济上的价值很低，但是在军事上
的价值却是很大。其中安西县城以东那一段，因为河床低下，不便于灌
溉，但是由南山北流注入疏勒河的小川，都可以分引渠道，所以河以南
的村落颇多。至于安西以西，河道渐分流歧出，泛滥两岸，变迁无常，
下游形成沼泽和小湖；并且以流经长程的盐碱土的关系，水中包含盐质
过多，所以完全无灌溉之利。靠近河的南岸没有农村。疏勒河以北是缺
乏水草的戈壁和砂碛，间有生长耐碱的草类和灌木的盐碱土。汉时便利
用疏勒河来布置国防线，敦煌以北的烽燧和边墙是在河的南岸，利用疏
勒河所形成的沼泽和盐湖做抵御住匈奴铁骑的壕沟。由安西的小宛驿以
东，这道防御工事越过河去，筑在河的北岸，以保护这段河面较狭的疏
勒河和紧靠河的南岸的农田和乡村。

这些地理环境，形成了敦煌历史的背景。汉武帝以前，敦煌沃洲先
后为乌孙、月氏和匈奴所居。汉武帝无狩二年（公元前 121 年）击破
匈奴，收河西走廊入版图。十年后（元鼎六年）便将酒泉郡的西部，
分置敦煌郡，即以敦煌为郡治。修水利，置屯军，移民实边，敦煌成为
汉族经营西域的重要据点。军事上成为西陲国防的最前线，是长城的西
端起点，有玉门关和阳关两要隘。交通上是中原和西域间的孔道。文化
上是中原文化圈的边缘，是西方文明输入的门户。敦煌维持了这由地理
和历史交织所造成的地位，达一千余年之久。汉代匈奴的威胁解除后，
安西哈密这一道交通线是开辟了，但是敦煌仍不失为中西交通孔道之
一。佛教艺术由印度经中亚传入中国的历程中，敦煌占很重要的地位。

从汉武帝设置敦煌郡，一直到宋仁宗景祐二年（1035 年）西夏取
沙州，不管它的统治者是汉族或是异族，是统一的帝国或是地方政权，
它的住民始终是以汉族为主，保持高度的汉族文化。晋时五胡乱华，中
原混乱，文物荡然。河西包括敦煌在内，在地方的政权下，反能安宁一
时。汉代所移植过来的文化，不仅根深蒂固，并且开花结实了。敦煌人
物在廿四史上有传的，绝大多数是生在两晋南北朝时期。隋唐盛世，敦

煌处在边区，未能产生特出的人物，但仍保持丰富的汉族文化。唐德宗建中二年（781年）后，敦煌虽陷于吐蕃，在异族的统治中达七十来年之久，但仍能保持原有的文化。张义潮收复沙、瓜等州，敦煌成为地方政权的中心。张、曹二氏，继续割据敦煌几达二百年，竭力发展敦煌的资源，富力集中，所以非常繁荣。西夏攻取敦煌以后，统治了二百来年，统治权又转入蒙古人的手里。在西夏和元朝的统治之下，敦煌似乎逐渐胡化。西夏人和蒙古人从仕或移民其地的，一定很多。但是便在至正十一年（1351年）的《重修皇庆寺碑》中，我们仍可以看出汉族在敦煌的势力。不但碑记仍用汉文写刻，并且碑阴施主名单中的老百姓，也有许多是汉人。到了明初放弃嘉峪关以西的地方，敦煌便成为夷人的耕牧地了。当地的一千四百多年的汉族文化传统，便被一刀斩断。此后经过了三百多年的长时期，到了清初雍正年间，才再筑敦煌城，将关内的汉民移迁过来。他们是由甘肃各县抽调来的，依照从前的县籍，聚居一处；即以原有的县名叫村子为某某坊。他们抵达敦煌时，所见到的，除了一座新筑的城垣外，大概是一片荒凉的废墟。没有一个土著的汉人，可以告诉他们以当地父老口说流传的故事。现在当地所标榜的古迹，都是他们后来由考据或猜度所得到的。自然我们不能由他们的口里获得可靠的清代以前的传说；除了文籍上的考据以外，只有用考古学的方法，才能恢复他们已丧失掉的历史。

在敦煌做考古工作最早的最有成绩的，自然要推英人斯坦因（A. Stein, 1862 ~ 1943年）。他在1907年3月到敦煌，工作了三个月。1914年重临旧地，又工作了二十多天。所做的工作有两点：一是在敦煌北境，确定了汉代玉门关是在小方盘城。由小方盘的附近起，向东追寻汉代的边墙和烽燧，一直东抵金塔和鼎新，仔细研究汉代的边防工程。又发掘得许多汉代的简牍，便是所谓"流沙坠简"，使我们对于汉代的边塞制度和戍卒的生活，有很清楚的了解。二是在敦煌东南的千佛洞，把各洞所残留的中古时代壁画和塑像，选择精品初次用摄影介绍于世，又把一批在千佛洞中发现的古代写本，由一个愚昧的王道士手中买过来。这批写本的时代包括西凉至宋初，内容以佛经为最多，其次为儒、道、小说诸家书籍，契据、状牒等公私文件，以及地志、历书等，是宗教史、社会史、文学史各方面的重要史料。又有绢本或纸本的佛画，是与洞中的壁画及塑像，同属佛教艺术史上的珍品。

法国的伯希和（P. Pelliot，1878～1945年）在斯氏之后，于1908年正月也到敦煌来，在千佛洞工作了四个多月。除了由王道士手中购买了一批斯氏所余下来的很重要的写本以外，他又将洞中壁画和塑像作大规模的有系统的介绍。印出了六册的《敦煌图录》。此后日本人、俄国人、美国人和瑞典人，都曾有到千佛洞做工作的。我国的人士也有跟着外人所组织的考察团来千佛洞观光的。抗战期中，因为开发大后方，西北的交通便利不少。内地人到千佛洞来游览或临摹的颇多。有几个考察团还包括有考古学家，到敦煌来工作。但是似乎都是限于千佛洞和汉代两关遗址，并且都没有做过正式发掘的工作。

我们想做点斯氏在敦煌所未曾做过的考古工作，我们想着重于古城古墓的发掘，以地下的材料来充实敦煌的历史。后来根据考察的结果，知道这一带的古城内遗存的建筑遗迹不多，有些是被风刮得仅剩下地面上一些碎破古物，俗称古董滩；有些尚剩点断垣颓墙，俗称破城子。须要大规模和长时间的工作，才能知道这废城中街道、官署、住宅等的布置，才能有相当的收获。我们这次的人力和财力都有限，决不容许我们这样做。所以我们的发掘工作，只能集中于古墓方面。但是所掘开的墓中的情形和出土品，也能告诉我们关于古代敦煌人民的生活方面的许多事情。

（二）"中途岛"的生活——佛爷庙工作站

我们到敦煌后，在城内筹备了十来天，便搬到佛爷庙工作站去。佛爷庙在城的东南约15里，是在荒碛的中间，最近的乡村也在5里以外。它的位置恰在县城和千佛洞的中途。向先生替它取名"中途岛"，亲笔题了三个大字，贴在工作站门口的柱上。我们住在庙中的时候，往来千佛洞的人，都在这里歇一歇脚，喝了我们的一杯清茶润口止渴后，即满口称赞这"中途岛"一名的恰当。

在城中筹备的时间，租下了张家大院的几间房间做城中的住处和贮藏所。又到县政府去接洽，希望能帮助我们雇工人和购粮食与柴草等事。因为在这小地方，客地来的人不容易办这些事，并且请派两名警察驻在工作站帮忙，由考察团供给膳宿，这些事颇费了我们许多的时间，因为那一位敦煌县长很忙，除了一般的政务以外，还要到八蜡庙去祭神祈求不要降虫灾，又亲到月牙泉去求雨，头戴柳条帽，赤着两脚，五步一拜，率领地绅去取水求降甘霖。他对于我们的工作，似乎不大了解。但是因为有省政府的命令，总算勉强答应下来。等候了一个星期余，中间又曾催促了好几次，才派来两名警察，并通知近城的乡保派民夫来做工。我们恐怕地方人士不能了解我们的目的，或致引起无谓的纠纷，5月27日假座玉关小学，宴请当地的官绅。由向先生站起来致辞，说明我们这考察团的缘起、组织和目的，希望当地各机关和法团的帮忙。因为向先生去年曾在千佛洞工作了一年，当地的人士对于他的道德和学问，都很钦佩。经过了他的这一解释，后来对于我们的工作，都肯协助。

我们住在城中的时间，曾骑马出城过两次，一次是到月牙泉去看庙会，另一次是到千佛洞去观光。生长在江南的我，还是第一次跨上马鞍，幸得他们知道我不会骑，都拣选最驯良的马给我，当我们一队人马在戈壁上奔驰的时候，我死拉住马缰绳，虽没有从马上摔下去，但也吓得汗流浃背。我们这次在千佛洞仅住一宿，后来暑天休工时又在那儿住上一个月。关于我们对于千佛洞的印象，留在下章一并叙述。月牙泉在城南15里，恰在佛爷庙工作站的西边，我们后来也曾去过几次。阴历四月廿八是庙会的日子，前往进香的男女很多，杂乱喧聒，远不及平常日子的幽静闲逸，另有雅致。一泓清澈如镜的碧波，藏在四周沙山的环绕中，泉水依照着沙山中的地势作月牙形。泉的北面是鸣沙山，山的南坡颇陡。如果好几个人由山巅向下滑到月牙泉的北岸，沙粒随着人体向下滚落，便会听到轰轰的雷似的鸣声。唐李吉甫《元和郡县图志》卷四十说："鸣沙山一名神沙山……四面皆为沙，垅背有如刀刃。人登之即鸣，随足颓落。经宿风吹，辄复如旧。有一泉水，名曰沙井。縣历古今，沙填不满，水极甘美。"当然便是指这地方。泉水的南岸植有树林，绿荫中有好几座庙宇，以雷坛庙为大。庙旁一碑上题"汉渥洼地"四字。我们纵使能承认汉武帝时渥洼地产生天马的神话，也不能确定渥洼地便在这月牙泉。但是坐在庙前小亭中，凭栏眺望着鸣沙山和月牙泉，这些附会上去的故事，也许可以增加"怀古之幽情"。

我们于5月22日赴千佛洞时，顺便踏查佛爷庙附近的古代墓地。斯坦因于1907年来敦煌调查时，已经注意到在镇番坊的西南和南湖的东北，戈壁滩上都有古代墓地的痕迹，外形和吐鲁番附近的唐代墓地相似，每冢隆起，用石砾堆成一圆堆。有些冢似属于一家或一族，好几个坟冢成一组，周围用石砾排设一方形栏界，栏界的一边有缺口作为门道（Serindia，pp.609-611）。向觉明先生1943年旅居千佛洞时，也注意到在佛爷庙至千佛洞的中间，戈壁滩上也有这一种墓冢。他怂恿我将今年的发掘工作集中于这里。我们这天的调查，除了亲自细加考察外，还询问过当地的住民，知道在敦煌的东南，由鸣沙山直达新店子，戈壁滩上绵延不绝地分布着这种隆起的石砾堆。现下的居民是清初由关内移民来的，保持关内的风俗。他们的墓茔都是在村子中，不肯埋葬在戈壁滩上。他们对于这些遗迹已经不知道原来的用意，都说据父老相传是古代的营盘。方形的石砾栏围是营盘的界线，中间那些隆起的石砾堆是营盘中插旗杆用的。这传说是不足置信的。那天我们所见到的坟冢，多作蝌蚪形，隆起颇高的圆堆像虫身，拖着一条尾巴大概是墓道。墓道也是由石砾堆成，但隆起的痕迹没有墓室上的坟堆那样显著。墓道和墓室相接的地方，都有凹入的痕迹。我指着这些凹痕对向先生说："这是发丘中郎将和摸金校尉们进墓挖宝所留的痕迹，我们已是来晚了。"向先生说："只要他们没有受过现代式考古学的训练，一定不会一扫而光。他们所留下来的东西，很够我们花一季的工夫来发掘。"我们决定了发掘地点后，接着便找寻设置工作站的地方。这戈壁滩上，没有可作栖身之所的，附近一带也只有佛爷庙最是毗邻。我们下马进去一看，这庙虽是久无居人，但屋舍尚大致可用，仅稍须修理，并添做门扇。旁边有一水井，也须浚淘一番。庙前东首有一古庙残迹，仅存四壁，还残留有宋代式的壁画。佛爷庙附近的土壤是冲积土，被风沙侵蚀成不规则的土堆，地面上有些破陶片，还看到两座被掘过的砖墓。那些陶片大概是盗掘墓中出来的。

佛爷庙工作站修理好后，5 月 30 日由城中搬到庙里来住，第二天便正式开工发掘，7 月 19 日收工，一共工作了五十来天。7 月 30 日搬到千佛洞去避暑，我们在佛爷庙整整地住了两个月。当时川中友人问我佛爷庙的生活如何，我曾胡诌一首打油诗告诉他们：

前生合曾披袈裟　野庙栖身便是家　静参禅悦眠僧榻　闲观题壁啜苦茶
敧枕听风撼柽柳　凭窗观月照流沙　却忆当年寂照寺　挖罢蛮洞看山花
　　——敦煌佛爷庙偶成（寂照寺在四川彭山县，是民国 30 年川康古迹考察图发掘汉代崖墓的工作站）

虽然住在戈壁滩上，但是工作忙迫得一天到晚无停憩，又有向先生和阎述祖二人做伴，生活颇不寂寞。每天工作的时候，除了中午饭后的休息外，是"日出而作，日入而息"。我们所带的表，因吹进沙尘而停摆了。敦煌全城找不到一个修表匠。幸得这里工作的习惯原是这样的，也并没有觉得不方便。后来天气炎热，我们将中午休息的时间拉长，还可以返佛爷庙睡午觉。这里小地方，没有可以雇做散工的产业预备军，我们只好请县政府代为征工，轮流工作。每一班工作 10 天后便换上另一班，我们 10 天休息一次。便是在休息的一天，我还有测绘地图、冲洗照相等事要做，忙得不可开交，不比在安阳发掘殷墟时，星期天可以返城好好地休息一天，中午还可以灌点酒来冲散一星期所积下的疲劳。

这些工人都是道地的西北农民，能够吃苦耐劳，能够做持久性的单调工作。但是并不机警，也不敏捷。锄头他们是用惯的，但是从来未曾拿来挖古的。我们虽然告诉他们快要到底部的时候要小心，并且刻刻监视着他们；但是偶一疏忽，他们便击破刚露口颈的瓦罐。看见我们收拾那些发掘所得的破碎陶片，便用惊奇的眼光向我们发问道："你们老远到我这里来花了大本钱挖地，原来便为着这些瓦碴子么？难道你们东面的地方连这些瓦碴子也没有么？"雇用工人最多时达20来名，管理起来颇吃力。到紧要的关头，我们都是自己来动手。除了这些轮班的短工以外，我们又雇了城里姓王的两个孩子做长工，训练这两个帮助我们在墓中剔取古物。大的叫作寇丁，年龄17岁，后来工作得颇不错。关于工人的工资，除了每天每人发二斤面粉外，另发工钱，十天一结算，都是直接发给他们，不经过保甲长或警察的手，以避免从中克扣的弊病。后来听说他们把工钱拿回家后，仍被保甲长讨去一部分。因为普通经过县政府的征工，不但不发工资，连伙食都要自备的。

县政府派来的两名警察，一个叫张玉庭，一个叫许霖，帮助我们监工，催民伙，进城购物和递信。张警又瘦又黑，像是一个鸦片鬼。据他自己说，已经戒绝嗜好；因为敦煌从1935年起便严禁种植鸦片，烟价高贵得使他不能不割爱。他颇机警，办事也很能干，但不大可靠。许警是年富力强的小伙子，人很忠厚，但是有点傻气。有一天，一口气便吃了两个半西瓜，以致午饭也吃不下去。又有一次和张警吵嘴，竟打起架来，把张警按在地上揍了一顿，把张警的一身黑制服都撕得稀烂。但是他老实得可爱，我们后来辞退了张警，仍留用着他。我们离开敦煌时，他还依依不舍地送我们上车，盼望我们能够再度前来。

提到工作站的伙伴，自然不应该漏掉我们的厨子。在佛爷庙时我们所雇的老赵，是屠户出身。五十来岁，长得很胖。外表是笑嘻嘻一团和气，骨子里却是一个贪吃懒做的家伙。我们工作站连警察、厨子在内也不过6个人的伙食，工人们由他们自己另行管伙，饭菜也很简单，但是他每天要在厨房里忙碌一个整天。有一天我们收工较早，蓦然跑进厨房里，看见他把我们从兰州带来的沱茶，满满地泡了一大杯，正在那里悠然自得地坐着品茗。暑期后，换了一个姓袁的厨子，是河北省人。从前往来新疆做生意，被马仲英拉去当兵。后来逃回敦煌，娶妻生子，为敦煌的土著了。袁厨子有一天晚上和我们说：当初应雇到我们工作站时，曾私自跑去问过老赵，这几位先生的胃口如何？喜欢哪几样菜？对于调味是否考究？老赵回答他道："你喂过猪没有？只要给他们吃饱便算了。"向先生听见跳起来说："好骂！你告诉老赵，当心敲屁股！"这位袁厨子在我们挖墓收工后便辞退，后来我们调查两关返城时，听说他得急病亡故了。当地的人说，是因为他帮我们这些挖墓的人，所以被鬼捉去了。鬼子的坟墓被挖，自然要复仇了。至于我们所以安然无恙，据说因为我们是上头派下来的，福气大，所以不怕鬼。我们真觉得有点对不起袁厨子，连累了他做异乡的孤鬼。

"中途岛"的动物，除了我们这一群人以外，还有厨子老赵带来的一条狗，和罗寄梅先生离敦煌时送给我们的几只鸡。在这荒凉的戈壁滩中，居然每天听到鸡鸣犬吠的声音，顿形热闹。但是不久这几只鸡都成为我们的腹中物，剩下的一条狗，显得孤零可怜。有时候追逐着戈壁上叫作"沙和尚"的小蜥蜴，或对着偶尔经过的行人或马匹狂吠。

在这几乎与人世间隔离中的"中途岛"上工作，有一个绝大的好处，便是可以安静地专心工作。除了偶然有一两个当地的士绅来参观外，很少受外界的搅扰。不过有一次我们却受窘了。在开工后十来天的一个星期日，我们发现画砖墓的消息已经传布到城中去。这天城中来参观的人达六七十人，络绎不绝。恰巧那天特别热，室内温度也达90来度①。

---

① 编者注：本文所记温度，均为华氏度（其沸点为212度，水点为32度），下同。

他们出城走了 15 里路到佛爷庙工作站，坐下来休息，便把我们为着工人所预备的几桶开水都喝光了。由佛爷庙西行四五里到我们工地来，为了好奇心所驱，东跑西跑，问长问短，妨碍我们的工作不少。幸得那天已露出的画砖都已拆卸下来搬走，墓道为崩圮下来的土坯所填塞，没有什么可观。他们微觉得有点失望，回去后便不再来搅扰我们了。

人为的搅扰虽可避免掉，但是我们却遭受过几次天时的打击。戈壁上的狂风，我们在金塔县已经领教过的。在佛爷庙工作的 50 天中，有 8 天狂风大作。第一次刮风是 6 月 5 日，飞沙走石，击肤作痛。安置在工地上的帐篷，被风吹倒。已露出的彩绘画砖，也被风沙所刮损。虽用布幔遮盖住，仍是损失很大，只好拆卸下来送到工作站中去保存。大风扬尘，连眼睛也不易张开。在工地中作绘图及记录的工作，困难可知。6 月 7 日下午刮风更利害，只好提早收工。至于下雨的日子，敦煌本来很少。我们在佛爷庙工作时，适值雨季；并且大概由于县长虔诚祷雨的缘故，这年雨水特多。六七两月竟有 5 天下雨。但是多是几阵细雨便了事，并不碍及工作。只有 6 月 27 日那天开工后不久竟下了倾盆大雨。我们躲入帐篷中，但是连帐篷也漏水，只好收工返佛爷庙。雨至午后才停歇。这是敦煌罕有的大雨。庙舍的屋顶原来并不是防御这种大雨的，涂在屋顶上的烂泥，随着雨水从隙缝中漏到室内来，弄得桌子和床榻都是泥水。连忙将室内的器物搬到未漏水的一角。后来室外虽已云开天霁，室内还在滴着雨水。

至于温度，戈壁滩可代表大陆性气候的极端，夏天白昼酷热，冬日夜间严寒，7 月 13 日的中午，室内是 90 度，露天已是 122 度了。19 日将发掘工作结束后，我仍有些墓地的地图要补测，在 120 度以上的热戈壁中工作，汗出如注，很易疲劳。测绘时从望远镜中看过去，似乎戈壁地面上有水蒸气上升。再加细察，才知道是沙砾上受热上升的空气，震动成微风，细沙被风所吹，荡漾于地面上，很像水蒸气上升。我们工作时，四顾无蔽荫，烈日下晒，暑气上蒸，令人有"无所逃于天地之间"

的感觉。太阳下山后转为凉爽，但是黑暗得很快。26 日我在鸣沙山北测绘完毕返站时，中途天已黑了。两旁那些侵蚀所余留的土堆，兀立星光之下，形状离奇狰狞，颇为怖人。我几乎迷路了。幸得向先生在庙前用手电筒一闪一闪地照耀着，指示着我。才得很快地回到佛爷庙。7 月 30 日将野外工作告一段落，便暂时移住千佛山逃暑去了。

（三）佛爷庙东区墓地的发掘工作和收获

我们主要的发掘工作是在第千号墓地，离开我们的工作站有 2 公里余。在这墓地中，我们拣选一个坟堆较高大的，尽先发掘。这墓编号为 1001 号。这坟堆高 1.5 米，直径 17 米。墓道朝向南方，所填塞的砾石，高出地面尚不及半米，宽仅 3 米。从前斯坦因在敦煌南湖曾试掘这一类的古墓，在坟堆中间掘一探沟，掘到戈壁面的砾岩，无法再工作下去。前年友人石璋如先生在敦煌也曾试掘过一个，在坟堆上打探沟，同样毫无结果而罢。我猜想这些坟堆大概和吐鲁番一带的六朝至唐代的墓葬相似，筑坟时在戈壁上将砾岩掘一倾斜的长沟作墓道，较深的一端掘一横穴作墓室。墓室顶上的砾岩仍加保留，仅将砂砾堆积一坟堆以表示下面是墓室。

我根据假设来动手，把探沟掘在墓道上，和墓道横交，并不掘在坟堆上，以免再蹈覆辙。5 月 31 日开工。探沟由地面下挖半米来深，还分别不出墓道中所填的沙砾和两旁未经移动的原生砾岩。一片都是凝固坚硬的羼杂砂粒的砾石，和千佛洞一带的砾岩相似。我亲自拿锄头来掘几下，试探土质的坚凝程度有否分别，又蹲下来用手来抚摩试探，结果仍是分别不出来。我想这番是糟了，难道一开工便要立刻预备结束吗？我们仍继续向下掘去，幸而掘到半米以下，墓道的填土便显出它松散的性质。尤其是靠近边壁的地方，用手一触便成片下坠，露呈壁上坚固的原生砾岩。这些砾岩是地史上第四纪所冲积成的。原来我们初发掘时所遇到的接近地面的那一层，因为地下的碱盐和石灰等可溶物，随着水分上升，水分化成蒸气散在空气中后，这些可溶物又凝结在接近地面的地方，把疏松的填塞墓道的砂砾也凝固成和砾石一样。有了这经验后，我们的工作便较容易了。

　　发掘到相当深度之后，起土便成为大问题。我们用红柳条编成的篮子来运土。最初是用手提携起来倾弃在墓旁隙地上。掘深后，只好用绳子将柳条篮吊起来。但是篮子和坑壁稍一碰撞，所盛的砂砾便漏下来，撒得在坑里工作的人满身都是尘砂。安阳殷墟工作时，我们利用当地农民汲水用的辘轳，移置到发掘坑上来起土。这里没有辘轳，我们曾试用滑轮，但是当地的铁匠技术太劣，替我们所制的滑轮不灵活。后来改用当地汲水的桔槔，试用几次颇为合用，便仿制了几架来起土。桔槔当地俗名"称杆"。在埃及新王国时代的古墓壁画中已有桔槔汲水图（图2），时代相当于我国的殷商中叶。《庄子·天运篇》和《天地篇》也都提到桔槔。想不到几千年后，我们还利用这幼稚简单的机械来做考古发掘的工作。

图2　埃及十八王朝的桔槔

（采自威尔基逊的古代埃及风俗史第94图）

除了这大墓以外，我们又陆续地发掘几个较小的墓。但是主要的工作，仍集中于这 1001 号墓。将墓道的两壁找寻清楚后，我们便向墓室那一端延展。第三天，在近墓门的地方离地面约 10 厘米深处发现鹅眼钱一堆，有 100 多枚。这大概便是《汉书·张汤传》所谓"瘗钱"。墓道长 18.5 米，作倾斜的长坡，入口处附近有几块青砖和土坯的碎块。用找寻墓道边壁的办法来找出墓道的底部，分别出哪些是原生砾岩，哪些是填塞进去的砂砾。但是已经被这些未受训练的工人，打穿了底部一大片。为着要早些掘出墓室，我们将工人集中于墓门上端工作，6 月 3 日，便发现墓门上部的砌砖，有用五彩绘画的图案。再往下掘，露出彩绘的斗拱和立柱、人物和禽兽，笔致生动，颜色鲜明。我们高兴极了，想将墓门全部暴露出来后，请在千佛洞的报社摄影记者罗寄梅先生照一张原色照片。谁知天公不作美，我们仅掘开一小段，便刮了两天大风，沙尘飞扬，将砖上的颜料摩擦损伤。虽连忙用布幔遮盖住，仍不生效。只得决定拆卸下来搬回工作站保存。先依实测绘一草图，在草图上将每粒砖块，都编了号数。拆卸砖块时，每粒砖都依草图上的编号加以标识。后来我们每掘开一短段后，便绘图拆砖。一共拆下 559 粒有彩绘的砖。并且请艺术研究所的董希文先生，依原色临摹了几块花砖。离敦煌以前，全部运到千佛洞，依原来的样式复原，分做二段，堆砌在张氏编号第 9 洞中，作永久的保存。

6 月 10 日，我们在墓门前已经下掘到离地面 7 米的深度。快近收工时，把这天新露出的那一段彩绘花砖，照相绘图后，便叫一个工人挨次由上而下，加以拆卸。我拿着记录簿在草图上加以编号，述祖由工人手中把砖块接来，在砖上依照我所喊的号数写下来。三个人立在墙下聚精会神地工作着，我偶然举头向上一望，砖墙的背后原有土坯墙一层，我看到土坯墙的上段各土坯间夹缝中砂砾纷纷下堕，便觉得不妙。连忙喊大家停止工作，退出墓道。我们从前以为这些土坯是挨靠着原生砾岩的，所以未加提取，这时发生怀疑了。退出墓道后，便叫工人用木棍轻击这土坯墙，以试验它坚固与否。刚一动手，好几米高的土坯墙，豁刺一声地成排向下崩圮，便压在我们刚才所站立的地方。大家都伸舌叫"好险啊！"这时我们才发现土坯墙的背后并不挨靠原生砾岩，却是填塞着 3 米多厚的砂砾，并且有一个疏松的盗掘坑。当我们把墙的前面填土掘空了一大段后，这些松土压在土坯墙上，把它向外推去。幸而这天没有刮大风，否则在我们发觉以前便要被风吹刮得崩颓下来了。这天向先生正为送罗寄梅先生东归进城去了。第二天回来时，我告诉他这件事，并且笑着说："如果我们昨天被压死，恐怕你今天要独自来结束工作，准备扶枢东归了。"

为了防止松土和土坯的崩圮，我们暂时停止清理彩绘砖墙的工作，先将已露出的那段土坯墙拆卸，又把墙后 3 米多厚的松土挖取出来，直达到原生砾岩的垂壁。这垂壁在距离冢面达 5 米半的深度处，忽然露呈出墓门的上端。将墓门掘开后，我们进到墓室中一看，墓室仅 3 米见方，规模很小，我们颇觉得有点失望。封塞墓门的东西从前已被移开，所以室中流进砂砾颇多，铺了一厚层，近门处更厚。我们清除室内所积的砂砾，竟毫无遗物发现。我们大失所望。心中猜想这墓是否原是空墓，做成后未曾埋葬，否则，便是殉葬品和尸体都被盗掘者囊括一空。无论原因何在，我们费了这样大劲儿，仍旧两手空空，够使人丧气挫锋了。

"山重水复疑无路，柳暗花明又一村"，这是考古发掘时常常遭逢到的际遇。我们清理墓室，由内而外，快到墓门的地方，忽发现有一圆穴，半在门限内，半在门外。这圆穴微露出一个用青砖砌成的半圆球。原来下面另有一个用砖砌的墓室，室顶作穹庐形。我们已加清理的石室是凿成后未加使用即行放弃，所以室内没有遗留下任何殉葬物。于是我们重新回到彩绘砖墙前发掘，将砖墙前面的砂砾清除。掘到离地面约7.7 米处，砖墙中间便显露出一道墓门，门洞中用砖封塞，未经移动。盗掘的人是由砖室的顶层挖洞进去的。6 月 22 日，将封门的砖块拆卸后，我们便进砖砌的墓室中清理。由室顶盗掘洞流进去的砂土很多，砂中露出乱散着的破棺木、残骸骨和殉葬物。我们去砂后，再逐一提取遗物。

墓室作正方形，每边约长 3.5 米。东首有一耳室，仅有木炭一小堆，西墙有一小龛，空无一物。主室中两侧边壁下都有一具棺材，棺木已散乱，且有一部分已腐朽成粉末。骸骨也凌乱破碎残缺。头部向南，即朝向着墓门的方向。靠着后壁有一砖砌成的长方形平台，高不及 5 厘米，上面原曾放置着陶器。这些陶器也已凌乱破碎，大多散乱在平台附近的地上。有一个绳纹陶罐，一个有波纹的陶盘和三个隔成数方格的长方形陶盘。接近墓门处有一陶灯台、一个朱书镇墓文的陶罐和几枚铁钉。西侧的棺中有小的陶瓶一，五铢钱二。东面棺侧有一串五铢钱和一把小铁刀；棺中头颅下，有许多漆片，大概是冠帽的残遗。胸部附近有朱书镇墓文的小陶罐。这墓中所出的两个朱书镇墓文的小陶罐，颇有意思。这一类的朱书陶罐，抗战以前洛阳、长安一带也有出土，有些带着年号，时代是东汉晚年到晋初（见中村不折《禹域墨宝书法源流考》卷上）。解放后，洛阳配合基建的考古发掘中，也曾发现过两个，有"建宁"和"和平"年号。我们这两个小罐当也属于那个时代。罐内尚残存有粟米一堆，虽已干朽，尚可大致辨认。罐子外面用朱红写着镇墓文，两罐几全相同，仅人名第三字似不同，第五字一罐脱落一"薄"字。现在录在下面："翟宗盈，汝自薄命蚤终，寿穷算尽，死见八鬼九坎。太山长阅（？），汝自往应之。苦莫相念，乐莫相思。从别以后，无令死者注于主人。祠腊社伏，徼于郊外。千年万岁，乃复得会。如律令！"这表示当时生者对死去的亲人，一方面爱丝未断，厚葬以奉死者，一方面又怀畏惧的心情，怕死者作祟。当我们审视罐内的粟粒和罐外的镇墓文的时候，虽在千余年以后，还可以体会到古人这种矛盾的心情。

除了这大墓以外，我们同时在这第千号墓地还发掘清理了 9 个较小的墓。这些墓的墓室也是由墓道下去，在砾岩中横挖一室，稍大的作正方形，较小作长方形，都是石室，没有再用青砖堆砌。这9个墓的年代和第1001墓相同，其中有两个还和这墓在同一石砾栏圈中，似乎属于同一家族。墓室作正方形的中号墓，墓门上端距地面4.4至6.6米不等，室中埋一棺或二棺。至于小号的墓室，都作长方形，仅埋一棺（其中一墓，棺外苇席另外放置有头骨一和乱骨一堆）。墓门上端距地面也较浅，仅3至4.2米，最深的也仅4.4米。盗掘者似乎便是同时代的人，熟悉墓中所藏的殉葬品是些什么。4个中号的墓都被盗掘过，但是埋葬较浅的5个小号墓，却是原封未动。当时的盗墓者大概看不起这些穷人的坟墓，不屑费气力来盗挖。

这些中号的墓，虽曾经被盗过，但劫余的殉葬品，还相当丰富，大致和第1001号墓相似，连墓中布置也大致相同。朝着墓门的后壁下有些也有放置祭品的砖砌平台。有些没有砖砌平台的，便放在地上。祭品大概放在圆形的陶盘（果盘？）上，已腐朽无存，仅剩下破碎的陶盘，凌乱散布在平台上或地面。陶器又有带把的灯台，梳划波纹的罐子和小盏。有几个棺中尸骨旁或两腿间，放置着朱书或墨书的陶片，胸侧放着五铢钱数枚。我们挖了半个多月，所挖的都是这些已经被盗过的墓，出土物很是单调。有几个墓道曾全部加以清理，以为也许像吐鲁番的唐墓有墓志放在墓道中，但结果毫无所得。6月15日起，我们除了继续清理大墓和中号墓，又将一部分工人移去发掘完整的小号墓。

这些小号墓的坟堆很小，直径不过6~7.5米，高度仅半米左右。有些也曾被盗过，留有痕迹。不过，根据这半个多月的经验，由地面便可看出来，有几个是完整未动的。我们便拣选几个来发掘。这些墓葬入土较浅，所以发掘起来较容易、迅速。普通只要使用两三个工人掘两三天便可将墓门清理出来。墓门用土坯封塞着。土坯很整齐地排列着，表示是千余年来原封未动。我们照相绘图后，用手移开几块土坯，伸着头向内觑视，想一睹这千余年来闷藏未启的秘密。我们的手指因为心情的震动而微颤了。

小墓的墓室狭而小。紧挨着侧壁放置的一棺，便占去了室内过半的地位。棺木的宽高的一端朝着墓门。有两墓的木棺尚未腐朽倾圮。封塞墓门的土坯一移开后，便显露出木棺的一角来。棺旁多放置着一个长颈小口的水瓶。有些墓中这水瓶是棺外唯一的殉葬品，有一个墓中（No. 1010），连这件殉葬品也付之缺如。另一墓中（No. 1008），侧壁上挖有一小龛，陶制的水瓶和一个木杯便放在龛中。棺中常有五铢钱放在头胸部附近，偶尔也有放置朱书的陶片在两腿的中间，和放置小陶瓶在胸侧。尸骨的头部下都放有枕头，是用绢做成，里面填满了细灰烬。有时两足的下面，也放着这样一个枕子。木棺完整未朽的二墓，其中一墓（No. 1006）的棺盖已被室顶崩下的堕石压断为二。另一墓的木棺（No. 1008），除了颜色已变化之外，几完整如新。述祖还从工作站取了斧头来，预备演一出"大劈棺"。棺是用鸠尾榫钉合的，即汉人所谓"细腰"或"小要"，两头大而中央小；棺身和盖的接缝处，上下都凿有卯眼，以容纳这些"细腰"。间用木钉或木楔。因为时代已久，木质外表虽完整，已经内朽不坚实。将棺盖移开，并不大费力。移开棺盖后露出尸体，仰卧于枕上，皮肉朽腐，偶或留下一薄层棕褐色的残遗。也有保存一部分头发或髭须的。附身的衣衾，也朽腐成不连续的绢片，并且一触即碎成粉末。我们好容易提取了几片作为标本。我们蹲在棺侧绘测墓葬图和清理遗物。棺中的骷髅，张着空洞的眼眶，露着狞笑的牙齿，是憎嫌我们惊扰他的长眠呢？是叹息他的亲人将他深藏固封都是枉抛心力呢？

敦煌县政府通知，城东老爷庙附近的公路塌陷后露出古坟，希望我们去清理。我将佛爷庙的 1009 号和 1010 号两墓未完毕的工作，交给述祖清理。我自己带领几个工人于 6 月 30 日到老爷庙去工作。换了一个新阵地，也许另有新发现。我怀着满腔的希望，暂时离开这中途岛的工作站。

（四）老爷庙唐代墓葬的清理

老爷庙在敦煌城东约 9 公里，供养关帝，俗称关老爷。庙北是一个村庄，沟渠纵横，田中种着小麦和胡麻，农舍隐在树荫中。庙南是安西到敦煌的大车路和公路。两路平行，相距仅 40 米。发现的古墓便在大车路上，在庙西约 2.5 公里。据当地的人说，6 月初旬有重车经过这路上，路面突然陷落，露出二穴；并且说，这一带原是满布着高低不一的土堆，还记得现在露出墓穴的一处，地面上有一高可隐人的土堆，四五年前筑路时才加铲平。公路南面不远便是戈壁滩，最近的戈壁边缘离公路不过数十米。这戈壁滩是和佛爷庙南的相连接成为一片。

这两个古墓的砖室露出来，地人曾稍加发掘，但入土不深，并无结果。县政府要求考察团代为清理。向先生曾应邀前往一观，回来后说是值得一试。我们便复函县政府，决定前往加以发掘。6 月 30 日午后，我将佛爷庙工地的未完工作交给述祖和向先生，我自己带了一名警察和 5 名工人，由佛爷庙出发，越过戈壁，直赴老爷庙。东行经过第千号墓地时，搬取了工地上一架桔槔（称杆），以便应用。这时回首返顾，忽见西方戈壁上起了卷风。一片飞沙烟尘，滚滚而来。鸣沙山立刻被遮蔽了。一会儿便到了跟前。我们一群人为沙尘所包围，犹如在云雾中，连三危山也隐去看不见了。我们冒着风沙，由我们的发掘工地，继续向东北行。不到一刻钟，这阵卷风越过我们向东而去，最后消失在戈壁中，不见痕迹。我们沿途在戈壁上看到砾石的古坟堆不少，几乎一路连续不绝。但是规模稍大的都显呈盗掘坑痕。戈壁上除了一种叫作"沙和尚"的小蜥蜴外，不见生物。戈壁北面的农村，榆树和杨柳成行。麦田将届成熟，一片碧绿。郁勃葱茏的气象，和戈壁上荒凉的景况，成一深刻的对比。生人居息的村子和死者埋骨的幽域，截然分别。我们近观远瞩，有一种说不出的感慨。

抵老爷庙后，住在一个姓杨的农民家中，将东西安放好后，便跑到工地上一观，以便决定明天开工时如何着手发掘。工地离杨家不到一里。两墓都在大车路上，附近是冲积土层被侵蚀成大小不一的土堆，但是地面上看不出有坟堆。这两个砖墓露出室顶，顶部的砖块被地人移去数块。据说，正中央的一块是印有花纹的方砖，已被人拿回去藏匿了。墓中积满了由雨水冲进去的淤土。淤土的层次井然，土质很坚。但已被地人试掘过，一墓已挖掘到 1.4 米，另一墓的淤填土较坚硬，仅掘下0.4 米。我便拣选前者先施工，称作 1 号墓。第二天早上开工，陆续发现附着铁钉的朽木十多块，人腿骨一，大概都被冲进去的雨水漂浮起来，后来便停留在较高处。我们把淤积土逐层移掘开来。下午在墓门内两侧便发现了两个天王像的头顶发髻。这时离地面已有 2.5 米的深度，起土逐渐困难。我们把由佛爷庙带来的称杆（桔槔）装架起来。这里墓中的淤积土很坚凝，和戈壁上墓葬中的疏松砂砾，性质完全不同。陶俑虽是曾经在窑中烧过，但在土中埋了这样长久，又曾在积水中浸渍许多年，已是脆弱易碎。我只好自己亲自动手，把这些脆性的陶俑从坚硬如石的泥土中取出来。这天几乎花了一个下午将两个陶制的天王像的头部，用小刀逐渐剔出来，并且叫年轻的长工王寇丁在旁边看着，训练他帮忙做这种细功夫。这两个天王像连座高达 1.2 米，可算是陶俑中的巨制了。塑像的艺术也是优良，脸部的表情威严而生动，可以和千佛洞唐代洞子中的天王塑像相媲美而无愧。这墓年代也可断定是属于盛唐时代的。

附近的老百姓，听见我们所掘的墓中出现了两尊"佛爷"，大为惊奇。风声传开以后，前来参观者络绎不绝，好像赶庙会一样。男女老幼，围着墓穴的上口向下觑视。连赶大车的经过这里，也都停车走近看个究竟。这些瞧热闹的朋友，几乎耽搁住了我们起土的工作。幸得我们这时正集中工作于剔取陶俑，蹲在底下的墓室内安然工作；墓穴上口的喧哗笑语，不大影响我们的工作。过了几天后，他们的好奇心已得到相当的满足。参观者渐少，我们又可以静静地做我们的工作了。

　　墓中除了两个天王像以外，其余较低矮的陶俑，也逐渐显露了。我便派张警送一封信给佛爷庙工作站。向先生是治唐史的专家，听见出现了唐俑，便亲自前来一看，看过后大为赞赏。我们便决定叫述祖带领其余的工人前来帮忙。佛爷庙方面的工作，暂时全部停工。7月5日，述祖领着工人来了。我们又花了4天的工夫，才将1号墓的陶俑全部提取完毕。同时我们又进行第2墓的清理。后者直到11日才完毕。

　　这些唐代的墓葬，和我们在佛爷庙所掘的魏晋墓葬，又是不同。砌墓的长方砖较大，宽面中有一面带绳，并且有模印唐草花图案的正方砖。砌成的墓室，主室的侧面没有另附小室的。室中用砖砌一低平台，但不是为着放置祭品的，乃是安放棺木的。至于殉葬物，陶俑虽在他处的汉墓中已很多，但我们在敦煌仅于唐墓中发现陶俑和木俑。陶制容器仅有平素无纹的罐子，形制和汉晋时代的也不相同。瘗埋的铜钱，也由五铢钱改为开元通宝钱。

　　老爷庙第1号墓，虽经盗掘，仅平台上放置棺木的地方被扰乱得很利害。平台以外，大部分的殉葬品还是在原来的位置。封塞墓门的砖块已被拆卸了数排，露出可以容一个人爬进去的空隙，大概便是盗掘者进出的路。墓门内两侧站立着一对高1.2米的天王像，都高举着一只手，另一只手叉在腰间，威风凛凛，表示门禁的森严。稍后的右首，站立着一对庞大的骆驼，高达0.85米，各有一个驼夫牵引着。再向后便是放置木棺的低平台。台前排立着大批的小陶俑，一共41件。其中骑士俑16件，跨着骏马，好像一队骑兵，排立在平台前的左半。男俑20件，女俑3件，都挨靠着平台。小女俑都只有上半身，至胸部为止，下端于制造时即加削平，露一管状空穴（图3）。原初当另有绢帛做衣裳套在外面，也许还有一木杆插入管状穴中做支柱。但是这些木材和绢帛都已朽腐不留痕迹。遗存的陶制的上半身带着头部，也凌乱地倒卧在地上。男俑仅有两三个倒卧下去，其余的还是背靠平台，站立未曾移动。这些小男俑是用两种模型来印制的，一种身材较长，戴着软巾的幞头，穿着狭袖的长袍，露出一对皮靴子。另一种身材低矮，戴着硬里子的纱帽式的幞头，穿着上衣下裳，广袖露手，长裳藏足。两种幞头都没有垂脚或展脚，或许由于塑造技术的困难。又有两件小陶马，夹杂在小男俑的中间，姿态生动。平台紧挨着墓室的后壁，但两侧离边壁都有半米左右的空隙。左侧的空隙放置一匹大陶马，马首向外，旁边站立着三个马夫俑，作牵马的姿势。这些马夫和前面所已提到的驼夫，都是身穿翻领的狭袖短大衣，足穿长筒的黑靴子。有两个不仅服装是胡服，并且高鼻圆目，发辫盘在头上，恐怕血统也是属于胡人。这匹大陶马的后面，又陈列着一个蹲坐着的龙首兽身生翼的怪兽俑，和一个站立着的大男俑，都是高逾 0.8 米的大俑。和这相对称的是一个人面兽身，头上长角，颔下生须，身具两翼的怪兽俑，和一个亭亭玉立着的大女俑，但并不放在平台右侧的空隙部，却放在空隙的前面，正靠着平台的转角。这两个或许已不在原来的位置，下棺时或盗掘时曾加以移动。这两个怪兽像，大概

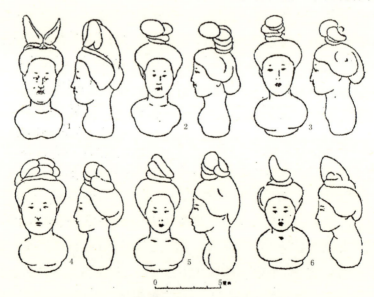

图3　敦煌佛爷庙唐墓中所出女俑的各种发髻

（敦煌艺术研究所代绘）

便是《唐六典》和《宋史·礼志》所谓"当圹，当野，祖明，地轴"（参阅黄永年《论唐代明器群中的瓦质怪兽》，1946年《文物周刊》［编者按：此为上海《中央日报》副刊］第13期）。我们花了几天工夫将这些陶俑剔清楚，墓中顿形热闹，每次开工或收工的时候，由墓穴上口向下望，虽是个冷清的墓室，我们似乎听得见人喧马嘶的声音。国内外公私家所收藏的唐代明器很少，够得上说是"车载斗量"，但是知道它们在墓中的原来位置的，除了我们所得的这一群，却不多见。就此可见科学式发掘的价值。平台上面除了两具凌乱的人骨之外，有灰陶罐二。另有二罐在平台的东南。此外尚有带金箔的铜片，玻璃细条，和一粒玻璃珠，都是盗劫的残余。

第2号墓的平台不在墓室的后壁下，却占着室中左面的一半。平台上放置的人骨一架，已经凌乱。又有铁钉四五枚，和一件小铜器。人骨的胸部附近有铜镜一面，足部附近等处有开元通宝钱。另有一陶罐，放在平台的旁边，靠近墓门。这墓中没有发现过陶俑。但是它的时代是和第1号墓相同的。

我们在第1号墓清理完毕的后一天，休息半日，偷空和述祖到附近的新店子去一观地人所说的"银库"。毫无疑问，这是一个大坟堆。这坟堆是在新店子南的戈壁滩上，墓道的前面还耸立着一对用土坯筑成的土阙。坟堆上有一个很大的盗掘坑。据当地人说，这盗掘坑是清代光绪年间地人姓白的所干的。他当时下决心召集工人发掘这"银库"，据说已掘到墓门口，看见门上写有10个字："若要库门开，须等原人来。"姓白的当然不是"原人"，他想尽方法来打开库门都没有成功。可惜我们没有工夫来做这工作，并且我还疑心姓白的已经进去过，所谓"库门打不开"，或许是"英雄欺人之谈"。像这样的大墓，古代也必已经遭受盗掘。所以我们决定放弃发掘这"银库"的计划。

7月11日将第2号墓清理完毕后，曾经在附近打探沟以试有否未发现的古墓，但并无结果。我们是住在农民家中，他将一个土炕让给我们睡。土炕和泥壁上，除了肥大的臭虫以外，还有一种"土鳖子"，也叫作"鸡鳖子"。皮肤被咬后便起了大疙瘩，浮肿处中有小泡，破裂后出黄水。肿处数天不消。我头几天颇为所苦，后来捉了十几个，晚上才得安睡。12日收工后，借了两辆牛车，载运我们这十几天发掘的收获品进城去，安放在张家大院。工人们由警察带领着直接由老爷庙越过戈壁返佛爷庙工作站。

（五）结束佛爷庙东区的工作

7月14日重新回到佛爷庙工作。这时中午露天的温度是122度，室内也达90度。我们预备在一个星期内将发掘工作结束，暂时遣散工人。秋凉后再恢复田野工作。第千号墓地现下只剩1010号未完工，由阎述祖继续清理。我自己另开辟第500号墓地。

这第500号墓地是在佛爷庙的东面。离庙约半公里有一个破墩子，恰当着由草滩走上戈壁滩的地方。我们每天往返第千号墓地时都要经过破墩子，曾注意到墩子西首的戈壁面有点起伏不平。尤其当晨曦初升或夕阳西下时，日光斜照，很清楚显出一个个正圆形或椭圆形的疙瘩，有几个还带有尾巴似的墓道。这些无疑是古坟堆，虽仅高出地面10～20厘米，但可断定是经过人工堆成的。规模远比不上第千号墓地中的小号墓。我以为这些若不是同时代的穷人丛冢，便是文化较简陋时的墓葬。所以决定在收工以前试掘几个，一观究竟。我先花了一天多的工夫用平板仪测绘这墓地，接着便拣选几个来发掘。第1010号墓结束后，全部工人都来这里工作。从7月15日到19日，在这里一共掘了8座墓葬。第508号墓，地面上显示一条长达9米的墓道，地下墓室的构造也是和第千号墓地的小墓相同。其余7墓都是地面显示椭圆形的砾堆，直径的短轴2～4米，长轴4～5.5米。向下发掘便显出一道长仅2～5米、阔约1米的墓道，离地面1米多便露出以土坯封塞的墓门。墓门大半在墓道的东面，但也有在北面或西面的。墓室的宽度也只有1米，长约2～

3 米，高仅 1 米左右。我们为了清理工作的方便起见，将墓室顶部的砾岩移去。发掘完毕时的墓葬，看起来好像一个长达 5～7 米的长方坑，用土坯墙隔分为二，一边做墓道，另一边做墓室。室中都仅埋一尸，头顶向着墓门。

这 7 座墓都未经盗掘，但墓中的殉葬品很简单。有几个墓中并无棺木痕迹。其中二墓（第 502 号和 504 号），尸身下面有一层苇席，再下面铺了一层夹沙的浅灰土。《后汉书·梁鸿传》及《赵咨传》所谓"卷席而葬"，大概便是指这一种葬法。棺木保存较佳的是第 507 号墓，几片薄木板制成，很是简陋。头部下面常放有枕头，例如 504、502 和 507 三墓，后二者连双脚下面也放一垫子。身旁常放置几个算盘子似的泥钱，多的达 30 几枚，成为一串。仅 507 墓放有日常使用的五铢钱一枚。有几个墓中放有陶罐及泥罐，前者常常口部破缺，显然放进去时便是破罐；后者是用手捏成的，且未经烧过的。此外尚出有陶制灯盏一，小泥灶一，和铜簪二枚。殉葬品虽是这样菲薄，但是他们却没有忘记掉在腿间或足侧放置朱书或墨书的陶罐以作镇墓之用。这些墓葬离地面很浅，雨水大概有渗入墓室的，所以有机物多已腐朽，仅第 507 墓中，还有少些绢片和破布，残留在死者的胸部及腹部。

这第 507 号墓是 7 月 18 日发掘的，由述祖监工。墓门全部显露的时候，述祖将封塞墓门的土坯砖，移去一块，然后将头伸向空隙处，想一看墓室的内容，谁知道里面有一股秽气，向外冲出，便吹进他的鼻孔中去。大约是这墓室封闭较紧密，又未经盗掘，室内的有机物朽腐后的秽气都还停蓄在里面。这时候才得隙骤然发泄出来。述祖闻到这气味后，便感觉到不适。这天没有做再进一步的清理。傍晚回到工作站，便连忙吃藿香正气丸，用开水送下。但是仍旧一晚睡觉不安。一闭上眼，便梦见棺木和死尸；梦见棺材越变越大，压在他身上；梦见死尸站起来，伸开干瘪的手臂向他扑来。一夜惊醒了好几次。第二天，他不敢进墓去清理，交给我替他清理。这天又清理了第 504 号墓，殉葬品仅有一个残缺的泥枕头，和前一天所清理的仅出一个泥钱的第505号墓，可以媲美。这两个墓便在穷光蛋的墓葬中也可以说是超等的了。怪不得能够保存得完整，不被盗掘。第505号墓有长达9米余的墓道，规模稍大，便免不了遭受盗掘。我们清理时，仅见到凌乱的尸骨和腐朽的碎棺而已。

根据墓中出土的殉葬品，我们可以知道这墓地是和第千号墓地同一时代的，不过所葬的是比较贫穷的而已。这墓地的性质既已确定，我们因为天气逐渐炎热，露天中午达120度，加以出土的收获品太过于简陋和单调，所以便决定将本季的发掘工作加以结束。7月19日遣散发掘的工人，并将一部分标本交与述祖押运进城，请他在城中休息两天，以便恢复多日所积的疲劳。

我自己因为要补行测绘各墓地的平面图，仍旧在戈壁上做了10天的测量工作。将佛爷庙东区的已发掘过的两个墓地，绘测了两幅比例尺较大的平面图。又决定秋季在佛爷庙西区的墓地工作，先行绘测一幅墓地的平面图。这墓地我们称之为第百号墓地，在佛爷庙的西面约2公里余。这是端午节那天发现的。工人们那天都返家过节了，我们休息一天。午饭后，我和述祖跑到月牙泉去逛。唐人写本的《敦煌录》记载鸣沙山，说"风俗端午日，城中子女皆跻高峰，一齐蹙下，其沙声吼如雷"。现在仍保存这风俗，不过端午节的庙会并没有阴历四月二十八日的热闹。游毕返站的归途中，我们注意到鸣沙山的东北的戈壁滩上，有6个土墩子。有人以为这是瞭望台的残遗。但是我仔细一观察，这6个土墩子实在是三对墓阙，这里的墓葬很稠密。坟堆和墓道都由砾石堆成，高出于地面。有些大约是聚族而葬，好几座墓葬被包围于一个方形的砾石堆成的界圈中。这三对土墩便是峙立于三个方形圈圈的北面一边的阙口两旁。这种土坯筑成的墓阙，我们在佛爷庙东区没有见到，很值得加以发掘，并且这墓地离宁州坊的村子仅半公里来路；我们如果将工作站移到宁州庙，往来工作也方便很多。

　　趁着每天来做测绘工作的机会，我对于这第百号墓地再行细加考察。土阙的结构和新店子所谓"银库"的那个大墓前的土阙相同。这里的大墓，也都是已经盗掘过。但是盗掘坑多在坟堆的中心，坑大且深。佛爷庙东区墓地的盗掘坑都在墓道和坟堆的交界处，和这里的不相同。我又注意到地面上有碎砖两三块，尺寸和老爷庙唐墓中所出的相同，较东区的魏晋墓中所出的为大，并且宽面也有绳纹。我推测这里地下所隐藏的大概是砖砌的唐墓，墓室离地面不深，殉葬品必定有陶俑、开元钱之类。我对站在旁边瞧热闹的李甲长和几个村民说出我的预测。后来秋间开工后，果然不出我的所料。他们不相信我是根据常识来推测出来的，还以为一定是我拿测量用的望远镜、照准仪上的镜子照出了地下隐藏的东西。他们将这件仪器称作"照宝镜"。我真希望我们干田野考古工作的人有这样一具能够照出地下宝藏的透视镜。

　　这时候，敦煌驻军正从事于防御工事，因为伊犁事变已发生。新疆仍由盛世才掌权，新疆政局的变化正在酝酿中。为着防御工事的关系，敦煌县政府叫全县36保每保派额7万块砖。这里每保仅有四五甲。李甲长所管辖仅十来家。每家要缴交千多块。在这燃料欠缺的地方，老百姓自己盖房子都用不起砖块，叫他们到哪里去购买这许多砖呢？大家正为这事发愁。所以李甲长们听见我说起这地下埋藏有砖砌的墓室，很是高兴，但是一转念后又半信半疑。他们住在离这里不过半公里多的宁州坊村庄，已经好几代了。这地下有砖砌的房子，他们不仅自己不知道，并且也从来不曾听见老人家们说过。难道我们这些从东面来的人，真个有这样本领一见便知道地下的宝藏吗？难道我们所使用的镜子真个这样灵验，一照便知道地下的情形吗？

　　暑天的戈壁上，一轮炎热的骄阳，晒得人满身滴汗。述祖由城中回来后，我便请他上千佛山一趟，和国立敦煌艺术研究所接洽暑假上山避暑的事。艺术研究所对于我们表示欢迎，并且说可以加入他们的伙食团，不必自带厨子。7月29日，我将测量工作做毕。嘘了一口气，觉得自己一身轻松得多了。第二天，我们便将"中途岛"工作站结束。先将行李和什物装了一车，叫许警押运入山。我们三个人便在下午3时动身，步行入山。天将黄昏的时候，我们抵达千佛山，便开始了我们的避暑生活。

第三章　在千佛洞的避暑

（一）千佛洞的历史

千佛洞古名莫高窟，在敦煌县城东南约40里。离我们的佛爷庙工作站仅25里左右。这25里都是戈壁滩。由戈壁转入山口，下坡至三危山麓的河谷，便是千佛洞。这里的地层是第四纪的砾岩。发源于南山的一条小河，蜿蜒北行，在这砾岩层中侵蚀了一道深达十来丈的河谷。千佛洞便在这河谷西侧的峭壁上。窟数当在400左右，远望累累若蜂窠，气魄确是宏伟无匹。

佛教的石窟寺制度，起源于印度。如著名的阿旃陀石窟寺，有二洞还是西历纪元前（西汉时）开凿的。由印度传到西域，在库车及吐鲁番等处，都有规模伟大的石窟寺。然后又由西域传到内地来。河西一带，除了敦煌千佛洞外，还有酒泉文殊山、敦煌党河口的西千佛洞、安西的万佛峡、张掖的马蹄寺，以及我们来不及去调查的玉门昌马的东千佛洞和赤金的红山寺。其中以敦煌千佛洞为最重要。

千佛洞开凿的年代，根据现存的圣历二年（698年）李怀让重修莫高窟碑，是苻秦建元二年（366年）沙门乐僔开始造龛的。自此以后，代有增补。现存的修窟题记，最早的是西魏大统四年（538年）。其后隋唐盛世，佛教信仰发达，在千佛洞也留下许多宏丽的壁画和塑像。到了晚唐五代，张义潮、曹义金两家相继称雄于沙、瓜二州，以敦煌（即沙洲）为割据的政治中心，富力集中，所以张、曹二氏在莫高窟所修的洞子，都是规模伟大，超越前人。这可以说是千佛洞的极盛时代。

好景不长，盛极必衰。宋初西夏崛起，雄主赵元昊于景祐二年（1035年）攻取瓜、沙、肃三州。战争的灾祸，影响到这世外桃源的千佛洞。当时寺僧星散，盛景消歇。藏经洞的一万多卷六朝至宋初的写本，便是这时集中于一处被隐藏起来的。正像许多其他因兵而隐匿起来的藏窖一样，原来的主人翁遭受逃离客死的命运。这藏经洞竟经过了九百来年，淹没无闻。一直到光绪廿六年（1900年）才偶然地重被发现。英人斯坦因、法人伯希和，拣选精华，捆载而去。这批无价之宝，便被劫运海外。当时清朝学部听到这消息后，就命令将劫余的八千余卷古写本送往北京，现藏国立北京图书馆。由于藏经的发现，千佛洞的名声便喧腾中外，全球闻名了。这是西夏兵祸的意外的后果。

敦煌被西夏占据以后，便失去了它在张、曹割据时代的重要性。千佛洞也便跟着衰落下来，但并没有像某些人所说的完全废弃。西夏至元代，千佛洞都有补葺的痕迹。著名的六字真言碑及至正十一年重修皇庆寺碑记，都是元代的东西（现在都藏在敦煌艺术研究所的陈列室中）。到了明初放弃嘉峪关以西的地方，敦煌成了边疆部落的耕牧地；千佛洞才是完全荒芜，阒无居人，凋零衰落到极点。

清初于敦煌设治，移殖关内人民于敦煌，于是千佛洞又成为佛教信徒的朝拜圣地。尤其是四月初八日的浴佛节，人山人海，香火兴盛。但是这些人对于洞中所保存的古代佛教艺术，已经不能了解。可怜这些优美的艺术作品，不但不能被欣赏，被爱护，反而被氤氲如云雾的烟火熏黑了许多。清末湖北道士王圆箓复兴千佛洞，修盖九层楼，栽植了许多树木。他的宗教热诚和毅力，确是过人，但他是一个愚昧无知的道人。藏经洞的写本和书轴，便是从他手中卖给外人的。并且凿壁洞贯通各窟，改塑神像，重绘壁画；对于古代艺术品，颇有破坏。他的墓塔便在寺东的戈壁上，隔溪相望。

光绪五年（1879年）匈牙利地质学家洛克齐（Locg）考察地质经

过敦煌，看到了千佛洞，他返欧洲后，很加称赞，说洞中的壁画和塑像的丰富和优美，冠绝东方。后来斯坦因、伯希和二氏先后考古到敦煌，除了劫运去写本和画卷外，对于洞中的壁画和塑像，也照了许多相片，加以发表，使不以亲履其地的人，也可以欣赏到敦煌石室中所保存的艺术。

千佛洞出了名，它的厄运也便降临了。除了写本和画轴这些宝藏几全丧失外，连壁画和塑像也遭遇到劫运。1924 年，美国人华尔讷（I. Warner）曾用树胶粘去壁画二十余幅，又运去佛像多尊，今存哈佛大学福格博物馆。次年，又想来大规模粘取壁画。幸被我国政府知道了，派人监视，这企图才没有实现。抗战期中，因为开发大后方，西北的交通便利不少。到千佛洞来游览或工作的人便增多了；于是有意的或无意的，又做了许多破坏的工作，使令爱惜这些无价珍品的人，见了很是痛心。有识的人士，觉得有抢救的必要，便建议设立机关保管。

1944 年当时的教育部收千佛洞为国有，就地设立敦煌艺术研究所。千佛洞的历史可以说是进了一个新阶段了。我们考古工作队同人于是年 7 月底上山去住的时候，研究所初步的保存工作已完成了一部分：周绕洞窟全部已修筑了一道围墙，以便管理；又请罗寄梅先生将全部洞子做了摄影的记录。至于修复破洞，扫除积沙，临摹壁画，仿制塑像等工作，也正在那里继续进行。并且设置了一个陈列室，以保存可以移动的古物。又新盖好了几间职工宿舍，以便所中的人员可以安心工作。我们上山后，承常书鸿所长殷勤招待，便住在他们的职工宿舍中（附注：这一节的文句，大致利用旧作《千佛洞史略》，仅稍加修改）。

（二）千佛洞的宝藏

我们初到敦煌时曾于 5 月 22 日上千佛山过宿一宵。我是第一次来瞻礼这著名的佛教圣地，只觉得这里所保存的中古时代的佛教艺术，不论塑像或壁画，都是美术上的杰作，触目都是琳琅珠玉，美不胜收，活像置身于欧美大都市的美术院中。匆匆巡礼一周，真是走马看花。暑期中上山避暑，7月30日上山，8月31日才下山，足足在山中住了一个月，才有充分的时间来仔细欣赏这里所保守的艺术，但是还谈不上研究。好在这里已有了一个永久性的研究所，我只写下我们在这里所得的一些印象而已。

千佛洞前面的平原上有三个寺院。最南的一个叫作上寺，是喇嘛住的。中寺现为研究所的办公室和宿舍，我们便借住在这里头。最北是下寺，一名三清宫，当时为王圆箓的徒孙一个跛足的哑道士所住。这年冬初，哑道士被驻军误伤致死，三清宫也收归研究所，作为警卫的驻所。满布石窟的削壁，面对这三寺，仅相隔一条小溪。沿溪有白杨和榆树，还是王道士当年栽植的。夏季溪水潺湲，浓荫夹溪，风景很是优美。

跨着这小溪有一道木桥，桥前的牌坊上题着"古汉桥"三字。建凿较早的六朝洞窟大多集中于这桥的左近。这些六朝的洞窟，窟内常有方形的中心柱，柱的四周凿有佛龛。洞的后壁和侧壁也常凿有佛龛，龛的外框施以蔓华形的雕刻，由上部向两侧垂下，再向外稍卷。龛柱前面的屋顶即石窟的进口处，模仿当时的木建筑作人字披，有时还画上两排木椽。壁画的题材多是贤劫千佛或佛本生故事。前者是用土红作底子，画上许多结跏趺坐的小佛像。用阴影法所绘的佛脸，现在都变成灰黑色，只剩下鼻梁一道白线条和两眼一对白点，好像汉字中的"小"字。后者描绘佛本生故事，有点像现今流行的连环画，不过这里画面是连续的，没有用界线将它分隔成小幅；色调是以青绿色为主，衬以土红及黑白各色。佛龛的下面常有一列供养人像；近墙脚处常是一排力士的画像。壁画的作风，多用大笔粗描；阴影法的黑白对照很强烈，显得沉着朴质。所画的人物和塑像，苗条细长，令人有一种飘逸之感。这种洞窟结构和壁画同新疆库车刻什儿石窟，很是相类似。后者的时代是公元

400～700 年，恰是我国的六朝时代。壁画的作风，是德人勒可克（A. von Le coq）所称为吐火罗式或印度斯克泰式。

隋代似乎是一个过渡的时代。到了唐代，新修的洞窟很多，洞窟结构和艺术作风完全改变。石窟作方形，并无中心柱。顶部四角攒尖，中心是正方形的藻井。早期的藻井常仿木料建筑作斗八式。佛龛常凿在后壁，正对着进口处。五代宋初，曹家所凿的大窟，正中常有一平台，安置佛像。平台背后作为屏风。壁画的题材，佛龛的两旁常是普贤和文殊两菩萨，骑着象和狮，左右跟随着一大群随从。洞内两侧的壁画以经变为主，用唐草图案的花边，隔成巨幅的经变画，小洞 4 幅，大洞有多至 12 幅。最常见的是西方净土变、东方药师变、弥勒下生变、报恩经变、华严经变、天请问经变。佛教画的经变有三种意义：一是变动义，画净土的种种动相；二是转变义，转变本质为画图相；三是变现义，图绘净土相令其变现。这些巨幅经变，都是描绘净土乐国，佛结跏趺坐于正中央。两旁是一大群的佛弟子和诸菩萨。背后亭台楼阁，华丽庄严。空中飞舞着散花的天使（飞天）；佛座前面坐着一队音声人，奏弹各种乐器；中间一舞人随声起舞。再前面是七宝莲地；洗净后灵魂，化成婴儿，从朵朵莲花中出现，合掌礼佛。图幅下面题着"某某经变"，有时还绘着与这经有关的故事画。近洞口的两内壁，常绘维摩经变，一面是维摩居士，一面是问疾的文殊，左右相对。至于供养人缘，或在佛龛的下面，或在门洞口的两侧。

唐代壁画的作风，也和以前的大不相同。这时已是中国画的作风。虽也有采用阴影法，但多是略施烘染，自然显出凹凸；不像前一期的那样黑白对比分明。又侧重线条，细润生动，柔中带刚，和西域画的线条粗犷生硬，完全不同。中国的人物画，从六朝到唐初，由于顾恺之、张僧繇、陆探微、阎立本、吴道子一班人的努力，已达到成熟的境界。这些人中，也有以画佛教壁画著名于世的。我猜想他们这些佛教画一定也是中国风格的。这些中国风格的佛教画，传流到敦煌，在千佛洞留下遗迹。又传到现在的新疆，在吐鲁番的土峪沟和穆图沟等处，便影响到当时的西域佛教画。这些地方的八九世纪时的壁画，称为回鹘式或突厥式，因为当地政权正操在回鹘或突厥族的手中，这些西域佛窟壁画带着中国画的成分，有些还有汉字的题记。

千佛洞的唐代雕刻，论规模的伟大，要推九层楼后面的坐像，高33.3 米。其次是两尊卧像，即佛涅槃像，长约 15 米左右。这些巨像庄严雄伟；但是若论姿态身材的优美，反不及较小的塑像。唐塑的特征，丰颐细腰，肌肉丰腴，衣纹有流畅的线条，带着极浓厚的印度作风。菩萨像常裸露上半身，以璎珞宝饰图绕颈部和两臂，富于自然的柔味。天王塑像戴盔穿甲，怒目睁视，威严无比。有几个晚唐至宋初的洞窟，洞前的用木建筑的窟檐，仍保存旧状，是建筑史上的好资料。

从唐代起，已有利用旧洞窟，仅将壁画涂抹上一厚层泥土，重画一番。这种涂抹重画的风气，至西夏时期（即宋代）更盛。就墙壁的破损处看过去，常可发现好几层重画过的壁画，前后重叠。宋代不仅对于凿洞的工作，常常这样偷工省略掉。便是所重绘上的壁画的艺术，也以偷工减料而衰退，题材很是单调，多是贤劫千佛，或一排直立的菩萨像。用色以石绿及黑色为主，色调沉郁；用笔也呆板平滞。

到了元代，壁画的作风又是大变。同时代的西域的佛寺壁画也盛行这种作风，称之为西藏式或喇嘛教式。千佛洞的元代洞窟，多在北部，栏在新筑的围墙之外。壁画的主要题材是喇嘛教的欢喜佛，为夫妇二身相抱的形状，谲诡非常。现今内蒙古、西藏喇嘛庙中的佛画，便是承袭这一种作风的。下面的供养人像，也是穿着蒙古的服装。

上面已过说过，法国伯希和的《敦煌图谱》，光是图片，便已 6 册；日本松本荣一著《敦煌画の研究》，本文和图版，是厚厚的两巨册。我这里寥寥千余字，仅只是对于千佛洞所保存的雕刻和壁画，作一极粗浅的介绍。至于千佛洞的另一宝藏，古代写本和几十幅的画轴，因为都已被搬运去到国内外各处。现在仅剩下一个"空空如也"的藏经洞，我想也不必再加介绍。还是谈谈我们自己在千佛洞这一暑假的生活。

（三）我们的避暑生活

虽说是"避暑"，我们差不多每天从早晨忙碌到天黑，巡礼各洞窟，细加鉴赏。艺术研究所各位先生的热诚招待，更增进了我们鉴赏的兴趣。可惜我自己对于佛教和艺术都是门外汉，虽住了一个来月，竟是"入宝山而空返"了。幸得有向先生在旁边作我们的导师。向先生是"敦煌学"专家，又曾在千佛洞住上一年作专门的研究。我们获益不浅。

我们先用四五天的工夫，随着向先生将各洞大致巡览一遍。有一天，游到第220洞，向先生忽然内急，来不及返宿舍，便蹲在洞前岩石罅隙上拉屎。后来我打趣他说："在这名胜的地方留下纪念，可以和《西游记》中齐天大圣在三十三天尽头处第一根大柱下撒一泡猴尿，同为千秋佳话。"向先生摇头笑道："遗臭万年！遗臭万年！"

后来我们三人分开来工作。每顿进食时又会合在一起，偶有所得，互相讨论一阵。我想将几个重要的洞窟，仔细地鉴赏一番。将有年号题识的洞子，作为标准尺，细细分析它们的特点。然后将所得的标准来推断没有年号的洞子。最后将各时代的洞子，不论有否年号题记，将它们的建筑形式、壁画的题材和作风、供养人的服饰、塑像的作风，题记的格式和字体，等等，综合起来研究，以观每一时代的特征，以及前后各期演化的情形。可惜我所能利用的时光很有限，事后又没有工夫来整理。这事只好待之异日。

各窟洞的洞口，都有张大千氏的编号，写在上面。查阅很是方便，但有时未免损及古迹，从前伯希和氏也曾编过一次，在他的《敦煌图录》所附的千佛洞详图中都加注明。向先生曾编过一个两氏编号对照表。我花了一整天的工夫，拿着自己临描下来的伯氏详图，逐一校对，改正了几点。将修正后的对照表，抄一份留存敦煌艺术研究所，以供参考。张氏编号第 5 窟的洞口墙上，有墨笔写的 P 1.，下面有两个关于编号的题记。其一是"此伯希和 Paul Pellit 所编号，虽未尽合理，然久经采用，故录于各洞口，其前以 P 号记之。三十一年六月二十日劳斡"。其二是"两公所标伯氏窟号，犹有漏误，约得数十号。爰经补书或订正于各窟檐壁数字下。特加横线以示别，意在求是，非求疵也。32，7，16，史岩"。所谓"两公"者是指劳公和向公。后者系用红铅笔更正劳氏所写的洞号。史岩氏又将全部洞号加以改编，发表在他所著的《敦煌石室画象题识》（1947）一书中。敦煌艺术研究所又加改编，发表于 1948 年编印的《敦煌莫高窟志略》中。若再添上陈万里《西行日记》所录的敦煌县政府编号，一共五种洞号，真是洋洋大观。千佛洞的编号问题，将来也许成为博士考试所提出的论文题目。我很厌恶各地的公安局为了收门牌费的羡余而屡次改编门牌。我以为初次编数时，自当竭力设法使之合理和方便。但是既已编过，并且经许多人使用过，"约定俗成"，除非另有万不得已的重大理由，最好不要以"合理"或"方便"的口头禅，轻加全部更改，弄得"治丝而益棼之"。千佛洞可供研究的题目很多，希望今后的工作者，不要浪抛心力于这改编洞号的问题上面去。

我们乘着住在千佛洞的方便，除了巡览洞子以外，也曾顺便到附近调查古迹。千佛洞的对岸戈壁上，除了王圆箓道士的塔坟以外，还有几座古代的佛塔，大约是宋元时代的。这些佛塔的基部多曾经马步青的部队发掘过。据上寺的喇嘛说，当发掘时，部队曾派步哨禁止人家走近，又将住庙的喇嘛和道士都禁闭在室内，不准出来。所以不知道到底掘得到什么古物。佛塔近旁又有小佛堂，堂内神龛中塑着一位趺坐参禅的高僧像，道貌岸然。8 月 5 日，我们三人跑到千佛洞南 2 里左右的破城子去调查，这座破城是清代的卡房，墙垣还完整如旧，作正方形，长阔都是 15 米左右。城垣内的房屋已倾圮，仅留断墙及卧炕残遗。筑炕的花砖是唐代的古砖，当由附近一个古庙遗址中搬来的。这古庙遗址的地面上有塑像碎片和花砖。庙旁又有两个小佛堂，堂内有宋元时代的壁画。听说马步青的军队也曾在这里发掘，获得一件大宋天禧年间庙社的名单。

8 月 9 日我进城去理发洗澡。和艺术研究所的苏莹辉君一同往返，返山时日正西落。我和苏君并辔徐行。40 里的路程，大半是没有人烟的戈壁滩，一片砂砾，四顾茫然。月亮尚未上山，满天星斗，照出隐约可辨的远山。我们轻声闲谈，以破沉寂；马蹄践地沙沙作响，以相和答。到千佛洞时已经 10 点多钟了。这第一次骑马夜游戈壁，给我一个很深的印象。

酒泉专员公署的白德清秘书到千佛洞来游览，邀约我们一同到南湖去视察。敦煌南湖是阳关故址的所在，向先生曾去过两次，所以仍留在千佛洞。只有我和阎述祖君二人跟随他们去南湖。后来冬季收工后，我们又去南湖及西湖做一次较详细的考察。关于沿途路旁及南湖的古迹，留待下面第五章"敦煌的汉代烽燧——阳关和玉门关"一章再行叙述。现在只略述这次考察的大概经过。8 月 11 日傍晚，我和述祖君及艺术研究所的李子青（浴）君，一同骑马进城，我曾堕马一次，幸未受伤。次日随白秘书去南湖，杨绥之主任及崔德爵科长也同往。到新岷州坊，在崔君友人家中进午餐。晚宿西千佛洞。天气正热，我们想夜间赶路。睡到夜半便起身，明月初上，戈壁上路径仅依稀可辨，由县府所派的巡警引路。1 时许动身。月色朦胧，不能远望。我们七骑紧靠着同行，将近山水沟时，天始放亮。抵南湖已 8 时许，住马保长家中。保长的公子生骏，毕业于县立小学，是当地唯一的读书人。我们补睡一会儿。起来进餐后，即赴古董滩、红山口、古寿昌城各处调查。傍晚才返村中。夜饭后便睡在麦场上。明月未上，星光满天，疲倦已极，不久即入睡。次日东返敦煌县城。我和述祖因为要对沿途古迹加以照相和测绘，落后了许多，只好请他们先行返城。中午在南湖店打尖。午后至双墩子，以天气过热，人马疲乏。在通渭渠的看渠者家中借榻再作午睡。睡醒后赴双墩子一观。所谓"双墩子"是古墓的土阙，这里至少有四对墓阙。阙后有坟冢，多已经盗掘过。上马返城，7 时许进城门。次日（15 日）返千佛洞。常书鸿所长适由酒泉送女上学归来。晚间大家围坐闲谈，割切开本地产的哈密瓜分食。这还是我第一次食新鲜的哈密瓜，才知道兰州市上出售的哈密瓜干，完全失去了原来的色香味。

8 月 21 日，我和向、阎二先生到千佛洞对面的三危山去逛。这山是由变质岩（似为片麻岩）造成的，受侵蚀很是剧烈。三峰危立鼎峙，犹如笔架。我想若在别处一定会取名"笔架山"。在这里因为位于西陲，便冒上了《书经》中鼎鼎大名的三危山了。实则舜、禹的时候，中国的疆域决计达不及敦煌的。山脚有一塔，中藏很多的模制小泥塔。我们捡取了几枚小泥塔以作标本，然后觅道上山。因为没有引路人，寻找不到上山的大路。我们下决心由小径攀登上去。变质岩的山石，一攀便崩颓。濯濯童山，不长草木，没有树根草茎可供攀援或踏足之用，攀登很是吃力，几度停顿下来，喘息流汗。最后鼓着勇力，爬到一小峰的巅顶。这里有一土墼所筑的塔。塔旁有几块印着浮雕花纹的方砖。这里我们碰到上山的大路，不必再受攀登的劳苦。沿着大路另上一山峰，这峰上有一牌楼，俗称南天门。我们坐下来休息，述祖忽动诗兴，在门壁上题写一首打油诗："万壑连天碧，石屏映窣波。峭壁通鸟道，几唱阿弥陀。"由这里回首下望千佛洞，一排蜂巢似的洞窟，半露半隐于绿荫背后，煞是好看。向前看则千山万壑，嵯峨争雄。我们已没有勇气再向上攀登了。连三危山的主峰上的王母宫，也因为找不到通径，只得中途放弃，废然而返。

山上入秋较早。8 月 25 日我们已感到萧然有秋意，心想又可以从事于戈壁上的发掘工作了。这天向先生下山进城去接洽。下季的工作已决定移到佛爷庙西区接近鸣沙山的古代墓地。这里离佛爷庙颇远，我们要另找房子设工作站。又对招募工人问题也要向县政府接洽。向先生于 28 日返山，说已经接洽好借用宁州庙做工作站，离工地很近，预备 9 月 2 日开工，叫工人到宁州庙到报到。向先生又带来报纸和不见报纸的消息。知道法国南部土伦附近盟军又有登陆，欧战或可于明年内结束。国内衡阳已沦陷，日军取攻势，欲作最后的挣扎。这都是 10 天以前的报纸上所登载的。向先生又听说马莲井子附近的公路上被蒙哈联军潜埋地雷，24 日的班车遭炸毁，死乘客 4 人，和 6 月初向希隆吉附近炸车的事相似。西北公路上的安全已成问题了。我们颇为将来东归的旅行担忧。

8 月 30 日，是我们离千佛洞下山的前一天。我们到千佛洞东南 30 来里的老君堂去沿途调查古迹。向先生原想和我们同去。晨起后身体不舒，临时作罢。我和述祖、子青结伴前往，由一警察引路。从千佛洞东行上戈壁，沿大路上三危山，经过前次述祖题诗的南天门。翻过岭后，下降到一山谷中，沿着一道干河床向东南行，约行 15 里便到观音井。我们便坐在庙中休息，剖食瓜果以解渴。庙中有一木制碑记，是民国 6 年重修时所立。又有民国 4 年所铸的铁钟。碑记和钟铭都提到庙前有一水澄味甘的石井。碑中还说石板上留有观音手印两迹。我们找寻一会儿未获，仅于庙前见到一枯井，填满沙土，或许便是这地因之得名的观音井罢。这观音庙凝立于山坡上，俯临河谷。旁边栽着几棵胡桐树，浓荫苍翠，替附近不长草木的紫山岩，增添了不少生气。唐人写本《敦煌录》叙述莫高窟之后，接着说："次南山有观音菩萨会现之处，郡人每诣彼，必徒行来往，其恭敬如是。"似乎便是这观音井。

由观音井再向东南行，在山谷中走了十来里。谷中填塞着由山上崩圮下来的大石块。替我们背驮食物那匹驴子，踩踏着石子前进，最后竟执拗着不肯再向前走了。我们只好将驴背上的食品取下来叫巡警携带着，把驴子系在路旁大石头上。这时候我们抬头已可以遥远地看到屹立山巅的老君堂。不幸我们走错路，绕了几个弯子，爬错了山，跑了许多冤枉路，末了终于找到了老君堂所在的山峰，便往上爬到了老君堂，坐下来休息。堂中有一铁碑，是1933年前清拔贡朱永镇所撰的《创修三危山老君堂碑记》。堂内供养太上老君像。山腰有一殿叫作三教殿，也是民国年间所建。最重要的古迹是三教殿西畔的八角小亭，观其建筑、天王塑像及壁画，似为宋元时物，但神龛内释迦塑像是近代重修的。门楣上题有"慈氏之塔"四字，亭的外面作八角形，周绕粉墙，南边开一门洞，东北西三方的都画有天王像；其余四面，都塑有天王像各一。墙内佛堂作正方形，也有古代残留的壁画。亭子西畔数十步有一小佛堂，其中壁画是宋初作风，佛的背光作蛙形，佛旁侍立四菩萨。我们在三教殿中用午餐后，便沿着来时的路返千佛洞。

回到千佛洞时，我们便跑到向先生的房中去问疾，看见他偃卧在床上，但是精神很兴奋。他先告诉我们他的病状，大概是疟疾，已经吃过奎宁丸。接着他告诉艺术研究所今日发现数十卷六朝写本的惊人消息。我们宿舍后面原有一座龙王庙。这次建造宿舍，将这庙征用做库房。庙中几个残破的神像，也被抬出来丢在外面。这一天，所中雇来修理房子的一个泥水匠，看见残像所露出的桃木，忽然想起可以废物利用，要把这桃木拿回家去做辟邪的桃符。他便把这根桃木抽出来。这一带近代泥塑佛像的中心木，大多先用茇茇草扎缠，然后敷泥的。不料这根桃木竟是用古代写本经卷包扎的。听说还有俄文报纸残片。这塑像是清末或民国初年的东西，我猜想大概便是王国篆道士所干的。泥水匠发现这些写本后，所中一位马姓的工役也看到了；听说他们想平分了私自藏匿。但是所中巡警队的窦占彪巡长马上知道了，便去报告常书鸿所长，并将发现的写本捧来交缴进去。常所长赏给窦巡长一些钱，要他设法再加追究。午后常所长召集所中同人将这些写本检点登记，并请向先生监视。一共编了48号（末号是残片24件），大半数是《涅槃经》。内有题记兴安三年和太和十一年的各一卷，其余的就字体及纸张而论也是北魏时物。最长的一卷共198行，长达1丈。我和述祖听后也很兴奋，便跑到常所长那里要出来细加鉴赏。第二天上午，窦巡长又搜出昨天被工人潜藏匿于墙外乱砖中的写本一批，连碎片共编 21 号，有和平二年写的《孝经》残卷。常所长要我们也参加登记的工作，将各卷浏览一遍，便封起来珍藏，呈报教育部听候如何处置。

我们因为县政府所派的牛车已到，在检点登记的单子上签了字后，便匆匆告别下山，预备在宁州庙展开秋季的发掘工作。只有向先生因为身体未复原，多留山上几天，以便休养。千佛洞避暑的生活，便告结束了。

第四章　敦煌佛爷庙西区墓地的发掘

（一）新工作站的生活

我们这次新的工作站宁州庙，是在上季工作站佛爷庙的西边，相距约 3 公里余。这宁州庙的四周是农村，鸡犬之声相闻，比戈壁滩上的"中途岛"热闹得多了。庙内原来办有一保国民学校，由一位 19 岁的东关小学毕业的王校长主持。这保国民学校的学生仅十几个人，所以并做一班授课。王校长将庙中两面边厢分别作为课堂和校长室。我们于 8 月 31 日到宁州庙时，学校已经开学了两天。王校长住家离校不远，每天返家过宿。第二天我们才碰到他，便请他腾空一间厢房，作为我们的寝室和贮藏室。他起初不答应，后来看到我们持有教育科任子宜科长的介绍信，便很客气，将两个厢房都腾空给我们，将校长室暂加取消，将讲堂搬到大殿上去。这宁州庙好久不曾供人住宿，所以夜间有野鸽成群飞集横梁上过宿。这些野鸽每天啄食附近的农作物，长得很肥胖，便引动了我们的馋涎。第三天夜间，我们拿梯子爬上捕取了 4 只。次日午餐，桌上添了一碗盛得满满的红烧鸽子。过几天又捉了一次。后来这些野鸽不再到庙里来过宿了。

宁州坊这村子在县城的南方偏西，俗称"南地"。地近沙山，土壤含砂粒很多，疏松易碎，出产美瓜。敦煌俗谚有云"洮岷棉花南地瓜，新店高粱石七八"。洮州坊和岷州坊都在党河的西岸，位于十渠的上游，得灌溉之利较多，且近城又无沙山阻隔，易得肥料，所以种棉花收获特丰；新店子一带系新垦的土地，地力最肥沃，每亩麦子收获达一石以上。本年瓜多价贱。工作站附近有维吾尔人所种哈密瓜，据云佳美不减于哈密的原产品。这地出产的西瓜也不错。我们有时一天吃三个西瓜。早晨上工前、中午收工及傍晚收工后，都在庙中剖食一瓜。三人中我吃瓜的本领最大，一个瓜剖成四份，每人一份，剩下的一份也常归我独自吃了。他们常以"吃瓜大王"相称，我也以此自傲。后来有一天，看见我们的警察许霖，一口气便吃了两个半瓜。我觉得有点"相形见绌"了。9月16日兰厅坊小学的卢校长来参观，留之午餐。闲谈中，他说起曾一次食过四瓜。我听后，越发觉得是"小巫见大巫"。以后向、阎二公也不再以"吃瓜大王"称我了。

工作站除了我们三人外，县政府派来的两名警察仍是旧人，不过厨子换了新人。在上面《"中途岛"的生活》一章中已经提到，这位新来的厨子叫作老袁，是河北人；我们收工辞退后不久便得病身亡，听说是因为帮忙我们这些挖墓的人，以致被鬼捉去了。老袁为人虽较忠厚，但是烹饪手段也未见高明。好在我们都是不讲究食味的；加以敦煌菜蔬缺乏，便是有本领的厨子也是"英雄无用武之地"。这里天寒较早，未入冬令便没有新鲜的园菜。鱼类因为河渠冬季水干不留点滴，只有月牙泉出产一种无鳞有须的铁背鱼，仍是不能供食用的。生长于东南海隅"鱼米之乡"的我，有时未免有"食无鱼"之叹。

工人二十余人，仅少数由旁的乡村来的人住在工作站中，其余都是每晚回家去睡。我们旬日休息或晚间有空暇，有时到他们家中去逛。欧美的考古家到近东来工作，常常附带做点民族学上的调查。敦煌民俗是汉族文化的系统，和中原各地，大同小异。譬如中秋节，各家互送月饼、西瓜、梨子等以作礼物，晚间即用以供养月亮。敦煌糅合释、道二者的邪教特别多，有龙华会（即皇极会）、白蜡会（即玉成会）、大成会等。我们曾经去过几次观光他们做佛事。9月24日晚上我们曾到工作站的刘姓家中去瞧热闹，看龙华会为亡故者超度。这家近两月以来一连死亡了4个人，都是由伤寒病而死的。他们延请龙华会友5人来。上房供养《法华经》、《法华忏》等经典。在中庭设一香案，供养着佛教的五方天王（四方天王外，加上中央大梵天），和道教的五方天帝（赤、黄、青、白、黑）；前面另摆一桌，供着地藏菩萨神位。五位龙华会友围坐着诵念"佛说普提药师如来放赦亡忏"。坐在中央的会友是主唱者，手持念珠和铜铃。两旁分坐着的四位会友击铜钵和木鱼。桌前以板凳搭成二桥，盖着白布的是银桥，盖着青布的是金桥。桥上放置十几盏油灯。桥前是刘家的三代亡灵的神位。几个妇孺跪在神位前叩拜。过了几天，我们听说附近的谭家延请白蜡会念经。晚上我们偷闲去参观。这也是糅合佛道二教而成的。听说是白莲教的一派，供奉青空无生老母，用"天运"纪年；作法事用符箓，有斩妖剑。谭家这次念经三天，我们去的那晚是第一天。会友十余人，上房供养经典和宝剑，中庭放置一小佛龛，张挂一幅神像，中立者首载五莲瓣的僧帽；两侧右立红发金刚，左立蓝袍判官。糅合佛道两教，而以道教气息较浓厚。

我们9月2日开工，秋季刮风的日子似较春季为少。我的日记中仅记载二次。9月27日刮风，天气骤寒。10月6日刮风，天气变寒。次日风势更大，在戈壁中冒着寒风工作。这地气候早寒，我们那天晚间到谭家去看白蜡会念经，还是9月底，已穿上毛皮大衣。回来稍晚，阎文儒君便着了凉，第二天身体不适。10月中旬，室内温度已低降至华氏50度。西风已起，草木黄落，已是江南秋深的情景。向先生动身东归，10月18日起程。我们留在敦煌的，因为还要到两关遗址去做调查，所以将墓地发掘工作加以结束，于10月20日收工。

向先生的东归，是我们工作站的大损失。向先生前年一度来敦，在千佛洞住了将近一年。那次因为考察团组织上的欠缺，工作大费周折，没有能照预定的计划去做。这次他带着我们西来，除了陪伴我们在敦煌做点发掘工作之外，原想将工作伸展到新疆去。8 月 25 日新疆发生事变，盛世才扣留南京派去的负责人员。这事变虽在 8 月底便告解决。但是我们到新疆工作的原定计划，自受打击。9 月 14 日向先生在月牙泉会晤到刚由新疆来敦游览的甘肃油矿局孙越崎总经理等，知道这次事变的详情，并知道最近期内无法在新疆做野外考古工作，只得将这计划打消。向先生曾去过两关遗址二次，不想再去。他留在李庄的家庭，又需要他回去料理一番。所以他决计先行东归。我曾戏作打油诗一首替他送行："一出关门便欲退，出关尚未到天山。不是夫子欠蛮劲，蜀江望断大刀环。"

10 月 18 日我进城替向先生送行。边城秋末，西风卷着残叶，街道上很冷静，行人稀少。我们在街上散步，经过县政府的大门口，看见告示牌上有一件种烟犯的家属请予保释的批示，末尾说："本县决不诬一好人，但犯法的人，也决不能原谅，请你多多念佛好了。此批。"县长老爷要百姓多多念佛，真是"别开生面"的批示。向先生觉得有趣，将这批示的全文都抄录下来。那天晚上，我到陶会长家中去拜访来敦游览的王竹亭处长和曾昭抡教授夫妇。回来时，向先生正和任子宜先生闲聊天。看见我进来，便笑着说："可惜你回来晚一点，没有赶上瞧一出趣剧。"我连忙问是什么趣剧。向先生便告诉我说："天黑后我正闲坐着，县府一位警士进来问向先生在家否，县长有事想面谈。我便跟着警士出来同往县府。上街后中途便看见迎面而来的两个警士，一个手提马灯照路，一个手托木盘，盘面放置几包礼物。后面随着宋子衡县长和吕少卿拔贡等四位地绅，浩浩荡荡向着我的寓所而来。我连忙跑上去挡驾说不敢当，请他们返县府面谈一切，礼物绝不敢收。我跟他们到县府去。原来敦煌县有两件公事托我到兰州碰到省府大员时，代为陈请。一是与安西划界的问题，请求将北湖（即安西的西湖）归入敦煌。一是新疆送马二万余匹东来，要敦煌供给草料送到猩猩峡。希望放送至安西县城为止。我答应代为转达，但不敢保证一定生效。但是这一幕县长带队送礼的趣剧是够瞧了，可惜你错过了机会。"我听了也大笑不止，只自恨眼福欠佳。第二天早晨，向先生便离开敦煌了。

这些事情，我们不过觉得有趣，一笑置之。但是有些事情便要使人久感憎恶不快。9月6日，向先生步行进城为工作站运柴，为了雇不到车子，白跑了一趟往返30多里的路，我们原已雇好了车子。但被飞机场强拉去赴北湖打柴。听说这次全县一共征派了60辆车子，每保6车，自备伙食到北湖去替飞机场人员打柴。敦煌的飞机场自开创以来，好几年仅停过一架被迫降落的飞机。但是组织颇不小，有航空站站长，有无线电台台长，下面又有好几位职员和勤务。所开支的经费颇可观。地方上的派差更为扰民。每次下雨，飞机场便被冲坏，雨后要征用民夫百余人来做好几天的修理工作。航空站所需的薪柴，常用低价强迫收购过路的柴车。这次强派民车赴北湖打柴，往返要六七天。地民都暗中叫苦。这些情形，深入民间工作的才能知道。

我们这一季的工作颇为紧张。这是在敦煌的最后一季，不知道何时可以再有机会到这遥远的边城来。将来写报告所需要的地图及工作照相，都需要在当地弄得齐备。向先生镇守工作站，总揽一切。我和阎君在野地监工发掘，作墓葬记录。我又负担全部测量和照相的工作，忙得不可开交。我们将城内张家大院的空仓改造作冲洗照相的暗室。我时常于休工的一天，进城去冲洗照相，或留在野地补测地图。中秋节日，工人都回家过节了。下午我独自进城去做洗照相的工作，一直到晚上才得完毕。我从暗室中出来，望见月明如画，照得大地犹如水银世界；很懊悔在暗室中度中秋，辜负佳节。10月20日收工后，阎君将古物箱子装了6辆牛车，押运进城。我在工作站多留三天，在戈壁上将地图补测完毕。然后将宁州庙工作站结束，携带行李返城。

在这隔绝尘世的戈壁上做发掘工作，我们几乎可以把整副精神放在田野工作上。但是尘世间的消息，有时也渗透进来。敦煌本地没有报纸，酒泉油矿局办有一小型油印的《塞上日报》，要一个多星期才能寄到这里。9 月 7 日我们才知道盟军已抵巴黎，9 月 15 日知道盟军已入比国京城，日军在湖南发动攻势，侵入邵阳、祁阳。我自己最关心的，自然是故乡浙东的消息。自从 6 月 15 日以后，一连三个多月没有家信。10 月 11 日才接到家中 6 月 1 日所寄发的信。浙东战争已于 8 月底重行爆发。此后我在敦煌便没有再接到家信了。杜甫的名句"烽火连三月，家书抵万金"。这时候确能深切地体会到个中意味。9 月 20 日进城看到壁报，知道故乡温州已于 9 日晨间沦陷。1942 年温州二次沦陷时我适在故乡，曾尝过逃难时流离颠沛的滋味。这次我不在家，不知道年近古稀的双亲和弱妻稚儿们是否已逃到乡间去，抑或困陷在围城中？沦陷后的生活如何维持？沦陷前后的炮火劫掠，破坏程度如何？翘首东望，忧心如焚。勉强抑制住心中的焦急和愁虑，提起精神来继续当前的工作。有时中宵为恶梦所惊醒，窗外月明如水，低诵"噩梦醒来犹堕泪，故园归去恐无家"，不禁泫然欲涕。后来返家才知道家人于 8 月 27 日便离城避难上河乡。高年的老父，以主持全家避难事情，操劳过度，加以乡间生活艰苦，11 月 14 日获病。载回城中后，因沦陷期中延请不到医师诊治，便于 21 日下午长逝，享寿 69 岁。那天我正在千佛山将新获的彩绘花砖墓墙复原，重行堆砌在一个残洞中。我哪里知道数千里外的家中发生了这变故呢。前一年我应召离家入川转往西北工作，犹记得告别的那一天，父亲还对我说："家中一切有我照料，你在外安心工作好了。"虽然为着爱子远行，心中悒郁不乐，面上还强作笑容。谁知道这一别竟成永诀！这是我终身的憾事！

（二）发掘的经过和收获

我们秋季在佛爷庙西南的主要发掘工作是在第百号墓地。这墓地是在月牙泉东，和宁州庙很靠近。从 9 月 2 日开工，至 10 月 20 日收工，除休息日外，一共工作了 46 天。工人最多时也不过二十来名，虽较春季为多，但比起战前在殷墟发掘时招工达三四百人之多者，相形之下，真是"小巫见大巫"了。前面已提到过的，这墓地是端午节我们到月牙泉瞧热闹回来时所发现的。这里的特征是墓群前面常有土坯砌成的墓阙一对；盗掘坑多在坟堆的中心，坑大且深。东区第五百号墓地及一千号墓地的盗掘坑都在坟堆和墓道的交界处，和这里的不同。我们当时便推测这是属于不同的时代。这墓地大概离当时居住地区很是接近，所以坟冢很是稠密，盗掘得也较为彻底。

开始工作时，我们便拣选两个前有土阙而坟堆较大的墓葬，即101号和102号，由盗掘坑向下发掘。这两座墓的墓道都朝着北方，二者平行排列。101号的盗掘坑有二，但102仅有一坑。发掘后才知道前者规模较大，有前后两墓室；后者仅有一个墓室。墓室用砖砌成，离地面不深，覆压在上面的是重新堆上的松土，不是原来的砾岩地层。墓室常用砖两三层固封着。盗掘者避难就易，都从墓室顶上一直向下掘，可以省工不少。这些都可证明盗掘者是同时代的人，所以知道地下墓葬结构很清楚。

第101号墓掘到1米以下，便陆续有碎砖出土。前室掘到2.5米，便于南侧显露一排整砖。这是砖砌墓室的南壁。再向下掘，东西两侧的砖墙及北侧的墓门，也都露出来了。3米以下，便须要用"称杆"起土。我们分一部分工人去发掘未曾扰乱过的墓道中填土。深达3米时，便露出以花砖砌成的弧形门楣。不久，前墓室的两侧砖壁显露以土红涂抹的假门。南壁有一门洞，与后墓室相通，而和北壁的墓门，遥遥相对。这些门洞及假门的两侧，都有一扇假窗。窗框也以土红涂色。窗棂是一排垂直的方棱细柱。千佛洞的晚唐五代木构建筑，也有这样的窗子。细柱间的隙缝，可以透光，又可以透风。墓中自然并不需要明亮光线和新鲜空气，所以这些假窗是在窗框中央镶嵌一块正方形厚砖，砖面刻磨好几道垂直的有棱角的隆脊，远望很像一根根的方棱细柱。这些朱门绮窗，实是模仿木料的建筑物。由这阴宅的结构，可以想象到当时人家住宅的景象。底部离冢面约5米，平铺着正方形的花卉图案的花砖。前墓室陆续出了许多陶俑碎片；离墓底越近，所出的陶俑碎片越多。掘到底部后，有兽类的肋骨、脊椎骨和腿骨，大概是放在墓中给死人享受的祭肉和残留。又有人头二具和大腿骨一块，大概是盗掘时由后墓室中移动过来的。陶俑多已破碎，凌乱散置，很少是留在原来的位置。前室的东北角及西侧，有破碎的天王像各一，东南角有怪兽俑碎片。又有小女俑头部及小男俑。这些陶俑的作风，和春季老爷庙唐墓所得的，几乎完全相同，有些好像是从同一个模型中印制出来的。不过这里戈壁上墓中填塞的是砂砾，不是淤土；所以陶俑大都保留原来绘画上的色彩，鲜明如新。

南墓室即后墓室，在盗掘时被破坏得较为利害。四壁仅剩墙脚。平铺在底部的砖也所剩无几。我们无法知道在四壁中腰是否设有假窗。靠近北壁下的底部，还残留有砖砌平台的痕迹。这室中有人肢骨、指骨及棺上铁钉等出土。棺木原来似乎即放置在这平台上面。盗掘者的目标，最主要的是棺内附身的金饰，所以被破坏得最惨。这一墓自开工那一天始，直至9月25日才将墓室清理完毕。后来又花了几天工，将墓道也全部清理出来。这是长达14米最深处达5.7米的一道斜坡。吐鲁番所发现的隋唐时代的高昌唐墓的墓志，多在墓道的侧壁上。我们很想知道这里的唐墓是否也是如此，结果是毫无所获。仅于墓门附近发现了陶片二片，陶制馒头形的东西五件。这墓的门洞中有土坯堆砌的墙一道，砖墙二道，深藏固封。发掘开时尚是原封不动。我们想在墓道中获得墓志的希望既遭幻灭，此后各墓，我们便不再清理墓道的全部了。

第102号墓，只有一个盗掘坑。我们将工人分为二组，其中一组从盗掘坑向下挖，另一组在未被扰过的墓道中起土。后者深达2米时便显露花砖所砌成的弧形门楣。再向下掘，发现门的两侧也镶嵌花砖；封塞门洞的砖，仍是原封不动。至于盗掘坑，是在墓坑的正中，将室顶破坏了。四壁也是用砖砌成，镶嵌唐草纹的正方形花砖。北壁下有一砖砌的平台，离地面30厘米，这平台长2.6米，宽1.6米，差不多占了墓室的一半。平台上发现人骨、朽木、铁钉、破陶罐，及带字的漆片。显然，这平台是放置棺木的。全墓清理后，未得一小片破陶俑。似乎这墓中原来即没有陶俑殉葬。9月12日，便将这墓清理完毕。

我们接着发掘一个小墓，位置是夹在前面所说的二墓中间。这103号墓没有用砖砌，墓室是在砾岩地层中由墓门挖一横穴。盗掘者是由墓道进去的。我们由盗掘坑向下去，离地面2.5米便显露墓门。封塞墓门的是素砖和土坯各一层。这两层的上端都被拆毁一部分，可以容纳一个人爬进去。进门后，墓室的左壁与墓门相平，右边凹进约1米，这凹进处平铺砖片一层，然后放上棺木。尸骨上半身已被扰乱，头部是向着墓门。骨骸旁边有棺木残片及红色漆片；但是没有其他任何殉葬物品。这使我们大失所望。于是转移目标，又向高大的坟冢进攻。

我们便在邻近的一个前有土阙的墓圈中，发掘了可分成两对的四座墓。墓中的情形，也和101、102号相同。其中第104和105号是并列的一对。前者和101号相似，后者和102号相似。第104号墓也分成前后两墓室。但盗掘时被破坏得较厉害，四壁仅剩留不完整的墙脚。前室两侧墙壁尚有涂红色的假门末端的痕迹。原来的结构想来一定也是有假窗假门的。填土及底部有很多陶俑碎片出土。虽然大的陶俑都已很破碎，但尚可拼凑成不完整的天王像二件，马夫或驼夫俑三件，马俑和驼俑各一件，怪兽俑二件。此外尚有小男俑及小女俑的上半身多件。因为被扰乱得很利害，同一件陶俑的碎片，常分散在好几处。后墓室被破坏得更厉害，出土有人头骨一具，腿骨及趾骨等数根，又有铁钉，陶罐碎片，碎陶俑，残白玉钗一件，黄金簪一件。这后墓室大概是放置棺木的。人骨和铁钉都是在棺上的。玉钗、金簪是死者头上的首饰。这金簪长达13厘米，重4.7钱，可惜是平素无花纹。玉钗晶莹，是和阗一带过来的白玉。由于这些残留，可以想象到当年殉葬品的丰富。敦煌附近的南山中产金，现今山中仍有采金矿场。怪不得当年金制品之多。但是"金玉满堂，莫之能守"。厚葬徒以引起盗掘者的贪心而已。

比邻的105号墓，和上面的102号内容相似。这墓规模较小，仅有一室。墓室保存得较完整，仅顶部遭盗掘者破坏。四壁的砖墙镶嵌正方形的花砖。但这墓的花砖，除了花卉图案的以外，有一块是马夫拉马，好几块是驼夫牵驼。这些人物走兽的浮雕都很生动。当时的驼鞍和牵驼的姿势，都和今日相同。砖上的驼夫戴着尖顶的帽子，显然是住在中亚细亚的外族的服装。北壁下是一完整的砖砌平台，占了墓室一大半。平台上放置棺木，虽也是曾经盗掘，但残留的东西尚不少。人骨有头骨碎片、腿骨和肋骨等，头部似朝向东方。锁骨的旁边出半月形金饰一件，似乎是颈链的末端。平台上尚有铁钉 4 枚，开元钱 69 枚，陶罐 2 个。平台附近的地面又得到开元钱 75 枚，陶罐 2 个，漆片若干。拆毁平台的砖块时，发现有两块的后面有文字，都是在未烧以前刻划在土坯上的。一是"阴行□"，一是"此身非常身，此身□□身"。前者当为人名。阴姓是当时敦煌的大族。至于陶俑的残片，这墓中也未曾发现半片。

第 106 和 107 号两墓，也是互相紧靠着并行排列的一对。前者单墓室无陶俑，和 102 及 105 号相同，后者双墓室有很多陶俑，和 101 及 104 号相同。第 106 号是 9 月 24 日开始发掘的。第一天在盗掘坑的最上层离地面 30 厘米便发现了一件小铜扣和 6 片陶俑碎片。但此后继续发掘 4 米多，一直到清理底部完毕，始终未再见半片陶俑。大概这几片是由附近被盗掘的墓葬移动过来的。墓室是四壁镶嵌花砖，底部也平铺花砖，南壁下有一个放置棺木的平台，已遭破坏，仅剩不完整的一层。扰土中发现涂彩的木片，铁钉 8 枚，碎铜片和漆片各一堆，及灰陶片一片。棺木已无痕迹，人骨被抛弃在平台的北面，凌乱放成一堆。第 107 号是有前后两墓室的，四壁的砖壁被破坏得很厉害。前室出陶俑碎片很多，可以认得出的有天王像二、怪兽像二、马俑和驼俑各一、马夫或驼夫俑 5 件、小女俑上身及小男俑多件。此外尚有彩绘木俑残片多件，玻璃珠及玻璃细杆、铜器残件、铁钉、人头骨及足趾骨。这些人骨大概是由后室移来的。后墓室放置棺木的平台已遭拆毁大半。平台的西侧有人骨一堆和棺钉若干，原来当在平台上面，后来被盗掘者推下来的。平台的前面和两侧有很多小陶俑。这些小陶俑似乎原来便放在平台的旁边，像老爷庙唐墓中的布置一样。平台旁边又有破碎的薄铜片一小堆和一些玻璃碎片。

我们发掘了7座唐墓后，知道它们是大同小异，颇少差别。我们又想转移阵地。这墓地所在的戈壁上，西北角有一道可能是古代沟渠的故道，沟外另有一群墓葬，共有100多座。盗掘坑是在坟冢和墓道相接的地方，并不在坟冢的中心。有几座墓葬颇为高大，周围环绕以正方形的砂砾堆成的圈围，但是没有土阙的痕迹。我们怀疑这代表不同的时代，所以便于9月25日分派一部分工人到那边去工作。我们挑选了第108和109号两座比较高大的坟墓来试掘。果然发现墓室的结构和第千号墓地的相同，墓室在砾岩地层中掘一横洞，常带有一耳室。盗掘坑是在墓室门外。殉葬品也大致相同。我们推测它们的年代，大概也是在东汉晚年至晋朝。

第108号墓的坟冢高1.7米，略作方形，墓道向南方。盗掘坑是在墓门口。我们下掘达5米余，才显露墓门。封塞墓门的土坯堆成的墙已遭破坏。墓室略作正方形，西南角有一小洞。墓室内出土的东西，有朽木、人骨、绳纹陶片、方形陶制果盘、页板岩制磨石、陶罐、未曾烧过的黏土制厚碗、圆形有孔的云母石，以及瓜子形金饰一薄片。这金饰上尖下圆，上端有一细孔，可作首饰的坠子。

第109号墓的盗掘坑中有尸骨一具，头部向上，身部蜷曲后屈，腿部向上屈，似乎是被捆缚后抛入的。脑盖骨中蛆虫骸壳很多，可以想象得到这尸骨抛入坑中以后曾经长期暴露着；一直到了生蛆以后，坑中积土才慢慢地堆积起来将他掩盖住。这恐是古代的一件谋杀案子，可惜这骷髅空张着嘴巴，却不能告诉我们这案子的详细情形，请求替他申雪。盗掘坑起土直达底部，深达7.4米。这墓有前后二室，前墓室四壁尚残留不完整的墙脚，似乎原来整个墓室都是用砖砌成。东南角有一耳洞，也用砖砌，并且用砖堆砌了放置东西的架子，可惜这些架子上已空无一物。前室扰土中有陶罐残片、毛毡残片、铁钉和铁块。西壁下有人头骨二、狗头骨一。后墓室被破坏得更厉害，只在南壁下及东北角，剩留有十几块砖在原来的位置，可能整个墓室也是用砖砌成的。这室中有下颚骨二具及残骨若干。前室中的人头骨大概是由这室移过去的。又有木板残片，似为棺木的残遗。殉葬品有陶制果盘、灯盏及陶碗的碎片、漆片、铁块、圆形有孔的云母石、蜘蛛形金饰。最后一件是由金片剪成蜘蛛形，满布细孔，谅系缝在织物上面的。工人看见这件出土时，便立即拾取，把它搓成一团，塞到腰包里。幸而立刻被我们发觉了，马上要他交出来。我们监工是一刻也不能放松的。那几天陆续出了好几件金饰，工人们都眼红了，以为我们是为了挖金而来的。

这一季连续掘了9座墓葬，都是被盗掘过的。我们希望能找到一个完整的墓来做这一季工作的压轴戏。第110号墓是在前面两墓的附近。这墓规模较小，坟冢不高，盗掘坑的痕迹不大显著，我们以为颇有完整的可能。10月5日开始发掘，结果仍是大失所望，开工不久便显露盗掘坑的痕迹。再向下掘到墓门，封塞门洞的土坯已被破坏，砂砾和泥土由破口流进墓室中，室中积土颇厚。墓门朝向东方。室内南壁下有棺木残痕，棺内人骨，头颅及胸部曾被扰乱，身旁有铁剪一把、漆片若干。北壁下另有一具人骨，都已朽腐。西壁下有一平台，上放祭品，现仅余圆形果盘3件。被盗开的棺盖也堆放在平台上。平台旁侧有陶灯台一，灯盏四。室中又出土有陶甀一，陶盏一，小陶碗二。墓室的东北角另有一耳洞，用砖隔开。耳洞内有夋形陶器五，内盛食物，已完全腐朽变成渣滓，高足陶器1件，陶罐3件。室南有一小龛，空无一物，似为假门。这墓中的布置及殉葬品，都和第千号墓地相类似，当属于同一时代。10月20日将这墓清理完毕。敦煌的墓葬工作，便告一段落了。

总括这一年春秋两季在敦煌发掘墓葬的结果，这些墓葬显然可分成两群：早期的一群，时代是东汉晚年到晋朝，也许有些晚到南北朝；另一群是盛展时期的墓葬。两者的不同点很多。专就大墓而言，建筑方法上，唐墓多用砖砌成，似乎是先掘一深坑，在坑中砌好墓室，然后再覆盖上扰土。魏晋坟墓，除两座特大的系砖砌，其余都在墓道底掘一横穴作为墓室，不用砖砌。唐墓较浅，盗掘者由墓室顶部掘入。魏晋墓因为恐怕室顶地层过薄易圮，所以墓室较深，因之，盗掘者多由墓门而入。就墓室的结构而言，魏晋墓除 109 号之外，仅有一主室，旁有一凹进的小龛（假门?），有时另有一贮藏殉葬物的耳洞。至于唐墓，较大的常有前后二室，或只有一室，并无凹进的假门或耳洞。墓室内的布置，魏晋墓于后壁下常有一平台，上面放置殉葬品或祭品，棺木都靠拢两侧壁。唐墓主室或后室的后壁下也有一平台，但面积较大，即作放置棺木的用处。殉葬的器物，魏晋墓有陶制的灯台、灯盏、长方形或圆形果盘这种果盘最近江苏宜兴周（处）墓墩第 2 号墓和西安草场坡北魏墓，都有出土了、用篦栉划刻波纹的陶罐、奁形物。此外又有五铢钱、鹅眼钱和泥钱，但是没有发现过陶俑的碎片。我们知道长沙楚墓、四川和洛阳的汉墓中，都曾出过木俑和陶俑。这里欠缺陶俑，或许是敦煌一地的特殊情形。至于这里的唐墓中，我们发现过许多陶俑及木俑。普通一个墓中有站立门口的武士像（天王?）一对，室内有怪兽像（或认为魌头）一对，马俑及驼俑一、二件，马夫和驼夫数件，小男俑及女俑多件。小女俑都是仅有头部及上半身，大概当时另有绸布制的衣裳罩在外面，现已腐朽不留痕迹了。这些女俑的发髻，作各种不同的样式，是研究唐代服饰的好材料。老爷庙唐墓中又有文官俑和女官俑各一件，骑士俑多件。这些陶俑的作风和我们 1945 年在武威南山所发掘的金城县主墓出土的陶俑很近似。后者是开元七并埋葬的。唐墓中陶罐较少，都是平素无文饰的。唐墓出土的钱是开元通宝，不再用五铢钱了。我们再就魏晋砖砌大墓第 1001 和 109 两号与唐代的砖墓来做比较。前者砖块较小，普通是厚 5 厘米、阔 16 厘米、长 32 厘米。堆砌法常是竖立一排后横列一行或两行，室顶是采用发券法。花砖是普通的砖块加以彩绘。唐墓所用的砖较大，普通尺寸是厚 6.5 厘米、阔 18 厘米、长 34 厘米。我们知道唐尺较汉尺为长，但是这或者表示唐代烧砖技术的进步，一般陶窑能烧大砖，砖的扁平一面常有绳席纹。堆砌时似曾用黏土粘缝，堆砌法是全部平行横列，在墙脚及墙腰，常常斜放一行砖，使砖的棱角突出作锯齿状。这便是建筑学上所谓"菱角牙子"，西安大小雁塔的各层檐部都是这种结构。室顶是用叠涩方法，将每层的砖逐渐向内收缩。这室顶上倾斜堆砌着的砖块，将各行突起处都曾加以磨平。上面提到的窗框、窗棂及假门框，也曾将突出处的棱角磨成弧线。镶嵌壁上的花砖是正方形，花纹图案是造砖时模印上去的。花纹图案有些和千佛山唐洞中铺地的花砖相同。至于地面上的建筑，两个时代都有砂砾堆成的方形圈围，但是土坯堆砌的墓阙，仅限于唐代的墓葬。

这些是我们就这一年在敦煌所获的墓葬材料加以分别而得的结论。别处也许稍有不同。各地自有各地的特殊情形，例如墓葬所在的地层的土质，当地可以利用的各种原料，以及当时边区的风俗习惯。但是我们试将敦煌这里的结果和别处同一时代的墓葬相比较，很显然地各方面都是大同小异。我们可以说，至少在东汉至唐末这一时代中的敦煌文化，已经完全成为中原文化的一支了。

第五章　敦煌的汉代烽燧[①]
——阳关与玉门关

（一）南湖之行

10 月 31 日，晨间由敦煌城动身，10 时许始出发。面粉二驼，被褥二驼，马料一驼，杂物一驼，共六驼，每驼约负三百斤。余与阎君坐营

---

① 编者按：本文前曾提到，"敦煌南湖是阳关故址的所在"；又说，"英人斯坦因确定了汉代玉门关是在小方盘城"。1944 年 10 月 20 日考察团结束佛爷庙西区墓地的发掘以后，一面由夏鼐测绘墓地附近的二万分之一地图，将发掘记录整理存档；一面由阎文儒将所获考古标本装箱，押运进城，并进行赴南湖和西湖（即两关遗址）考察的准备工作。当时由敦煌驻军的教姓营长陪同，带领士兵 10 人，警察 3 人，于 10 月 31 日出发，11 月 15 日返回，历时 16 天。此行收获甚丰，特别是在小方盘城获得写有"玉门都尉"等字的木简，为进一步确定汉代玉门关的位置提供重要的物证。以下摘录夏鼐这段时间的日记。小标题系编者添加。

部之马，教营长与其传令兵亦各骑一马，一同出发。12 时始抵城西之飞机场，人兵房稍憩，再行出发。至西千佛洞附近，已是傍晚。……西千佛前度曾来过，惟"如意元年五月"题记，此次始找到，在第 6 洞南壁，初唐佛说法阁框西侧，六字系朱书，其下当尚有字，壁泥为人切去，故已不可见矣。晚间即宿水文站中，……此次同行者共 15 人。时天气已寒，室内亦仅华氏 40 余度，故余等 2 人都穿老羊皮大衣，戴上皮帽。此间气候干燥，戈壁上冬季是一片黄沙白草，午后日出，稍微暖和，脱了老羊皮大衣，仅穿皮夹克。驼队与步行的士兵先出发，我们迟一小时余始骑上马追击，马行较速，出敦煌西门，在沙枣墩附近便追上了。在茫茫一片的戈壁中，驼队与负枪士兵的背影轮廓，投射到阴霾的地平线上，极为鲜明、雄伟，颇富诗意。追过驼队后，沙枣墩以西，便是一片荒凉的戈壁，只偶有一二辆送粮进城的大车，和赴南湖黄水坝渠坝的民伕，打破戈壁上的岑寂。

11 月 1 日，晨间 8 时由西千佛洞动身，至党河口，余等 3 人下马爬山，上登党河西山岭上之墩台一观。墩以土坯堆累而成，间以芦苇，……登台四望，虽以天气阴霾，视线不佳，然仍可东望敦煌水源之党河，曲折蜿蜒而东流。南望则为党河未东折前之上流，……由墩西望为通南湖之大道，"风墙子"如线，由党河口河岸旁起，直向西去，隐没于地平线下。此墩之形势颇佳，以为清代党河口卡汛之所在地。而唐代《沙州图经》所云之"山阙烽"，疑亦其处。下山后，又上马西行，至距南湖约 30 里处时，开始见戈壁中累累之古坟。与敦煌城南及城西戈壁上之古坟相似，惟此处规模较小，少有方形围墙者。至于土墩阙，则仅近山水沟时有一处。……过山水沟渐有沙梁子，将近寿昌城时，沙梁子间所露之地面上有古陶片颇多，即斯坦因图中之"古董滩"，盖南湖共有二古董滩。余等经寿昌城后，折向西南行，过大沟，经阳关堡，至营盘，已 4 时余矣。即宿张老汉家中，其人为南湖首屈一指之富户，有田 700 余亩。饭后赴黄水坝工地，黄水坝长 2 公里，高 4 米，完成后可增足供 1200 万立方米放水量。新坝较老坝增高 3

米。此坝蓄水之草湖，俗称"南湖"，离寿昌古城约10里，当即古寿昌海。

11月2日，晨间天气冷霾，且下几片雪花，黄水坝南之沙山上已积雪一薄层。赴阳关堡城垣及红山口佛爷庙二地，以测定北工村南之古董滩地位，因红旗标识过小，并不显明，测量颇为困难，所得结果不十分精确，但胜于无而已。由佛爷庙赴红山口之土墩子一观，此墩高550厘米，宽650厘米，南北长890厘米，以土坯砌成，每层厚约65厘米，每隔五六层则有芦苇一层。红山口之山石为敦煌系之红色片麻石，似由花岗岩变质而成，并非斯坦因所谓红砂岩也。红山石一沟，两侧朱红山石竖立如门，似即唐代之"石门涧"，而此墩即唐代之"石门峰"。余在墩旁考察时，阎君与教营长骑马由西古董滩来，据云在滩中掘到一坟，内有人骨一架，但无殉葬品。阎君等旋赴寿昌古城，将阳关碑一看。此碑原为一古碑，光绪间邑令汪宗瀚磨去旧文，改刻上"古阳关（？）城"四字；背面则尚留旧碑痕迹，四周有花纹，上有水波纹，无碑额，中间碑文仅有"沙州事彼（？）"等四字可辨云云，此系阎君后来告余。

当时余由红山口赴西古董滩，再加考察，知古址之面积颇大，夏间来时所经者仅一小部分耳。长约1里许的遗址上，陶片遍地皆是，花纹有绳纹及水波纹者。近底处有刀削痕者，与六朝墓葬中所出者相似。亦有铜器碎片，夏间余拾得2件，此次又捡得一件，住民孙姓者捐赠其所拾之一件小铜片。余乃由古董滩经阳关堡返营盘。阳关堡为1942年所筑，以防哈萨者，现驻警察24名。营盘即清代巴颜希喇卡汛营房之所在地，现全为民房，兵营遗迹已不得而详。驻扎阳关堡警察队曾队长云，去年黄文弼来南湖，共住一星期，每日外出发掘，除所携之警察外，另雇工人2人，掘风墙子一日，北工墩一日，东古董滩一日，寿昌古城一日，西北古董滩二日。风墙子为沙砾所堆成，毫无所得。两处古董滩得碎铜片（古钱）、陶片及铁块。北工墩旁破庙中得一布片及一残纸，纸上有字。寿昌古城得碎砖块及陶片。此外毫无所得。曾队长即被派随之工作者，故知之颇详。

11月3日，晨间由南湖营盘动身，出红山口15里至水尾。此村依赖大沟及西水沟之水以做灌溉之用，农户十余家，有田200百余亩。更北为颜家庙，现无居民，仅有破屋数间而已。唐代《沙州图经》谓"西寿昌城"，疑即在今之水尾。出红山口后将近水尾时，戈壁上有古坟一群，亦系砾石堆成，墓道亦甚显明，但大部分已经盗掘过，盗坑痕迹犹存。由水尾北行，即入戈壁，其初古坟颇多，由砾石堆成，累累皆是。经一小段后，为平坦之戈壁，不复见古坟痕迹。据引路人云大路东北之山水沟尾，距红山口20余里，有古坟堆甚多，"阳关砖"即出于其处，砖上间亦有字者（疑即墓志砖）。此墓地因不在路侧，当时未能绕道前往一观。余颇疑其即古西寿昌城住民之墓地也。

由红山口西北行60余里，即至卷槽，沿途所经者为荒凉之戈壁。……抵卷槽，先见一残破之小庙，仅存四壁，已无屋顶，佛座亦已毁去。……吾人所经之地，有沟渠遗迹（凹入一槽，两侧稍高，为人工所筑之沟无疑），未见房屋遗迹，视线为沙梁所遮，不能远望。余等中午出红山口，5时许抵卷槽，即支帐篷露宿，生火做饭。并于二帐间，堆野草枯枝，生一野火。卷槽位于山水沟之末尾，沟中之水，涨大时可抵此间，但冬季水少，日间以上流冻结故此间无水，中午融化之水，沿山水沟而北，至傍晚始达此间。余等支架帐篷后去取水，水中多泥不能做饮料，恐所带之饮水不够，故不烧茶水，剖食南湖携来之西瓜，烤着野火，真合俗谚所云"围着野火吃西瓜"，亦另有乐趣也。时已阴历九月十八日，月上颇迟。驼夫检点骆驼，走失一只，黑暗中遍觅不得，殊为着急。明月当空后，此驼竟自返帐篷旁，入骆驼队中。荒漠一角，熊熊火光，照着丛莽中两座帐篷，火光摇动，阴影亦摇颭不定，情景殊阴惨。夜间天寒，湿面布旋即冻结。翌晨起时，发现南湖携来之雄鸡已冻毙一只，亦可见其寒矣。

（二）小方盘城与大方盘城

11 月 4 日，晨间由卷槽起身，先向西行至 T. XVIII（斯坦因编号，以下同）。据引路人云，此墩土名"头墩"。斯坦因称之为 Wa‑Shih‑tun（望西墩?），但地人并不知有此名。又北行约 10 里许，为 T. XVIII a，地人名之为"二墩"。此两墩似皆为汉墩。头墩高 560 厘米，每边 800 厘米，以冲积土块堆成，叠累数层后，间以红柳枝条一层。二墩高 770 厘米，南北长原为 740 厘米，后增补至 940 厘米，东西宽为 740 厘米，东北二面显露原来结构，乃以土坯砌成者，每十列土坯则间以芦苇一层；西南角为后来增补者，其增修所用之材料，即为冲积土块（每块厚约 10 厘米），每隔土块二三层，即间以红柳枝条一层；西侧露出中心，似用版筑者，每层厚约 25 厘米，间以红柳枝条。此两礅皆有陶片（近底部处有垂直刀削痕，体部有水平并行隆起条纹），但未见戍兵住屋遗迹。T. XVIII a 保存较佳，仅西侧稍圮。T. XVIII b 则大部分已倾圮。惟西侧一堵兀立。由 T. XVIII b 北行，戈壁上有并行隆起二线至河床旁而止，其作用或为防止迷路欤。河床现下有水，已冻结成冰。河床两侧红柳成丛，越过河床后，又上戈壁，至 T. XVIII a 处小憩。再北行，大部分为荒凉之戈壁滩，间亦有小

丛柽柳冢。至芦草井子有一小井，附近芦苇颇多，为卷槽与小方盘城二地中间唯一有水草之处。将近小方盘时，有胡桐林，为南大湖之东岸（南大湖之西北为火烧湖，再北为后坑），湖水滋润，故生长此林。过此后又为戈壁，间有小丛红柳，但无胡桐林，故吾人遂以驼运载胡桐木数根，以便至小方盘后做柴木烧。

北行至 T. XIV c，翘首北望，即可遥见日夜所想之小方盘城遗址，为一黄土版筑成之小城堡，巍然兀立于荒凉之戈壁中，青紫色之北山做其背景，形势颇雄伟。但因其四周的空间太广大了，反显得此城之渺小，颇与初次亲身见及金字塔时的印象相似，反觉得它没有想象中的那

样雄伟。T. XIV c 高 480 厘米，每边长 660 厘米，系土坯砌成，每层厚 45～55 厘米时即间以芦苇一层，附近亦有陶片，但无房屋遗迹。由此再北行约 5 里余，即抵小方盘城。今日所经之三墩，遗物发现之希望甚少。

抵小方盘城后，即支帐篷于城中南侧。城内东侧堆积颇厚，表面上可见者为家畜之粪，墙上有火痕。或为后世经此者以及放牧者烧饭所致。北门外有一探沟，长 1 米，宽半米，深 70 厘米，文化层厚约 40 厘米，此探沟或即前年石璋如君在此所掘者。城北小丘为斯坦因获得汉简处，掘迹尚隐可见。西北角之方形井，尚深 8 英尺，亦为斯坦因所掘者。小丘上有小探穴甚多，尤以斯氏图上 V 处最多，当为斯氏以后来考察所掘（石君、向君或皆有所掘）。城东小丘上有一横穴，为向君去年随同郑团长来此时所掘。据向君云，士兵 10 来个人掘了一天，仅掘进 1 米。余细察之，乃冲积土之裂痕，并非如斯氏图上 I 处之井显为人工所成，怪不得空劳无功。城垣与城北小丘之间，地面上有隆起处，似为垃圾堆，匆匆巡视一周，以时已晏，乃返帐篷休息。晚间生火受暖，以帐篷无火窗，烟雾迷目，记日记时真有向君所谓"泪随笔下"之慨。后又出来巡视一周。这是汉代边防要邑，所弃置的汉简，决不仅仅斯氏捡去的那几根。我似乎在黑暗中听见汉简在地下伸懒腰，叹气说："已经睡了二千多年了，我要出来见见日光。"在这附近一定还有汉简，只是如何才能找出来，这是一个问题，看明天的运气吧！

11 月 5 日，在小方盘城发掘，工作地点有二，一为城北小丘（A，由斯氏图上 I（深井）东边向西开一探沟，深 2 米，长 26 米。据斯氏报告，曾于此间开平行探沟，获得汉简，惟未言其探沟之位置、大小及方向。余之掘此探沟，目的在辨清地下土层，俾确定孰种土色为斯氏之扰土，孰为原来文化层，孰为出土汉简之文化层，孰为自然堆积之土层，以供以后发掘之参考。于井东 5～13 米处，离地 1 米以下，即有干芦苇甚多，40～50 厘米后，文化层完结，即达地质学上之冲积土层，芦苇中间杂以大小木片颇多，有作封检形者。余笑谓阎君云，只要上面有字，便算是获得汉简了。此外，30～40厘米长以芦苇揉成之绳索亦不少。

早餐后，继续发掘；果然掘得汉简亿枚，系一铇花，甚薄，盖铇去后再用原简写他事，以此间物质极缺乏也。上面行书数字"如发和元"，余等大喜。不久又得一片，字亦清楚，"子奉谒不"，大家神经越发紧张了，留心找有字的木片。后来又得一片，字数更多，余拿来一看，字共三行，有"玉门都尉"几字。知道获得珍品了，连忙用棉花包起来。无字的木简亦有数片，其中一片后来细辨，似有"上郡（？）"二字，也归入有字简中一起收藏了。此外残绢片颇多，间有红色或蓝色者。戈壁中发掘，四顾茫然，只有5里或10里外的古烽台，点缀其中。看起来也像近在眼前，空间观念缩小了不少。及至发现了汉简，用手摩挲这些汉代遗留下来的木片，恍惚间打破二千年时间的隔离，自己似乎也回到汉代去，伴了汉代的戍兵在这里看守烽台，远处沙尘腾起，一匹飞骑送来故乡家人的信牍，或京师返郡的公文。手里所持的汉简，墨迹如新，几令人不敢相信这是二千余年前的东西。

由冥想中醒回来，重新从事于实际的发掘工作，吾们暂名这发现汉简的区域为B区，以便与斯氏所发现者相连接。此区之东及南，土皆极松软，暂为斯氏所已掘过。此区与斯氏之A区（即深井）间之土质颇硬，最东之5米亦然，以为未曾动过之土。城与小丘之间，探沟长5米，宽80厘米，下为冲积土层。探沟包含物为灰土及黄褐土，后者间杂细草甚多，以为马厩中倾出之物，出土物有绳纹陶片、灰陶碎片、兽骨，但皆不多，遂中止发掘。至于小方盘城内，堆积层颇厚，然其内容与B区相似，故未加以发掘。今日初次发掘，以一日之力即获四汉简，殊为可喜。此次以未携工人，甚觉不方便，士兵除勤务及造饭者外，仅有六七人可以动手掘地，人数不多，又不易指挥，幸教营长采工地视察，令士兵听令工作，否则工作恐无法进行……

11月6日，晨间由小方盘动身，教营长率领士兵直赴大方盘。余与阎君偕一持枪士兵及引路人绕路，沿汉代烽燧边城赴大方盘，故余等

87

先向西北行，至 T. XIIIX。T. XIII 保存颇佳，墩东住房尚留颓墙，由地面至墩顶之梯子尚留最下之数级，墩墙尚保留垩土残痕。墩东住房尚存颓墙，斯氏在此住房中发现汉简颇多，住房之东及其南，似尚有垃圾堆。墩南约七十米处，有芦束六堆，乃作苣火之用者，余等检取数节以做标本。……T. XIII 以东之汉代长城，保存极佳，沙砾一层间以苇草一列，计各十层，高可隐人。此断续之边墙，蜿蜒而东。沿之东行。少顷，地势降为沼泽，芦苇满塘，迎寒风而萧瑟，地上多碱，一片白色，如降霜雪。少顷，又登戈壁台地。骑走一段后，又降为沼泽，再上登戈壁，即为 T. XIV a，亦以土坯砌成。墩东尚有戍房残痕，顶上有膝望台残余。再东行又为一沼泽区，经沼泽后上登戈壁，即为 T. XV。据斯氏云，T. XIV 与 T. XV 之间，尚有 T. XV a，虽无土墩而有房屋残痕。斯氏于其处获汉简 117 根之多。余等依长城而行，其处离长城尚有里许，故未能经过其间，以望远镜探之，亦未能发现其地点。至于 T. XV，虽已一部分倾圮，而残存部分尚高 14 英尺，顶部有瞭望室遗迹，其南有一小丘，上有汉代陶片。由此墩（T. XV）可以遥遥望见 T. XVI 及 T. XVII，在其正东。

汉代边墙断续而东，一部分倾圮，仅留残痕，与南湖东之风墙子相似。盖倾圮后，两侧斜坡，风吹沙散，上留砾石一层，仅较地面稍隆起而已，但底部之数层芦苇，时常仍旧保存，间露于外。由 T. XV 赴 T. XVII，此墩保存颇佳，亦以土坯砌成，顶部瞭望室尚大致完整，两侧有戍房残痕。斯氏于此墩顶及两侧，皆曾发现汉简，但其东南角之垃圾堆，似未曾掘过，惜未携发掘工具，以小刀试掘，有芦苇、残席、兽皮。此墩（T. XVI）之南，有芦苇三大堆，中央一堆，已遭火毁。由 T. XVI 东赴 T. XVII，途中全为戈壁地，至 T. XVII 后，南望大方盘城已甚清楚。大方盘城南有一墩，巍然矗立，离 T. XVII 不过五六里而已。T. XVII 墩东南约十米处，斯氏曾发现汉简。斯氏所掘之坑，痕迹尚显然。余于其附近细察，见此垃圾堆中芦苇颇多，间以木片及残绢，与小方盘城北出汉简之小丘情形相似。有一木片，半露出于地面，正像汉简。余乃抽出一观，埋于土中之半节显露时，汉隶一行，赫然入目，"侯官谨以口书众候长等"。大喜过望，呼阎君来，阎君亦大乐，一同试掘，又得残简一片，系一铇花，上有三字"脾一所"。细察此未掘过之垃圾堆，面积尚广，决定明日来发掘。乃牵马步行而东，赴大方盘城……

饭后在大方盘城之东南一平台上（即斯氏图中 T. XVIII），发现铜镞一，残铜片数片。垃圾堆尚多。至于大方盘城中，面积虽大，多为沙土所掩，罕见垃圾堆痕迹，希望不大。明日拟发掘 T. VIII 及 T. XVII。大方盘城东西长 118 米，南北宽 18 米，垣厚 1.15 米有余，屋基较外面地面高出 2 米，城垣系版筑而成。

11 月 7 日为此次西湖之行收获最佳之日。上午起身后，即发掘大方盘城东南之小丘（即斯氏图中之 T. XVIII）。先在丘东之 A 区发掘，于 B37 距 B34 处发掘一石碑，系利用此间附近所产之红色砂石块，刻上十五字，"泰始十一年二月十七日甲辰造乐生"。又得残绢及残皮。土坯颇多，其大小为 12×18×38 厘米，盖为倾圮之土坯墙。此碑当年似即立在墙脚上。又于丘北发掘，其土松软，当为斯氏所已掘过者。余名此为 B 区，于此 B 区获得五铢钱一，及小木片数块。早餐后往 T. XVII 工作，T. XVII 在小丘之巅，以土坯砌成，间以芦苇，附近无成房痕。所掘面积，长约十米，宽约六米，收获正丰：有字汉简共 19 片，有字而不清楚者亦十余片，无字者颇多；小木片甚多，当为木器残片；铁片二，芦苇一束，尚存原来绳索；残绢及残布颇多，线鞋三只；陶片数片，其中一片的方格纹与四川崖墓中大罐之花纹完全相同，有一片为绳纹有孔，孔中有绳索，为补过者。此三日所得汉简已达二十余片，字不清楚者尚不在内，亦殊可喜也。……

（三）大方盘城以东的汉代烽台

11 月 8 日，因这几天精神太兴奋了，一连三天夜间睡觉不佳。今日精神不振，骑了半天骆驼又骑了半天马，上骆驼时，因为鞍子未捆好，骆驼站起来时，竟将余摔下地来，幸未受伤。汉代长城在芦苇塘边蜿蜒而东。因为骆驼在芦苇丛中不易通过，故余等乃依商队常经之大路而行，与汉代烽燧线相距尚有相当距离。沿途为冲积土台地侵蚀后所成奇形怪状之土堆，有些摄像土墩，故真正的汉代烽台，反而不易辨认出来。途北为博洛湖，生长着芦苇。后来在路北靠近大路处，看到一土墩，骑近一观，系土坯砌成之汉代烽台，已大半倾圮，似即斯氏之T. XXI。至于其西之T. XIX 及 T. XX 二烽燧，以过于偏北，不靠大路，已经错过，未及发现。

由 T. XXI 再东行，将近一戈壁台地，路北有一安炉灶之处，石头数块，灰烬一堆。其北一墩，当为 T. XXII a，以离大路已远，余与阎君因考察 T. XXI，以致落后，急行追上大队，遂无暇往观。至戈壁台地之下，大车路直向东行，余等欲北行一观 T. XXII b 及 T. XXII c，且以为黑海子必有水，故改折向北行。经一胡桐林至侵蚀之冲积台地，仍未见黑海子的影子。今晨出发时大意，未曾将水桶盛水，此时颇为着急。经胡桐林时将胡桐砍下几根，由驼携带以为柴火。阎君骑马先行，发现黑海子后，乃令大队向黑海子西行，5 时 3 刻抵海边。乃支帐篷预备过宿，附近有前人埋锅造饭处，故余等以为饮水问题已得解决矣。近海岸处皆为结晶之硝盐，至离岸半里处始能汲水，满盛数桶而归。和麦粉以做饭，咸而且苦，不能下咽，以之和麸子喂马，马亦不食。幸今日猎得一黄羊，且洋芋尚留数块，乃以火烤洋芋，又以油煮黄羊肉及熟鸡，稍慰饥肠。这是此次旅行第一次受危。以引路人皆不识西湖至北湖之路线……余等所用之地图及札记，皆仅注意古迹，未将饮水及燃料问题注入，以致发生今日之困难，亦一好教训也。

11月9日，晨间匆匆动身，以无饮料枵腹南行。沿黑海子东行为碱滩，地面高低不平，间有一两丛芦苇，骆驼行践此种碱滩，亦甚感困难。据驼夫云，如骆驼行此种地六七天，驼掌亦坏。余等坐在驼背上，簸摆不定，颇为受罪，阎君竟由此致令肋骨发痛。向东而行时，前望 T.XXII d，翼然侵蚀后剩余之冲积土层孤堆，形势颇佳。至此墩附近，芦苇成丛，稍有柴草。有孟家井子在 T.XXII d 及。二墩之间而稍南，约南三四百米，仅一小井，而水深可一人高，水不碱苦，余等如获甘泉。乃驻扎下来，埋锅造饭后，余与阎君同赴 TXXII e 一观。此墩系土坯砌成，立于土丘之巅，其旁有陶片，并有掘过之痕迹。其西为 T.XXII d，其东为 T.XXII f，皆以赶路之故，未能前往考察。

下午 1 时许继续东行。孟家井子为附近唯一饮泉，由北湖来黑海子掘盐者（硝碱六七尺深以下即为盐），皆用此水，故东至北湖有大车路可循，行数十里后，路折向东南，北方有小丘一列。余等乃离正路，乘驼北行，穿山路而过，黑海子又显露于西北，蔚然一片汪洋。海东岸有小丘，上建烽台。最近一墩为 TXXIII c，系版筑而成，高尚达十五英尺，但远望之，几与普通土丘无别。至此墩上四望，东面一颓墩，当即 T.XXIII d。其西北偏西，有一黑色小丘，上立一墩，似即 T.XXIII e，斯氏图中以 e 在 c 之东北偏东，方向似稍误。东面另有一墩，远观形状不清楚，北偏东亦有一墩形之土堆。阎君率领驼先向北行，余则东行，以确定在 T.XXII C 所见之物如何。行近时知确为一墩，墩北尚有二小室，有发掘过之痕迹，当即 T.XXIII b。遂遣人告阎君等停止北行，折而向西，今晚即宿 T.XXIII e 之下。余则骑马赴 T.XXIII e 处一观，此墩方围形，中室有门可入，似做隙望室之用，室中积有垃圾，未曾掘过。此墩之北，地势低下平坦，有草丛及小胡桐树，惟无泉水，幸在孟家井子带来饮水二桶。教营长拟明日由丝道沟经碱泉子先行返城，余与阎所借之军马，亦拟交之先带回城中，以军马不能长途跋涉戈壁，恐生意外倒毙之事。以后只能骑驼，而骑驼远不及骑马之舒服。今日天阴颇冷，将帐篷支在山凹隐蔽处所。

11 月 10 日，一夜寒风，送来了几阵风雪，晨间未停止。戈壁上已是一片白色，空中乱飞着雪花，不但远景完全隐去不见，连近处小丘及烽台，亦仅隐约可辨。毗邻的 T. XXIII e 暗色土墩，翼然立于雪丘之上，这便是今日的工作地，恐怕也是这次旅行的最后发掘地。早餐后，余等赴 T. XXIII e 发掘，时雪花仍在飞舞，冒着风雪工作。此墩内部原为空室，今积沙砾高至距顶部 190 厘米，发掘下去深达 150 厘米，土坯墙似仅至此深度而止，其下沙砾一层，厚 50 厘米。此层上部有厚约 10 厘米之垃圾堆，为黄褐色松土，杂以芦苇。于此层中发现木简 6 枚，凌乱分散放置，不在一堆，上书"第一"至"第六"等字，用途不详。此下又为沙砾。疑当时建造时，小丘上有沙砾一层，砌墙即于此沙砾层之上。室中以居住之故，积有土壤、苇草及有字木简。其后又改为空心墩，填塞沙砾几达顶部。废弃之后，沙砾为风刮去，仅保留现有之高度。原来入室之门在东北角。

发掘完毕后，雪亦停止，匆匆进早餐后即整装出发。经 T. XXIII c，赴墩上做再度之观察，由自携之梯子，攀登至此墩之顶上一观，似原有一小瞭望室，但无垃圾堆积。此墩之北有边墙痕迹，边墙筑至烽台附近时，即绕其北作一半月形。斯氏谓此间有砖砌边墙一小段，余遍觅未得，或已毁去欤。更东行至 T. XXIII d，则墩已倾圮，地面有陶片颇多，大部分为汉陶，但一部分为红棕色者，质硬坚，略似宜兴壶。由此而南有一小沼泽，其中有水可做饮料，乃盛满二桶，以避免遭前日之厄运。此间人放牛五匹，见余等持枪乘驼而来，以为哈萨，飞奔而逃，弃牛不顾，殊为可笑。

自 3 日离南湖后，此一星期来，仅于小方盘及此间遇到人迹，皆未见面而避逃。由此往东为碱地，小丘散布于其间，与圮倾之土墩相似。余等寻觅 T. XXIII f 等汉墩，竟未能得。行二十余里后，以已暮气苍茫，雪虽停而天寒，便拣一有柴草的地方，支起帐篷过宿。南湖携来之鸡又冻毙一只，乃杂以黄羊肉煮一锅杂烩。饭后于斗帐中呵冻记余日记。

11 月 11 日，昨日所走之路线，今日又走了一天，而斯氏图中之 T. XXIII f - t 等 15 墩，皆未见到，殊失去一好机会。此次错过，由于：

①天时，昨晨下雪天阴，视线不佳，由 T. XXIII d 顶上东望即未能获见 T XXIII f；②地形，此间为蚀侵残余之冲积土堆，散布碱地间，高低起伏，阻碍视线，而此项小丘常似土墩，易致迷惑；③路线之错误，以取水关系，余等由 T. XXIII d 向南行，取水后，虽即折回东北，然方向及距离，皆未能精确测定，故虽按图而行，并以罗盘定方向，而终不知路线已偏北，未能觅到各墩；④人事关系，昨日天气过冷，教营长又已离队返城，余等昨日以觅墩之故，避开大路，绕道而行，多经碱滩，士兵徒行，皆有怨言，故余等不敢过耗时间以觅墩；⑤引路人之错误，许警自谓幼时曾经来此间放羊，坚谓吾人所走之路过南，若欲诣黄墩堡，应取更偏北之路线，且谓路北即有土墩，惟为数不多，故吾人遂稍北，行后始发现许警记忆之错误，黄墩堡实在吾人所取路之东南，许警所谓路北之墩为近代之瞭望台，并非汉墩，然获知此种事实时，已嫌过晚矣，无法重返原道，纠正错误。

晨间出发后约行十余里，即见一水井，旁有牲口饮水之木槽，知在大路上（后知此井名"土梁井子"）。过土梁地带后为红柳丘地带，以已近党河口，地较润湿，故长红柳。有敦煌西乡农民来此打红柳柴，遥见吾人持武器骑驼结队而来，以为乃抢掠之哈萨，弃置已捆好之柴而逃逸不知去向。又东行遥见一打柴人，恐其又逸去，乃令许警只身前往问路，以许警穿黑色制服，或可少引起误会。许警迅速前往，故其人未及逸去，然已面无人色矣。惊慌稍定后，始能出声作答。据云此地名红土门口，离敦煌西北之武威坊约七八十公里，由此向东可抵黄墩堡。余等又东行二十余里。许警见路北一墩，附近有一小丘，认知其为土腰子墩，乃其幼时放牧牲口之处。余等遂折向北行抵土腰子墩，其地现下仍有放牧者，住一帐篷中。此墩似为近代建筑物，以土块砌成，每层厚约 20~27 厘米，每隔 75 厘米，有芦苇一丛。墩中空，可以上达顶部，顶上筑有女墙，墙厚 30 厘米，高 55 厘米，以土坯砌成。土腰子墩之西数里，尚有一墩，以时追未能前去一观。于帐篷旁之一井子取水后，即继续向东南行。经过高低不平，表面白色之碱滩，又前行，芦苇成丛，迎寒风而萧萧哀鸣。盖已在党河下流，故水分较多，但河身难于认别，仅见龟裂之淤土数道，当为夏间党河水大时所淤积而成。

过此地带后，即见西碱墩，墩附近有红柳，时日已西沉，遂即住宿其处。西碱墩似即斯氏之 T. XIV，在黄墩堡之北约十余里。……西碱墩立于一高达 3 米之土台上，墩之本身则以土版筑而成，每层约 23～30 厘米，共有 24 层，自下而上第 8、6、5、4 层，有南北横贯之木架，又各层之间隔以芦苇一层。墩高 630 厘米，略呈方形，每边长 5 米，方向为 65°，周围有倾圮下之土。此项积土之表面有凝结颇坚之碱土一层，其下为松土带沙。试以小铲掘之，不见垃圾堆痕迹，亦无成房遗迹，发现遗物之希望甚微，观随从士兵之态度，遂决定不再发掘。于墩北约五十米处见一土堆，中间凹下作方形，似为房屋遗迹。又此墩远望颇似后世之佛塔，每层芦苇外伸，有如檐角。中国佛塔似一部分即受汉代瞭望塔形式之影响。

11 月 12 日，晨间在西碱滩做再度考察后，即动身向东北行。今日天气较前数日更寒，野外工作需要结束。西碱墩之东北为一大车站，约行五十余里抵沙石墩。此墩系版筑而成，层约十厘米。墩顶为一小庙，当为废弃后所改造。庙墙低部以烧砖砌成，其上更砌以土坯，墙高 70 厘米，砖及坯之大小为 5×15×30 厘米。庙门向南，门外有一照屏，庙内神龛仅余神座，上涂朱红。墩高 760 厘米，顶部每边各 450 厘米，底部每边各 760 厘米，墩南有方形围墙与金塔鸳鸯池。水库东南之古墩形式相似，彼处亦外围以方围墙也。沙石墩附近拾得蓝花瓷片，此墩时代当不甚古。

由墩向东北行，遥望西边一排土梁，即为大西梁。不久经过一民房，为种撞田者所居（此间近疏勒河，地可种麦，惟河水为上游居民浇用殆尽，此间下种后赖雨水以卜收获，故号撞田）。更东有农家三户，地名"燕儿窝"，亦为种撞田及养牲口者所居。即止宿一甘姓家中，士兵住民房中，余与阎君仍住帐篷内。余等购得羊肉及青菜，舒舒服服吃一顿。闻附近有一石碑，余与阎君乃骑驴往观，其地名石碑路口，离燕儿窝约五里。前在城中时闻任子宜科长之子云，碑上原有"元始元年"等字，为安西人所凿去，颇疑为汉碑。今见及原物，乃一红色花岗岩之碑，上刻"安敦界碑"四大字，已不大清晰，两旁各有一行小字，仅能认出首行有"安西"二字，碑阴亦无文字。碑现卧于地，高 109 厘米，宽 57 厘米，厚 13 厘米，其旁之碑座乃染坊元宝石所改造。闻此碑前在此东十余里处，近为安西人移至此间。以安、敦正从事划界，安西人欲令原属敦煌之老圈等处，皆改隶安西。后果如所愿，但敦人今仍反对，以此间地产红柳为敦煌燃料之重要来源也。余等返舍后，食羊肉及面。饭后无事，荒漠斗帐中吁冻手拓泰始十一年碑数份，手术过劣，又以缺墨，结果殊失望也。

11 月 13 日，今日往北湖燕儿窝。本拟骑驼赴安西老圈，昨夜适有来北湖打柴之马车，余等遂借用其马，刘、蒋、郑三班长及许警，一同乘马赴老圈。余第一次乘无鞍无镫之马，殊为吃力。

……余等乃渡疏勒河而北。河中此时无水，过河后再行数里，即见牛羊成群，乃蒙古人之放牧处，不久见蒙古包。蒙古包圆形，以木条支架，外用毡子包裹。其内中央置一火盆，帐顶中央亦开一窗，以透烟；火盆旁置水壶等日用品，周围地上铺毡以坐人，靠壁处置木箱、水桶等；已宰屠之羊，切成数大块，即置于壁上。又有枪支做防御之用，开门处之正对面，常悬一喇嘛教神像。此间闻有蒙古包二十余家，隶属于肃北设治局。

行二十里许抵破城子。城垣大部分尚保存，但城内之建筑物已全无影迹，仅红柳及骆驼刺成丛，地面亦无陶片之类，惟牲口之类颇多而已。再行五六里，即抵老圈，沿途有小河已结冰。此间之土壤似尚佳，惟缺水，以每年农耕需水之时，上游各村浇水灌田，无水下放至此间也。故老圈农户仅有种撞田者四家，其余为放牧之蒙古人，有蒙古包十余家。村东之庙驻军队一排，以保护之。排长系浙江人，闲谈少顷后，即告辞而返。途中购得山羊一只，携回宰屠，供应明后食用。返舍后已天黑，余仍睡帐篷中，阎君则移入农舍中睡热炕。结果第二天早晨，余不觉得什么，阎君反因睡热炕伤风了。

11 月 14 日，晨间由燕儿窝动身，南行十余里，抵东碱墩（T. XXX），系版筑而成。以皮尺昨日为阎君所遗失，未能一测量其大小。墩东有房屋遗迹。此墩之东约五里许，又有一墩（T. XXIX），亦为版筑。顶部有土坯所筑之女墙残迹。墩南有方形围墙，亦以土坯砌成。此墩在一土梁上，其西有一土坯所砌成之方形小建筑物，当即斯氏所提及之神龛。此墩附近陶片颇多，除灰陶外，尚有类宜兴窑之红色坚致陶片，似为汉代物或为此墩补修后驻扎其间者所遗。东碱墩之东为赴敦煌城之大路。约四十余里抵沙门子，沿途皆为碱地，仅生长红柳及骆驼刺。……今日天阴，且有雪霰，惟雪并不大，近沙门子村时道旁尚有未融化之雪。今夜较前数日更寒，幸宿农舍中热炕上，尚不觉苦寒。

11 月 15 日，晨间由沙门子动身，经石槽、庄梁口、秦州坊，而返敦煌城。半个月之戈壁旅行，遂告一终结矣。……

第六章　冰天雪地中的旅行[①]
——由敦煌返兰州

（一）安西南湖和双塔堡诸遗址

12 月 1 日，晨间由敦煌动身，……至新店子已近傍晚。……由新店子取北道，经东盐池至疙瘩井。盐池之地面一片白色，盐结晶成块，

---

① 编者按：夏鼐与阎文儒结束汉代两关遗址的考察以后，又于 1944 年 12 月初赴三危山南，调查安西南湖及双塔堡诸遗址，以及榆林窟，复经玉门，取道酒泉，于 1945 年 1 月 15 日返回兰州。随后，阎文儒回陕西，夏鼐只身在兰州附近、洮河流域和河西走廊，进行史前遗址的考察，12 月中旬始离开兰州，途经天水、广元等地，返回四川南溪县李庄历史语言研究所驻地。本章摘录夏鼐考察安西南湖和双塔堡诸遗址，以及返回兰州沿途的日记。小标题系编者所加。

其下之土颇泥泞，故行走颇不易，抵疙瘩井已9时矣。

12月2日，晨起时看寒暑表，已是零下17度。由疙瘩井动身，四十里至空心墩。墩为清代所修，……由空心墩东行三十里至甜水井，天已黑……

12月3日，由甜水井绕道至吊吊水，然后赴瓜州口。……由甜水井东南行约三公里半，至一山口，其西山麓有石砌墙基，上有土坯墙。山口之东，山上有一土墩。由山口进内约1300米，至吊吊水，其旁有胡桐树。水已凝结为冰，悬于山石上，冰下仍有流水。水出山数千步，未及山口，即隐没不见。此水当即唐时之泉（贰师泉），但其附近未见寺庙遗迹。甜水井四十里至芦草沟，有一大墩屹立于小丘上。墩北有一小堡，五小墩。其水北流，没于戈壁中。大路有桥，以通车马。……此时天忽下雪，天气颇冷，又行：十里抵瓜州门，即住站店中。

12月4日，晨起后，赴腰店南之古庙一观，壁画为五代前后之物，所画为经变。……东行十余里后至六工，乃有农村及田畴，晨起后日光隐约，至此又下雪。……又越瓜州城而过。瓜州城为雍正十一年所筑，开东西二门，距离为六百米左右，城内已荒芜。……更行三十里抵达安西。

12月5日，今日雪霁，赴县政府接洽赴踏实堡之事。……余等赴团部，晤及谢团长，允许明日派一兵并牲口赴踏实堡，再令踏实驻军派兵护送赴万佛峡。余等往访张团副未遇，其房主张老先生乃安西教育会会长，主修《安西新县志》，将稿借予余等参考。又云踏实之象牙佛在地绅吕金榜家中，写信介绍余等将来赴踏实时往观。……

12月6日，晨间由安西起程赴踏实，承团长为备马二匹，又派士兵15名护送。出西门，又堕马一次，幸未受伤。沿公路30里至十二村，即入山陵地带，小丘起伏，不见人烟。此时天又下雪，前日之雪未消，一望皆为白色嶙嶙山石，大半为雪所掩。行山径30里出山，一望平原，生长芨芨草及红柳，俗称南湖。雪花飞舞，村树迷离，十里至温家圈，始有人家，乃人农舍稍息。继续前行，经破城子侧，以时要赶路，未曾入内一观。十里至王家屯庄，即下马住宿。

12月7日，由王家屯北行，赴破城子，其地在踏实城西北二十里，城垣大部分尚保存。东西 126 米，南北 234 米，高 6 米，城之四角皆有角楼，东北角之角楼现改为碉堡。……昨日王家屯老人云，此城之西戈壁上，陶片堆颇多，余等巡视一周，摄影后即上马赴踏实城。……遇及陶连长，当即与之商酌赴万佛峡及锁阳城，允派兵保护，同赴乡公所商借马匹。又遇及地绅吕金榜，年已六十，商谈照相象牙佛事，据云现已丢失，不知是否为托词。……据忖想大约仍埋藏在万佛峡，物仅拳大，外刻一佛骑象托塔，内刻佛像 360 尊，皆仅如指头，雕刻极精云云。（编者按：解放后，此物由踏实村郭元亨道士捐献国家，藏甘肃省文管会。有关报道见《文物参考资料》1955 年第 10 期，第 80 页。）

12月8日，在踏实堡内外巡行一周。此堡为清雍正年间所修。南门瓮城营房壁上嵌有二碑，系陶制，前碑为正文，后碑为主碑者衔名。余曾以步测，此城略成正方形，每边约 280 米，开东南二门。闻民国初年，城内居民约四十余家，自民国十八年安西兵变，此间亦遭波及，现下城中仅有十家左右。……城外南关闻从前颇热闹，有当铺数间，市肆林立，与敦煌东关相似。南山中之大沙沟，距此间七站，有金矿，故此间颇富庶，同治回乱，遂遭残破。……一韩姓村人送来在锁阳城所拾得之铜钱三，皆为宋钱（皇宋通宝、熙宁元宝、治平元宝），似西夏时锁阳城尚繁盛不衰。

（编者按：12月9日、10日，前往万佛峡，考察榆林窟，从略）

12月11日，晨间又雪，以为桥子之行须延展至明日，幸不久雪停，乃坐牛车由踏实赴南桥堡……

12月12日，晨间由南桥子赴锁阳城。……抵近锁阳城，可以望见城东之颓塔，城西北角上之碉楼。抵锁阳城由北城门进内，……此城为版筑，作梯形。北垣长约 600 米，南垣约 500 米，南北长约 600 米，大部分尚保存，有北西二城门。距北垣约 300 米，有外城，城垣断续而西。余等由北城门上行至西北角，碉堡为土坯所筑，其下有门洞作弧形。绕道至西城门，下城垣至城中。城之西北隅，近西城墙有小庙，更东为一井，已涸。阎君赴城南，据云西南隅尚有房屋遗迹。行路者云，城外东南有万人坑，中有人骨，但碰巧可遇到而无法能寻觅其处。余出东城门，至离城约 800 米之二小堡，在城之西北，斯坦因曾在其处掘得人骨，然不类墓地。此二小堡每边约 20 余米，南墙有缺口，不知为原来之门，抑为后人破坏掘开。由此乘马赴城东之颓塔，此时忽刮风，天气骤寒。塔为莫高窟附近宋塔格式，中央一大塔，其北有小塔九（其中七塔成一列，二塔稍南）。小塔多已倾圮，其中藏有泥制小塔，与莫高窟 306 窟之小泥塔相同，闻有藏小片有文字之纸者。大塔之南有寺院遗址，砖片颇多，亦有绿色琉璃瓦，似为西夏或元代之物。周围版筑之墙，亦尚保存一部分。……

由此返南桥子，乡人携来一大陶罐，高 47 厘米，口径 30 厘米，腹部周围 145 厘米，周围绳纹装饰，以平行水平线条间隔之，近底部侧无绳纹，仅有密接之平行水平划线。据村民云，在锁阳城及踏实城之间，离二城各 20 里，有地名双墩子，有成对之土阙二对。旁有营盘，砾石堆成，内有小堆数个。锁阳城之东 30 里直至三道沟南戈壁上，皆有营盘及土堆，惜无暇亲往考察。……

12 月 13 日，由桥子村赴双塔堡，乘一马车。今日是我们觉得顶冷的一天，天空铅灰色，似乎是冻结了。由北桥子行五十里至土葫芦，沿途是平坦的草原，衰草迎着寒风，颤抖着不停。……土葫芦有十来户人家。我们被冻得受不住了，脸上被风吹得麻木不仁，眼睑皮也冻颤了，勉强才将两眼合上，闭目稍息，竟挤出两点泪水来，低吟着岑参军的诗"葫芦河上泪沾巾"。这时又下起雪来，我们遂至村中李甲长家稍憩，烤烤火，吃了两个馍馍，身上的血液才恢复正常的活动。连生长东北哈尔滨的阎君也说这是平生所经过顶冷的一天。抵双塔堡已是傍晚，便在一个甄姓的家中住下。……

12月14日，昨日沿葫芦河寻唐代玉门关遗址，完全失败。闻双塔堡之东约十里有月牙墩，为一大墩，五小墩，似为明清之物，以天寒路远未去。破城子在双塔堡东约里许，傍葫芦河。闻清代有千总驻其处，现已荒废。其结构与踏实堡相似，当亦为清初所筑，仅东门，门有"迎阳"二字石额。城不大，每边约200米。……出城不远即为葫芦河，更东约十里有月牙墩，立高处远望可以见乱山子。早餐后上车西行，人乱山子，即见路北两塔高峙，前往一观。二塔皆为西藏式葫芦形者，立于二小丘之上，其北疏勒河蜿蜒而过。由此而西约二十余里，皆为丘陵地带，乱山中一径相通。将出山时，路南有小墩五，路北一大墩已圮，更北有一墩方形，尚完整，立于一小丘上。由此西行，即可望见小宛（一作小湾）。乱山之西为草原，皆为茇茇草，小宛村树成丛，远望即见。……更西行约十五里至小宛，村中有一堡。沙枣园子之西南约七八里有一大墩，阎君去观，谓系版筑，高约十米，方形，疑为唐代物。余等住于堡西一客店中，小宛有民户约三十余家。……

12月15日，由小宛赴安西凡70里，为平原地。护送之士兵先返桥子，余等坐马车赴安西。虽有阳光，而天气仍寒，所经之地为草原，地面高低不平，草亦不盛。……将近安西城则为戈壁滩，远望县城有树木丛生。……抵安西城，天尚未黑。至县政府，请其代觅住处，承其派警寻觅，为一破房，炕破不能生火，勉强住下，至饭馆进餐。近日天寒，乡民进城卖柴者少。饭后返家，夜中正寒。

（二）由安西经玉门至酒泉

11月18日，早餐后搭车离安西，向玉门而行。……晨间零下21度，午间零下13度，遍地为雪所盖，车行颇疾，寒风刺骨。抵玉门已傍晚，在松竹轩用餐，住宿在城南一客店中。饭后返舍，觉口渴甚，大家又至松竹轩饮茶闲谈。室中生火，温度为1摄氏度，较戈壁上之零下

16 度，已似在天堂中矣。闲谈中同来之刘君系临洮人，谓民国十八年临洮城西三十里之王家窟龛（王家庄）处之山上发现彩陶及石器，将来赴陇南调查时当注意之。

12 月 19 日，晨间由玉门动身。沿途以地势较高，积雪颇厚，公路车辙深陷，积雪更厚，汽车只得由公路北戈壁滩上横越而过，沿途抛锚之汽车有五六辆之多。经赤斤峡、赤金湖至火烧沟，车稍停，余等至车站旁之餐馆食羊肉泡馍，然后继续东行。经九沟十八坡、惠田堡、嘉峪关，至酒泉城内已是傍晚。今日天气较昨日为冷，且有寒风，幸为西风，而车向东行，故尚未受大苦，惟汽车中途停五六次，车停时寒风刺骨，殊为难受。抵酒泉后至河西中学，即宿河中之会客室中。至测候所访张益三主任未遇，遇及其助理张君，据云此间 14 日温度低降至零下 25.7 度，为测候所成立后之最低纪录。吾人戈壁旅行，适逢其会，可谓不幸矣。

12 月 20 日，晨间承河西中学教务处何主任邀往餐馆用早餐，三笼蒸包，三碗猪肝汤，竟花七百余元。餐后赴专员公署，晤及刘专员，闲谈工作经过，并请其介绍运输处之车东行，承其允诺，即派人前往接洽。……至工务处，晤及王竹亭处长，谢其帮忙，并请其介绍运输段长顾君，以便接洽运输采集标本事，并请其介绍乘车东行。赴车站访顾段长，允许即拍电敦煌站，令将标本箱先运至安西，以便转来酒泉，运往兰州。关于介绍运务处车东行事，亦允另为设法，……结果如何，允明日通知。晚间去县党部张书记长家中，闻其将护送第二批志愿从军青年赴兰，或可搭其便车赴兰也。……

12 月 21 日，早饭后，闻明晨运输处有车开兰，余即前往运输处蒋主任处接洽，外出未遇。乃赴泉湖公园。……出来后至运输处，蒋主任仍未返。……晚饭后再赴运输处，晤及蒋主任，明晨之车无法搭乘，下趟车辆或可设法云云。

……

12月23日，与阎君同赴车站，晤及顾段长，知前次运来之十箱标本已经运兰，以后如有继续运来，当即代转兰州。至于搭车赴兰事，允代向资源委员会运务处商洽。……

12月24日，晨餐后至运输处询问车辆，据云最早亦须候至28日始有车开兰。……

……

12月26日，上午赴运输处接洽车辆，据云28日下午再来打听开车消息，大约有七车赴兰。再至运输处托蒋主任，无论如何有车即准搭车。……

12月27日，为了找车的事又忙了一天。上午……至运务处，晤及蒋主任，据云后天开兰之车仅有四辆，因志愿从军青年限期报名，有优先乘车权，恐无空位。余等至工务处亦无办法，至调配所访顾段长未遇，赴专员公署亦无办法。由车站归时，途中又遇及熊主任，谓接到运务局通知，后日搭车之从军青年仅有资源委员会去六人及县政府所介绍之五人，余等二人亦可搭车，甚喜。

12月28日，上午赴运务处访蒋主任未遇，晤及办事员王君，据云工程处有从军青年二十余人搭车东行，今晨前来接洽，以限期报到，故其他乘客只能延展行期，知道又变卦了。赴专员公署晤及熊主任，对于此事亦无办法。余返舍，阎君赴工务处及调配所接洽，知运务局之四车，改为后日出发；又另有三车，明日或可由油矿装油开回，或许后日亦东行，搭乘仍有希望。

12月29日，……下午余赴运务处打听，明日开车四辆，悉为从军青年所坐，余等只能待下班之车。至车站询问，油矿局开兰车辆已到否，亦无消息。返家后阅《新唐书》。

12月30日，晨间赴专员公署询问车辆，正谈话，熊君忽接电话，谓川康绥靖公署之车可以搭乘，车已在车站，即将开行。阎君遂往接洽，余则返家整理行李。旋阎君返舍，谓车已离站，允许在南门外稍等，或许已开走。雇车运行李出南门，遍觅不着，空忙了一会子，只得仍返河中。阅《元曲选》。

12 月 31 日，在酒泉候车东返。阅《东观汉纪》（四部备要本）。阎君赴资源委员会运务处，晤及蒋君，据云昨日东行之车，工务处从军二十余青年奉令停止出发，故空位颇多，临时不及通知，又错过一机会，殊为可惜也。

1945 年 1 月 1 日，仍在酒泉候车，阅应劭《风俗通义》、崔豹《古今注》、马缟《中华古今注》。……

1 月 2 日，为了找车又忙了一天。上午至工务处谒王处长，承其介绍油矿局，并云金专员有专车不日赴兰。遂往谒金专员，据云车已过重，恐难再添来客。赴运务处，晤及蒋主任，谓后日或能开车，嘱明日再来探问。赴油矿局，适以新年休假，无人办公。返舍晚餐后，至金专员处，云车已过重，不能再添重，如有轻小箱子或可代带一二，车子后日开行，明日即送来。余等又赴油矿车站办事员李君处，据云最早 5 日始有一车东行，嘱 4 日赴油矿车站接洽。归来后，阅《元曲选》。

1 月 3 日，晨间将皮箱二只运往金专员处，托之代为带兰。返舍后，阅《贞观政要》五卷。傍晚赴运务处，知明晨仍未能开车。赴金专员处未遇，不知能否代带行李，皆使人忧虑。

1 月 4 日，晨间阎君赴运务处，晤及蒋主任，谓明晨 7 时开车，前座无办法，可坐车上。……早餐后收拾行装，阅毕《贞观政要》。晚间雇定小车，以便明晨运行李。

（三）由酒泉经张掖、武威返兰州

1 月 5 日，晨间天未亮即起，将行李六件装上小车，赴东关运务处，搭客颇不少。……8 时许蒋主任出来，令发乘车证，并指定座位，谓西门外有兵士数十人，候车往东，将强迫搭乘，故开车时间延后，下午始开。余等至水利公司小憩，餐后返运务处，约下午 2 时余车始开行。车上装油四吨，搭客及行李又增一吨半，司机又搭黄车 9 人，共达 20 人，颇为拥挤。车至营尔驿站，日已西落。经下河清至清水，沿途皆戈壁，颇寒冷。至清水后，宿旅舍。

1 月 6 日，晨间由清水动身，未食早餐即行出发。所经之处仍为戈壁，路南距祁连山不远，山上积雪皎然。今日天阴，颇为寒冷，较昨日更为难受。车经元山子驿站后，为一丘陵地带。出元山子又为戈壁。至高台车站已 12 时许。进午餐后，车子汽缸冻结，不能开行，生火烤热后始得启程，已耽搁一小时余矣。车又经戈壁，25 公里抵定远堡，又十余里为沙河镇，属临泽县，在县城南十余里。资源会有一车以轮胎爆炸请求援助，耽搁半小时余。然后继续开行，天已漆黑。经沙井、黑水国、崖子堡，离甘州约八公里，机件又发生障碍，停车修理，晚风寒冷刺骨，幸不久即修理完竣。抵甘州，宿旅社。闻明日不能开行，以同行之车有三车抛锚，须候其齐集甘州，然后继续东行，大约后天可以开车。

1 月 7 日，停留甘州一日。虽为旧地重临，然前次来时天已傍晚，翌晨即行，未曾一游，此番适可补充前次之缺憾。（编者按：先后游览木塔寺、大佛寺、鼓楼、马祖庙、二郎庙、西来寺、域隍庙等处，均为明清时代建筑，从略。）返舍时已傍晚，今日下雪，但温度为零下 7 度。"曾经沧海难为水"，并不觉甚严寒，惟明日恐尚不能开行，则殊为焦急也。

1 月 8 日，今晨雪霁日出：然气温在零下 16 度。晨间往警察局访林局长（名树棪，瑞安人），晤谈之下，知林君亦［温州］十中同学，系新制第一届高中毕业，后赴杭州警官肄业，民国二十五年来兰州，前年来此任局长之职。……余携照相机将昨日所经过之寺院，摄取数影，乃返家休息。闻明晨赶早开车赴武威，甚喜。

1 月 9 日，晨间约 3 时许即起身，汽车停在资源会车场。余等行李共有六件之多，昨夜虽已预先通知茶房今晨搬行李上车，而晨起后茶房竟不知去向。汽车已升火待发，余与阎君乃亲自搬运二箱上车，汽车惧军队强行搭乘，赶快将车开出车场，余等尚有行李四件未能上车，提着大木箱追随其后，婉求其在车场外路上小停，此时车上乘客已坐满，婉求乘客起立，将行李搬上汽车，司机屡次催促，待开出城后再行整理。余等上车后，开出城外不远，油箱忽着火，车上系装汽油，如失火则危险可知，大家皆跃下车以沙掩火，忙了一阵可幸告熄灭。乃上车将行李整理好，大家始能舒适坐下。阎君上车时以搬行李方便起见，将小布袋移交与同车之一童子，车子着火时童子弃袋跃下，此时遍寻未得，中藏练习本二（一为阎君私人日记，一为大家抵敦煌之账簿），殊为着急，而汽车已开行，只得任之而已（晚间抵红庙子后，乘客皆取去行李，始发现压在行李下）。此时天尚未明，颇为寒冷，余之老羊皮不知压于谁氏座位下，仅穿狼皮大氅，颇为难忍。行 80 公里抵山丹，天尚未亮，车稍停，余乃觅得老羊皮披上。

由山丹东行，天渐露曙色，天上繁星逐渐稀少，仅剩几颗明星，在碧天中颤抖着，东方渐露绛色，不久路北山峰上已照着阳光，作金紫色，晓风猎猎，路上及两旁草地上皆有积雪。阎君云东北有俗谚"太阳张嘴，冻死小鬼"。太阳整个现上地平线时，车子已近鄣城堡了。由此上坡至定羌庙，路北明代边墙蜿蜒而东，每隔里许即有一土台。明代虽不及汉唐之盛，然其气魄亦毕竟不小，惟可怪者此段边墙在北山之南麓，似失去防御北虏之作用。定羌庙有破屋数间及牧羊人房二座而已。12 公里许，汽车顺坡下驶正疾，令人有"朝发（辞）白帝彩云间，千里江陵一日还"之感。进水泉子后，离"367 里"碑 300 公里处，车轮忽炸裂，离永昌有 45 公里，大家下车候后来之车到始能换车轮。余等乃赴路东南之农家，令其做饭供早餐，仅有面片。将近中午时，后车始来，轮胎亦已坏一个，允许到永昌后将乘客及行李卸下后，即送轮胎来救济。候至日落后始来，换上车轮后，生火将汽缸烤暖；不幸救济车又发生毛病，不能发动，费了二小时余的工夫，用人力推了里许，依旧无效；最后以余等所乘之车推之前进，始得开行，但余等所乘之车后轮又泄气。乘客皆下车，步行约5公里，勉强行至红庙墩，下店栈休息，进餐后即睡。此为有生以来，坐汽车所受之洋罪最甚之一日。

1月10日，昨日受难后，甚为困顿，今晨晏起，仍觉疲倦异常。此间离永昌尚有13公里，晨间将泄气之车轮二个卸下，由他车携往永昌注气后再带回，余等在红庙墩坐候。余赴水磨关一观，其地离红庙墩约2公里，过水磨川有大桥一座，川上有磨坊三座，皆有水磨，每磨可日出二石麦子。附近有一庙，庙中有万历二十九年所铸之铁钟，离庙不远有石碑三，为明代崇祯间进士王金谷、按察副使王金斗及承德郎王法执之神□，石系灰绿色砂岩，"神"字下疑为"祠"或"道"字。庙在村前，现已成废址，附近有小墩四，为此地名之所由来。天阴微雪，围炉与同车人闲谈。晚间车轮由大车送来，装上后以时已晏，决定明日开车。

1月11日，晨间8时由红庙墩动身，过水磨川，经十三公里抵永昌县城，将汽油卸下七桶后再开行。在永昌城中早餐，此间毛织品颇便宜。经八宝至丰乐堡，离武威仅31公里，停车稍憩。沿途积雪未化，每过数里，即有一土墩，旁有五小墩。沿途村庄颇多。下午3时抵武威，住车站附近之旅社。此间资源会林站长谓车子明日须放回永昌，救济抛锚彼地之车，回来后尚须修理，一两日内恐不能开行，劝余等设法改乘他车赴兰。

1月12日，晨间闻车子后日可开行。早餐后，赴民众教育馆，在城之东南隅。进门后有嘉庆三年"光辉华盖"四字木匾，过前廊后院中一阁为文昌阁，现为图书楼，西为阅报室及图书馆。图书馆中有元高昌王世勋碑，正面系汉文，阴面蒙文［编者按：后经有关专家研究，阴面为回鹘文］，民国二十二年于北乡永渠石碑沟发现，仅得其下半截。陈列室中除植物及矿物标本外，以碑刻拓本为最多。有大明宝钞二张。明天启造像一，原在东门瓮城观音寺，民国十年寺毁，移于馆内。天禧三年陶器一，上书"天禧三年三月廿四日众社等廿六人重发誓愿，于此地上建塔一所，不得别人安生搅扰，如若有此之徒，愿生生莫逢好事者"。木塔一，说明者谓"民国廿九年敦煌千佛山出土，此塔周围画有佛像，内贮银质塔，与木塔相似，周围佛像乃系金色……"

1月13日，赴吕祖庙，在城之西北隅流水巷，庙中有康熙六十一年之匾。庙中菩萨塑像甚多，颇似佛像之集中营，关帝庙之关公骑赤兔马铜像亦在其中。城中庙宇改为公共机关，其佛像皆移于此。……

1月14日，晨起赴工程处，晤及王处长，知今日开车赴兰，搭车问题只要司机答应，即无不可。乃与司机接洽，以两千元车费成交，可携带行李三件，决定余坐工程处之车，阎君则乘下午开行之运输处车辆，约定兰州相见。车开行后，先行平原中，南山近在眼前，积雪颇深。经靖远驿站后，约45公里为武威、古浪交界。至古浪县城后，公路两侧皆山，车行山中蜿蜒而上。经十八里铺，渐行渐高，气温变冷。幸今日晴朗，阳光普照，故除足部外，尚不觉冷，然亦幸有老羊皮保护也。车抵龙沟堡后稍停，大家下车进膳，离永登尚有85公里。饭后复行13公里，抵乌鞘岭最高处，海拔2900米。由此下坡，约三公里抵岭脚。经镇羌驿，过一大川，明代长城遗迹又现于路侧，间以土墩及五小墩。抵岔口驿，路渐平坦，其地离永登南有四十八公里。日已西落，晚风寒冷刺骨，不久即入一小平原，村舍渐多。抵永登时，天已漆黑，宿东方旅社。

1月15日，晨间由永登动身，36公里经红城子，公路沿庄浪河北岸行，64公里至河口镇，南岸有一高出河床约20余米之台地，不知是否即马兰台地。车经安宁堡、十里铺，至金城关即停车，卸下行李，呼车赴科学教育馆，即宿馆中。接到川中转来家电，系由瑞安发出，"父病危，速归"，闻之令人心胆俱裂。然现下返里交通已断，无法东归，唯有默祝上苍，皇天不负苦心人，毋使余抱终天之憾①。

---

① 编者按：夏鼐收到电报时，其父已于头年11月21日，即旧历十月初六病逝。当时夏尚在敦煌进行两关遗址的考察，消息隔离，家人秘不以告，一年以后返家时始知之。后来他曾写道："病未能侍，殓未能视，抚棺一恸，亦复何补，悠悠苍天，此恨千古。"

1.夏鼐与向达在敦煌莫高窟

2.武威城内钟楼

3.张掖木塔寺

4.酒泉城内鼓楼

5.张掖大佛寺

6.金塔县城

图版1 甘肃考古漫记（一）

1.金塔县塔儿寺

2.金塔县石棱子墩（CT.XCV.d）

3.瓜州口古城外城

4.瓜州口古城内城

5.嘉峪关

6.瓜州口古庙

图版 2　甘肃考古漫记（二）

1.敦煌佛爷庙工作站

2.敦煌古墓发掘情形

3.敦煌老爷庙1号唐墓中武士俑发现时的情形

4.敦煌老爷庙唐墓出土的陶俑（胡貌的马夫俑）

5.敦煌老爷庙唐墓出土的陶俑（男俑）

6.敦煌老爷庙第504号墓封门的土坯墙

图版3　甘肃考古漫记（三）

1.千佛洞古汉桥的外景

2.千佛洞的九层楼

3.敦煌之老君堂、三教殿及慈氏塔

4.千佛洞前的王道士墓塔

5.敦煌西千佛洞之双墩子

6.敦煌艺术研究所的北门

图版 4 甘肃考古漫记（四）

1.332洞（张134）的初唐塑像

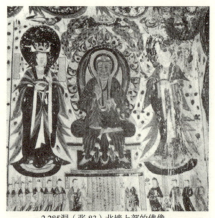

2.285洞（张83）北墙上部的佛像

3.159洞（张302）的晚唐时塑像

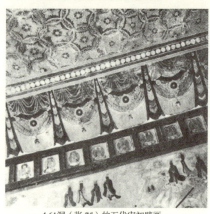

4.61洞（张75）的五代宋初壁画

5.310洞（张99）的藻井

6.张编号309洞的元代壁画

图版5　甘肃考古漫记（五）

1.敦煌佛爷庙西区第100号墓地全景

2.敦煌佛爷庙西区第100号墓地墓阙

3.第101号唐墓前室北壁

4.第102号唐墓墓室西南角（后壁及平台）

5.唐墓花砖拓本

6.唐墓出土陶俑及镇墓兽

图版 6 甘肃考古漫记（六）

1.敦煌大方盘城（由东向西望）

2.小方盘北墙

3.敦煌东之破城子内部

4.敦煌汉代烽火台（T·XV11）

5.敦煌汉代烽火台（T·XIV·C）

6.敦煌出土晋碑

图版7　甘肃考古漫记（七）

辉县考古发掘纪略[*]

考古研究所成立后第一次的考古发掘，经过了几个月的筹备工作后，10月上旬便分批前往目的地平原省辉县，10月12日正式开始工作。开工后仅两天便碰上了连续十天的秋雨，所以赶不上做出成绩来在上一期的本刊中报道消息。

从前中国的考古工作，关于史后方面，几乎集中于安阳殷墟的发掘。抗战以前，中央研究院在那儿工作达十五次之多。我们这次的计划，想找寻点殷代以前或以后的文化遗迹，便是就殷代文化而言，我们也希望在安阳以外去找寻他的遗迹，以便作比较研究。

1930年以来，辉县陆续出土的周代古物很多，从前中央研究院也曾在此地工作了两季。但是发掘的结果、迄今尚未发表。听说收获也丰富。而余留未做的工作尚多，所以我们决定到这里来。这次除了想有计划的做些考古工作采集标本之外，还附带给研究人员以田野工作的机会，以便把学习所得的理论和实际工作联系起来。有几位团员还是初次出来做田野工作，更需要实地的经验。

---

* 本文原载《科学通报》1950年第1卷第8期，署名"考古研究所辉县调查发掘团通讯组"。

　　这次发掘工作地分为两区，西区是在琉璃阁，离城约 2 里，我们工作时，一抬头便可以看到覆盖碧绿琉璃瓦的文昌阁，这一区从前曾陆续发现不少战国时古墓。十余年来盗掘风气很盛，遍地是盗掘坑及探眼，但是我们仍有新收获。

　　我们工作的第二天，便发现一个殷代的灰坑证明这里有殷代的居住遗址。这灰坑深达 11 米半。再下去二三十厘米，便到地下水的水面了。坑中出土的东西，有卜骨、陶鬲、石斧、石刀、骨镞、铜镞、鹿角等，都是殷代人民日常生活所用的东西，和小屯出土的帝王贵族所用的东西颇有不同。例如这里出土的卜骨，虽有好几片，但是没有一片是带有贞卜刻辞的。我们又发现了殷代的墓葬。这墓出土了几件铜器，如果在古董市场中发现，大家一定以为是安阳出土的。又如果我们细加审察便可看出有几件（如鬲及爵）与小屯出土的颇不相同，除了地域的关系，也许还有时代早晚的不同。

　　战国时代的墓葬，我们发现了十几座，已清理了 8 座。因为大墓多已被盗掘，我们所掘的都是些阔约 2 米，长约 3 米的小墓。深度大都在 4 米左右，尸身几乎都是屈肢葬。墓中的殉葬品，偶出小玉器、铜戈、铜带钩和铜镞，普通都有几件陶器，大多是陶鼎、陶豆和陶壶，鼎中有时还留有鸡骨或鱼骨。战国时代的铜器，公私收藏的很多。日本考古学家梅原末治曾写过一厚册的《战国式铜器的研究》。但是这时代的陶器我们所知道的反而很少。这次的发现，可以补充一些这方面的知识。当时的统治阶级，多是用许多大件铜器来殉葬。这些以陶制的器物来充数的墓葬可能是属于一般平民的，战国墓葬之外，我们还附带清理了几座汉墓。

　　我们工作的东区是在离城 5 里的固围村。村东有一高出四围约 2 米的土台基，面积有三十来亩大小。传说是古共伯城的故址。我们试掘的结果，知道这土台是由夯土堆成的。中央是三座并列的大墓，东西两座大墓坑口广袤约 18 米，正中一座稍大。这三墓都曾遭盗掘过。出土的

夹纻大漆洗，流入日本，另有一带有着兽面铜钉的黑漆绘彩的椁木，已
流入瑞典。据云墓深十六七米，墓中下半是用流沙填塞的，所以盗掘很
困难，所遗留下的可能还很丰富。我们决定开掘三墓。雇用了 400 多工
人，这恐是远东考古发掘规模最大的工作之一，只有在人民政府之下，
我们才有这样魄力来清理这些大墓。也只有在人民政府继续支持之下，
我们才有完成这清理的任务的可能。我们已把三大墓的坑口都清理出
来，发现台上地面另有建筑物，这些地面遗存，以西侧一大墓保存的最
佳，用石板或砾石砌成宽达 1 米余的路面，作成方格形，围绕四周。内
面距石路约 1 米许是一排石础，四边共 20 个。墓北发现许多大瓦碎片，
当亦属于这地面建筑的。这三墓的时代大约是战国末到汉初。墓的规模
这样伟大，墓主一定是当时的统治阶级的头等人物。现下清理工作，西
东二墓，都已深达 4 米多。中央一墓也达 2 米左右，但清理到底，恐须
一个多月。我们希望在下期《科学通报》中报告更多的消息。

从前中央研究院曾试掘东侧的一墓，已深达 4 米许。因为抗日战争
爆发而中止。这次再度开始清理工作，我们又听到东北的炮火声。虽然
我们希望这次的工作，不要因美国帝国主义的侵略战争而中止。但是如
果我们的国家，须要我们起来做保家卫国的工作。我们发掘团的团员们
也决不肯甘落人后的。

1950 年 11 月 14 日

辉县考古发掘续纪[*]

　　本院考古研究所遣派到平原省的辉县考古发掘团，开工后第一个月的工作收获，在上次通讯中已报道过。这第二个月中，我们的工作更为紧张。冬季降临，天气逐渐寒冷，又降了一次大雪。但是团员们冒雪冲寒，仍是努力工作不辍，大家将全副精神灌注在工作上。劳动的热情，使人忘记了寒冷。

　　琉璃阁工地，陆续又清理了二十多座古墓。殷代的墓中，出了几件铜戈，和鸾刀。另一曾被盗掘过的墓中，我们掘得刻画花纹的白陶片和用玉琢磨成的箭镞。这里的殷代墓葬，近十几年被盗掘过很多。据说所出的铜器和玉器，都有好几百件之多。抗日战争以来，古董市场上所谓"安阳遗宝"，有许多实在是辉县出土的，经过了我们这次的发掘，可以说是已经证实了。

　　晚周时代的墓葬，本来是我们这次到琉璃阁工作的主要目标。可惜这些也是此间盗掘者的主要目标。到现在为止，我们还没有掘到完整的大墓。至于这时代的小墓，我们已陆续清理了将近 20 座。这些大多数

---

[*] 本文原载《科学通报》1951 年第 2 卷第 2 期，署名"辉县考古发掘团通讯组"。

是屈肢葬。最普通的殉葬品，是陶制的附耳圆鼎一对，长把豆一对，和有盖壶一对。鼎是盛荤食的，我们常在鼎中找到鸡骨或鱼骨。豆是盛"菹醢"的。壶是盛酒浆和清水的。这些大概是当时平民"打牙祭"的标准饮食。有几座墓稍为阔气点的，便增添些陶器，或将几件陶器换成铜制的。例如第 111 号墓，有四鼎、四豆、四壶，及其他容器，铜制武器有戈、剑，箭镞。第 130 号墓铜制容器有二鼎、二敦、和一卮，铜武器有戈和镞，陶器有豆、鬲、和罍。这两墓都有铜制马衔二副，车轴头一对。当时统治阶级的大首领，墓葬的附近另外有车马坑，安放殉葬的马匹，和车辆。这两墓中的马衔和车轴头，便是用来象征车马殉葬。我们这次也发现了一座车马坑，现在正在清理中。此外汉代的墓葬，我们又发现了几座，但只算是我们附带的工作。

这次我们发掘工作的主要目标，已经转移到固围村的大墓，但是目前仍是在出清填土的阶段。三个大墓共用了四五百工人，每天的出土量是 250 立方米以上。开端时工作进行很缓慢。后来我们策动了民众组织的力量，用种种方法来鼓励他们增加工作效率。现在工作进程增速了不少。工人们挑了满筐土鱼贯地往来飞跑，三座大墓表面 8 米多厚的夯土层已经起清，往下便是几米厚的细砂层，中央大墓规模最大，被盗掘得也最惨。墓中砂层几乎完全被翻过。仅剩四角留些细沙，中间填满了盗掘过的扰土。在这扰土中，我们获得了一件错金银的小铺首，以及货贝、骨制贝、残铜件、漆片等。这墓现已掘深 8 米余，南北两边都显露出用巨石砌成的墙。东大墓已掘深 10 米余。西大墓开工最早，现在已达 12 米半。今天（12 月 12 日）已露出木椁的顶部，这墓南北两壁与墓中细砂层相对称的墓道中夯土，露出很显明的板筑痕迹。这三大墓的建筑结构是很值得研究的。

固围村大墓的附近，我们已发现了三座小墓。这些小墓是在夯土方台的范围中。从前这里的村民曾经盗掘过十几座。墓口宽 3.5 米至 4 米，长 4.1 米至 4.4 米，深达 7 米余。所以虽说是小墓，规模也并不算小。如果在琉璃阁墓地发现，便要算是大墓了。这些小墓的墓主，是和大墓的墓主有关系的，因之也分肥了所剥削的财富。就我们所已清理的一座而论，殉葬品大部分虽是陶器，但数量较多，制作也较精美。又在棺和椁之间，我们发现了一件嵌玉虺龙文黄金带钩，带钩的花纹下端是兽首。中部两侧蟠绕着一对鸟首龙身的虺龙，上端作龙首形，龙的口腔中嵌入一件彫刻细致的白玉弯钩。中部镶嵌三枚白玉玦，玦面都彫刻着似谷壁上所刻的涡纹。其中两玦的中心，还镶嵌着用彩色玻璃（料子）制成的半球形珠子。这件带钩实在可以表现当时这种工艺技巧的最高峰。汉文帝赐匈奴单于的黄金师比（带钩），大概便是这一类的东西。

连陪葬的小墓中都有这样优美的精品发现，那作为主墓的三大墓中的殉葬品一定更为可观。可惜这三大墓都曾经盗掘过，并且经过好几次的盗掘，我们面对着墓四壁和中心的盗掘坑，未免有点气馁。但是我们仍相信着，或者不如说，我们仍希望着，盗掘者所留下的残余中，仍有足以补偿我们辛劳的收获品。再工作十几天大概都可以到底了，我们都怀抱着紧张的情绪，期待这秘幕的掀开，希望秘幕揭开后，有更重要的发现来报道给读者们。

辉县考古发掘三纪[*]

期待了两个多月，辉县固围村的三座大墓，终于发掘到底了，为了赶工的关系，两个月来，团员们连星期日都不休息，最近一个月，天气寒冷，工作困难。尤其是从 1 月 4 日起，连下了四夜的雪。不但每天清晨须先扫除坑中的积雪，并且土块被冻得像岩石一样，要费很大的劲，才打得开。加以每天近午时开缝的冻土解冻，易于崩塌，更增加了工作的艰苦和危险。大墓的坑深达 17 米，陡峻的边壁上又有盗坑。西大墓和中央大墓的东壁，都曾崩圮过一次。十几米高的墙壁，百几十立方米的土，豁然一声向坑内坍下，确是伟观；但是坑内如果仍有人站在那儿工作，那便要酿成惨剧了，幸得由于工作人员及工人们的警惕和细心，虽有了两次的大崩圮，但没有产生死伤人的事故，只增加了起土的土方数量而已。现在这三大墓的工作都已到结束阶段了。团员们都很高兴能完成这任务。纵使是完全空无所得，大家还是高兴的，何况这三大墓的结构的雄伟，是很值得我们费这一番苦心的。出土物虽因曾经数度的盗掘，残余不多，但也有几件精品，并不使人

---

* 本文原载《科学通报》1951 年第 1 卷第 3 期，署名"考古研究所辉县发掘团通讯组"。

完全失望。

西大墓的结构，墓底深达 17.4 米，底上先铺了 1.8 米厚的细砂层，然后平铺两层木板。地板之上，又用木板做成外椁和内椁。内椁中心安放着彩绘的漆棺，棺内附身的自然有珍贵的殉葬品。棺外椁内也放了许多殉葬品，然后填塞了 7~8 米深的细砂，最后又用一层层的夯土封住，直达地面，但是筑墓工程师的精心苦思，依旧挡不住盗墓者的生心起意。古代的盗墓者，曾经大规模的从中心开掘一盗坑，直达棺椁。近年此间村民的盗掘技术，更为进步。他们避免去穿越 16~17 米的夯土和流沙，他们从墓壁以外的生土中钻掘了几个小穴，由地面竖直地下降 18 来米，超过了墓底的深度，然后横钻小隧道，直达棺椁的底下，从下面向上攻，钻通棺椁的底部，使珍贵的殉葬品，随着细砂向下流，这种"地攻天"的方法，可以说是达到盗墓技术的极峰了。我们掘到底时，除了由上而下的漏斗形的大盗坑之外还清理出十几个这种"地攻天"的盗穴，漆棺的棺木，只剩东南角几段残片。棺底是一大盗坑，已无棺底木材的痕迹了。但是棺上的铜铺首，尚残余枚，棺上彩漆的三色花纹，也仍有保存，我们可以大致复原他的原状。棺外的殉葬品，也只剩下几件破碎的陶器等。

中央大墓的结构，墓底先放几层砾石，然后平铺一层粗大的方木，每根厚 25 厘米，宽 30 厘米，墓室的南北，各有一道粗石砌的墙。墓室中间用粗大的方木累叠成方形的外椁，外椁和东西两壁及石墙之间，是用细砂填塞的。外椁之内，另有一内椁，也是木材建筑的，凿有榫眼，曾加漆髹。椁内安放棺木及殉葬品，然后用砂填塞，再用夯土封顶。这墓的结构，使盗者不能施用"地攻天"的办法。所以不仅古代盗掘者是大规模的从顶上掘开一大盗坑，直达墓室，便是近代的盗掘者，也是如此。听说他们只掘开南面的一半，取出了彩漆的棺木板及大漆盘等，我们这一次发掘，在墓的北部古代盗坑中得到了不少真贝和骨贝，铜器残片，小玉器等，但是墓室中，内椁的底部木材，也无痕迹了，只留一个大盗坑，打穿了底部及其下面的砾石，直达生土层。内外椁南面的木材，也多被近年的那次盗掘者拿走了。连几根朽木都要拿去当柴烧，我们自然不能希望有很多的旁边的残余留给我们。幸得他们那次只掘开南面一半。

东大墓的结构又是不同，墓底并没有先铺上一层细砂，或砾石，因之施用"地攻天"方法的近代盗掘者，可以一直爬到墓室中取东西，听说他们盗掘的成绩，以这一墓中收获最佳。我们掘到底部时，不但没有漆棺的痕迹，连内椁的痕迹也没有了。只有四围的墙上留些外椁木板的残痕。但在离墓底约1.3米左右，紧靠南北两边二层台的地方，仍有些殉葬品余留。殉葬物的下面压着朽木板。也有些朽木板盖在殉葬品上面的。殉葬品除了破碎陶器、小铜饰等之外，还有几片镂花的金叶，及镂花的银片。木椁内当初似乎也填塞着细砂。东西墙壁下留有生土的二层台，更高处靠东西壁各有两堵断墙似的土墩。墩间也填塞着细砂。最后也是用7~8米的夯土封顶的直达地面。

三大墓的墓室本身的出土物，虽是使人失望，但是在墓道及其附近的工作，却有意外的好收获，西大墓的南墓道中，在近墓室处埋藏着车马。出土有铜制的车轴头、车辖、马铃等，最精美的是一件马头形的辕端铜饰。这马头竖耳昂首，凝眸顾盼，姿态生动，就雕塑艺术而论，已是一件成功的作品。更妙的是在红铜的底子上用黄金白银的细条镶嵌着极工细的花纹。以螺旋纹为最多，线条灵活流动，极为悦目。

在西大墓的东南侧，我们又有一次意外的大收获，在这里我们发现了一个深约6米的小坑，这坑中竟埋藏着105件玉器，另外加上玻璃珠子及圭形石片等，共达211件之多，这些东西当初似乎是放在一个木匣中的。发现时还是放置得很整齐的一堆。玉器中有50片长约22.5厘米的玉册，可惜找不出字迹。此外为环、瑗、璧、璜、圭之类。最出色的是一件大玉璜，用七块白玉并成的。中央三片作弧形，刻有云雷纹，左右二片作龙首形，这五片中空，用铜片贯穿其中，联系为一。两侧各有一鎏金的小饕餮，衔着末端一片饰玉。正中的一片玉，上端刻一屈肢偃卧的动物，似为驴子，有一细孔，可以穿系。下端也有一穿孔的纽，作组玉时缀系之用。这件玉璜的布局结构，非常优美，刻工也极细致，确是精品。和那件错金银的马头形辕首及前一次报告中所发表的嵌玉黄金带钩，可以算是这一季收获品中的"三绝"，都是代表当时这类美术品的制造技巧的最高峰。是中国古代艺术的代表作品。

在这一个月中，琉璃阁的工地，仍是继续没有间断，我们陆续又发掘了二三十座古代小墓，所代表的时代是殷商、战国、和汉代。最重要的是一座战国时代的车马坑。除了马骨以外，还有19辆车子，木制的车轮及车箱等，都已朽腐化为尘土，仅由土色的不同上认识出他们的轮廓来。有时连这些腐土的痕迹也没有，只留下原来木料所占的空隙，我们便用石膏灌进云，然后剥开四周的土块。石膏替我们保留住原来木制物的形状。这工作需要高度的细心，所以进行很慢。根据照相及实测图，我们可以大致地复原这些车子的形状。对于这重要交通工具的二千年的真相，我们现在有了更正确的了解。前人对于《周礼·考工记》中的车制，聚讼纷纷。有了这实物的证据，好些问题都可以迎刃而解了。

这一季还有一种特别的收获，便是发现大批的铁制生产工具，包括铁斧、铁锛、铁刀、铁锹、犁铧、镢头等，这些都是固围村大墓及其旁小墓中出土的，有些是在原封未动的墓内填土中发现的。大概便是做墓时所用的劳动工具，或许由于筑墓用过的东西不吉利，所以被掷弃掉，填坑时便混入土中，一起埋进去。这些是公元前第3世纪的东西，（或许晚到公元前第2世纪初叶），正是中国铁器时代开始抬头的时候，从前的考古家，对于这些烂铁不加注意，所以很少见于著录。我们这些的发现，对于研究生产工具的人们，可以有很大的帮助。

1 月 23 日全部工作结束，25 日我们都回到北京，这次在辉县住了一百零几天，工作了 91 日，掘了 63 座墓葬，4 个灰坑。我们有 247 张记录，239 张实测图，648 张照相。完成了任务之后，我们携带了 106 箱标本，回到北京来。现在正在开箱着手整理，希望在不久的将来，能有初步的报告在本所的《中国考古学报》上发表。

长沙近郊古墓发掘纪略[*]

　　湖南长沙市的近郊，南北东三面，都是古代的墓葬区域。近二十年来，这些古墓被盗掘的很多，总计当已达千数以上。许多出土品都经过了古董商人，流入美国及日本。战前美国还派人驻在长沙购买盗运出国。这实是我国文化遗产的大损失。解放后，长沙近郊进行建筑工程，在造屋平土及烧砖取泥的过程中，又时常发现古墓。中国科学院考古研究所为了抢救文物，1951 年遣派发掘团到长沙工作。10 月 18 日开工，至次年 2 月 7 日发掘工作才全部结束，一共做了三个多月。工作人员有考古所夏鼐、安志敏、石兴邦、王伯洪、王仲殊、陈公柔、钟少林等七人，南京博物院宋伯胤、王文林二人。又湖南博物馆馆员程鹤轩也参加了一个时期。工作中，蒙湖南省人民政府、长沙市人民政府、湖南省文管会、和湖南省博物馆筹备处等多方协助，是我们所要深加感谢的。

一　工作的范围

　　这次长沙发掘的地点，一共 4 处：①城北的伍家岭；②小吴门外的

---

　　* 本文原载《科学通报》1952 年第 3 卷第 7 期，署名"考古研究所湖南调查发掘团"。

陈家大山，包括袁家岭；③城东五里牌的杨家山，包括徐家沟；④浏阳门外的识字岭。这四个墓地都是在小丘陵上。这些丘陵的表面是厚约 1 米的松软的红壤，下面便是坚硬的带有斑块的红土。在地史上，这红土层相当于华北的泥河湾或周口店的堆积层。古代的坟墓，都打破了表面的红壤，掘入红土层中。现在平土造屋或取土烧砖的过程中，表面的红壤被移动后，墓口便显露出来了。因为墓中的填土和四周的红土层，色泽和质地都不相同，很容易识别，所以一露出来后便多遭盗掘了。

这 4 个墓地，不仅地形和土壤相类似，便是墓葬的主要时代，也是大致相近的。在我们所掘开的 162 墓（伍家岭 73；陈家大山 25；杨家山 7；识字岭 57），战国到西汉时期的共 136 墓，占全数的 84%，现在将四处发掘的收获，合并起来做报道。

二 战国时代的楚墓

早期的墓葬是属于战国时代的。墓室作长方形，深度有达 8～9 米者。常有斜坡式的墓道。地面上有时覆以土冢。墓室的大小，普通是 2.3～3.0 米长，1～2 米宽。我们所掘的最大的一墓，长 5 米、宽 4.2 米。楚墓大多是木椁墓，椁木保存的程度不一样，有些只剩下放置枕木的槽沟的痕迹，木质已完全朽腐不见，有些椁木保存得非常完整，盗掘者须用锯或斧把椁盖的木板切一缺口后才能进去。保存良好的原因，是由于木椁的上下及四周，都有几十厘米厚的不渗水的白膏泥。（有人以为是蜃灰，但经化学分析，知道即地质学上的黏土，并非是蜃灰。）木棺放置于木椁的中间，棺椁之间，留空隙，以便放置殉葬品。

因为长沙的土壤带酸性的关系，古墓中的尸骨几乎都已消蚀无留，但在棺木保存完整的楚墓中，不但尸骨尚存，连头发也保存完好。棺中的殉葬品有玉璧等。尸身的底下，有时衬以镂花的木板。木棺作长方形，内涂朱漆，外涂灰黑色油漆。外面在未上漆以前，还缠绕几道布帛。

楚墓殉葬品，有陶器、铜器、漆器、木器等。陶器和铜制容器，以鼎、壶、敦为最普通。小墓中至少也有这三种陶器各一件。鼎是高足的，和寿县楚墓出土的锈鼎相似，敦作圆球形，有三脚，盖上也有可作足用的三钮，可以倒置。鼎盛肉食，壶盛酒浆，敦盛黍稷，都是日常所需要的陶器。我们1950年在平原省辉县所发掘的战国墓中，最普通的殉葬陶器是鼎、壶及细把豆。豆是盛"菹醢"用的，在长沙发现不多。两处所出的互相比较，都有鼎和壶，仅形状稍有差别。又长沙的敦相当于辉县的豆，或由于两处老百姓的日常食品不同，所以采用不同的容器。

楚墓规模较大的，常有铜兵器，如戈、矛、剑、箭和涂漆的弓，使人想起《楚辞》中的"带长剑兮挟秦弓，首身离兮心不惩。"（《九歌》中的《国殇》）可见楚人的好武。戈、矛的涂漆的柄，有时也仍保存。柄的下端有铜镦，漆器有耳杯、剑鞘等。木器除了前面所说的雕花木板之外，有木梳、木俑等。其中以木俑为最可珍贵，多以墨画眉目，男俑朱唇有髭，衣缘皆绘有花纹，胸前有墨书文字。有些木俑身上穿着用绢做成的衣服。这些木偶使我们可以看到当时楚人的形貌和衣饰。又有铜镜，质薄，三弦文鼻钮，有很工细的蟠龙纹或羽状纹。丝带及有花纹的残绢也有发现。并且发现了37根有字的残竹简，文字多不可识。但其中亦有可识的，如"金戈八"及"鼎八"之类，大概是记录殉葬物的品名和件数。这些是现存的最古的竹简。

有几座墓大概是秦墓。楚顷襄王二十一年（公元前278年）秦将白起把楚国的郢都攻破，取洞庭、五都（渚）、江南，楚国君臣逃到陈城去。长沙大概是这时候入秦。我们发现了好几座墓，有印以"呈爰"（郢锾）或"两"字的泥版，当为楚的货币；但同墓中又出有泥半两钱，可知已采用嬴秦的钱币。在战国楚墓中，我们仅发现过铜的蚁鼻钱。就陶器而论，这些秦墓中出土方壶（钫）之类，也表示是荆楚到西汉的过渡期间。

三　西汉长沙王国的墓葬

汉高祖五年（公元前 202 年）封吴芮为长沙王。文帝时，无子国除。景帝二年（公元前 155 年）又封庶子刘发为长沙王，累代继承，直至王莽时始绝。长沙成了王国的都城后，更为繁盛起来了。近郊的西汉墓葬，一般而论，较之战国楚墓，规模更为伟大，殉葬品更为丰富。西汉墓穴上的土冢颇大。墓道常作阶级式的，近墓室处常稍放宽。普通墓穴，长约 3～5 米，宽约 2.5～3.5 米，较一般楚墓为大。但以有高冢的关系，墓穴深度反是较浅，通常仅 3 米左右。除了大墓仍用一薄层的白膏泥包围木椁之外，通常汉墓都设有白膏泥，因之它们的木椁都已朽腐，只在墓底中间遗留两道放置枕木用的槽沟，和墓穴边沿遗留着用以插立巨型木柱的方穴。这次我们所掘的西汉墓葬，仅有两座大墓内木椁保存比较良好，但也只有平铺墓底的地板及其下的枕木保存较佳，椁盖早已腐朽无迹，四壁竖立着的木材也仅剩留近底处一端的残块而已。

这两座木椁墓中较大的一座（第 401 号），是在杨家山北的徐家湾，大概是长沙王室的墓葬。土冢高出地面 5 米余，直径 20 多米，墓道向北，墓穴深度离地面 8.8 米，底部长达 21 米，宽度前半 13.7 米，后半 11.1 米。后半是主室，室中是一个长 10.8 米、宽 6.8 米的木椁，放置木棺和重要的殉葬品。前半分做两室，贮藏陶器等。可惜这墓已被盗过好几次。可是仍剩余有一块重约 250 克的金饼（等于汉代一斤），和 200 余块铅锭子；此外有带灰褐色薄釉方格纹陶器，铜铺首、铜钟、陶灶、漆耳环、漆盒、五铢钱等。漆器残片中有写上铭文"杨主家般（盘）"四字的，和毗邻的被盗掘过的长沙王后冢中所出的漆盘上"杨主家般今长沙王后家般"铭文的字体，完全相同，知道是属于同一家族。（长沙王后冢已被盗一空，出土物有些在湖南文管会。）这墓中又出土一根木简，上有隶书"被绛函"三字。这是江南第一次发现的汉简。

另一木椁大墓是在伍家岭（第 203 号墓）。这墓的主室也曾被盗掘过。墓穴长 11 米，宽 4.4 米，离现存地面约 5 米。原有土冢，已被削平。墓穴后半是主室棺柩被毁坏。主室出土物有铜镜、铜博山炉，铜鼎及铜豆残片，漆案、漆耳杯、漆奁、陶罐、陶鼎、滑石壶、泥饼金等。有几个漆耳杯的底部刻画有一"贾"字，大概是墓主的姓氏。前室较主室为低，是作贮藏室使用的，幸而未经盗过。这前室里用木板分隔作南北两半。北半出了大批完整的陶器。这些陶器可分为两类；一类是带有灰褐色的薄釉，印有方格纹的硬胎陶罐；一类是质地较软，外表面包以银箔（？），上绘黑色花纹的陶壶、陶钫、陶鼎和陶灶。有几个陶罐口上加以木盖，罐旁又发现有木制封泥匣，匣上墨书"鱼鲊一斛"等字。这些是标识罐中所盛的东西，原来当缚在罐口，因为缚绳朽腐掉了下来。又有木车模型一件，木俑 30 余件和马俑残件。南半有木车模型 3 件、木船模型一件、木俑 30 余件，马俑残片数件等。这木船长达 1.3 米，上有船舱，舱房之前有 16 把小木桨，分置两侧，船尾有一长桨。木车的模型，双辕长 1.06 米，车高连伞盖达 0.7 米。车轮有 16 幅条，车箱两侧及前面围以栏杆，现在经过整理研究后已依原来尺寸加以复原。这车可以和我们 1950 年在辉县所掘的战国木车做比较。这些古代交通工具的发现，对于我国物质文化的发展史，供给了最珍贵的材料。

其他的西汉墓中，也发现了许多的殉葬品，铜的五铢钱以外，还有泥五铢，泥半两钱及泥饼金，一发现便是一大堆。这时已是铁器全盛时代，长铁剑及铁刀，代替了铜短剑及铜戈矛。铁剑有时附有玉璏（剑柄上的卫手），玉璲（昭文带），便是《汉书·匈奴传》所谓"玉具剑"。玉器有玉璧、玉瑱及蝉形的玉琀。环璧以滑石制的居多，一个墓中时常发现几个石璧，花纹多作圈饰，是由谷文变化过来的。相邻各圈连以直线，形成了菱形空格的网纹。这时候的铜镜较战国式的镜子为厚；鼻钮多作半球形；镜背面除花纹外，常有铭文一道。最普通的铭辞是"内清以昭明，光象夫日月……"。铜制容器如壶、鼎、洗、镫、鍑

（鍪）之类，也都有发现。其中一器有隶书铭文"时文仲铜鍪容二升重六斤二两黄龙元年十月丙辰治"，知道这是公元前49年的制品。陶罐发现最多，其次为陶鼎、陶钫、陶壶、博山炉，瓦灶等。此外我们也曾发现铜印，滑石制容器，玛瑙珠子等。

到了东汉时代，砖墓盛行，用有几何花纹的墓砖，砌成墓室；长沙东汉的砖墓也很多。但是在我们所做的四处中，仅清理了8座汉代砖墓，都已被盗掘过；其中有几座已是空无一物，其余几座也仅剩不多的几件殉葬品。陶器除容器之外，还有陶屋、陶豕圈及陶仓之类，有些是红色陶胎，外加绿色的釉彩。墓中出有蓝色半透明的玻璃佩管等。这些砖墓时常堆砌在战国或西汉的土冢中，墓底便在冢内原来地面上，有时压住了战国或西汉的墓穴。

四　长沙的史前遗存

我们在杨家山北的五里碑发掘战国的楚墓时，注意到墓穴中填土是夹杂石器和陶片的灰土，大概是附近的史前遗址中移来填塞的。我们便将这些陶片和石器检出来，并且在附近找寻史前遗址；结果虽是未曾找到，但是我们确信这墓的附近必定有一个史前遗址，可能是被破坏无余了。

关于湖南的史前文化，我们所知道的几等于零。我们初到长沙时，曾在湖南文管会看到几件由澧县送来的新石器（有孔石斧及小石锛），听说是当地离城10里的铁坑山出土的。又看到一件小石锛，听说是长沙近郊的汉墓中出土的，可能也出于填土中，似乎不会是汉时的殉葬品。

这次五里碑出土的陶片和石器数量虽不多，但陶片颇具特征。最可注意的是一种硬陶，作青灰色，表面压印有回字格纹，编织纹等。也有夹砂的粗陶。有鬲腿和鼎腿。石器是小石斧和菱形的箭镞。这些遗物，和江西樟树镇的新石器遗址所出的，最为相近。江浙一带的史前晚期几何纹陶（所谓"吴越文化"）、福建武平及福州横屿，广东的海丰陆丰及香港附近等的史前文化中几何纹陶片，也是属于这一系统的。由于这次的发现，使我们对于长沙古文化的了解，由战国时代更上推到史前的新石器时代了。

我们这次长沙的发掘，是江南第一次规模较大的正式考古发掘。虽仅工作了三个多月，但对于长沙的古代物质文化，增加了不少的新材料，使我们对之有更深的了解。发掘团的工作人数虽不少，但是配合长沙的建设工作，有时仍感觉到力量单薄，不够应付；这使我们深感到考古事业在人民自己的国家里，在人民政府的爱护和关怀下，是有无限发展的光明前途。同时也感觉到我们自己的责任的重大，要用十二分的努力，才能负得起人民所交给我们的任务。

巴黎、伦敦展出的新中国出土
文物展览巡礼[*]

这个今年将在巴黎和伦敦举行的中华人民共和国出土文物展览，是第一次在国外展出新中国的出土文物。展品虽然在数量上只是出土物的极小的一部分，但其中包括着最佳的精品。这个展览对于专家和一般观众说来，会引起他们极大的兴趣。这些展品，从六十万年前的"蓝田人"的时代起一直到 14 世纪的元代止，不仅反映新中国二十多年来考古学方面的进步，并且也显示古老的中国文化发展史的一个概貌。

"蓝田人"和"北京人"

"蓝田人"和"北京人"都生活在旧石器时代的早期，地质年代是更新世中期。

"蓝田人"的头骨和下颚骨是 1963～1964 年在陕西蓝田初次发现的。"蓝田人"比"北京人"还要稍早，约距今六十万年前。他的体质

---

* 本文原载《考古》1973 年第 3 期。曾译成英文，在《中国建设》（China Reconstructs）1922 年第 6、7 两期发表。收入本书时，省去参考文献。

特征也比"北京人"稍为原始。还发现有很原始的打制石器。

在举世闻名的周口店遗址，1949 年以来，又陆续发现了"北京人"化石、打制石器和用火遗迹等新材料。花粉分析证明"北京人"居住在这遗址的时代约相当于第二间冰期的初期，即距今约四五十万年前。

"蓝田人"和"北京人"，都已能使用简单的石器，从事采集和狩猎，过着原始的群居生活。这证明中国是世界上人类的摇篮之一。

西安半坡和其他新石器遗址

在中国，像在世界上其他地区一样，旧石器时代的结束，距今还不到一万年。1949 年以来，我们发现了许多旧石器时代遗址，采集到一些人类化石和许多石器。其中有些可能晚到中石器时代了。

西安半坡遗址的出土物，表示这里已曾经历了有些考古学家所谓"新石器革命"了。人们已开始了农业和饲养家畜，过着定居的生活，有了村落居住地。

这遗址在西安东郊。它的总面积达五万平方米。1954～1957 年，发掘了约一万平方米，包括房址、窑址和公共墓地；出土物近万件。三件木炭标本的"碳十四年代"是距今 6080±110 年、5920±105 年和 5855±105 年。

有了农业和畜牧业，当时人们就有比较富裕的生产成果，因之，他们有余力从事于制造精美的陶器并且在陶器的纹饰上开始表现出他们的艺术创造力。彩陶的花纹，有人面纹、鹿纹和三角纹。此外，还有磨制石器和骨器，后者包括鱼镖和有孔针。根据发现的纺轮、陶器上布纹印痕和骨针，知道当时已能纺织、缝纫。

这种彩陶文化，第一次发现于河南渑池仰韶村，所以称为"仰韶文化"。

在黄河上游的甘肃、青海等省，也发现有以彩陶为特色的一种新石器文化。它和东边的仰韶文化有所不同，所以称为"甘肃仰韶文化"。这些彩陶上优美的几何纹，在20年代初发现时，便曾引起世界美术爱好者的惊奇。

分布在长江、淮河下游的"青莲岗文化"，是新中国成立后所发现的好几种新石器文化之一，主要发现于江苏省。它的彩陶，灿烂多彩，另具一种风格。磨制石器中如七孔石刀、有段石锛等，也是它的代表性器物。

这两种文化都比以半坡遗址为代表的仰韶文化为晚，大约距今四千余年前。

龙山文化属于新石器晚期，两件木炭标本的"碳十四年代"是距今 4275 ± 95 年和 3965 ± 95 年。它是1928年在山东历城龙山镇首先发现的，主要分布在黄河中、下游。1959～1964年在山东潍坊姚家庄的发掘，收获最为丰富。这里的陶器，多数为轮制。虽不绘彩，但器形优美，制作技术高超，有的器壁厚度不及半毫米，真可称为"蛋壳陶"。陶器多为黑色，外表光亮。

这些彩陶和黑陶的发现，证明远在数千年以前，以陶瓷制作闻名于世的中国人民便已显出制造陶瓷的特长。

奴隶社会的商代青铜文化

生产力的发展引起了社会内部的分化，阶级社会在中国出现了。

商代是一个奴隶制社会，年代约公元前16至前11世纪。这时人们已制造青铜器。青铜是远胜于石头的一种制造工具和武器的原料，但是需要有较进步的技术和工商业组织。这时创造了文字，在历次发现的青铜器和贞卜甲骨上，很多刻有象形文字。城乡分化，出现了城市。"城市化过程"表示经济的分化（手工业的独立和商业的兴起）和政治方面国家的产生。社会由野蛮阶段进入了文明阶段。

1950 年在河南郑州二里冈所发现的商代遗址，面积达 25 平方公里。其后几年，陆续进行发掘。遗址内有制陶、冶铜、制造骨器等工场和夯土墙的遗存，还有一些住宅址和墓葬群。出土物有青铜武器和工具，青铜器皿（包括礼器），也有骨器、象牙器和玉器等。陶器虽不及新石器时代的那样精美，但是这时出现了原始瓷器，是后来的中国瓷器的远祖。这里出土物的时代较安阳小屯殷墟的为早。这是解放后的一个很重要的发现，有助于对中国文明起源的探索。

著名的安阳殷墟，是公元前 14 世纪以后的商代首都的遗址。1928 年开始科学发掘。新中国成立以来，在这里又进行了多次发掘，出土了大量古物，包括带铭文的青铜器和刻辞的卜骨。1950 年发掘的武官村大墓，有殉葬奴隶 79 人，为研究商代奴隶社会提供了重要的实物资料。

河南省以外，我们近年在山西、安徽、湖南和山东等省，也发现了商代青铜器。它们和安阳出土的一样，是属于商代晚期的。当时中国青铜器的铸造，成品质量的完美，足证冶铸技术已发展到最高峰。技术方面，采用合范法，已达到很高的水平。就艺术方面而论，造型一般端重庄严，但也有新奇诡异的，如山西石楼出土的龙纹铜觥和鸮卣。纹饰常是高起的浮雕，一般采用图案化的禽兽纹，如兽面纹（即饕餮纹）、龙纹、凤纹等，华美瑰玮，风格特异。偶尔也用写实的手法，例如方鼎上的人面纹，但很罕见。商代和后来周代的青铜器，在世界艺术史上占有特殊的地位。

西周和春秋时期的青铜器

西周（约公元前 11 世纪至公元前 770 年）的青铜器可分为两期。前期的承袭商代的艺术传统。例如 1963 年陕西扶风出土的"日己"觥、方尊和方彝，1955 年辽宁喀左县（从前的热河凌源）出土的"鱼父癸"簋和"史成"卣。到了西周后期，青铜器的器形出现了一些新的形式，纹饰有了很大的变化。这些纹饰远不及以前那样富于生气，常常只有带纹、鳞纹，或退化的兽纹。但是这时的礼器常常有长篇的铭文。例如 1960 年陕西扶风出土的"几父"壶（年代约公元前 9 世纪），有铭文 57 字，记载一个叫作"同仲"的大奴隶主赏赐几父以四家奴隶的事件。这两批扶风出土的青铜器，是两个窖藏出土的。

长江以南的安徽屯溪出土的青铜器，则出自几座西周墓葬。这些青铜器有的是和黄河流域的完全相同，例如"公"卣，可能是输入的。有的另具地方色彩，如变形兽面纹簋，花饰特异，可能是本地区铸造的。墓中同出有大量的原始瓷的罐、尊、瓶等。这类原始瓷，虽然在陕西长安和河南洛阳的西周墓中也有发现，但为数不多，可能原来是长江以南的地区所制造的。

春秋时代（公元前 770～前 475 年）各地出土的青铜器很多，其中有些刻有铭文，可以知道它们确切的年代。这时期是由西周晚期的风格转变为战国式青铜器的过渡期。器形如鉴、带盖豆等，花纹如蟠龙纹、蟠螭纹等，都在这时期出现了。这次只展出安徽和山西出土的几件。一套编钟，是著名的蔡侯墓中出土的。这蔡侯大概是昭侯（公元前 518～前 491 年），当时蔡国已衰弱，被迫迁都。但是这墓葬仍然极为豪华，随葬着大量的青铜器和玉器。这编钟，一组九件，大小不同，可以敲出不同的声调，用以奏乐。

铁器的出现和灿烂的战国时代文化

中国使用铁器的时间，可以上溯到战国时代（公元前 475～前 221 年）的初期或更稍早。到了战国中期，铁器尤其是铁农具的使用，已经相当普遍了。这次展出的 1953 年在河北兴隆发现的一批这时期铸造铁器的铸铁范，不仅证明当时有铁，并且证明当时已有了铸铁，比欧洲使用铸铁的时代早一千多年。并且证明当时已使用耐久的金属范。

铁器在农业上的使用，促进了生产力进一步的发展，引起了社会制度的变革。现在中国史学家一般认为战国时代是中国封建社会的形成阶段。这个时期，各方面都发生了巨大的变化。绕以夯土城墙的都市，在全国各地雨后春笋般出现了。新中国成立以来，勘查了战国时代所有七国的首都以及其他都市遗址。河北易县燕下都遗址便是其中之一，周围环绕以东西 8300 米、南北 4000 米的城墙。在这范围内，有好几处大型建筑基址，发现了好些遗物，包括兽面纹的瓦当。

在这些都市中，手工业发达，商业繁盛，开始使用金属铸币。当时齐都临淄，城中街道拥挤，"车毂击，人肩摩"，热闹情况，可以想见。在这些政治、经济、文化的中心，工艺美术"百花齐放"，哲学思想"百家争鸣"，形成了战国时代的灿烂文化。

这次展出的雕刻精致的陶范，是 1959～1960 年在山西侯马的铸造青铜器的遗址中发现的，反映了当时青铜工艺有了新的提高。这时期青铜器的花纹，如蟠龙纹、蟠螭纹等，细致繁缛；又有狩猎图、宴乐图等写实图像，为汉代写实手法的先声。至于错金银的青铜器，是一种新创的装饰技术，后来在西汉时代又有所发展。这次展出的山西长治等处出土的错金夔纹铜豆、错银铜车饰等，是这类错金银的铜器的精品。它们的花纹，和同时期的漆器、玉器上的相类似，可以媲美。

1965～1966 年在湖北江陵发掘了三座战国时代的楚墓。这墓群是在楚国首都的附近。墓中随葬品非常丰富，达 900 余件，包括青铜器、玉器、漆器等。其中有几件是特出的。这次展出的有一件菱纹铜剑，长60.8 厘米，剑身布满菱形花纹。同墓还出土一件同形式的刻有"越王勾践"铭文的铜剑，勾践（公元前 496～前 465 年在位）是闻名的越国国王，所以知道这墓群的年代是公元前第 5 世纪。展品中又有变形龙纹铜尊一件，花纹和黄河流域出土的稍异，可能是楚国的制品。错金铁带钩长达 46.3 厘米。这样巨大的带钩也是前所未见的。铁制而错金，可见当时对铁的珍视。错金图案和错金银的青铜器上的相类似。这些出土物增添了我们关于楚文化的知识，以及楚文化在战国时代艺术发展史中的地位。

七国争雄的战国时代，最后在公元前 221 年由于秦始皇的统一全国而告结束。中国的文明，此后便进入更为成熟的时期了。

满城西汉墓和武威的东汉车马铜俑

公元前 221 年，秦始皇兼并六国，建立了以封建经济为基础的中央集权制国家。这次展出的秦代陶量上模印的铭刻，便是他所颁行的统一全国度量衡的诏书，是用他所统一的文字书写的。高大的陶女坐俑，便是在陕西临潼他的陵墓上出土的，仪容端重，气魄宏伟。秦代虽只有十几年的统一局面，但是奠定了两汉（公元前 206 ~ 公元 220 年）的强盛的统一国家的基础。

汉代是中国历史上最辉煌的时代之一，它和唐代被中国史学家们合称为"汉唐盛世"。汉唐两代，不仅政权强盛，经济兴旺，在艺术方面也宏伟豪壮，富有生气。后来明清时代的艺术，有些过于繁缛，便显得有点柔弱了。

汉代的遗物，解放后出土很多。其中尤以"文化大革命"期间发掘的满城西汉墓和武威雷台东汉墓，最为突出。

河北满城中山靖王夫妇两墓，是 1968 年发掘的。中山靖王刘胜是著名的汉武帝（公元前 140 ~ 前 87 年在位）的庶兄，死于公元前 113 年。这两墓出土的文物达二千八百余件，其中尤其是两具尸体上的葬服"金缕玉衣"，保存完整，是前所未见的。1971 年初在北京展出时曾引起中外人士的惊奇和赞赏。这次展出的一件是王后的，共用钻有孔眼的玉片 2160 块，由金丝编缀而成。据估计，当时制作这样一件玉衣，约需一个玉工费十余年的工夫。它表现了高度的工艺技术水平。

同出的还有玉器、铜器、陶器等，一般都是造型优美，制作精致，纹饰华丽。尤其是几件鎏金或错金的青铜器，更为精美。这次展出的错金银铜壶，器身饰以鎏金蟠龙纹，色彩富丽。展出的错金银鸟篆铜壶，是一对铜壶之一，用金银丝错出鸟篆，是现存铜器中罕见的珍品。鸟篆是古代一种图案化的美术字，开始出现于春秋时代末期（公元前6世纪至前5世纪）的铜剑上。但是它们都没有这对铜壶上的鸟篆这样复杂华美。羊形铜灯和骑兽人物铜博山炉，这两件文物，其雕塑的人像和动物，活泼生动，是当时流行的写实手法。展出品还有针灸用的金针和银针。

1969年甘肃武威雷台发现了一座东汉时期大型墓葬，出土了大批青铜制的车、马、武士和奴婢俑。如同东汉的画像石和壁画上的出行图一样，表现当时贵族出行时仪仗队的显赫声势。其中一件铜奔马，昂首奔驰，矫健生动；右后足踏一飞鸟，表示马奔腾速度已超过飞鸟。汉代自武帝时由大宛国输入"天马"或"汗血马"，改良了马种。在东汉的画像石和壁画上常见有骏逸的良马，陶俑中也有良马，但迄今还没有见到像铜奔马这样神态生动。这实是一件珍贵的艺术品。

云南晋宁石寨山和其他各地的汉代文物

全国各地出土的汉代文物很多，展出品中如西汉的彩绘陶骑俑，东汉的伎乐陶俑和木猴、木独角兽，造型都很生动。其中武威出土的木猴，雕刻的手法有点像近代西方的现代派雕刻。错金银或鎏金的青铜器，有的和满城汉墓出土的一样，纹样细致复杂，色彩富丽堂皇。尤其是河北定县1965年出土的一件铜车饰，精美罕匹。这件车饰作长管状，以金、银和绿松石镶嵌出四组山峦、云气、兽图案，包括孔雀和象。花纹细致，色彩辉煌，金银丝有的细如毫发，真可称为"鬼斧神工"。鎏金的铜器有山西右玉出土的酒樽和温酒樽。两件透雕蟠纹或兽纹的玉璧，雕刻精致，也是定县出土的。

值得特别提出的，是云南晋宁石寨山出土文物。这里在 1955 ~ 1960 年发掘了西汉滇王家族的墓葬 40 余座，出土有青铜制的生产工具（犁、铧、斧头等），动物形的铜饰，鼓形贮贝器，以及玛瑙制的装饰品等。贮贝器的盖子上常铸有立体的人物活动的场面，如祭祀、纺织等。这里展出的一件，是纺织工场的情况，奴隶们在奴隶主或其代理人的监视之下，正从事于纺织的劳作。这些图像为研究当时这一地区的奴隶制度，提供了重要资料。铜饰上的动物形象，尤其是动物搏斗图，富有生气，不可多得。滇王的属下有游牧民族，这些动物纹样的铜器可能与欧亚草原游牧民族的同类纹样的铜器有些关系。

两晋南北朝的陶瓷器和北朝石刻

两晋南北朝时期（265 ~ 589 年），中国青瓷器烧造技术不断提高。由原始瓷发展到瓷器的过程，便是在这个时期完成的。展出的青瓷鹰形壶，是南京一座西晋永宁二年（302 年）墓中出土的，造型别致，新奇可爱。鸡首壶和四系罐是这时期盛行的器形。北齐李云（496 ~ 575 年）墓中出土的青瓷，胎质洁白，釉色晶莹，和唐代的青瓷相比较，已达到几乎同样的完善的程度了。另一座北齐墓，是凉州刺史范粹（549 ~ 575 年）墓，出土有青瓷和白瓷。还有三件黄釉乐舞扁壶，这次展出的是其中的一件。扁壶颈部有一对鼻钮，用以系绳。当是骑马者所使用的。乐舞图四人奏乐，中央一人舞于莲座之上。

北朝石刻的优美，以各处石窟寺的佛教雕刻而闻名于全世界。大同云岗、洛阳龙门等石窟寺，是研究中国雕刻史的艺术宝库。这次展出的两件北魏石雕柱座，是山西大同司马金龙（死于 484 年）墓中出土的，其精美不减于云岗石刻，可能是属于同一伙的雕刻家所创作的。释迦说法石像是北齐时作品，河北临漳出土。佛教自东汉传入中国后，不但在宗教迷信方面，并且在哲学思想和文学美术方面，都对中国人民有很大影响。两晋南北朝时期这种影响已经很清楚地显露出来了。

"丝绸之路"上出土的汉、唐文物

在著名的古代"丝绸之路"上的民丰（尼雅）、吐鲁番、巴楚等地，新中国成立以来，不断地发现汉、唐时代的丝、毛等织物，其中丝织品尤其值得注意。它的种类有锦、绮、纱等。花纹方面，汉代的是和当时的漆器、错金银青铜器等的花纹相同或近似，如菱纹、云气纹、鸟兽纹等，有的还织有汉文字如"延年益寿"等。唐代的丝织品，除了唐代金银器上习见的花纹，如花鸟纹、团花纹等以外，还有西亚习见的图案，如联珠纹、对鸟纹、猪头纹等。有的既织有西亚习见的图案，又织有汉文字。这些织品，是我国当时与中亚、西亚各国贸易和友好往来的见证。

在吐鲁番墓地，还发现汉文和少数民族的各种文书、食品（油炸面卷和饺子）和钱币等。证明当时汉族和少数民族在这地区共同生活和共同劳动。钱币中除了汉、唐时的汉字铸币之外，还有波斯萨珊朝银币和拜占庭金币等，证明当时和伊朗等国贸易的频繁。

唐代长安城的勘查和何家村宝藏的发现

隋代于公元 589 年又统一了中国，结束了南北朝对峙的局面，并且在今日西安建立了一个规模宏大的新城市，作为首都。唐朝（618～907年）承继了隋代的业绩，封建经济空前繁荣，首都长安成为当时世界上最大的都市之一。城墙周围达 35 公里有余。1949 年以来，在这都城遗址做了多年的勘查和发掘，取得了重大的收获。

1970 年在唐长安城兴化坊遗址范围内的何家村，发现了唐代窖藏一处。窖内埋有两个大陶瓮，贮藏着大批的金银器、宝石、首饰、玉器、矿物药材（包括丹砂、乳石、琥珀、水晶、紫石英等）和中外钱币等，共计1023件，其中金银器有216件。这是唐代金银器的一次空前的重大发现。这次展出的金银器中，如刻花金碗，器身捶成莲瓣形，再錾刻花纹，以细珠纹为衬底，每瓣中细雕花鸟纹；八棱人物金杯，每面都有高浮雕做出乐工和舞伎的图像；花鸟银盒，有极工细的线雕花鸟纹，部分鎏金。这些都是金银细工的杰作。药物装在大小不同的银盒中，盒盖标明药品的名称和分量，并且有炼药的银石榴罐。这是当时封建统治阶级妄图延续其生命而服用的药物。这宗窖藏的发现地点是邠王李守礼（唐玄宗的堂兄弟，死于741年）的府、宅所在，它可能是天宝十五年（公元756年）安禄山的部下进攻长安，唐玄宗和他的眷属、宫廷大臣逃往四川的时候，由嗣邠王的家人埋藏起来的。

唐永泰公主墓和唐代工艺美术品

在陕西西安附近，还发掘了大批唐代贵族的墓葬。乾县的永泰公主（685～701年）墓，可以作为一个代表。墓中出土了三彩釉的马俑和骑猎俑，彩绘的骑马俑和骑猎俑，三彩釉的碗盘等，都是色调鲜艳、灿烂夺目。墓里的壁画（如仕女图等）和石椁上的线雕人物，也都是头等的艺术品。

其他各墓，如1959年发掘的西安中堡村唐墓和最近（1972年）发掘的乾县章怀太子（654～684年）墓和懿德太子（683～701年）墓，也都出土有精美的三彩釉俑和彩绘俑。后两墓中也有艺术价值很高的壁画和浅雕人物的石椁。章怀太子是著名的武后的儿子，懿德太子和永泰公主是她的孙子和孙女。他们都是当时封建统治阶级最高层的皇族成员。

唐代的青瓷和白瓷，都已达到完美的程度。北齐和隋代，已有了白瓷。展出品中有隋代张盛（502～594年）墓中出土的白瓷武士俑和侍吏俑。唐代的白瓷，如展出的西安出土的白瓷盂和贴花高足白瓷钵，洁白无瑕，更为精美。

唐代的铜镜继承了战国两汉以来的传统，但是花纹已有了很大的变化，例如狩猎纹、花鸟纹、双鸾纹、海马葡萄纹等，都是前代所没有的。形状方面，除了圆镜之外，还增添了菱花镜、葵花镜等新形式。展出的鸟纹铜镜，镜身是青铜制的，背面嵌以整片的鸟兽纹的镜背。这是比较罕见的技术。

五代至宋的瓷器和辽、金的文物

五代时代（907～960年）中国青瓷器的发展进入了一个新的阶段，产生了著名的"越窑瓷"。1969年浙江临安的一座五代墓，出土了好几件越窑瓷器，其中有一件高达50.7厘米的云纹壶，更为罕见。

宋代（960～1279年）中国的瓷器的制造，更为精美而多样化。白瓷中著名的"定窑"，为宋代五大名窑之一。1969年河北定县两座塔基出土了定窑瓷器多件。其中尤以刻花净瓶和法螺，最为精巧优美。青瓷有浙江的龙泉窑，江西的影青窑，陕西的耀州窑，都有新出土的代表在这次展出。这些青瓷和白瓷，都是单色，花纹是由刻花或印花而成的，由于花纹凹入处釉水较厚，显出色调不同，犹如丝织品中的暗花绸。另有磁州窑，是白瓷或绿瓷上绘黑花，虽是民窑，但是所绘的多为写实图画，另具风趣。例如这次展出的钓鱼枕。

和宋王朝并立的，在中国北部有少数民族建立的辽王朝（契丹族，916～1125年）和金王朝（女真族，1115～1234年），契丹一名便是中世纪欧洲人用以称呼中国的"卡塔"（Cathay）一名的来源。这里展出的有1953年在内蒙古赤峰辽驸马墓中发现的文物。有的是汉族传统的东西，如"官"字款白瓷盘，有的是契丹族自己所创造的，如鸡冠壶。

至于鸣镝铁镞、鎏金的银鞍饰和马缨罩，可能是汉人工匠所制造，花纹属汉族的传统。这些东西作为随葬品，可以证明契丹族的贵族的尚武精神，当时仍不忘游牧民族的旧俗。

金代的文物，有山西侯马出土的三件杂剧陶俑，原来是放置于墓壁上戏台状的小龛中，是研究中国戏剧史的重要资料。另外三件河南焦作出土的杂剧陶俑，可能是元代的。这三件陶俑，或作吹箫状，或作起舞状，虽然是继承金代杂剧俑的传统，但是雕塑更为生动。

元代的大都遗址和当时的工艺美术品

元代（1271～1368年）在13世纪（1267年）兴建的大都，便是今日中国首都北京。大都是当时世界上著名的大城市之一。当年旅居这里的意大利人马可波罗（1254～1324年）曾盛赞大都城内规划的美善，说它街道整齐"有如棋盘"。新中国成立以来，这里曾进行了大量的勘查和发掘工作。"文化大革命"期间又发现了大都和义门的瓮城和多处居住遗址。在这些年的发掘中，曾发现大量建筑构件和陶瓷器等，是研究元代大都的重要资料。

除了北京发现的元代的精美瓷器，如这次展出的影青观音像、青花花卉罐、影青笔架、黑花双凤罐等之外，在别处也发现过许多元代瓷器的精品，如河北保定便曾发现一批青花瓷。青花瓷是一种利用氧化钴显色的釉下彩，可能开始于南宋晚期，但是元代的也很罕见。解放后发现了几批。其中这次展出的北京出土的花卉盖罐，高达66厘米；保定出土的白龙盖瓶，高达51.5厘米，都是罕见的珍品。后者青色鲜明，尤为难得。钧窑瓷器是利用氧化铜在陶窑中不同的气氛中呈色不同这一特点，烧成蓝中带紫或带红块的色釉，颜色艳丽犹如朝霞。这次展出的均窑有北京出土的盘和保定出土的盆。

此外，元代文物还有安徽合肥的双凤纹银果盒、江苏苏州的银奁和梳妆用品、上海青浦的雕漆人物圆盒。这件雕漆盒，在元代漆器中并非头等精品，但是它出于著名画家任仁发（1254～1327年）的墓中，物以人重，所以仍是值得珍视的。

中国是世界上文明发达最早的国家之一。中国人民在长期的辛勤劳动和艰苦奋斗中，创造了灿烂辉煌的文化。这次展出的许多珍贵的历史遗产，可以增进世界人民对于中国的悠久历史和优秀文化的了解。我们希望通过这个展览，能够对于促进人民之间的友谊，做出有益的贡献。

阿尔巴尼亚考古旅行记[*]

地拉那的初秋，天高气爽。1972年9月11日，地拉那的机场上，晴空万里，阳光照耀。我们一下飞机，踏上了阿尔巴尼亚的土地，便受到阿尔巴尼亚朋友的热情接待。此后，在整个访问期间，我们北到斯库台，南到萨兰达，东到莫拉瓦山麓的科尔察，西到亚得里亚海滨的都拉斯，到处受到了阿尔巴尼亚朋友的热烈欢迎和亲切款待。

我们这次前往阿尔巴尼亚，是代表中国科学院应阿尔巴尼亚国立地拉那大学的邀请，参加第一次伊利里亚人研究会议。

在会议期间，曾举行了一次到附近的都拉斯参观；会后第二天又开始了为期5天的旅行。旅行分为三组，分别前往南、北、东三路。每个代表可以参加其中一组。阿尔巴尼亚朋友又特别挽留我们多停留两星期，以便我们可以进行更多的参观访问（图1）。现就都拉斯之行和三路的参观访问的情况，在下面四节中分别介绍。

---

* 本文是作者与王仲殊合写的《阿尔巴尼亚访问记》一文的第三节，原载《考古》1973年第5期。

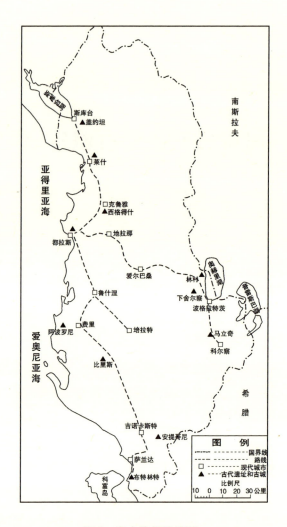

图1 考古旅行路线图

一 都拉斯之行

都拉斯在地拉那的西边约 40 公里，是阿尔巴尼亚最古老的城市之一。在公元前 6 世纪便已是一个经济繁荣、人口众多的海港城市，中世纪仍以良港闻名，今日还是阿尔巴尼亚的重要海港。我们参观时远望海港码头上停泊着很多的轮船，包括我国的远洋货轮。

根据希腊作家的记载，相传公元前 627 年，希腊人由科西拉（Corcyra）前来这里建立殖民地，将港口下城叫作地拉基阿姆（Dyrrachium），上城叫作伊庇丹努（Epidamnus），二者都是伊利里亚语的地名。原先这里便是伊利里亚人中道兰提亚族（Taulantine）所居住的。这希腊殖民地由于与毗邻的伊利里亚人贸易通商，便成为当时亚得里亚海东岸最大的商业中心。和本地历史有关的事情，还有一件值得特别提一下：希腊著名史家修昔底德（Thucydides，公元前 5 世纪）记载说，伊庇丹努（即今天的都拉斯）城的贵族党和平民党内争，各由希腊引进外援作战，因而最后酿成了延续 30 来年的著名的伯罗奔尼撒战争（《伯罗奔尼撒战争史》1960 年商务中译本，第一卷第二章，第 21~25 页）。公元前 5 世纪中叶，这城市开始铸造自己的货币。它的铸币通行于当时希腊及其影响下的各地，南至意大利南部，北至多瑙河畔。有一时期，伊利里亚的道兰提亚族的君主莫努（Monoun，公元前 350~前 335 年在位）占有这城，建都于此，并在这城所铸的货币上铸上他自己的名字。罗马奴隶主东征时，他们的军队便在这海港登陆，以攻占整个巴尔干半岛。都拉斯起初和罗马联盟，后于公元前 30 年左右沦为罗马殖民地。

考古发现方面，在都拉斯曾发现过阿尔巴尼亚铜器时代晚期的陶片和磨制石锛头，可见在希腊人来此以前这里确是伊利里亚人的住地。希腊罗马时代的出土物很多，但是由于当时的城区正压在今日城市的下面，发掘有困难，所以只能在都市建设的动土工程中配合着进行考古发掘，略知当时城区的大概轮廓。除了街道、下水道和住房的残迹以外，最重要的发现是公元前 4~前 3 世纪的保存完好的镶嵌画（mosaic）地面、公元 1 世纪的公共浴场的建筑群（1960 年发掘）和最近几年发掘的规模宏大的公元 2 世纪初建筑的圆形竞技场（1966 年发现）。城外则有城西北的公元前 6～前 1 世纪的科科马尼山墓区和城东北的罗马时代的达乌特山（Daute）墓区。这些墓地中发现有浮雕石刻、墓碑、石槨、彩陶罐、金银首饰、铜器和铁器等。公元前 4～前 1 世纪的许多墓碑上有伊利里亚人名；除了希腊彩陶瓶、罐以外，还有伊利里亚式的陶器。更早的公元前 7～前 6 世纪的墓中，有伊利里亚式两耳罐和科林斯输入的彩陶瓶同出。这些都可以和文献记载互相印证。

我们去都拉斯参观的那一天（9 月 21 日），正遇上雨天。我们先去博物馆。这馆是 1951 年建立的，近 20 多年来此城遗址的发掘工作便是由该馆主持的。许多重要的出土物便陈列在这里，主要是希腊罗马时代的遗物，如希腊彩陶、小陶像、小铜像、金属首饰、钱币、铜、铁武器和工具、石刻、玻璃器等。室外的庭院中，放着石樽和石祭台，庭院边沿的走廊上放着比较大件的石雕建筑构件、石像、石刻浮雕和带铭文的墓碑。还有从海中捞上来的大陶瓮，可能是当时沉船中的酒瓮，外表满布蛎壳。另一边的庭院中竖立着从附近移来的一排列的以石柱支持的拱门。我们站在这些遗物的前面，不禁遥想起当年这城市的万家鳞次，建筑壮丽，港口的商船往来如梭的盛况。

我们还参观了博物馆整理新近出土物的工作室和修整陶器的技术室。由博物馆出来后，雨已停止，我们驱车到高处的中世纪城堡。这城堡仅留残垣一段，现作为文物保护单位。我们参观了城堡东南隅新发现的罗马时代的圆形竞技场，这是都拉斯古迹中最庞大和最精好的建筑，建于公元 2 世纪初（即哈德良皇帝时），一直使用到 6 世纪，到中世纪初叶便被废弃了，后来成为墓地。这竞技场是 1966 年发现的。因为上面叠压有现代房屋，连年发掘，还只发掘了总面积的四分之一。周围的看台，是石砌的台阶形的，已暴露的一段作圆弧形，长度已达 150 米左右。看台最高处，高出决斗场（arena）约 20 米。看台底下有暗道（gallery），是当年角斗士等进出的地方。我们拾级而下，沿着暗道前行，又出来沿着看台巡视一番。暗道中有一个 10 世纪的神龛的遗迹，由五色石子镶嵌成各种耶教图像，是 10 世纪这里成为墓地后的一个小礼拜堂的残存。据博物馆的负责人说，这里还准备继续发掘下去，以求搞清楚这座圆形竞技场的全貌。

二　从地拉那到萨兰达（阿波罗尼和布特林特）

首都地拉那，从考古方面来说，以考古学民族学博物馆为最重要。该馆的"伊利里亚人和阿尔巴尼亚人起源的展览"，反映了阿尔巴尼亚近 20 年间在考古学和民族学研究方面取得的成就，尤其是考古学方面的丰硕收获。地拉那市中心的斯坎德培广场，在这民族英雄的雄壮的骑马挥剑的铜像的东侧，矗立着高耸的钟楼和更高的清真寺唱经楼。瘦削的白色唱经楼，背衬着蔚蓝的天空，峻峭清雅。清真寺建于 19 世纪初叶（1812 年），钟楼稍晚，并经后来重修。地拉那城本身是 17 世纪初叶（1614 年）才创建的，现仍保存一段城墙的残迹，作为文物保护单位，我们曾去参观过。

9 月 21 日，我们由地拉那出发参观，南行 117 公里抵费里。这里是阿尔巴尼亚农业中心之一，同时又新创建了规模较大的化肥厂、炼油厂等新工业。著名的古迹阿波罗尼，便在城西不到 12 公里的地方。我们在费里稍息后，便前往阿波罗尼。

（1）阿波罗尼（Apollonia）是阿尔巴尼亚境内希腊罗马时代留下来的最大的古迹中心，城区面积达 120 公顷。据希腊作家记载，它是公元前 588 年由希腊人从科西拉和科林斯前来建立的一个殖民地，原先是伊利里亚人中道兰提亚族的一个居民点。这里离海不远，由奥维斯河（Aous，今名维约萨 Vjosa）可以与海交通，另一方面又和附近肥沃平原上居住着的伊利里亚人通商贸易，所以建立城市后经济繁荣，蒸蒸日上。公元前 5 世纪中叶便自铸银币和铜币。它的货币不仅流行于伊利里亚地区内，并且还在境外流通。公元前 4 ~ 前 3 世纪时这城有时曾为伊利里亚人所建的国家的一部分。公元前 3～前 1 世纪时，这城市繁荣昌盛，人口达 5 万～6 万人；文化教育发达，有为罗马贵族所设的学校，罗马帝国的奥古斯都皇帝（Augustus）和他的密友阿古利巴（Agrippa）便曾在这里求学过，他在这里得到了恺撒（J. Caesar）被刺的消息后赶回罗马。阿波罗尼的雕刻和镶嵌画，也都自成一流派。公元 3 世纪，发生地震，奥维斯河改道南移 9 公里，断绝了这城市和海的直接交通，加以当时罗马的奴隶制发生危机，政治动荡，经济萧条，这城市也便衰落了。公元 345 年的大地震，给它一个最后的打击，此后便成为废墟了。今日这废墟上由中世纪留下来的，只有一座 14 世纪的圣马利亚小教堂，现在成为博物馆的一部分。第一次世界大战时，奥地利人便曾在这里做过考古发掘。1924 年起，法国考古队曾在这里继续不断地发掘了 15 年，到第二次世界大战爆发后才中止。最近 20 多年来，阿尔巴尼亚考古学家在这里做了很多工作，出土物经过整理便在现场博物馆中择优陈列出来。

我们去参观时，车子未抵阿波罗尼以前，老远地便看到废址上矗立着的石柱。下车后，沿坡路上行，没有多远便看到暴露于地表的城墙。这石砌的城墙厚 3.4 米，周围长达 4.5 公里，是公元前 4 世纪时所建的。据云发掘工作中曾发现较早的伊利里亚的遗迹和遗物。

我们由城门缺口进入城中，直抵城的中心区，有一大片经过发掘而暴露出来的古建筑遗迹。这里有一条宽达 6 米的石铺的大街和一些较狭的小巷。大街两旁有一座小剧场（Odeon），半圆形的台阶式的看台，铺以石板，可容纳约 200 名观众。隔着音乐池，便是舞台。小剧场旁边是一条长达 77 米的柱廊，是公元前 4～前 3 世纪所建立的，但在公元 1 世纪时曾改建过。柱廊分为 17 间，每间有一神龛，但神像已无存了。隔街有一座前置六根石柱的半圆形建筑物，是当时市议会会场（bulè）的废址。附近又有图书馆的废址，墙壁上有安装书架的凸出横条数行。

我们参观了这里的博物馆，它是 1960 年创建的。陈列品除了城中出土的遗物之外，还有附近的墓区中所发现的随葬品。陈列室外的原先教堂的柱廊下陈列着十几个高大的石雕立像。院子周围的走廊也放置一些石椁、墓碑等。前面说过，这博物馆的一部分便是利用 14 世纪的圣马利亚教堂的建筑，这教堂本身便是一个博物馆，还保存着一部分 14 世纪留下来的残破的壁画，包括一幅当时拜占庭皇帝安德罗奈卡·巴雷俄罗古（Andronicus Paleologus）的画像。

我们又参观了 1967～1969 年发掘的一座石砌的水池（Fontana），这水池利用地下涌出的泉水，经过四道水道汇为一渠，下注到水池中去，以供居民饮用（图 2）。我们下山时，又在半路上参观了 1958～1960 年发现的镶嵌画地面，它是公元 3 世纪时住宅的遗存，用各色小石子镶嵌成精美的图案和神话故事，构图优美，色泽鲜艳。

图 2　阿波罗尼古城的泉水池

（公元前 4～前 3 世纪）

153

（2）吉诺卡斯特（Gjirokastra）是一座山城，鳞次栉比的房屋依着山势高下而建筑。我们由阿波罗尼返费里，稍息后，继续南行赴吉诺卡斯特，到达时已是夜晚，眺望这山城，万家灯火，远接天上繁星，风景极美。

吉诺卡斯特城本身便是一个博物馆。山巅是一座中世纪的城堡，可能创建于公元 6 世纪，但 14 世纪的文献记载才提到这城堡。这是阿尔巴尼亚现存的最雄伟的中世纪城堡之一。城堡外面，沿着山坡排列着一层层的样式古雅的 18～19 世纪的房屋，据云列为文物保护单位的达四百余所之多，现在居民可以居住使用，但不得随便修理，更不准改建，以免失去本来面目。

我们利用一个上午的工夫，和其他外国代表一起参观了这城东南方的"伊庇鲁斯的安提哥尼"（Antigonia of Epirus）古城遗迹，今名泽尔美（Jerme）。遗址在山间，公路崎岖不平，车行一小时始达。这是 1970 年才开始系统发掘的。这座伊利里亚人在公元前 3 世纪所建立的山城，总面积为 46 公顷。巨石砌成的城墙，厚 3.5 米，长达 4 公里；保存较好的部分，高度仍达 3.5 米。城外三面是陡坡，只南面坡度稍平坦，城门便开在南面。这城市保持繁荣到公元前 2 世纪中叶，以后便成废墟了。这可能是史书中记载的罗马执政官爱弥尔（Paul Emil）于公元前 167 年所焚毁的 70 座伊庇鲁斯城市之一。这两三年的考古发掘，除了揭露出城墙和城门之外，还发掘了几座住宅遗址（图 3）。宅临宽达 6 米的石铺大街，有阴沟和街道下面的排水沟相通。其中一座住宅，前有石柱廊。遗址中发现古钱达 500 余枚，还有希腊彩陶、小铜像及 13 件带有"安提尼亚"地名的铜牌。

那天傍晚，我们参观了吉诺卡斯特城堡中的"武器馆"，陈列有历代的武器，由古代伊利里亚人所使用的铜盔、铁剑，一直到解放战争中所缴获的德、意法西斯侵略者的枪炮。至于城堡本身，因为时间过晚，来不及参观了。

图 3　安提哥尼的建筑遗迹

（公元前 3 ~ 前 2 世纪）

　　9 月 23 日，我们由吉诺卡斯特南行抵萨兰达。这是阿尔巴尼亚沿海最南的港口，距地拉那 275 公里。稍息后，我们沿着海滨南行 16 公里抵达布特林特。

　　（3）布特林特（Butrint）也是公元前 6 世纪希腊人由科西拉（Corcyra）前来建立的殖民城市。在这以前，这里是伊利里亚人的高尼亚族（Kaonians）的居民点。当时这一带是重要的牧区，出产优良品种的牛羊。城市建立后，由于与附近伊利里亚人的贸易而繁荣起来。它后来成为伊庇鲁斯联盟中的一城，所以不像阿波罗尼或都拉斯，在罗马时代以前没有自铸货币。拜占庭时代，它仍是一个重要的城市。中世纪后期，各封建主屡次争夺这城，以致城市被毁。1928 年起直至第二次世界大战时，意大利考古队整年在这里进行发掘。后来意大利法西斯侵略军占领这一带，接着又是战争，使这里的博物馆遭受到很大的损失。

我们到达时，先看到一座 18 世纪的碉堡。由碉堡旁边一条大路进入遗址。址上树林郁茂，道旁有著名的"布特林特女神"的复制品（原物已被盗运到罗马去）。古城近中心处是一座公元前 4～前 3 世纪所修建的剧场，保存得比较完整（图 4）。半圆形的石砌台阶形看台，共十九级。隔着音乐池（Orchestra）是砖砌的舞台，曾经后来重修过。舞台后壁是一道砖墙，墙面陷入几个神龛，据云"布特林特女神"石像原来便是放置在这些神龛中的。看台西侧进口处的墙上刻了许多希腊文的铭文，主要是解放奴隶的法令。进口处的西边是一座奉祀医药之神埃斯叩雷彼（Aesculapius）的庙宇，是公元 2 世纪重修的。

图 4　布特林特古城中心的剧场（公元前 4～前 3 世纪）

剧场的东南是一所公共浴场，室内地面铺以黑白两种大理石板，相间成几何纹。更东的是一所公共建筑，中世纪时改为教堂。这教堂的洗礼所（baptistery）是这里最华美的遗迹（图 5）。洗礼所平面为圆形，中心为供洗礼用的小水池。池的周围绕以镶嵌画的同心圆七圈，每个圈环中镶嵌几何纹和花草纹，最外边的二圈，有 64 个镶嵌出禽鸟或走兽的圆牌（medallions）。6 世纪改为洗礼所时，镶嵌画中添入了一些基督教的象征物。这些镶嵌画构图和配色都很华美。洗礼所的大理石柱十余根，多已中断，但仍在原来位置。周围的石砌墙壁，有一部分还保存窗洞和窗额。由洗礼所向东北行，有一所尚残留有红砖砌的高墙的大教堂，是 14 世纪的建筑。

图 5　布特林特城中教堂的洗礼所（公元前 5 世纪）

过了大教堂后，是古城中心卫城（citadel）的石墙和它的南门。更东行，古城的东墙临着布特林特湖。这里城门保存完整的有"大城门"，高处离地 5 米余。稍北为"狮子门"，规模虽较小，但门楣上刻有狮子搏牛的浮雕。进狮子门后，拾级而登，石阶的上端左侧是口圣井，修筑以供奉水神者。这两座城门的门侧都有巨石砌的一段城墙，据云可能是伊利里亚人的建筑遗存。

我们接着登上城中心高处的 14 世纪威尼斯人所筑的城堡，现在改作为古物博物馆。第一陈列室展出的是这遗址和附近所发现的古物。其中有两件打制的旧石器（刮削器），是附近的卡拉（Kara）和希马里（Shi Mari）出土的，可见远在旧石器时代这里便有人生活着。主要的展品是希腊罗马时代的，如彩陶和素红陶的瓶、罐和铜铁器等。第二陈列室展出的是石刻肖像、浮雕、铭刻等。陈列室外的柱廊上也陈列着石刻立像等。

从博物馆出来时，我们看到卫城的院子里，阿尔巴尼亚国家歌舞团演员们正在这里拍摄彩色电影。男女演员穿着五彩缤纷的民族服装，在古香古色的古堡前面，载歌载舞，可以预期这电影一定拍摄得很成功。我们一面看歌舞团表演，一面俯瞰四周的风景。东边城墙濒湖，湖外峰峦连绵，高低起伏，湖光山色，不啻图画。西边淤积平原不远处便是爱奥尼亚海，这海有一条蜿蜒如带的水渠和布特林特湖相通。海上波涛汹涌，不远处便是希腊的科富岛（Corfu），也便是古代的科西拉，原是公元前 8 世纪科林斯人的殖民地。当年希腊人便是由这岛上到布特林特、阿波罗尼和都拉斯建立殖民城市的。

由布特林特返萨兰达（Saranda），我们在这里有半天的休息，乘暇可以参观市容。萨兰达有它的古老的历史，同时又是一个新建设起来的城市。希腊时代这里是一个叫作翁彻摩斯（Onchesmos）的海港，后来衰落了。最近 20 余年来，它又由一小镇发展为城市，有停泊海轮的码头。同海岸相平行，一排排的楼房在大街两旁兴建起来。阶梯式的磴道将上下相邻的大街连接起来。在建设工程中，有时发现希腊罗马时代的遗迹。我们参观了邮电局旁边的一处镶嵌画地面的残存，它便是在工程中发现的，现在已经保护起来，并盖上房子作为保管所，由此可见阿尔巴尼亚重视文物保护工作的一斑。

9 月 24 日，我们由萨兰达经吉诺卡斯特、费里而返地拉那，中途我们又参观了一座伊利里亚古城。这城址是在费里东南马拉卡斯特（Mallakaster）一座小山上，今名克洛斯（Klos）堡，古名为比里斯（Byllis）。也有人以为比里斯是指相距约一公里半的另一山城赫卡里

（Hekal），也有人以为二者是一个城市的两部分，可能共用一名，后者（公元前 4 世纪）创建比前者（公元前 5 世纪）稍晚，但后来同时存在。这克洛斯城南临维约萨河，这河东流由阿波罗尼附近入海。城区面积约 18 公顷，用方块巨石砌成的城墙，周围约 1850 米，现在已暴露长达 80 米的一段，高度有达 3.4 米的。遗址中发现百余枚古钱，其中以比里斯铸的为最多，阿波罗尼和伊庇鲁斯联盟（这联盟包括布特林特城）铸的次之。此外，北方的都拉斯、南方的马其顿和塞萨利的铸币也都有发现，可见这城市和各处贸易的频繁。城市中有手工业，曾发现制陶作坊。附近一带农业和牧业都很发达，是这城市繁荣的经济上的原因。

当天傍晚，我们在细雨中乘车回到了地拉那。

三　从地拉那到科尔察

9 月 26 日，我们由地拉那经过爱尔巴桑、波格拉德茨到了科尔察，计行 178 公里。

距离科尔察尚有 12 公里处，是一个市镇，叫作马立奇（Maliq）。这一带从前是沼泽湖泊地带，1948 年排水工程开始施工后不久，便发现了一个保存良好、层次清楚的史前遗址，时代由新石器晚期经铜石并用时代而至青铜时代。1961～1966 年这里进行了系统的发掘，发现有规则地排列的许多桩柱，似是水面湖居。发掘工作中获得大量的陶片、骨器等。我们经过那里时，已看不到遗迹，揭露出来的已用土重行盖上，改为农田。出土物一部分送往地拉那考古学和民族学博物馆，另一部分便放在科尔察的地方博物馆中。我们到达后，当天便参观了这个博物馆，看到许多马立奇遗址的出土物。

次日，我们参观了科尔察的两处工厂和一处农业合作社后，便离开了科尔察，北返波格拉德茨（Pogredec）。这又是一个美丽的城市，是避暑的胜地。城市背靠着树木葱茏的青山，面临着明澈如镜的奥赫里湖（Ohri），风光绝佳。这湖是阿尔巴尼亚最大的湖泊之一，面积达360平方公里。湖水特别深，而清澈到可以看得见17米深处游鱼的那样程度。

我们先参观了地方博物馆，考古部分主要是下列三处的照片和出土物：①这城市后面山上的城址，是伊利里亚人所建的，罗马时代和中世纪早期继续居住，1969～1971年连续进行系统发掘。②下舍尔察的伊利里亚人崖墓。③林村的伊利里亚古城墙和罗马时代镶嵌画地面。除了第一处未去外，另两处我们于次日都去参观过。

林（Lin）村是一个渔村，伸入奥赫里湖。9月28日，我们由波格拉德茨城，沿湖滨北行约20公里，便抵林村。最近几年在村后一个小山的顶部，发掘到一座5世纪的教堂，保存有好几处的镶嵌画地面，花纹包括几何纹、禽鸟纹、花草纹等，构图和颜色都很优美。近年同时在山半腰发现有巨石砌的城墙残迹，当为伊利里亚人所建。同属于伊利里亚时代的还有山麓滨湖处的一座渔舍遗址，发掘工作中出土有陶片和青铜鱼钩。我们立在山巅上东望，万顷湖光，烟波苍茫。湖的东半是属于南斯拉夫的，我们可以看到湖东岸的南斯拉夫境内的奥切尼达（Ochnida）等城。

接着我们又去下舍尔察（Lower Selce），是在山区。因为前一天的夜里下过一场雨，山路泥泞难行。我们大家讨论了一番，决定还是依照原计划一试。车行约一小时许，到达山中一小村，即下舍尔察。感谢农业合作社的社员同志送来长筒胶鞋让我们换上，沿着崎岖的山路上山参观1969～1972年所发掘的五座崖墓和一片居住遗址。崖墓是公元前3世纪伊利里亚人所开凿的（图6）。将近山巅处，有一片壁立于道侧的山岩，是伊利里亚人当年开采岩石以修建他们的城市时所遗留的痕迹。后来他们便在这岩壁上开凿几座崖墓，墓前还凿成建筑物式的门面。我们先看到的第4号墓，墓门外的崖壁上还有摩崖题字，有伊利里亚的人名，用希腊字母写的，字体是公元前3世纪后半。附近还有一座用石砌

的石墓。这两墓在古代便
被盗掘过。我们沿着山路
向北走了数十米，是另一
群崖墓，原来也是由背后
山巅冲刷下来的石屑泥土
所覆盖的，现已揭露出三
座崖墓，其中 2 号墓在最
北，地面上凿成剧场式，
有二层的半圆形看台。音
乐池的中间偏东处，由地
面向下开凿一方形墓室，
原来室顶是用石板遮盖。
墓室放置骨灰罐，剧场为
举行葬祭仪式之用。1 号
墓在中央，墓室的门面凿
有半柱四根，柱头为伊奥
尼亚式。墓室方形，有棺
床。以上二墓，也经盗
过。3 号墓在南，墓门两

图 6　下舍尔察的伊利里亚时期崖墓
（公元前 3 世纪）

侧各有半柱四根，柱头也是伊奥尼亚式。两柱之间有壁画或浮雕。壁画
仅存残迹，但浮雕尚大体保存，右侧的是伊利里亚人所使用的圆形盾
牌，左侧的是一个方框，框中刻一牛头饰（bucranion），框的上面置一
头盔。门外的前庭铺以镶嵌画的地面，门内为小室，似非墓室，真正的
墓室在前庭的底下，由下层的岩壁另开一门出入。这门被沙石遮盖后，
这墓竟得保存下来，未被盗掘。墓中发现了大批珍贵的随葬物。崖墓的
南面和山巅，都有居住遗址的痕迹，已发掘出几所住宅废址。

　　我们参观了林村和下舍尔察以后，很满意地回返波格拉德茨。下午参观了一个农业合作社。第二天（29 日）为了要赶上我国大使馆的国庆招待会，我们回返地拉那。中途曾在爱尔巴桑稍停留一小时许，参观了中世纪城堡的城墙和城门。现存的城墙是 1466 年的建筑，但在 1832 年土耳其占领者为防止当地人民起义固守，将这城墙拆毁了，现今仅南侧的保存稍完整。城门的门楣上面还嵌有一块 1466 年重修城墙的石刻题记。我们又参观了地方博物馆，是由城墙的一缺口进去。这里陈列有附近一座伊利里亚战士墓出土的头盔等物，有罗马时代刻有这城古名"斯堪帕"（Skampa）的刻石（当时它是罗马爱格那沙"国道"上重要的一站，西北达都拉斯，西南通阿波罗尼）和 1466 年重建城墙的另一件石刻题记。

参观后，我们离开爱尔巴桑，继续西行。将近地拉那时，还望见高踞山巅的庇特里拉（Petrela）中世纪城堡，听说保存得很好，但因时间关系，没有前去参观。

四　从地拉那到斯库台（绕道先去培拉特）

9 月 30 日下午，我们由地拉那经鲁什涅（Lushinja）赴培拉特（Berat），抵达时已天黑。我们住在新建的旅行社旅馆内。次日一早，我们打开房间的窗门，便可以看到在晨曦下的美丽的培拉特旧城（图7）。这城和吉诺卡斯特一样，是一个博物馆城市，换句话来说，它本身便是一个博物馆。城市建于奥孙河（Osum）的两岸山坡上。一层层的房子占满了山坡，山巅是一个城堡。这里房子的特点之一是窗户很多，所以培拉特有"千窗之城"的美称。据云列为文物保护单位的房子达二百余所之多。这城市的历史可以追溯到伊利里亚时代，罗马人称它为安提巴特里亚（Antipatrea）。公元前 200 年罗马人拆除了这里的城墙，6 世纪拜占庭皇帝查士丁尼（Justinian）加以重建。中世纪时这城市仍很繁荣，现今还保存有几所 13～14 世纪的教堂。

我们前往城堡参观。经过旧城时，我们到一所列为文物保护单位

图 7　培拉特旧城（在山上）

　　的民居去参观，主人殷勤招待我们远方来的客人。我们上山后，由城堡南门进去。近城门处一段城墙，底部砌有巨石数层，据云是公元前4～前3世纪伊利亚城墙的残余。有一个城门外边墙上嵌以红砖组成的十字架和代表13世纪拜占庭皇帝迈克尔·安吉尔·孔纳尼（Michael Angel Komneni）姓名的三个首字母 M、A、K。城堡中有一处砖砌的地下水池，现仍有积水，可拾级下达水面。这是当年为了防止被围困时缺水而采取的措施。培拉特城中有许多古教堂，有早到13～14世纪的。从前这些教堂中常收藏有古抄本圣经。前年（1971）送到我国来修理的6世纪银字体和9世纪金字体的所谓"培拉特古抄本"，原来便是这里一个古教堂中收藏的。我们参观了这里一所13～14世纪的圣马利亚教堂。教堂不大，但还保存有当时的壁画。这些教堂都是文物保护单位。

　　在培拉特，我们还参观了郊区的毛泽东联合纺织厂。由培拉特赴都拉斯过宿，次日再北行至斯库台。途经莱什（Lezha）时，我们下车休息。本来想参观这里一座叫作利赛斯（Lissus）的伊利里亚城（1968～1970年发掘）、罗马时代的城市废址和著名民族英雄斯坎德培的坟墓所

163

在的教堂。但是，由于时间关系，只好作罢。我们便直接前往斯库台。

斯库台（Shkodra）是阿尔巴尼亚北部最重要的经济和文化中心。我们利用傍晚的时间，参观了距城约 13 公里的毛泽东水电站。第二天（10 月 2 日），我们参观斯库台城堡。这个城堡叫做洛赞发特（Rozafat）堡，结构很是雄伟，始建于罗马时代（公元前 2 世纪），现存的遗迹则主要是中世纪早期的（图 8）。城门附近有几处以巨石砌成的墙，据云可能是伊利里亚人所曾使用过的石料。距斯库台约 5 公里处的小山上保存有一座巨石砌成的古城，叫作盖约坦（Gajtan），1961~1963 年曾加发掘，证明它是伊利里亚人所建的。上二层是伊利里亚人时代（公元前 4~前 3 世纪）和罗马时代的文化层，底下叠压着铜器时代末期和早期铁器时代的文化层。因为时间关系，我们没有到盖约坦去参观，只是站在斯库台城堡遥望一下而已。

图 8　斯库台附近的古城堡（中世纪早期）

我们由斯库台城堡东门进去。这城门共有三重门。门后两侧有当年防守战士所住的小屋。城堡中分外、中、内三部分。外城中现今空无所有。中城有伊斯兰教清真寺的几段残墙，这寺是由基督教的教堂改造而成的，旁有一地牢。内城现仍保存着一座石砌的房子，原是城堡指挥机构所在地，土耳其占领时期改作武器库。原来这房子是三层的，现今楼板已无存，仅留有一处石砌的楼梯，最近曾经修理过。城中有一地道通德林河（Drin），并且还有蓄水池。这些都是为了保证城堡被围困时不致缺水。1478 年土耳其侵略者的大军围攻这城堡时，曾坚守达一年之久。这英勇的事迹曾引起全欧人民的赞扬。

由城堡中出来后，至地方博物馆参观。考古部分有盖约坦古城的照片和出土物、中世纪（7～8 世纪）科曼文化各墓地的随葬物，并且有地图表示科曼文化的分布。革命历史方面有中世纪抵抗土耳其侵略的斗争、近代民主革命的斗争和民族解放战争等的有关文物。此外，还有民族学标本，包括民族服装、旧式的生活用品和生产工具等。

当天傍晚，我们由斯库台前往英雄城市克鲁雅（Kruja）。到达时正细雨蒙蒙，又是在夜间，黑暗中看不到周围的风景。第二天早晨天阴，远山虽笼罩在云雾中，但仍可看出这小城附近的地理形势。这城现下只有六千左右人口，位于山坡低处的一小片平坦的地方。城背后高耸着石壁一样的克鲁雅山，两侧丘陵起伏，前面是平原，一直伸延到亚得里亚海滨。据云晴天的夜晚可以看到都拉斯的灯火。城中心竖立着斯坎德培的骑马铜像。这位民族英雄踞鞍凌厉，雄姿英发，可以想见当年为了替克鲁雅解围而奋战土耳其侵略者时候冲锋陷阵的英雄气概。城堡是建筑在城外另一小山顶部平坦处，海拔 605 米，除了一条小路和城相通之外，四面都是陡坡。这是当年斯坎德培反土战争中以奋勇拒敌而闻名于世的英雄的克鲁雅城堡。

这一带是农业地区。公元前 4～前 3 世纪时伊利里亚人在平原上离克鲁雅不太远的西格得什（Zgerdhesh）的地方（据云由克鲁雅步行一小时半可达），建立了一座城市，后来发达繁荣，一直到公元后 4 世纪才衰落。以后居民为避乱而迁移到今天克鲁雅所在地，以其有险可守。西格得什古城遗址近年（1969 年）曾加发掘。有人以为这便是罗马时代的希腊地理学家托勒密（Ptolemy，公元2世纪）所提到的阿尔巴诺波利斯（Albanopolis）。这是很可能的，虽然还不能确定。克鲁雅自中世纪初期创建后，7～8世纪时颇为繁荣。在城堡中曾掘到这个时期的墓群，是属于科曼文化的。他们是伊利里亚人中阿尔巴族（Arbens）的后裔。后来阿尔巴成为整个伊利里亚的名称，而伊利里亚一名便不复使用了。13世纪时，克鲁雅成为阿尔巴王国的主要中心。14世纪时将城堡加以重建和加固。15世纪中叶，斯坎德培领导下的抗土战争（1443～1468年）使克鲁雅获得了不朽的名誉。在这次战争中，克鲁雅城堡曾四次被围攻，其中两次是土耳其苏丹亲自统率的大军，但是由于守军的坚持斗争和斯坎德培从外面支援，前三次土耳其侵略者都在遭受到沉重的损失后撤围。只有在1478年，即斯坎德培死后第十年，克鲁雅城堡坚守两年以后才被攻下。1832年土耳其侵略者拆毁了这城堡的城墙。后来虽经重建，但城墙很低，不像斯坎德培时代那样雄伟了。

我们由旅馆步行到城堡，由城门进去后，便看到两侧以石墙分隔的小屋，是原来守卫的战士所住的。城中高处有几间房子，又有一座碉楼，现改为钟楼。地方博物馆便在城堡中，主要的陈列品是有关斯坎德培抗土战争的文物。除了当年留下来的文物以外，还有近年来世界各国用各种文字发表的有关这民族英雄的文学作品和历史著作，包括我国用汉文出版的作品或译本。

由城堡出来后，我们步行到附近的市场。这市场在第二次世界大战时曾被毁，现经重建。狭窄的街道和两侧的木构平屋的店铺，仍保留着从前的旧貌。我们到一个小店中喝咖啡。店中座位、陈设和用具，都是当时的风格。墙上挂灯，虽然里面是电灯不是蜡烛，但外表仍采用民族形式的灯罩。这时雨越下越大了。我们再赴斯坎德培铜像前瞻仰一番后便离开这里。

10月3日中午，我们由克鲁雅返回到地拉那，结束了我们这次愉快的考古旅行。

马其顿皇陵宝物重现人间[*]

——希腊访古记

4月的希腊，春光明媚，景物宜人。11日上午，我们考古代表团从雅典乘班机来到萨洛尼卡城（图1）。途中由飞机上俯瞰，波涛汹涌的爱琴海上，岛屿星列棋布。抵萨城后，我们便迫不及待地前往萨城大学访问马·安德罗尼科斯教授。他是最近由于发现腓力二世的皇陵而闻名于全世界的。腓力二世是马其顿的名王，即位后征服希腊全土。公元前336年在他女儿举行婚礼时被暗杀。他的儿子便是世界史上著名的亚历山大大帝，曾建

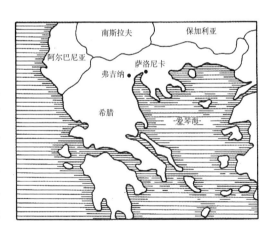

图1　弗吉纳村位置示意图

＊ 1978年4月作者率领中国考古代表团前往希腊进行为期两周的友好访问。本文是代表团返国后作者所写访问记，原载1978年6月14日《光明日报》。

167

立跨亚、欧、非三大洲的大帝国。

安教授今年59岁，头发已经斑白，留着胡子，有些像古代希腊雕刻中老人面型。他待人热情而亲切。18岁时，他便跟着老师在这地区做考古调查发掘工作。据他说：这次的新发现，是他40多年的考古工作中第一次碰到这样好运气。

我们见面后寒暄几句，谈到我们两国都是世界上文明古国，曾经分别在欧洲和东亚对于整个地区的文化发展有过巨大的影响，谈到今后我们应该加强我们两国间的学术交流，互相学习。接着话题便落到他的重要新发现。安教授兴奋地说，墓中出土的重要文物，多已存放在城内博物馆的库房中，他很高兴能让中国客人参观。因为发掘工地离城还有70来公里，只好第二天再去。我们决定先去博物馆。这天是星期二，这里博物馆照例闭馆。时间已过了中午，安教授立即拿起办公桌上的电话机通知博物馆，约定一时半到馆参观。

库房中宝物金光闪闪

到博物馆后，我们便到库房里参观，库房中一个小房间摆着几个陈列柜，专门放置腓力二世墓的出土物。这里陈列有好几件银碗和高脚杯，一件外包金箔的竹芯王节的残段，一件刻花的黄金头箍等，金光银气耀目。另外还有一件陶制小油灯和几件希腊阿提卡型的黑地红像的陶瓶残片。后者在普通人看起来是不屑一顾的破烂，但在考古学家们的眼中，却是无价之宝。这陶油灯不会早过公元前350年，而这些陶片不会晚于公元前320年。它们的确切年代，帮助我们解决了这座墓葬的年代问题。

银碗的旁边，并列着一排5个象牙小雕像，都是头像，每件高约三四厘米。安教授特别指出这5件小雕像的重要性。他回忆起去年11月17日那天发现的情况：那天他带着手电筒与一个工人到墓中主室去察看，无意中在一堆腐朽物中发现了这5件头像。他那时高兴得顾不得考古发掘的正常的操作规程，便立即捡拾起来拿回洗涮，认出是三男两女。他认为其中满脸胡须的便是腓力二世，青年是亚历山大，其余是腓力二世的妻子和双亲。因之，他很有把握地说这座墓便是腓力二世的。安教授说到这里，得意地微笑了。

安教授领我们到一个紧闭着的保险柜前，博物馆保管人员打开了保险柜，里面呈露出两件纯金的长方形骨灰匣，金光闪闪，撩人眼目。其中一件是主室中石椁内出土的，四足作狮脚形（图2）。匣身四周有精致的玫瑰花和蔓叶的花纹。匣盖上有一颗很大的"光芒四射的星"，这是马其顿国王的象征。这件匣子重达24.2磅；另一骨灰匣，是前室石椁中出土的，体积较小，没有狮脚形的足，但也是纯金制的，重达17.5磅。安教授说："你们是第一批外国人看到这两件宝物。"

图2 饰以象牙的黄金骨灰匣

安教授又领我们到博物馆的古物修整室去。室中技术员正在修理这墓中的出土物。一件很精致的缀以金叶和金枝的黄金王冠（头箍）。有的叶子已经脱落，并且受压变形。现在修理恢复原形，重行连缀上去。还有一件椭圆形的盾牌铜盖子，浸在一个水缸中。安教授说，盾牌原物由木片和皮革制成，已经朽腐；镶嵌上去的黄金和象牙的细片，没有东西可依附，有的已经散开，需要仔细清理，所以仍在墓中未动。从修整室出来后，安教授有事告辞先走，约好第二天在发掘工地再见面。

马其顿的古都和古墓

第二天，我们由萨洛尼卡城乘汽车西行60余公里到弗吉纳村。这村子古迹多，是马其顿最重要的考古地点之一。近年来有些考古学家以为马其顿旧都埃盖应该就在这里，而不是从前所公认的它北面的埃德萨。马其顿国都东迁培拉后，国王死后仍埋在旧都埃盖。我们先到村南约2公里许的小山半腰的一座马其顿宫殿遗址。山坡上绿树成荫，芳草如茵，山花灿烂。安教授驾着汽车前来和我们会合，嘱咐他的学生领我们参观宫殿遗址，他先下山在村边的古墓发掘地等候我们。

这宫殿大概建筑于公元前3世纪初叶，即亚历山大的帝国瓦解后的希腊化时代。当时的马其顿首都早已迁至培拉。但这宫殿的规模仍很宏伟，面积大小为长144.5米，宽94.5米。中央是一个绕以柱廊的庭院，每边44.5米。四周排列了一共60根石柱，有些房子里地面铺有以各色细石子嵌成的图像。这宫殿大概毁于公元前2世纪罗马军队征服希腊的时候，现在只剩下断壁残垣。我们站在宫殿北侧向山麓眺望，一片平原，弗吉纳村的东边是葱绿的麦田和草地，地面上散布着古坟，丘垄起伏。据说，这里曾掘过二三百座早期铁器时代（公元前10～前8世纪）的土堆墓和几十座马其顿时代（公元前4世纪）的古墓，腓力二世墓便是其中之一。听说山顶上还有马其顿时代的卫城废垒，我们急于要参观古墓，便没有上山顶去，由宫殿遗址出来便乘车下山了。

在车子开往弗吉纳村的中途，道路东侧便有一座马其顿时代（约为公元前3世纪初）的石室墓，发掘后保留下来以供参观。这是安教授的老师罗迈奥斯教授于1937～1938年发现的，它在古代便被盗掘过，现在可以看到这石室墓的门面作伊奥尼亚式神庙形，4 根石柱（半石柱）的柱头都作涡卷形装饰，门额绘刻花纹，上托三角顶。由墓门进去后，可以看到墓室内右侧靠墙有一张大理石的王座，这王座的两侧靠手雕刻有狮身人首像，挡板和脚踏凳都有彩绘。王座旁边有一浅坑，中放一大陶瓮，据云原来盛有骨灰。由这座墓中出来后，继续乘车北行，在弗吉纳村的边缘上，便是腓力二世墓。

腓力二世墓的发掘现场

安教授已在墓侧等候我们，这是我们要参观的主要目标。走近腓力二世墓，我们的心情都有点激动。安教授殷勤地陪同我们参观，热心地指点说明。这墓的封土原来高度约 12 米多，周长约 90 多米，是这墓区中较巨大的一个土冢，久已引起人们的注意。去年 8 月，在安教授的指导下，开始发掘。这个土冢中所埋的不止一墓。最初发现的一座大理石砌成的墓，是在离地面约 2 米多的地方。这墓早被盗过，年代约为公元前 350～前 340 年。在土冢的另一部分离地面约 5 米处，终于发现了这座腓力二世墓（图 3）。去冬收工时还未清理完毕。墓室上面已搭起塑料的遮篷以避风雨，墓室暂加封闭。现在正在土冢的另一部分向下发掘。

安教授陪我们先看新发掘区。十几个工人正在起土，已离原来地面 6 米多，露出一层砾石。安教授说，在这层下面可能还有更重要的墓葬。接着他又陪我们去参观腓力二世墓的墓门面。这里已用大块的泡沫塑料板掩盖起来。移去塑料板后，便露出五色缤纷的墓门面的上半段。这是多利亚式建筑形式，门额上部描绘有彩色的猎狮图。颜色已有些剥落和模糊。门额下部是三线槽和间地，红蓝相间，颜色仍很鲜艳。柱头下面露出刻纵槽的石柱一小段。两扇石门紧闭。石柱和墓门的下部大半截仍被埋在土内，没有掘开。安教授说，去年发掘时，担心这里如果去

图 3　马其顿墓示意图和出土器物的分布情况

1. 墓门上的壁画猎狮图　2. 前室外的石椁和黄金骨灰匣　3. 主室左侧的器物，有银器和高脚杯　4. 主室中的大理石椁，石椁内有黄金骨灰匣，可能是腓力二世的　5. 主室左侧的器物，有象牙和黄金制的盾、金头箍和王节

土太多，墓可能会塌下来。当时这里停工，另由墓室背后挖一小洞进去。

安教授领着我们绕道到墓室背后，去参观为了清理时出入而特别挖开的小洞。这里把塑料板移开后，在石砌的墓壁上露出一个仍由塑料板封闭住的小洞。这是去冬收工时封闭的，现在这部分未开工，还不能打开。我们虽然不能进去，但是安教授详细地告诉我们当时墓室内部情况。他说：那时刚一进去，看到墓室四壁是未加工的粗石砌成的墙壁，不像其他一些马其顿墓带有壁画，未免失望。但是看到墓室未经盗掘扰乱，又转失望为欢喜。由小洞进去是主室。主室中央放着一件大理石的石椁。椁的一边放着日用器皿，例如银碗和高脚杯，另一边放着武器和礼仪用品，如铜盔、铁矛、盾牌、黄金头箍和外包金箔的竹芯王节等。这些随葬物我们前一天在萨城博物馆库房中大部分都已看到。石椁四周还有一些腐朽的木材、织物和皮革的残遗，5 件象牙小头像就是在其中捡到的。还有一些散落地面上的盾牌镶嵌物。这些仍留在原地的遗存，还需要将来进行十分细致的清理。前室中也有一石椁，内藏金制骨灰匣，似属于女性的。安教授又谈起当时他打开石椁发现金光闪闪的金制骨灰匣时的惊喜，以及在破烂中发现 5 件象牙小头像时的高兴情景。最后，他说：这墓的年代可以确定为公元前 350～前 320 年，这是毫无疑问的。至于说它是腓力二世墓，这只是个假设，还没有绝对把握，但是这假设还是有根据的（图 4）。我们祝贺他这次所取得的胜利成果。他的这次发

图 4　可能是腓力二世的
象牙头像

现，在考古上或美术上，都是有巨大的价值的。预祝他今后工作中取得更大的收获。他含笑感谢我们的祝愿。

我们怀着满意和感谢的心情，向安教授告别。归途中有感于怀，写成七律《希腊弗吉纳怀古》一首：

当年霸业已成空，废垒依然对晓风。
残垅荒丘先代冢，颓垣断壁旧时宫。
寒灰遗蜕藏棺内，银碗金冠出墓中。
东道殷勤迎远客，缅怀往古此心同。

敬爱的周总理对考古文物工作的关怀*

——纪念周总理逝世一周年

敬爱的周总理是伟大的无产阶级革命家，是我们党和国家久经考验的卓越领导人。在毛主席的领导下，周总理数十年如一日，为贯彻执行毛主席的革命路线，争取中国人民解放事业和共产主义事业的胜利，英勇奋斗到生命的最后一息，建立了不朽的功绩。我国社会主义革命和社会主义建设的一切成就，都同周总理的杰出贡献紧密相连。考古文物工作二十多年来的巨大成绩同样如此。每当我们想起周总理的音容笑貌，想起周总理对考古文物事业的亲切关怀，就增强了克服困难的信心，更加坚定地为贯彻毛主席"古为今用"的伟大方针而努力。

回忆新中国成立后的第一个春天，即一九五〇年的春天，正当我国社会主义革命刚刚开始，百废待举的时刻，周总理主持的中央人民政府政务院就在文化部设立文物局，同时又在中国科学院设立考古研究所，使我国第一次有了主管文物工作的政府部门和专门从事考古工作的科学研究机构。周总理的这项决策性的安排，对于新中国文物考古工作的蓬勃发展，具有深远的意义。为了使两方面更好地分工合作，周总理还亲

---

　　* 本文原载《考古》1977 年第 1 期，编入本书时稍有删节。

自任命郑振铎同志为文物局的第一任局长兼考古所的第一任所长。后来，郑振铎同志任文化部副部长，经常列席国务院的院务会议。每当国务院批准或下达考古工作任务时，他总是兴冲冲地告诉我们，周总理怎样大力支持这项任务，有时还传达总理的具体指示，表示一定要抖擞精神干一下。为适应国家基本建设工程的大规模展开，文化部文物局和科学院考古所等单位合作，短短几年之内，先后于1952～1955年举办四届考古工作人员短期训练班，1956年联合召开全国考古工作会议，还在1955～1957年组织黄河水库考古工作队，进行三门峡、刘家峡水库区考古调查发掘的大会战。这些工作的顺利进行，都同周总理的关怀和支持分不开，是我国考古学史上空前未有的创举。

周总理非常重视具有重要历史价值和艺术价值、可以用来进行阶级教育和爱国主义教育的古代遗迹和珍贵文物。新中国成立不久，政务院就颁发了关于禁止珍贵文物出口、考古调查发掘办法等一系列保护文物的法令和指示；1961年3月，国务院又颁发了《文物保护管理暂行条例》，并且同时公布了第一批全国重点文物保护单位。周总理对文物保护工作抓得很紧，1958年十三陵中长陵的棱恩殿被雷击起火，总理得知后立即派人前往现场勘察，并且指示全国所有古建筑都要迅速安装避雷针。在首都的市政建设中，北海团城、观象台等古建筑，也是根据周总理的批示，得以妥善地保存下来。每当我们路过这些地方，仰望巍然屹立的历史遗迹，就自然而然地想起敬爱的周总理。

我第一次幸运地参加周总理对外宾的接见，是1956年5月31日他会见埃及考古学家的时候。当时，正值周总理执行毛主席的革命外交路线，取得万隆会议的伟大胜利之后，埃及在阿拉伯国家中第一个和我国建立外交关系，所以周总理在会见时显得格外兴奋，古今中外无所不谈，极大地感染了埃及朋友。会见后的第二天，埃及朋友敬佩地说："过去，我根据新闻报道，知道你们的周恩来总理是世界上第一流的政治家和外交家，在心中形成了一个伟大的形象。昨天会见时周总理所表现的渊博知识，敏锐的分析能力和亲切的待人态度，使我感到他的伟大远在我的想象之上，真不愧为世界上第一流的政治家和外交家。"

一年之后，我又有机会参加周总理对日本考古代表团的会见。那是1957年5月9日，初夏的中南海，波平如镜，岸柳成荫，总理在紫光阁同日本朋友会见，从十一点开始，进行了长达两个半小时的亲切谈话。那时，中日邦交尚未正常化，总理要通过人民外交的渠道，唤起日本人民为早日实现两国邦交正常化而积极贡献力量。他那感人肺腑的谈话，深深感动了日本朋友，使大家忘了午餐，忘了疲劳。当时参加会见的十位日本客人中，有两位在1974年8月作为又一次日本考古代表团的成员来我国访问。他们二人对于十八年前同总理的会见记忆犹新，热情地讲述自己那次回国以后，怎样响应总理的号召为中日邦交正常化而努力，并且要我们代为问候已在病中的周总理，转达他们的敬意。

"文化大革命"时期，总理在百忙之中，对文物保护和考古发掘仍然十分关心。1967年5月，在总理的支持下，中共中央颁发了《关于在无产阶级文化大革命中保护文物图书的几点意见》，使许多珍贵的历史文物避免了损失。同时，周总理还亲自指示，要继续配合生产建设进行考古发掘工作。1968年，河北满城汉墓的发掘工作，便是总理接到解放军某部的发现报告后，亲自批示交给中国科学院的任务。这项任务，后来由考古研究所和河北省文物工作队协作进行，在解放军指战员和当地贫下中农的大力支持下，取得了很好的收获。1970年成都凤凰山明墓的发掘，也是总理指派科学院考古所的同志进行的。工作结束后，总理亲自看过我们送去的情况汇报和相册，并且作了批示。

1971年7月1日，我们伟大的党诞生五十周年的时候，反映"文化大革命"期间我国考古工作丰硕成果的出土文物展览，经周总理的批准和支持，在北京故宫展出了。这个展览，受到广大工农兵群众和许多外国朋友的一致赞扬。有的外国朋友还要求挑选一部分展览品到他们国家去展览。总理亲自批准举办出国文物展览，同时批准《考古学报》、《考古》和《文物》三种杂志复刊，以应国内外的需要。当时，由于"四人帮"的阻挠，全国公开出版的期刊寥寥无几，总理一次批准恢复三种考古文物期刊，这对考古文物工作是莫大的鼓舞。每当我们展视总理的这一批示，办好考古刊物就有了力量。正是由于我们努力照总理的批示去做，所以考古刊物刚刚复刊的时候，受到工农兵群众和专业工作者的热烈欢迎。至于在国外举办我国出土文物展览，自 1973 年 5 月以来，分两组先后在欧、亚、美、澳洲的十四个国家展出，观众累计达六百余万人次，受到各国人民的高度赞扬，增进了我国和各国人民之间的友谊。

在大好形势下，考古研究所的外事活动有了新的展开；最早的一件外事活动是 1970 年周总理亲自批示交办的修理阿尔巴尼亚羊皮古书的任务。1971 年 3 月，阿尔巴尼亚方面派遣两位同志护送两部腐烂严重的羊皮书专程来到北京。经过双方半年多的密切协作和艰苦努力，把这两部古书妥善地修复了。这两部世界闻名的中世纪传抄的"培拉特圣经古抄本"，有一部是 6 世纪的银书大字本，另一部是 9 世纪的金字小字本。它们原藏于培拉特城古教堂中，在第二次世界大战期中失踪了，后来重新发现。因为埋在地下久了，所以腐烂程度相当严重。我们遵照周总理的指示把它们修复好，并且依照原状仿制成复制品赠送阿方。1972 年 9 月我们访问阿尔巴尼亚时，一位阿尔巴尼亚的党政领导人在接见我们时的谈话中，曾经对我国科学工作者帮助他们修理古书，表示感谢。还说这两部修好后的古书已作为国宝由阿尔巴尼亚国家档案局珍藏，将作为中阿友谊的永久性纪念。

和其他许多学科一样，我们在考古研究工作中，不仅需要大量的国内出版的书刊，也需要参考外国出版的书刊。每次有外国代表团赠送总理书刊时，总理总是让国务院办公厅或外交部把这些图书转送给有关单位，以供参考。我们考古所图书室便珍藏有好几种总理交来的外国考古书籍。我们每次翻阅这些书籍时，便情不自禁地联想到总理的亲切关怀，感动万分。

周总理对革命极端负责、对工作一丝不苟的精神，也在关心考古文物方面表现出来。周总理不仅关心首都大型博物馆的藏品，而且亲自过问考古所发掘标本的转移安排。当总理听取汇报得知考古所设立在西安的工作站还有地下室，可以安全存放满城汉墓等项发掘标本时，还进一步询问地下室有多大，面积是否够用。1971年，出土文物展出时，故宫的宫廷陈列原定同日开放，总理一字一句地详细审阅《故宫简介》的初稿，并且作了具体指示；为了慎重起见，又请郭沫若同志邀集一些历史考古学家，进一步订正史实，宁可推迟几天开放，也要把《简介》改好。周总理的这种严格要求、实事求是的革命精神，我们一定要好好地学习。

"文化大革命"以来，周总理不但多次批准外国考古学者来我国访问，而且亲自批示要我们考古工作人员出国访问。例如1972年，两个秘鲁的代表团，向总理提出希望我国派遣考古学家前往访问。总理在答应秘鲁朋友邀请的同时，还亲自指示，可以顺便到美洲另一个文明古国墨西哥去参观访问。1973年，当我们前往秘、墨两国的时候，不论是在断垣残壁的古代城堡和神庙废址进行考察，还是在琳琅满目的博物馆参观学习，远隔万里，时时想起敬爱的总理，提醒自己不要辜负总理的期望，在学术交流活动中努力遵照总理一贯指示的精神去做，既要积极宣传我国在毛主席革命路线指引下取得的伟大成就，又要虚心学习人家的长处，以促进我们和第三世界人民的革命团结。

1972～1973年，长沙马王堆三座汉墓的大规模发掘和各种出土文物的系统研究，也是在敬爱的周总理的亲切关怀下进行的。周总理先后作了五次指示。周总理对那具在医学史和防腐技术研究上有重要价值的女尸十分重视，曾经指示不要把女尸仓促地公开展览，以免受到损坏。1972年12月，湖南省委和国家文物局根据总理的指示，在长沙召开关于女尸解剖问题的工作会议，对女尸要不要解剖和怎样解剖的问题进行充分的讨论。当时，华国锋同志曾亲临会场，并作了重要指示。记得接到总理批准方案的电话通知后，在 12 月 12 日那天，女尸被运到岳麓山下的一所医院进行爱克斯光检查，参加工作的同志们夜半返回滔滔北去的湘江东岸，皓月当空，江风凛冽，大家想到敬爱的总理正在关注这里的工作，不禁精神百倍，寒意全消。那次解剖的结果和随后进行的各种研究，获得了极为难得的珍贵科学资料。1973 年秋，发掘马王堆二、三号汉墓前，总理又对发掘领导小组的人员组成以及发掘经费、设备和影片摄制等方面的准备工作，作了非常具体的批示，要求订出切实可行而又不遭损失破坏的计划，务期比一号墓取得更多的成绩和收获。马王堆二、三号汉墓的发掘正是遵照总理的指示进行的，发现了具有重要历史价值的帛书等珍贵文物，这是我国考古文物工作在总理的直接领导下所取得的前所未有的收获。

敬爱的周总理也很关怀重要古迹的修复工作。1973 年 9 月，周总理陪同法国总统蓬皮杜去大同云冈石窟参观，看到石窟年久风化的情况，曾询问当地有关部门的人员，是否已做了修复计划。当他听到修复工程是列入十年计划中的时候，便连说：不行，不行，时间拖得太长了。有关部门的人员说：可以提前于五年内修好。总理说，还是不行，要于三年内修好。当时他便把这事向在场的中外记者宣布说："我们要在三年修好。三年以后请你们再来参观。"听说总理重病卧床时，还问起云岗修复工程进度如何。现在，云冈石窟已经遵照总理的指示按期修缮好了。虽然这消息来不及于总理逝世之前当面向他老人家汇报，但是，修复后的云冈石窟将永久使每一个参观者联想起当年总理对这座艺术宝库的亲切关怀。

1976 年 1 月 8 日，我们敬爱的周总理不幸逝世了。噩耗传来，同声哀悼。广大革命群众无不为失去敬爱的总理而悲痛欲绝，自发地采取多种形式寄托自己的哀思，深切怀念全国人民衷心爱戴的好总理。群众性的悼念总理活动，汇成了一股滚滚的革命洪流，吓得"四人帮"心惊胆寒。他们利用当时窃取的宣传大权，千方百计地压制和破坏，反动文痞姚文元就搞了个几"不准"，恶毒地诬蔑群众悼念总理是"以纪念为名的反动思潮"。但是，事与愿违，压制愈甚，反抗愈烈，总理对中国革命和世界革命的贡献是不可磨灭的，总理在革命人民心目中的形象崇高无比，"四人帮"的倒行逆施，丝毫无损于总理的光辉。

当前，在党中央的英明领导下，"四人帮"在我国上空掀起的一片乌云已被驱散，整个社会主义祖国热气腾腾，敬爱的周总理可以回眸笑慰了。我们满怀深情地歌颂总理为共产主义事业战斗的光辉一生，怀念总理对考古文物工作的关怀，也不会再遭受打击和迫害了。过去，由于自己没有学好马列主义、毛主席著作，缺乏抵制修正主义路线的能力，辜负了总理的殷切期望，没有能够按照总理的指示把考古工作做好。想到这里就心中难过。今后，我们一定要紧密地团结在华主席为首的党中央周围，一切行动听从党中央的指挥，深揭狠批"四人帮"的反革命罪行，使考古工作沿着毛主席的革命路线前进，以实际行动纪念敬爱的周总理。

泰岱巍然天下仰　文星没矣宇中悲[*]

——怀念郭沫若同志

我国卓越的无产阶级文化战士郭沫若同志与世长辞了。这是我国文化战线上的巨大损失，是我党和我国各族人民的巨大损失。郭老逝世消息传开后，海内外一切敬佩郭老的人们，不论识和未识，都怀着悲痛的心情表示深切的哀悼。

郭老是我国文艺战线上的"文坛盟主"，也是史学战线上的伟人旗手。五十多年来，他一直战斗在我国文化战线的最前列。他是一位巨人，在其他许多方面也都有很高的成就和巨大的贡献。连书法艺术也是第一流的，用笔豪放跌宕，为国内外书法爱好者所珍视，当作墨宝。我这里侧重于简述他在中国考古学方面的杰出贡献。

郭老于 1892 年生于四川省乐山县（从前嘉定府城）的沙湾镇。这里距大渡河（古名沫水）和雅河（古名若水）的汇流处不远。这镇东临大渡河，西依峨眉山第二峰的绥山，是个山明水秀的地方。郭老在少时原名开贞，后来取两河的古称，改名"沫若"。

早在 1921 年，郭老便发起革命的文学团体"创造社"，后来创办

---

[*] 本文原载 1978 年 6 月 30 日《人民日报》。

刊物，发表了许多不朽的文学作品，成为反帝反封建的"五四"新文化运动的一位主将；继鲁迅之后，他成为我国文坛的盟主。1926年他投身于革命的实际活动中，参加北伐战争。1927年革命受挫折后，郭老流亡日本十年。在这十年中，郭老集中精力于殷墟甲骨文和殷周青铜器铭文研究，对于中国考古学做出巨大贡献。

我曾试图归纳郭老在考古学学术研究方面的卓越贡献，以为主要表现在下列四个方面：①使用马克思主义的观点和方法，根据考古资料，阐明了中国古代社会发展史；②重视材料的搜集和鉴别，树立了实事求是的科学态度、谨严学风；③重视田野考古工作，提倡考古学的现代化；④在甲骨文和金文研究中，有许多重要的新创获。（见1978年6月19日《光明日报》第3版）。

郭老1930年出版的《中国古代社会研究》一书，在我国史学史上是一部划时代的著作。这是一部以马克思主义观点利用丰富的考古资料来研究中国古代社会史的书。这书的一部分先前曾以杜衍的笔名在《东方杂志》发表过。郭老对于甲骨文的深入研究，取得了非常出色的成绩，以致当时我国的学术界和日本友人无不叹服。郭鼎堂（郭老发表古文字考释时曾用的名字）的盛名便与先前研究甲骨文早有成绩的罗雪堂、王观堂、董彦堂，合称为甲骨学上的"四堂"，但郭老的成就，远远地超过了其他三人，因为郭老这时已掌握了马克思主义的观点。郭老用马克思主义的观点来研究中国古代史，又用他自己研究的成果来宣传克思主义。当时胡适之流和托派分子，都否认中国社会有过奴隶社会这一阶段。他们都主张中国社会特殊论，认为马克思主义不适用于中国。郭老提出了正确的见解，用大量的可靠的考古资料和文献资料来证明中国社会曾有过奴隶社会。这不仅有学术上的意义，而且也有重要的政治意义。

后来二十多年中，郭老在这方面继续作了更为深入的研究。他使用辩证唯物论更为熟练，使用和甄别史料更为谨严，他的见解更为成熟。

1944 年他写了《古代研究的自我批判》（收入《十批判书》中），对于从前所做的未妥的结论，自己加以纠正。1952 年又出版了《奴隶制时代》，作为补充。他后来修改过的关于中国奴隶社会的起讫时期的见解，现今已为中国史学界一般所接受。这是应该的。

郭老的甲骨文和金文的研究，其目标是想通过它来了解殷、周时代的生产方式、生产关系和意识形态。这里目标明确，但要达到这目标，需要既有马克思主义的观点，又要有渊博的学识。郭老在幼少时博览古书，便已培植了古代研究的基础。后来他在日本学医，懂得了近代的科学研究方法，尤其是学习了辩证唯物论，有了进行研究的锐利武器。加之，他的分析能力、想象力和记忆力都是超人的。所以流亡在日本的十年中，他在这方面取得杰出的成就，写出了很多关于这方面的重要的著作。

郭老关于甲骨文和金文的主要成果，前者见于《卜辞通纂》、《殷契粹编》、《甲骨文字研究》三书，后者见于《两周金文辞大系图录考释》、《殷周青铜器铭文研究》和 1952 年改编本《金文丛考》三书。此外，古文字学方面还有《石鼓文研究》一书。这些书中，以《大系》为最重要，体大思精，是一部关于中国青铜器研究的划时代的著作。当时甲骨文研究，已经过科学的发掘，有了相当周密的整理，而金文仍是一片混乱，伪器很多，而真器也大部分出土情况不明。自北宋以来千余年间，虽有不少著录，而体系始终未能建立。郭老在研究金文的过程中，把重点集中到东、西二周，把传世的相当重要的金文辞，依时代与国别，给予一定的条贯。结果是这部书成为"想研究周代金文的人是不能离它的，想研究中国古代社会的人同样是不能离开它的"。在《大系图录》的序说中，郭老提出将殷周青铜器的时代，根据它们的形式、花纹、文字（包括文章体例和字体），分为三期，后来在《青铜器时代》一文中更加以发挥。这个由形象学研究所得的三期分法，现今已为国内外的殷周青铜器分期研究者所普遍采用。而这种形象学的研究法是中国青铜器分期研究的一个重大突破。

《大系》以外，其他古文字学研究的专书或论文很多，其中有的文章是综合性，另有一些是考释个别彝器或个别文字的。《大系》、《通纂》、《粹编》中也有考释。这些新的考释，或释其文字，或考其史实，或定其年代，长篇金文，更求其韵读。由于郭老的那种"勤于探索、勇于创新"的无产阶级学者的治学精神，因之有了许多新创获。

解放后，在中国共产党的领导下，在毛泽东思想指引下，郭老更加积极参加科学、文化、国际往来、政治和社会活动。解放初期，他担任中央人民政府政务院副总理兼文化教育委员会主任、中国科学院院长。虽然他的组织领导工作是那样忙，但他对于我国考古事业仍是极为关心和支持，并且积极领导的。1949 年建国后，他以前长期从事考古研究时的一些设想，有机会可以实现了。经过郭老建议，敬爱的周总理主持的政务院在文化部设立了文物局，同时又在中国科学院设立考古研究所，使我国第一次有了主管文物工作的政府部门和专门从事考古工作的科学研究机构。这项决策性的安排，对于新中国文物考古工作的蓬勃发展具有深远的意义。

郭老此后二十八年来，始终以中国科学院院长的身份兼从事于历史学和考古学的研究工作。他曾多次到考古研究所来视察和指导工作，还有好几次亲临考古研究所发掘的工地现场。1956 年 2 月，中国科学院和文化部联合召开第一次学术性的考古工作会议。郭老亲自出席了开幕式，还作了一次振奋人心的讲话。

"文化大革命"期间，郭老仍然关心和支持考古工作。这时期中，有些考古发掘工作，便是遵照敬爱的周总理的指示，由郭老指派中国科学院考古所去进行发掘的。1971 年经郭老申请，周总理亲自批准举办出国文物展览，同时批准《考古学报》、《文物》、《考古》三种杂志的复刊，以应国内外的需要。

1977 年 1 月，郭老已因病在家休养，还叫我们把新近在安阳殷代武丁配偶妇好墓发掘出土铜器和玉器中的精品送到他家里给他看。郭老晚年对于甲骨文和金文研究的兴趣，未尝稍减。他继续主编历史研究所编辑的《甲骨文合集》。对于考古研究所已着手搜集资料的《殷周金文集成》，也表示赞成和支持。解放以来郭老所写的历史学和考古学方面的研究论文，1961 年以前的已收集一起，出版了一本《文史论集》。最近十几年的，也已由考古研究所加以搜集，交科学出版社出版。

郭老为人平易近人，注意培养青年，奖掖后进，是一个卓越的领导者。科学、文化战线上的同志们，都景仰郭老如泰山北斗；现今一旦失去了尊敬的前辈和良师，都感到非常悲痛。

郭老离开我们了，但是他的革命的、奋斗的一生，永远是我们学习的榜样；他的丰富的著作，永远是我们汲之不竭、用之不尽的宝库。

最后，我借取郭老的悼人诗句，更动几个字，谨以献于郭老之灵：

泰岱巍然天下仰
巨星没矣宇中嗟
好将群力追前骊
读破遗书富五车

郭沫若同志对于中国考古学的
卓越贡献[*]

我国卓越的无产阶级文化战士郭沫若同志与世长辞了。这是我国文化战线上的一个巨大损失。

郭沫若同志是我国文艺战线上的"文坛盟主",是史学战线上的伟大旗手。50多年来他一直战斗在我国文化战线的最前列。他是一位巨人,他在其他许多方面也有很高的成就,连书法艺术也是第一流的。这里只能简述他在中国考古学方面的贡献。

第一,使用马克思主义的观点和方法,根据考古资料,阐明了中国古代社会发展史。郭老自己说:他在日本的学生时代的十年(1913~1923),由于学医而懂得了近代的科学研究方法,也接近了近代的文学、哲学和社会科学,尤其是辩证唯物论给了他精神上的启蒙。1927年起,在日本的十年流亡期间,他致力于古器物学的研究,包括甲骨文和铜器铭文的探讨,在辩证唯物论思想的指导之下,大致搞清楚了我国古代社会的面貌(《十批判书》后记)。郭沫若同志于1930年出版了《中国古代社会研究》一书,发表了他初期的研究成果。这部书不仅是像作者

---

* 本文原载《考古》1978年第4期。初稿曾刊登于1978年6月19日《光明日报》。

在 1947 年出版的《后记》中所说的"这在我自己是一部划时期的作品",并且在中国史学史上也是一部划时期的作品。我们回忆 20 年代后半的我国史学界情况,当时代表封建社会士大夫的遗老们所搞的一套"国粹",已经没有什么市场了。但是"胡适之流,代表买办阶级的所谓'学者'们,在当年情况,更自不可一世"(《金文丛考》重印弁言)。当时马克思主义已传入我国,也有左派的史学家开始用辩证唯物论作为指导思想来研究中国古代社会,改写中国古代史。但是当时左派的史学家有一个共同缺点是掌握史料不足和征引史料"没有经过严密的批判"。郭老这本书不仅所用的方法是辩证唯物论,"用科学的历史观点研究和解释历史",方法是正确的;并且是大量掌握原始资料(甲骨文和金文),比较严格地、批判地使用史料,所以一出版,便在当时史学界发生过很大的影响。后来 20 多年中,他向这方向更加迈进,使用辩证唯物论更为熟练,利用和甄别史料更为谨严。他对自己这部草创时期的作品的评价是:"我用的方法是正确的,但在材料的鉴别上每沿用旧说,没有把时代性划分清楚,因而便夹杂了许多错误而且混沌。"(1947 年版后记)后来他的研究更为深入后,他的见解更为纯熟,好些未妥的结论自己加以纠正(《十批判书》中的《古代研究的自我批判》)。1952 年又出版了《奴隶制时代》一书,作为《十批判书》的补充。

郭老在这些著作中,肯定了中国古代社会发展史的阶段划分,肯定了中华民族的发展和世界上别的许多民族一样,曾经过原始社会、奴隶社会和封建社会,并且对其中的奴隶社会的起讫时期作了深入的探讨。这是他对于中国古代社会发展史的研究的重大贡献。关于奴隶社会的时代,他始终主张西周大体上是奴隶社会,驳斥了当时那种认为中国社会的发展没有经过奴隶社会的错误见解。这是一个"极关重要的揭发"。当时胡适之流否认中国有过奴隶社会,托派也不承认中国有过奴隶社会这一阶段。他们都主张中国社会特殊论,马克思主义不适用于中国。郭老提出正确的见解，不仅是有学术上的意义，也具有重要的政治意义。至于奴隶社会的上、下限，他曾作了重要的修正。最初他以为殷代还是原始氏族社会的末期，后来认为"殷代是奴隶社会是不成问题的"。最初他以为奴隶制的下限在东西周之交（公元前770年），后来改定为春秋战国之交（公元前475年）（《奴隶制时代》）。郭老对于自己过去一些未妥的看法，并不掩饰，而是自行纠正。这是他治学态度的特色之一。这种做法，对于他在学术方面的威信，不仅丝毫无损，反而提高了。他的后来修改过的关于中国奴隶社会的起讫时期的见解，现今已为中国史学界一般所接受。这是应该的。

第二，重视材料的搜集和鉴定，树立了科学的谨严学风。郭老认为："研究历史和研究任何学问一样，是不允许轻率从事的。掌握正确的历史观点非常必要，这是先决问题。但有了正确的历史观点，假使没有丰富的正确的材料，材料的时代性不明确，那也得不出正确的结论。"（《中国古代社会研究》1954年版引言）他对于搜集史料和甄别材料两项工作中，尤其重视后者。他认为材料的鉴别是任何研究的"最必要的基础阶段"。"材料不够固然成大问题，而材料的真伪或时代性如未规定清楚，那比缺乏材料还要更加危险。因为材料缺乏，顶多得不出结论而已，而材料不正确便会得出错误结论。这样的结论比没有更要有害"（《十批判书》中的《古代研究的自我批判》）。他指出当时新史学家们的缺点是对于史料的征引没有经过严密的批判，"不仅《古史辨》派的阶段没有充分达到，甚至有时比康有为、阎百诗都要落后，这样怎么能够扬弃旧史学呢？"（《十批判书》）他还现身说法，说自己在《中国古代社会研究》中的一些未妥的结论，"主要是由于材料的时代性未能划分清楚"（1954年版引言）。他认为中国古代史料中一些"真伪难分、时代混沌"的材料是"不能作为真正的科学研究的素材"（《十批判书》）。

他这些见解，不仅适用于文献材料的考据，也适用于古器物的鉴定。他批评一些史学家把周代的彝器"笼统活脱地使用着，不肯从分别时代上着眼"，并且说"这些作风，不能不说在基本上就颇成问题的"（《十批判书》）。不仅传世品的古器物应加甄别，连发掘品也应注意地层，留心是否有后代的窜入物。例如安阳小屯殷墟开始发掘时期所发现的与刻辞甲骨一起出土的"铁"，他便依照后来科学发掘的证明，认为是"从被窜乱了的表层里面所拾得的后代窜入物而已"（《十批判书》）。

郭老这种谨严的治学态度和重视史料的提法，使人想起"四人帮"横行时期那种横蛮做法，一提到史料便被扣上"唯史料论"大帽子，一提到考据便被扣上"资产阶级的繁琐哲学"的大帽子。"四人帮"御用文人为了反革命政治需要，采用形而上学唯心论的方法，抓住一点点不可靠的史料便大做文章，不符合他们意见的便加以歪曲，没有材料便捏造材料，炮制了大量的影射史学。郭老的实事求是的治学态度和"四人帮"的胡作非为成了鲜明的对照。怪不得郭老成为他们的眼中钉，成为打击和迫害的主要对象之一。

第三，重视田野考古工作，提倡考古学的现代化。郭沫若同志由于学医而懂得近代的科学研究方法。他认为现代式的考古学工作者不应只埋首于书斋内故纸堆中专门从事于古文献和古文字的研究，而应该到现场去做田野考古调查发掘工作，接触实际。他对于解放以前的田野考古工作者是不满意的。他在1950年时便指出："以前搞田野考古的人，大抵缺乏社会发展史的知识，有的人更根本不相信社会发展史的阶段划分。"（《十批判书》改版书后）但是他仍以为马克思主义的考古学应该以田野考古工作的成果为基础。他认为关于中国古代社会的研究，"地下发掘出的材料每每是决定问题的关键"（《中国古代社会研究》1954年版引言）。

早在1929年，郭老便翻译了德人亚·米海里司的《美术考古一世纪》（中译初印本采用日译本书名《美术考古学发现史》，再版时改用今名）。这部书是 1908 年出版的，是叙述 19 世纪欧洲方面考古学上的发掘成果，并介绍考古学研究的方法。书中强调要注意客观的分析，同时要注意整个的历史发展。郭老对这书给予很高的评价，说他自己的关于殷墟卜辞和青铜铭文的研究，"主要是这部书把方法告诉了我"，并且说："中国应该做的事情实在太多了。就在考古发掘方面，大抵实在是等待得有点不耐烦的光景了。这样的工作，在政治上了轨道后是迫切需要人完成的。"（1948 年版译者前言）这个期望在我国解放以后实现了。

郭老虽不是一位田野考古工作者，但是由于重视田野考古工作，对这工作也感兴趣。1940 年他在重庆时，曾去培善桥参加汉代砖墓的试掘工作。1942 年他曾去四川合川县的钓鱼城遗迹去访古（《今昔蒲剑》1947 年版）。解放以后，他曾亲临许多考古发掘工作的现场去做指导，包括安阳殷墟、满城汉墓、北京元大都和义门遗址和定陵等处。马王堆一号墓的发掘和后来的尸体解剖，郭老虽未能亲到现场，但仍非常关心，曾给予具体指示。他在许多文章中也尽量利用考古发掘的成果。解放后的第一年，他便利用安阳殷墟考古发掘中所发现的遗迹，作为"奴隶制的铁证"（《奴隶制时代》）。后来在他所主编的《中国史稿》中，也大量利用考古发掘的成果。

第四，甲骨文和金文研究方面的贡献。郭沫若同志为了研究中国古代社会，便先从搜集第一手资料着手，对殷代的甲骨文字和殷周两代的青铜器铭文，做了深入的探讨。这两种资料在性质上是相近的，现在并合在一起叙述。

郭老幼少时博览古书，可以说是从少年以来便培植下了古代研究的基础。后来学医，懂得了近代的科学研究方法，尤其是学习了辩证唯物论，认真明了做学问的意义。流亡日本的十年期间，精力过人的郭沫若同志把他"无处发泄的精力"都用在甲骨文和金文的探讨上面去（《十批判书》后记）。加之，他的分析能力、想象力、记忆力都是超人的，所提出的许多精辟的见解，常常是发前人所未发的创见，在这方面做出了重大的贡献。

郭沫若同志远胜于一般古文字学家的地方，在于他既能做仔细的具体分析，更能注意到整个的历史的发展。这是由于他掌握了历史唯物论的武器，所以能够利用古文字学研究的成果，阐明了中国古代社会的面貌。他的考证甲骨文，是"想通过一些已识未识的甲骨文字的阐述来了解殷代的生产方式、生产关系和意识形态"（《甲骨文字研究》重印弁言）。他考释金文的一个重要目标，是为了搜集西周及春秋时代有关于奴隶制的资料，以便确定历史阶段，而绝不是"玩物丧志"，愈搞愈琐碎，陷入了枝节性的问题，而脱离了预定的目标（《金文丛考》重印弁言）。

郭老关于甲骨文字研究的具体成果，主要的见于他的《卜辞通纂》（1933 年）、《殷契萃编》（1937 年）、《甲骨文字研究》（1931 年）三书。《卜辞通纂》是选择传世卜辞八百片，分类 排列，逐片加以考释。这书排列有条不紊，考释简单易懂，迄今仍为初学甲骨文者的一部最佳的入门书；并且就学术价值而言，这书的考释中有许多创获。例如考定殷王阳甲、沃甲、河亶甲的名字；证明殷代祭典先妣特祭而仅祭所自出之妣，因而推定当时犹保留母权制残遗而父权系统固已确定；推断卜辞迄于帝乙，卜祭文武丁及武祖乙的卜辞都是帝乙时物等等，对于史实，多所阐明。对于未识文字，也有新被考释出来的。《殷契萃编》是采用善斋所藏甲骨，择取 1595 片加以排比和考释，体例与前书相同。这两书所收的甲骨拓片除史语所的发掘品外，几乎包括了全部在解放以前出土的精品。考释中多所创获。如关于殷代先公先王的名号，找出更多的例证，以助证王国维的说法，揭发殷代可能有邻近人民（如徐、楚人）留学殷都之制，推测殷代尺度的长短等。《甲骨文字研究》是由 17 篇考释所集成的，后来重印时增删成 9 篇。其中如《释祖妣》，探讨祖、妣二字的古形、古音和古义，进而论述祖宗崇祀的宗教起源。《释臣宰》探讨臣宰在当时社会中的地位。《释朋》谈殷代货币起源。《释五十》谈殷代的纪数法。《释干支》考释十干十二支的 22 个文字，进而谈到十二支的起源问题和殷代的天文知识。这些都是比较重要的文章。

郭老关于金文研究的成果，主要的见于他的《两周金文辞大系》（包括 1932 年《大系》的初印本，和后来出版的《图录》和《考释》）、《殷周青铜器铭文研究》（1931 年）、1952 年改编本《金文丛考》三书。《大系》一书，作者自谦为"未能尽美"，只是一部研究周代金文的"工具书"（《大系》增订序记）。实际上，这是一部关于中国青铜器研究中划时代的著作。像作者自己所说的，当时甲骨文研究"业经科学的发掘，并已有相当周密的整理"；而金文研究的情况，"则自北宋以来，零星出土，出土情状多已泯没，伪器甚多。千余年来虽有不少著录，而体系未能建立。作为史料，遂有不少困难"。所以他在研究金文的过程中，把重点集中到东、西二周，把传世相当重要的金文辞，依时代与国别赋予以一定的条贯。结果是这部书成为"想研究周代金文的人是不能离开它的，想研究中国古代的人同样是不能离开它的"（《金文丛考》重印弁言）。这书对于青铜器年代的推定，先据铭文中透露年代的器物为中心以推证它器之有人名事迹可联系者，然后更就文字的体例、文辞的格调，及器物的花纹、形式以参验之。这样常可以确定那些是一个时代的器物，可以作为一组。书中共收入年代国别之可征者，凡 251 器（增订本增至 323 器）；依时代与地方分类，作为铜器断代的标准尺度。

1934 年写的《图录》序说（即《彝器形象学试探》）一文中，提出将中国青铜器时代根据形式、花纹、文字（包括文章体例和字体），分为四期。其中"滥觞期"是一个假设阶段，当时并无实物证据。其余三期，称为"勃古期"、"开放期"和"新式期"。后来 1945 年写的《青铜器时代》一文，改称为"鼎盛期"、"颓败期"、"中兴期"（《青铜时代》）。这个三分法现下已为研究中国青铜器分期者所普遍采用。

英人叶慈于 1936 年提出的"第一期"、"第二期"、"第三期"的分期法，不过改换名称而已。瑞典人高本汉于 1935 年提出的"殷代"、"殷周"、"中周"、"淮式"四期说，也不过是把殷代及周初的铜器，依照能确定为殷代与否而一分为二而已。他的定名也多未妥。郭老这三期法，其标准不限于铭文内容所透露的年代，而且兼顾到其他特点，是中国铜器分期研究的一个重大突破。郭老曾说："在羁旅日本时，曾有蔚为图象学之雄心。"（《大系》增订序记）这雄心未能实现，真是可惜。如果我国考古学中有了这样一部出于郭老之手的中国铜器图像学的巨著，那该是多么好啊！

《殷周青铜器铭文研究》（1931 年）和 1952 年改编本《金文丛考》二书，是《两周金文辞大系》的姊妹篇。改编本《丛考》是把原有的《金文丛考》（1932 年）、《金文余释之余》（1932 年）、《古代铭刻汇考》（1933 年）和《续篇》（1934 年）中的金文部分汇集起来的。二书总共收入 80 余篇。其中文章有的是综合性的，例如《周彝中之传统思想考》，讨论宗教、政治、道德三方面思想在金文中的表现。《金文所无考》，指出旧有文献中有些观念，例如"天地乾坤之对立、仁义道德之并举"等，在西周金文辞都没有痕迹，由此可为托古改制说找到确凿的根据；又推断殷彝中图形文字为古代国族的名号，即"图腾"的残遗或转变；以谥法始于春秋中叶，疑当在战国时代；避讳之事始于秦代。这些都是很精辟的见解。其他许多篇，有的是对于重要的彝器铭文，作了新的考释，或释其文字，或考其史实，或定其时代，或求其韵读。如《毛公鼎之年代》一文，可作为重要的代表作。有的是考释古字（包括考释名物），是对于已识、未识的古文字的研究，也有许多新的创获。解放以后 20 年来我国出土了不少的殷周青铜器，郭老对其中若干件做了考释，分别发表于考古、文物的期刊中，其中 1961 年以前发表的，已收入于《文史论集》（1961 年）内。1961 年以后的，已由考古研究所加以搜集，交科学出版社出版。

其次，郭老于解放后对于我国考古事业也是极为关心、支持和积极领导的。1949 年建国后，我国社会主义建设刚刚开始。郭老当时担任了中央人民政府政务院副总理兼文化教育委员会主任和中国科学院院长。他从前长期从事考古研究工作时的一些设想，现在有机会可以实现了。经郭老的建议，敬爱的周总理主持的政务院就在文化部设立文物局，同时又在中国科学院设立考古研究所，使我国第一次有了主管文物工作的政府部门和专门从事考古工作的科学研究机构。这项决策性的安排，对于新中国文物考古工作的蓬勃发展，具有深远的意义。郭老此后 28 年来始终以中国科学院院长的身份兼从事历史和考古研究工作。考古研究所是科学院属下的社会科学部门的最初的四个所之一。1959 年郭老还说过，现在中国科学院有考古研究所；设立专门的研究所来研究文物，这在我国从前是没有的（《文史论集》第 3 页）。听说在筹建考古研究所时，郭老特别关心这个所的组织、方针等，曾经亲自过问。我现在还记得 1950 年 7 月我从杭州来北京到中国科学院谒见郭老时的情景。这是我第一次见到他，虽然他的盛名在我幼少时便已熟知，他的著作也曾读过不少。我当时很惊异他仍显得那么年轻，头上没有半根白发，谈话举止，像生龙活虎一般。当时他很忙，但是对于考古所工作仍是恳切地做了指示。他希望我们首先要学习马克思列宁主义，要学而能用；把马列主义的观点方法用到古物的发掘、整理和研究上去。其次是要多做田野考古工作，提高田野工作水平，以便累积具有科学性的资料，为室内研究打下基础。但是要避免有挖宝思想。这第一次的见面使我终身不忘。只是自己没有能够按照郭老的指示把考古所的工作做好，辜负了郭老的殷切期望，想到这里就心中难过。

这 28 年来，郭老多次到过考古研究所视察和指导，有时来所参观新出土的发掘品。还有好几次亲临考古研究所参加发掘的工地现场。最使人难忘的是：1968 年满城汉墓发掘时，郭老以 76 岁的高龄，还由山麓沿着崎岖山径攀登到陵山的山腰，亲入墓室内参观指导。1969 年夏间，北京元大都拆除西直门箭楼时发现了元代和义门瓮门遗址，郭老听到这消息后，曾两次兴致勃勃地前来现场，登临那高达 20 多米的城门楼上，还细察城楼南壁上的元代至正年间的墨书题记。

1956 年 2 月，中国科学院和中华人民共和国文化部联合召开第一次学术性的考古工作会议。郭老亲自出席了开幕式，还作了一次振奋人心的讲话。在讲话中，他肯定了解放后六年来考古工作的成绩，指出会议的主要任务是两项：①总结和交流经验，提高工作水平；②就考古工作十二年远景计划的制定，交换意见。要争取在十二年内使我们的考古工作接近世界的先进水平（讲话全文见《考古通讯》1956 年第 2 期）。这讲话鼓舞了来自全国各地的 180 多名代表的干劲。

"文化大革命"期间，郭老仍然关心和支持考古工作，并不放松领导。1968 年的满城汉墓和 1970 年成都凤凰山明墓这两项考古发掘，便是遵照敬爱的周总理的指示，由郭老指派科学院考古所的同志去进行发掘的。1971 年经郭老的申请，敬爱的周总理亲自批准举办出国文物展览，同时批准《考古学报》、《文物》、《考古》三种杂志复刊，以应国内外需要。复刊后，郭老还时常给这三种刊物送来文章，以表示支持。对于考古研究所的刊物，还经常给予指示。"四人帮"横行的时期，尤其是 1975～1976 年间，《考古》的编辑权曾一度被篡夺，在这刊物上曾发表过一些照着"四人帮"调子唱的坏文章。在"四人帮"被粉碎后出来的一期，此风未改。郭老发觉后便立即亲自来信指出这一期多篇文章有问题。可以说，郭老对于考古事业的爱护是无微不至的。

1975 年安阳殷墟发现一座未被盗掘的殷代皇室的陵墓（武丁配偶妇好墓），出土了大批的铜器和玉器。1977 年 1 月，郭老那时已因衰病在家休养，但还叫我们把一部分精品送到他家里给他看。当时，"四人帮"已被粉碎，那天他精神特别好，摩挲古物，谈笑风生。他说：这次新发现更是证明殷代文化在武丁时便已很发达，与他原来所见，实相符合，并且庆幸我国考古发掘工作前程似锦。

　　郭老晚年对于甲骨文和金文的兴趣，未尝稍减。他所主编的《甲骨文合集》的编纂工作，在历史研究所进行了20多年，听说图版部分已大致就绪，头几册现已开始付印。可惜是郭老来不及亲眼看到它成书出来了。《殷周金文集成》的编纂工作，最近几年在考古研究所已开始进行资料的搜集。我们曾向郭老请示过。郭老很赞同这工作，尤其是看到新出土的重要彝器之多，认为更有必要，并希望赶快进行。这项工作现将进入商榷编辑体例的阶段。遗恨的是我们失去了郭老的指导，但是我们一定要努力设法完成它。最近我们搞了一个全国考古工作八年规划的草案，很不成熟。本想在郭老健康恢复时再行请示，现在这愿望也无法实现了。

　　郭老为人平易近人，注意培养青年，奖掖后进。全国的科学、文化战线的同志们，都景仰郭老如泰山北斗。现今我们一旦失去了尊敬的前辈和良师，都感到万分悲痛。

　　现在，郭老离开我们了。但是，他的灿烂的战斗的一生，将永远是我们学习的榜样。他的光辉的著作，将永远是我们汲之不尽、取之不竭的宝库。我们要化悲哀为力量，照着郭老的指导，使考古工作沿着毛主席的革命路线前进，决不辜负郭老的殷切期望。

　　最后，我借取郭老的悼人诗最后两句，添上一联，敬以献于郭老之灵：

泰岱巍然天下仰　巨星没矣宇中嗟

好将群力追前驷　读破遗书富五车

郭沫若同志和田野考古学[*]

　　郭老去世的时候，我曾写过一篇悼念他的文章，介绍他对中国考古学的贡献。郭老对于古文字学和铭刻学，造诣很深，尤其是对于甲骨文和金文，有很卓越的贡献。但是他基本上还是一位书斋考古学家，不是田野考古学家。不过，他是很重视田野考古工作的，并且对于田野也很感兴趣①。现在我补述几件关于他和田野考古学的故事。

　　1979 年 4 月，我作为中国社会科学院访日代表团的成员，访问东京。17 日那一天，我到明治大学考古教研室去参观。老朋友杉原庄介教授作为主人，出来殷勤接待。当我在他的办公室中坐下休息时，他从书架上拿下一本郭老的《中国古代社会研究》给我看。在这本书的内封面上，赫然呈现出郭老用他那洒脱豪放的"郭体"书法所写的题词（图 1）。现在录文如下：

　　"二十年前与杉原君同在市川须和田从事发掘，今日重见，不胜欣慰。一九五五年十二月五日郭沫若。"

＊　本文原载《考古》1982 年第 5 期。
①　见《郭沫若同志对于中国考古学的卓越贡献》。

图1　郭老的题词（1/2）

　　杉原教授对我说："现在距离郭沫若先生题词的时间又是二十多年了。但是我对于这件墨宝，真是视同拱璧。"我们共同欣赏郭老的书法，想见当年他运笔如风的气概。同时，我们的话题，很自然地转到田野考古发掘。杉原教授便滔滔不绝地详谈题词中提到的共同发掘的故事。

　　须和田在千叶县市川市须和田町，是一处重要的古文化遗址，其中弥生文化的遗存很有代表性。日本考古学中弥生文化的分型，有所谓"须和田型"（Suwada type），便是由于这遗址而得名的。1933 年至1935 年时候，杉原教授在明治大学还是助教授的时候，便主持这遗址的发掘工作，取得了很重要的成果①。

①　须和田遗址的发掘，见 1971 年出版的《市川市史》中的记载（第 312～316 页）。郭老工作过的 4 号房址，见该书图版 93。

　　杉原教授追述那次发掘时遇到郭老的情况。郭老那时住在市川市一座民房里，离须和田遗址不远。他从事写作工作觉得累倦的时候，便时常出来蹓跶，以便休息脑筋。那天他蹓跶到杉原发掘工地的旁边，便停下步来看他们工作。当时正在发掘的是遗址中第 4 号房址，杉原用平板仪测绘遗址地图。因为测点多而分散，他正为拿标竿的助手不够而着急；这时他忽然发现一位空手游荡的闲人在那里闲立着观望，便打招呼请他拿标竿，还教他竖正标竿，不要摇晃。郭老对这拿标竿的工作，还是破题儿第一遭，但是他仍是欣然完成了交给他的工作。杉原教授微笑着说："当时我不知道他便是鼎鼎大名的郭沫若先生。如果早知道是他，我真也不敢这样放肆地给他安排这工作，实在是太失礼了，太失礼了。"我说：这可算是"有眼不识泰山"了。大家都哈哈大笑起来。

　　另一个故事，是郭老 1940 年在重庆江北岸发现汉墓和进行发掘。那时郭老住在战时的重庆。虽然他生活窘迫，但是他写作很勤，成品很多，包括他的几篇得意的作品。除写作外，他每天在家里会客，到外面应酬，又作公开讲演，又替别人看稿子，忙得不亦乐乎。可是，他的精力过人，仍有闲情逸致，与卫聚贤教授到重庆郊区去找汉墓，并且居然发现了几座破坏过的汉墓。他们二人一起，担任这些汉墓的具体发掘工作。

　　提起这位自称"卫大法师"的卫聚贤教授，现在年轻一辈人很少知道他，但在当时重庆的文化界中是无人不晓的。他曾以"韦大发痴"（卫大法师）的笔名写过一篇自传，题目是《鲁智深传》，自以为性情与黑旋风相近，因以自名。这篇自传发表在自己所编的《说文月刊》上，因之名气更大了①。他是当时文化界中一个怪人和妙人。由于山西小同乡的关系，他在孔祥熙主持的中央银行中担任中级职员，但是他的

---

① 《说文月刊》1939 年第 1 卷第 8 期，合订本第 819～831 页。听说卫大法师现在健存。1969 年台湾曾出版过一本他的大作《中国人发现美洲》专著，说孔子到过美洲看见向日葵和红木，张衡到过美洲图书馆看书，李白到过美洲吸过烟草，杨贵妃马嵬坡未死，被人送到美洲去了，等等离奇和荒谬的见解（《世界史研究动态》1982 年第 4 期第 8～9 页）。

主要精力放在办说文月刊社和出版《说文月刊》。他又在重庆市内开了一间叫作"聚贤楼"的茶馆。他时常在这里当主人免费招待一班生活拮据的文化界人士，请他们来这里喝茶和摆龙门阵。郭老便是"聚贤楼"的群贤之一，是楼主人特别要拉拢的贵宾之一。逢年过节，卫大法师还向这班穷朋友预支稿费，使他们不好意思抵赖文债，所以《说文月刊》不愁缺稿。他是太原商专毕业的，后来进清华大学国学研究院，攻中国古史研究。当时李济博士开过考古学课。法师承认李济是他的老师，而李济却不承认这位高足。他说：法师虽是他的学生，但不算是门生弟子，因为治学方法完全不是一条路子。

1940 年 4 月那次重庆汉墓的发掘工作，是卫大法师发起的。7 日那天是星期天，他拉郭老同到生生花园去找汉砖，没有找寻到；又渡江到江北岸，在培善桥附近，居然找到几块汉砖和一对已开了的石椁。第二天清早卫大法师便跑到郭老寓所，约他再去江北，还约了马衡、常任侠两位教授一起去调查。因为前一天下过雨，大家在烂泥中走到墓地。他们于前次所露出的砖块之外，又发现了一座汉墓（二号墓）。几个人便决定了试掘计划，由卫大法师出钱，托当地联保主任代找工人。14 日又是星期天，这个自发组成的考古发掘队，它的成员除了前次的四位以外，又添了胡小石教授等。他们浩浩荡荡地渡过江去开始试掘，郭老担任试掘那座双椁，卫大法师担任试掘那座砖墓（二号墓）和后来发现的三号墓，别的人做帮手。试掘了一天，殉葬物什么也没有，只是从每一石椁里各挖出了一条活蛇。郭老后来还发牢骚说："有某报的记者曾把这材料来奚落过我们一下。"

郭老那天只试掘了半天，把椁内的积土都翻出来，完成任务后下半天有事便独自过江回家了。卫大法师还继续试掘了好几天，在四号砖墓的积土中居然发现了大批五铢钱、一把铁剑、几件陶制明器和陶罐、陶盂等。郭老于 20 日下午得闲过江去看过那些"重要的发现"。21 日试掘结束了，还开了一天的小规模展览会，据说参观的人在两千人以上。

试掘是结束了，但是这故事并没有结束①。

21 日试掘结束那天的晚上，马衡教授来找郭老。他二位居处相近，而且嗜好相同，当时是常相过从的。可是马老这一次的来访，一不是来促膝谈心，二不是来聚首论学，而是因公来转达当时古物保管委员会的禁令。既然是老朋友，不便打官腔，马老那天说话说得很婉转。他说：这一次的汉墓发掘，在手续上是有点不合的。论手续应该先呈准古物保管委员会，而且发掘应该是国立的学术机关。他又介绍古物委员会的情况，初成立时隶属于行政院，后来改隶内务部。当时该会已是无形停顿了。马老以故宫博物院院长的身份担任委员，还具体负责会事。郭老同意转告卫大法师，将来再进行正式发掘时，依据规定办理应行的手续。郭老这时有点像小孩子扔石子，被人劝止后，虽然放下石子不再扔了，但是总觉得受了委屈，满肚子不舒服。尤其是国民党的"中央通讯社"在各报刊登一则消息以打击郭老，说什么"此次发掘与规定手续不合"，好像如果不是犯法罪行，至少也是违法行为。又说古物保管委员会负责人谈称已由该会"函郭沫若等暂停发掘，并查询经过详情"。放过卫大法师，把矛头对着郭老。实则发掘工作已经停止，那封"查询"的信也始终没有寄出去。这事便算结束了。郭老是识大体的。他虽觉受到委屈，但是他仍提出善意的建议："我更切实地感觉着古物保管委员会的责任实在重大，而这会的阵容实在有恢复起来的必要。仅仅保管着几条规则或规定，那是不够的。勿谓古物无补于抗战，实则乃发掘民族精神之触媒。"这是一个十分正确的结论。便在今日，这仍有它的现实的意义，只要把"抗战"一词换成"四个现代化"。

郭老在日本市川市和重庆江北岸这两次田野考古工作的经验，使令他对于这种工作有了正确的认识。对比之下，他懂得什么是现代的科学

---

① 郭沫若：《关于发现汉墓的经过》，见《今昔蒲剑》（1947 年海燕书店版，第 355 ~ 363 页）中。后来收入 1959 年版《沫若文集》第 11 卷中时，稍有删改，并添加一张郭老当时发掘汉墓的照相。

的考古发掘。解放后，他主持中国科学院的筹备工作时，他预见到新中国的考古工作一定会蓬勃开展，这便需要一个考古研究所来承担这繁重的学术工作，更需要有一个在初期能具体领导考古学术工作和培养干部的所负责人。这负责人不仅应该是田野工作的能手，并且应该是受过正式训练的"科班出身"的人。当时他认为梁思永同志是最适当的人选。虽然梁同志当时已是病后虚弱到不能出门的人，但他仍精神焕发。他有丰富的田野工作经验、广博的考古学研究的修养，而且虑事周密、知人善任，一定可以做好这工作。那时郑振铎同志主持文物局的事，担任局长，正招兵买马，想把这局办成一个包括考古学、博物馆学和图书馆学的研究机构。郭老和他是老朋友，二人都翻译过外国考古发掘研究史的专著，认识到田野考古学的重要性，并且也都认识到这工作有统一领导的必要。郭老当时是中央人民政府政务院副总理兼文化教育委员会主任。他便与郑局长商量，请他兼任考古所的正所长，全面领导这考古工作。把考古工作分为两部分，保护古物的行政工作归文物局，田野考古工作和研究归考古所。由两个机构密切合作，以便搞好这工作。这事提出后，郑局长完全赞同；后来呈报政务院，由周总理批准了这决策性的安排。30 年来我国的田野考古学能取得这样的成果，不能不归功于郭老当年的深谋远虑，和后来的一贯的热诚支持。虽然我们的工作做得还很不够，但是我们下决心要照着郭老生前的指示，继续提高田野考古工作水平，并且也要提高理论水平，努力前进，决不辜负郭老当年的殷切期望。

追悼考古学家吴禹铭先生[*]

今天得到了吴禹铭（金鼎）先生的死讯，不仅是我们朋侪间觉得丧失了一个不可多得的良友，并且也是中国考古学界的一个大损失。今日中国考古学界中，真正能够吃苦，肯下田野去做发掘工作，既有丰富的田野经验，又有充分的考古学识的学者，不过十来个人。正感觉到人才的缺乏，现在呢，在这十来位中又弱了一人！

吴先生是山东龙山的黑陶文化的发现人。这是中国史前的一支文化。1928 年吴先生在山东调查时，第一次发现这文化的代表遗址城子崖，知道它自成一文化系统，和中原及西北的史前的彩陶文化不同。1930 年及 1931 年，中央研究院历史语言研究所便请吴先生和考古组主任李济之先生等，一同去做了两次的科学的发掘。这两次的收获，后来印成了厚厚的一大本《城子崖》报告（1934 年史语所出版）。这 20 年来陆续发现了许多黑陶遗址，知道他的分布很广，以山东为最盛，但北到辽东半岛的羊头洼，南到安徽的寿县，西到河南的渑池县不召寨。便

---

* 本文原载 1948 年 11 月 17 日《中央日报》（南京）6 版《泱泱》副刊第 638 期。又载《中国考古学报》第四册，文字有所删节，题目改为《吴金鼎先生传略》。

是杭州的良渚遗址，也是这一文化的较晚的支流。现在研究中国史前文化的人，不论是国内或国外，都知道有黑陶的龙山文化。这种文化的最初发现人，便是吴先生。

吴先生是山东安丘人，早年肄业于齐鲁大学。毕业后入清华大学国学研究院，从李济之先生学习人类学。曾写成一部《山东人体质之研究》（1931年史语所出版）。后来进历史语言研究所，又从李济之先生攻习考古学，参加过河南安阳殷墟及浚县辛村的发掘，曾有文章在《安阳发掘报告》中发表。

自发掘城子崖后。吴先生便想专攻中国新石器文化，所以对于陶器特别加以注意。后来山东省政府派他往英国研究，吴先生在留英期内以英文写成一部《中国史前的陶器》（1948年在英国出版）。为了做这一个研究，吴先生不但翻遍了所有已出版的关于中国史前陶器的书籍，亲身观摩了几万片已出土的陶片实物，并且还特地在伦敦中央高等工业学校，实习原始制作陶器的方法。他的这一部书，因为所收入的材料的丰富，已成为外国人研究中国史前陶器的必备参考书。虽然因为近数年来西北的考古工作有了好些新发现，加之安特生氏近来将他20年前在中国发掘的收获，陆续写成报告发表。所以新材料增加了不少，有许多可以补充或修正吴先生的书中的说法。但是在还没有人出来再做这样综合的工作以前，吴先生这部书，仍不失为最详尽的关于中国史前陶器的参考书。

吴先生又利用在国外的机会，于1933年冬跟从英国的埃及考古学泰斗彼特里教授（Prof. F. W. Petrie）在巴勒斯坦做发掘工作。后来我经过耶路撒冷城晋谒彼特里教授谈起吴先生时，这位87岁高龄的老教授还掀着银须说："吴先生确是一位田野工作的好手。虽不英锐机警，但沉着勤慎，工作罕匹。"在巴勒斯坦碰到几个跟吴先生做过工的阿拉伯工人，提到吴先生，都翘起大拇指说他"夸依思"（Kwaiyis，即华语"顶好"）。吴先生也时常以幽默的语调，叙说他在巴勒斯坦跟从老教授工作的经验。

吴先生由英国得了博士学位学成返国时，适值抗战已起，政府内迁。但是最初几年，吴先生并没有离开他的岗位。为了使国内田野考古学的炬火不熄灭，在困难万分的情形下，吴先生仍是每年出来做田野工作。1938 年 11 月至 1940 年 6 月，在云南大理境内做考古工作，发现了遗址 32 处，主持发掘了其中几处，写成一部《云南苍洱境考古报告》，奠定西南方面史前考古学的基础（这报告于 1942 年由中央博物院出版）。1941 年春至 1942 年冬，在四川彭山主持汉代崖墓的发掘，阐明四川特有的一种墓葬制度。1943 年又主持成都抚琴台王建墓的发掘，成绩辉煌，对于唐末五代的艺术史，有极重要的贡献（以上二次的发掘，吴先生负责的部分，听说已有初稿）。

到了抗战的末期，吴先生激于爱国的热诚，曾经一度从戎，加入军事委员会，做四川新津美国空军第二招待所的主任。抗战结束后，应他的母校齐鲁大学之邀，主持学校的复员事情。那年 10 月底，他还写信告诉我说："自胜利以来，弟无时不在梦想着田野工作。俟一切安定，弟必及早返所陪诸兄再晒太阳也。"次年（1946 年）3 月，他到重庆来参加教育部召集的全国各大学复员会议，还和我见过几面，谁知道这竟是我们最后一次的晤会！那时候吴先生很高兴，畅谈将来的田野工作计划，希望将齐大复员事情办妥后，便离校再去"挖古"去。吴先生这个希望，竟成为梦想。像当时我们一般人的梦想一样，被抗战结束后三年来无情的炮火所击破了。吴先生为了责任心重，在济南继续负责襄助办理他的母校，除了教书以外，前后曾兼任校长室西文秘书、训导长、文学院长、国学研究所主任、图书馆主任；他曾写信向我诉苦，说："到济后即如加轭之牛，除饮食之外，几无余暇。"真可谓"鞠躬尽瘁"了。最近觉得体力不支，曾飞到北平进协和医院诊视，证明是无法可治的胃癌病，且已染及肝胰，只好飞回济南。今日接到他的弟弟吴良才先生的来信，知道他在 9 月 18 日病故于济南的齐鲁大学中，以吴先生坚实壮健的身体，想不到竟未达 50 岁，便长辞人世。正在大有作为的年龄，未能尽展所能，便行殂谢，令人伤心叹惜。

我和吴先生的初度相识，是 1935 年春在安阳侯家庄的工作站。那时他正由英返国来搜集论文材料，偷空暇跑到我们的发掘团来看看。他的诚恳，他的朴素，初见面时便令人心折，相见恨晚。在英伦时，我和他人很少往来，但时常不惜跑几里路，爬上几十级的楼梯，到他所住的三层楼小阁上去看他，一起聊天。有时在不列颠博物院中工作后一同出来，在英伦的狂雾中，并臂相偕，一面行走，一面谈话。

但是相处最密的一段，是在他主持彭山发掘的时候。1941 年秋间，我曾参加他的发掘团，工作了几个月。那时候因为抗战正殷，经费困难。吴先生想以最少的费用，取得最大的收获。当时住在山中的寂照庵里。吴先生提倡节约，以身作则，不但早晨吃苞谷面做的粗馍馍，还要轮流推磨苞谷面。发掘蛮子洞，有时找不到工人，便几个人亲自动手。逢到休息日，还跑十几里路赶街子买吃的东西打牙祭。然而生活虽清苦，大家精神上都很愉快。每日收工时，大家从崖墓中钻出来，弄得满身是泥。返工作站换衣服，一起传观着新获的罕见的古物，抚摩欣赏。有几天，吴先生患了脚气病，只好留守工作站，看见大家收工回来，一一慰劳。晚上一天的工作结束后，大家围坐着一盏菜油灯，吴先生谈笑风生，时常说几句笑话，使大家哈哈大笑，打破了古庙中沉寂的空气。此情此景，恍惚犹昨，谁知道竟已人天永隔了。

吴先生待人接物，总是那样春风满面，一团和气。至少我还没有亲眼看见过他红着脸和人家争吵过。吴先生的艰苦耐劳，令人钦佩，虽然有时似乎过于刻苦，或不必要的自苦，然在自私享乐盛行的今日，有几个这样的好人。吴先生以忠厚对人，有时令人觉得太过于忠厚老实了。吴先生不喜宣传，憎恶夸张，所以除了熟人和同行以外，知道他的人恐并不多。但是他在中国考古学上的功绩，是永远不会泯灭的。

梁思永先生曾经说过："像吴禹铭先生才算是田野考古学的正统

派，着重田野考古而轻视故纸堆中的研究。"我很同意梁先生的话，并且觉得在中国刚正发轫的时代，像吴先生这样正统派的田野考古学家，尤为需要。只有多做田野工作，多发现新材料，然后才能进一步做切实可靠的综合的工作。吴先生虽短矮而壮健坚实，我们以为他一定可以像他的英国老师彼特里教授一样，80多岁还可以亲自出来做田野工作，训练出一批一批的学生，负担起建设中国新考古学的责任。想不到生龙活虎般的吴先生，竟这样匆匆地便被病魔所攫去，离开我们而长逝了。

吴太太王介忱女士，是吴先生的贤内助。谈到吴先生一生的事业，自不能不提及吴太太。吴先生做山东人体质的研究时，吴太太帮忙测量妇女体质。吴先生在英国写论文时，吴太太帮忙绘图和打字。吴先生在四川和云南主持田野发掘工作时，吴太太不仅管理工作站的一切琐务，并且还帮忙一同发掘、监工，一同写报告。夫妇一同出来做田野考古工作，在外国是司空见惯的事，但在事事落后的中国，吴先生夫妇还是第一对。这次吴先生的逝世，吴太太的悲痛，可想而知。听说吴太太仍在济南城中，料理吴先生的后事。我在这苦风凄雨的晚上，赶写这篇文章，一面以追悼吴先生，一面也借以慰唁吴太太。我们在哀悼吴先生之余，更盼望着这混乱的局面早日澄清，使我们能继承吴先生的遗志，展开中国田野考古学的新天地！

1948 年 10 月 28 日于北极阁下

梁思永先生传略[*]

　　先生原籍广东新会，1904 年生于上海。[①] 他是梁启超先生的公子。
1923 年，毕业于清华学校留美预备班。留美时，入哈佛大学研究院习
考古学和人类学。曾参加印第安人古代遗址的发掘，并对于东亚考古学
问题作过特别的研究。为着了解国内考古的具体情况，曾一度返国在清
华国学研究院担任助教，并且整理清华所藏的山西夏县西阴村史前遗址
出土的陶片，写成专刊。1930 年夏季毕业归国后，参加前中央研究院
历史语言研究所考古组工作。1930 年秋赴黑龙江工作，发掘昂昂溪遗
址。冬间，转道通辽入热河调查。在热河境内头尾 38 天，所走的路程
在一千里以上，在五处地方采集得新石器时代的陶片、石器等遗物。
1931 年春将黑龙江昂昂溪发掘报告写成后，便去参加安阳小屯及后冈
的发掘。秋间，参加山东历城龙山镇城子崖的第二次发掘；又去安阳后
冈，继续春季没完成的工程。1932 年春患烈性肋膜炎，卧病两年，到
1934 年春才渐恢复。夏间将热河调查报告编成。秋间赴安阳主持西北

---

　　* 本文原载《考古学报》第 7 册。
　　① 梁思永先生的出生地实为澳门，文集编者曾面询梁先生夫人李福曼女士，据以订正。

冈殷陵的发掘。1935 年春秋两季，都在安阳继续西北冈殷陵的发掘工作。西北冈这三次发掘规模的宏大，工作的精细，收获的丰富，在国内几乎是空前的。田野工作结束后，便着手编纂西北冈的发掘报告。1937 年抗日战争发生，打断了他的原来计划。随着机关撤退到长沙，又经桂林入昆明，最后搬到四川南溪李庄。在这种辗转流徙的情况下，一有机会，仍取出标本加以整理。1941 年初夏，肺结核剧作，只得中途停止工作。此后长期偃卧病榻，不能起床。1945 年抗战胜利，到重庆施行大手术，截去几根肋骨，使受害的左肺萎缩下来。次年复员到北平后，继续休养，逐渐恢复，但仍荏弱。北平解放后，看到人民政权的建立，很是兴奋，愿意抛弃七八年以来蛰居休养的生活，出来为人民的考古事业服务。1950 年 8 月考古研究所成立后，受人民政府任命为副所长。虽以体弱不能出门，但仍努力积极工作。所中的具体领导工作，差不多都由他主持。数年来计划和指导田野调查发掘和室内研究工作，煞费苦心，体力因之渐感不支。1953 年院中领导让他请假休息 6 个月。1954 年 2 月入医院检查身体，为销假上班作准备。不幸心脏病剧作，多方救治无效，于 4 月 2 日逝世。

先生在学术研究上的贡献，野外考古工作方面，自加入殷墟发掘团后，对于组织上和方法上都有重要的改进，提高了我国田野考古的科学水平。在野外工作中，能注意新现象，发现新问题。主持大规模的发掘工作时，能照顾到全局，同时又不遗漏细节。室内研究方面，对于中国新石器时代的考古学，有许多很重要的贡献。他所写的论文和报告，都很谨严，同时又能从大处着想。他根据昂昂溪的发掘和热河的调查所写成的两篇详尽的报告，使我们对于蒙满草原上的细石器文化，能得到深进一层的了解。尤其是昂昂溪发掘所得的材料，是数百处细石器文化遗址中几乎唯一的墓葬材料。城子崖的报告是他主编的，这本报告的出版是中国考古学史上的一件大事，除了自己撰写几章之外，他还将全部稿子都细加审阅和修改过。又另撰《龙山文化》一文，综合了鲁西、豫北、皖北、浙江各处的龙山文化遗址的材料，简明扼要的叙述了龙山文化的面貌并分析了它的特征。这是迄今为止的介绍龙山文化的最精辟的一篇论文。此文之前，曾根据后冈发掘的材料，写了《小屯龙山和仰韶》和《后冈发掘小记》两文。前者是一篇很重要的论文，第一次依据地层学上的证据，确定了仰韶和龙山两种新石器文化的先后关系以及二者与小屯殷墟文化的关系，解决了中国考古学上一个关键性的问题。后者是一篇补充的文章。他多年从事编写的西北冈殷陵的重要发掘报告，可惜没有完成。他常以为要了解古人如何制作器物，最好能从现在民间手工艺的技术入手。抗战前曾调查过北京制造玉器的技术，并搜集工具标本。在昆明时，又曾调查制造陶器的技术，关于埏泥、成型、烧窑各方面，都加研究。可惜都没有写成文章。解放后，虽以身弱事忙，自己没有做具体的研究工作，但是计划和指导考古工作以及培养青年干部，对于解放以来我国考古研究工作的成就和发展，是很有贡献的。至于先生那种忘我的工作精神，更将永远成为鼓舞我们前进的力量。

追悼考古学家梁思永先生[*]

一

梁思永先生已离开人间了，然而他在中国考古学上所留下的功绩，是永远不会消灭的；他的忘我的服务精神，也是永垂不朽的。他用意志的力量和病魔奋斗了许多年，使脆弱的身体坚持到最后的一刻钟。但是，他终究撒手离开我们了，能不使我们悲痛！

最后这一次他进入医院，头一星期恰巧和我同住在一个病房里。我们因为遵照医师的吩咐，竭力避免谈话过多。在谈话中，他仍是非常关心和重视考古研究所的工作。他说他自己的身体太衰弱，这次病假虽已休息了4个多月仍没有恢复过来。这一次进医院检查身体，希望将病根找出来，好好地治疗一下。只要能恢复到普通人的一半工作力量，便可心满意足了，便可更好地为人民的考古事业服务了。梁先生谈到中国考古学的远景时，似乎面前呈现出一幅壮丽的图画，他的惨白的脸上便泛

* 本文原载《新建设》1954 年第 6 期。

起了微笑，希望他自己能亲手使这一远景实现得更早和更美。谁知道，梁先生进院不到一星期，便因夜间着凉而得了重感冒，病况恶化，多方救治无效，于 4 月 2 日下午去世了。

二

我初次跟梁先生做野外工作，是 1935 年春间在安阳侯家庄西北冈。虽是 20 年前的事情，但留在我脑中的印象仍很鲜明。那次也是我们初次的会面。梁先生那时刚过 30 岁，肋膜炎病愈后并不很久。瘦长的身材，苍白的脸色，显得身体还没有完全恢复过来。但是在工地上，他是像生龙活虎一般地工作着。他的那种忘我的工作精神使他完全忘记了身体的脆弱。白天里，他骑着自行车在各工地到处奔跑巡视。对于各工地在发掘中所显露的新现象和产生的新问题，他随时都加以注意，加以解决。他有时下坑亲自动手，有时详细指点助理员去做。那次的工作地范围广达数万平方米，分成五六个区域，但是几乎随时到处都有梁先生在那儿。四百多个工人和十几个助理员，在他的领导之下，井然有序地工作着，像一部灵活的机器一般。晚间在油灯下，他有时和工作队助理员谈谈当天发掘中的新发现，有时查阅各人的田野记录簿，有时看着助理员们剔花骨等整理当日出土品，有时和他们讨论新问题——因之时常深宵还未入睡。

未病以前，梁先生确是野外考古工作的头等人才，不仅工作技术方面是头等，更重要的是那种负责的精神，能照顾到全局，同时又不遗漏细节。小屯殷墟发掘工作的头几年，参加的人都是没有受过正式的田野考古训练的。大家都在暗中摸索，想由尝试和错误中获取经验和教训。梁先生参加工作后，才加以整顿，面目一新。他费了大力来改进田野考古技术，拟订各种记录表格，组织室内整理工作，训练年轻人员，使一切都渐入正轨。梁先生在资本主义国家受过考古训练。我们知道今后应当采取苏联的先进经验，对于资本主义国家的考古学加以批判；他自己在解放后也已朝着这一方向走。但是 20 多年前摆在中国考古学者面前的主要任务是：怎样使封建制度下的金石学推进到现代资本主义式的考古学；怎样使半殖民地的由帝国主义"学者"所组织所直接指挥的中国田野考古学变成为我们中国人自己来干的，有相当科学水平的中国考古学。在这一方面，梁先生那时是起了相当大的作用的。安阳小屯以外，他还参加过或领导过安阳后岗、侯家庄西北冈、济南龙山镇城子崖、黑龙江昂昂溪等处的发掘工作，又曾由黑龙江穿过草原到热河赤峰林西一带做过调查工作。在原有的基础上更累积了这许多年在国内实地工作的经验，到了主持西北冈殷陵的发掘时，可算是梁先生的野外的考古工作的最高峰。那次规模的宏大，工作的精细，收获的丰富，在国内几乎是空前的。

三

不仅在野外考古工作方面，梁先生有许多重要的发现，并且提高了中国田野考古工作的科学水平，替中国的"锄头考古学"打下了很好的基础；就是在室内研究方面，他对于中国考古学也有许多很重要的贡献，尤其是关于新石器时代的研究，成绩更为卓越。他曾对东亚的考古问题，做过专门的研究，又曾对于新石器时代的陶器，做过深入的钻研，后来将研究的结果，写成论文。他所编写的考古发掘报告，都很细致谨严，同时又能从大处着想。他反对那些空洞的报告，以为它们"没有注意到实物的叙述，只发表一些推测和结论"。所以他自己特别注重实物的分析和表现。他以为鉴定一个遗址或一文化层，不能仅利用其中一两件孤证以作推论，而应该注意到它们各方面的特征。他自己所写的报告，描述都很详尽，论断也很审慎。

谈到考古学新石器时代的研究，我们知道在那时的中国这还是一门新兴的学问，还没有得到中国学者的注意。现今我们对于中国北部新石器时代能有一个大概的轮廓，这与梁先生的贡献是分不开的。中国北部有三种主要的新石器时代的文化，便是：长城以北有细石器文化，长城以南则西部有仰韶文化，东部有龙山文化。梁先生是中国学者中第一个注意到细石器文化的人。他于1930年到黑龙江去发掘昂昂溪遗址后，便转道通辽到热河调查。在热河境内所走的路程达1000里以上，调查了5处的细石器文化遗址。他根据所得的材料，写了两篇考古报告，使我们对于蒙满草原的新石器时代有了更多的了解。据先生的研究，热河和东北的新石器时代遗物的分布，"大致可以分为两大区域：西辽河以北之热河同松花江以北之东三省为一区，打制石器及印纹（至少在热河）陶器；辽河流域（广义的）为一区，磨制石器"；二者在老哈河流域相接触。先生在昂昂溪发掘所得的材料，几乎是几百处细石器文化遗址中唯一的墓葬材料。一般的细石器遗址都是地面的遗存，仅出些石器和碎陶片，共存的关系不明确。昂昂溪墓葬是伸展葬，随葬品有完整的陶器、碎石髓、磨制石斧、用细石器为刃的骨刀和骨制鱼镖等。

城子崖的发掘报告是先生主编的，这本报告的出版是中国考古学史上的一件大事。这是我国考古学者自己独立发现的一支新石器文化，又由自己来发掘来整理后加以发表的。遗址在山东历城的龙山镇。发现者是吴金鼎先生，但是主持第二次发掘和阐明这发现的重要性的，实是梁先生。后来在山东沿海、河南北部及东部、安徽北部发现了相似的遗址达70余处。因为第一次发现的地点是龙山镇，所以叫作龙山文化。这文化的一般特征是：生活以农业为主，已有聚居的村落。遗址中有圆形白灰面、炉灶和窖穴。陶器方面有一种制造精巧的黑亮坚薄的黑陶；此外也有深灰色及褐色的陶器，器形有圈足的皿、豆，平底的杯、罐、盂、盆，三足的鼎、鬲、甗、鬶等。陶器纹饰，除平行的凸脊凹沟之外，还有刻纹和印纹（包括篮纹、方格纹和绳纹）二种。另一特征为大量地使用蚌器，制成刀、锯、镞、环及垂饰。石器有斧、锛、刀、镞等，骨器有锥、笄、镞、针等，又有凿灼的卜骨。死者埋于居住区中，间有俯身葬。但是未有文字，也未发现铜器。这文化比仰韶文化更接近于小屯的殷商文化，实是中国考古学上很重要的发现。梁先生对于这发掘报告，除了自己撰述的几章之外，还对全部原稿都细加审阅和修改过，他又另撰《龙山文化》一文，是迄今为止的介绍龙山文化的最精辟的一篇论文。在这文中，他综合鲁西、豫北、豫东、皖北、浙西各处的龙山文化的材料，依它们的特征加以区分，并且指出小屯的殷商文化中好些元素，例如：陶器中圈足的皿、豆，空足的鬲、甗，器盖的流行，一部分纹饰母题，石斧、石刀，蚌器，卜占，和俯身葬，都是接受龙山文化的遗产。殷商文化继承了它，而又加以发展。

梁先生的 1931 年安阳后冈发掘工作，是城子崖黑陶文化发现后中国考古学上另一个极重要的发现。在这里第一次依据地层上的证据，确定了仰韶和龙山两种新石器文化的先后关系，以及二者与小屯殷墟文化的关系，解决了中国考古学上一个关键性的问题。1921 年河南渑池县仰韶村的新石器时代文化发现后，有些学者对它的年代颇加怀疑，以为也许是殷周时代杂居于这一带的落后部落的遗物。据文献记载，东周时伊洛之间不是仍杂居有"陆浑之戎"吗？龙山文化发现后，只知道它较东周为早，因为它的上面压有一层东周时代的遗物。至于它与仰韶文化及殷墟文化的时间关系，当时还一无所知的。后冈的发掘工作，发现了仰韶、龙山和殷商三种文化各自成层的堆积，上下相叠，顺着层次自上而下地掘开后，各层文化的内容和它们的相互关系，便很清楚地见到了。因之，便解决了这个中国考古学上的悬案。先生将研究的结果，写成了两篇论文发表。后来在安阳侯家庄高井台子、安阳同乐寨、浚县大赉店也发现了相似的三层堆积，更证实了后冈工作所得的结果，至少在河南的北部是完全正确的。

梁先生主持的安阳西北冈殷陵的发掘工作，对于殷商文化的了解，供给了很重要的资料，大有助于殷商社会性质问题的解决。安阳发掘自 1928 年开始后，西北冈的发掘以前，差不多每年都进行工作，但发掘地点限于小屯及附近的几处遗址，其中不是废弃后的居住遗址，便是些简陋的小墓葬，实在不足以代表殷代文物的全貌。所以有人以为当时还是金石并用时代，还是原始氏族共产社会。西北冈殷陵的发掘，揭露了当时阶级社会的真相。所发掘的几座大墓，都是规模宏伟，深达 12 米左右，墓口广袤都达 20 米左右。墓道上和附近的排葬坑中，都是些殉葬的奴隶，许多是身首异处的。当时为统治阶级服务的手工业，制造出许多优美的物件，放在墓中做随葬品。青铜器有两个方鼎（牛鼎和鹿鼎），重达千余斤。一大批的青铜礼器，都是制造优良，花纹精美。此外还掘出雕刻精致的立体石刻（石枭、石虎等），纹饰绮丽的花土（原来大概绘在木板上）以及优雅的玉饰和铜制车饰。这些都是以前在小屯所未掘到的和以前所不知道的。有了西北冈殷陵的大发现，我们才对于殷代文化所达到的高度及其社会组织，能够有了新的认识。

　　梁先生于 1935 年秋将西北冈殷陵的发掘工作结束后，便以全力从事于报告的写作。因为城子崖报告是他就各人分撰的草稿加以改编的，费力很大，而有时为着迁就原稿仍保留着若干缺点。所以编纂西北冈的报告时，他就决定独立撰写，以便"一气呵成"，可以得到更完美的结果。不料 1937 年抗日战争发生，打断了他的原来计划。抗日战争爆发后，他随着机关撤退到长沙，又经桂林入昆明，最后搬到四川南溪李庄。就是在这种辗转流徙的情形下，他仍旧一有机会便取出标本，加以整理。1941 年我在李庄和他会面时，他正工作得非常起劲。他将全部的出土古物，都已摩挲过一遍，并写下要点。对于报告的内容组织，也已有了大致的轮廓。这报告的完成，似乎是指日可待了。不幸 1942 年初夏，他的肺结核病转剧。只好将这工作中途停止了。但是他仍念念不忘这件工作。

抗战胜利后，他复员到北平；这批材料留在南京，解放的前夜又被劫往台湾去了。这部报告不能在梁先生手中完成，不仅是先生的不幸，也是中国考古学的不幸。

四

1942 年梁先生肺病转剧以后，便长期偃卧病榻，不能起床。抗战胜利时，他到重庆去施行大手术，将肋骨截去 6 根，使受害的左肺萎缩下来。他的勇敢和忍耐，获取了初步的战果；加以他夫人的细心护理，使他复员到北平后居然能逐渐恢复健康；但也只能躺着看书写信，在天暖时扶杖到院子中小坐而已。北平解放后，他看到人民政权的建立，很感兴奋。新的社会使他产生了新的力量。他抛弃了七八年以来的蛰居休养的生活，愿意出来为人民的考古事业服务。

1950 年考古研究所成立后，他任副所长，更是积极工作。虽因体弱不能出门，但仍参加或主持在所内召开的各种会议。他的体力不及普通人的一半，但是他所做的工作，在分量上和质量上，恐非几个普通人拼凑起来所能抵得上的。他在考古研究所成立后初次看见我时，便很兴奋地谈着关于考古研究所的计划。他说："所中一切事情都由郑所长和我来管好了。只希望你和所中具有田野工作经验的几位，带着一班年轻朋友们，在外面多跑跑，训练年轻的人才是目前最迫切的任务。这种训练是需要在当地实际工作中亲手指点的。"因此，我到所后一年半中的大部分时间是在外地工作，没有多替他在所内分劳。直到 1952 年 1 月，在长沙接到他的两封电报、三封快信，才赶回来分担他的工作。那时他卧病在床，病势已不轻，需要好好地休养。此后一年多的时间内，只要病体稍有好转，他仍是计划和领导所中的工作，1953 年夏间发现了血压高到 210 度后也仍是如此。后来领导上决定从 10 月起叫他完全休息 6 个月，所中一切事都不要去找他商量。他是为着假满后上班工作做准备，才进医院检查。谁知道他的心脏病已发展到这样严重的地步。他死时，连 6 个月的休息还没有满期呢！

五

梁先生人很聪明，同时又非常勤奋。晚年虽在病中，只要精神稍好，仍是手不释卷。他有相当的自信力，做事果断，但又没有骄傲和自满的情绪，别人如能提出理由来说服他，他是很愿意接受意见的。考虑问题既细致，又全面，同时顾到实际。有分析问题的能力，同时又肯用心思索，找出解决问题的途径。他和年轻后辈谈话的态度，能引起人的尊敬，但又并不使人感觉到在他跟前局促不安，不敢发言。他和新来的人员只需谈话几次，便能了解他们，从外表一直了解到内心。审阅文稿，尤其是校改年轻朋友的文稿，非常仔细而负责，必要时他很直爽地叫人拿回去重写过，再送来给他校改。他过去虽是接受的资本主义教育，但对新事物极为敏感，并且很能接受。加以他对于考古学的业务方面的熟练，让他来领导新的考古事业，实在是最适当不过的。事实上，他也确是考古研究所领导的核心。他的尽量组织所内及所外的考古工作的力量和竭力培养青年干部这两项主张，也是非常正确的。解放后几年来，中国考古研究工作方面的成就和发展，是和梁先生的努力分不开的。

现在梁先生永远离开我们了，这是中国考古事业无法补偿的大损失。解放后，中国考古事业正在大发展，梁先生又恰处在领导这事业的地位，正是大可作为。现在，他亲手所草拟的考古研究所五年计划，刚实施了一年，他竟匆匆离开我们了。他的心血已经耗尽，脑汁已经绞干，但是他的精神和功绩是永存不朽的。我们只有忍住悲痛，继承梁先生的遗志，团结一致，继续为人民的考古事业的发展而努力！他的忘我地献身于祖国科学事业的精神，将永远成为鼓舞我们前进的力量！

追悼考古学家梁思永先生 （原稿）*

梁思永先生已经离开人间了，然而他在中国考古学上所留下的功绩，是永远不会消灭的，他的忘我的服务精神也是永垂不朽的。他用意志的力量和病魔奋斗了许多年，使脆弱的身体坚持到最后的一刻钟。但是，他终究撒手离开我们了，能不使我们悲痛！

最后这一次他进入医院，头一星期恰巧和我同住在一个病房里。他还是和平常一样的乐观，一样的活泼泼地说笑。2 月 23 日刚抬进病房时，还和我说笑道："作铭，我陪你住院来了。"我们因为遵照医师的吩咐，竭力避免谈话过多。在谈话中，梁先生仍是非常关心和重视考古研究所的工作。他说他自己的身体太衰弱；这次请病假虽已休息了四个多月仍没有恢复过来。这一次进医院检查身体，希望将病根寻找出来，好好地治疗一下。只要能恢复到普通人的一半的工作力量便可心满意足了，便可更好地为人民的考古事业服务了。梁先生谈到中国考古学的远景时，似乎面前呈现出一幅壮丽的图画，他的惨白色的脸上便泛起微

---

* 编者按：本文在《新建设》1954 年第 6 期发表时被删去一些内容，考虑到被删去的内容有其史料价值，特据作者自存原稿重复编入。

笑，希望他自己能亲手使这远景实现得更早和更美。谁知道梁先生这希望终于落空了。我们相信我们终究可达到他所指出的目标，获取胜利；但是丧失了这位领导的统帅，中途的困难便要多一些，攻得堡垒的时间也要慢得多了。

梁先生进医院后没有几天，2月17日晚间下了一场大雪，温度骤然降低；因之便着了凉，身体发烧，头部疼痛，时常呻吟，经过数日未愈。3月2日我们分别搬到两个病房去。8日他的心脏病突然恶化，但是他还自信仍可以"挺得过去"。中间一度稍微好转，后来病况再度恶化，4月2日下午便去世了。这一个月中，我几乎天天打听他的病况，只因为怕他说话太累，仅进去看视过他几次。还记得我受过肠胃透视检查后，跑去告诉他说，我的肠出血早已停止了，但是仍有溃疡现象，他便劝我继续住院等痊愈后再出来，他虽然自己病得非常厉害，但对于我的健康仍很关心。去年春间他发现我消瘦下去便劝我赶快到医院去检查，早些治疗。我那时没有完全听从他的话，果然发生了这一次的病。梁先生的音容仿佛仍在我的面前，但是他已永远离开我了。想起了他对于我的关切和爱护，能不使我心痛泪流！

我初次跟梁先生工作，是1935年春间，在安阳侯家庄西北冈。虽是二十年前的事情，但留在我脑中的印象仍很鲜明。那次也是我们初次的会面。梁先生那时刚过三十岁，肋膜炎病愈后并不很久，瘦长的身材，苍白的脸色，显得身体还没有完全恢复过来。但是在工地上他是像生龙活虎一般地到处奔跑巡视，他的那种忘我的工作精神，使他完全忘记了身体的脆弱。还记得开工的那一天，远近各村庄来了一千多人来找工作，站成一长排。梁先生穿着绿色的皮茄克，架着自由车来到工地，在这一千多人中拣选出四百多个精壮的工人。梁先生跑上上季发掘起土所累积成的大土堆上，对这些拣选好的工人做了一番动员讲话。然后将他们分组归到各工地去挖掘和运土。几百个工人听着指挥，便秩然有序地工作起来了。梁先生又跑上土堆，左右顾盼，颇有近日我们所看到的电影中苏沃洛夫大将指挥千军万马跟拿破仑作战时的气概。那天晚上收工后，梁先生在油灯下和我们谈话，他说今天的工作情况很好，正像一部已开动的机器，齿轮杠轴等一切都没有发生障碍。那一季的工作期中，梁先生白天骑着自由车在各工地巡回视察，对各工地在发掘中所显露的新现象和产生的新问题，随时都加以注意，加以解决。他有时下坑亲自动手，有时详细指点助理员去做。那次的工作地范围广达数万平方米，分成五六个区域，但是似乎随时到处都有梁先生在那儿。晚间他有时和工作队助理员谈谈当天发掘中的新发现，有时查阅各人的田野记录簿，有时看视助理员们剔花骨等整理当日出土物，有时和助理员讨论新问题，时常深宵还未入睡，弄得老工人刘明三番两次地催促着说："梁先生，早些睡吧！明儿又得起早去上工呢！"那一季工作完了后，我曾对梁先生说："这是我第一次参加田野考古工作，恐怕将来回忆起来，仍使我感觉到这是我最愉快的一季，也是我学习收获最丰富的一季。"现在已经过二十年了，我依旧抱着同样的意见。

未病以前，梁先生确是考古野外工作的头等人才，不仅工作技术方面是头等，更重要的是那种负责的精神，能照顾到全局同时又不遗漏细节。小屯殷墟发掘工作的头几年，参加的人都是没有受过正式的考古田野训练的。大家都在黑暗中摸索，想由尝试和错误中获取经验和教训。以主持殷墟发掘获享盛名到英国讲学的某先生*，有一次在英伦公寓中谈起小屯发掘工作的科学水平时，某先生瞪着眼说："后世知吾者其小屯乎？罪吾者其小屯乎？"[①] 自从梁先生参加工作后才加以整顿，面目一新，他费了很大的气力来改进田野考古方法，拟订各种记录表格，组织室内整理工作，训练年轻的工作人员，使一切都逐渐纳入正轨。梁先生是在资本主义国家受过正式的考古训练的。他在哈佛上过 Reisner 的

---

① 编者按：某先生指李济（此谈话内容，见于《夏鼐日记》卷二第95页）。

功课，又在 Kindder 指导下在美洲土人古代遗址中做过发掘工作。我们知道今后应当采取苏联的先进经验，加以批判和改进。梁先生在解放后也已朝向这方面走。但是二十多年前摆在中国考古学者面前的主要任务是：怎样使封建社会士大夫的金石学推进到资本主义社会下的考古学，怎样使半殖民地的，由受帝国主义学者组织和直接指挥的中国考古学，变成我们中国人自己来干的中国考古学？在这一方面梁先生那时是起了相当大的作用的。安阳小屯以外，梁先生还参加过或领导过安阳后冈、侯家庄西北冈、济南龙山镇城子崖、黑龙江昂昂溪等处的发掘工作，又曾由黑龙江穿过草原到热河赤峰、林西一带做过调查工作，在原有的基础上，更累积了这许多年在国内实地工作的经验，到了主持西北岗殷陵的发掘时，可算是他的野外考古工作的最高峰。那次规模的宏大、工作的精细、收获的丰富，几乎是空前的。所以便引起国外的考古学界的注意。法国的伯希和、日本的梅原末治①、美国的顾立雅，都曾亲自跑到安阳来参观并将他们所看到的，写出文章来介绍于世。虽然他们所介绍的仅是一鳞半爪，但立即引起世界各国考古学家的惊异和钦佩。

不仅野外工作，便是在室内研究方面，梁先生也对中国考古学界做了许多很重要的贡献。尤其是在中国新石器时代考古学的一方面，他可算是奠定基础的大功臣。在国外求学时，便曾写过一篇关于东亚史前考古学所存在的问题的文章，对于东亚的史前考古学，做一番全面的观察和检查。又对于陶器方面，曾做过深入的研究，他曾利用山西夏县西阴村仰韶文化遗址出土的材料，写过一本"西阴村史前陶器"。我们知道陶器是新石器时代遗留下来最重要、最丰富的材料。对于陶器的研究是这方面工作的不可缺少的基本训练。返国以后，梁先生曾根据他自己在昂昂溪的发掘及热河的调查，写过两篇详尽的报告，使我们对于蒙满草原上的细石器文化能得到深进一层的了解。尤其是昂昂溪发掘，所得的

---

① 编者按：此处记述有误，梅原末治曾撰文介绍，但未曾去安阳参观发掘。

材料，是几百处细石器文化遗址中几乎唯一的墓葬材料，获有人骨和完整陶器及骨器。一般的细石器遗址都是地面的遗存，仅出些石器和碎陶片而已。济南龙山镇城子崖的发掘报告是梁先生主编的，这本报告的出版是中国考古学史上的大事，不仅印刷品装订的精美，在国内考古报告书中是空前的，更重要的是内容的材料方面，这是我国考古学者自己独力所发现的一支新石器文化，自己来发掘、来整理后加以发表的。梁先生对这部报告是费了很大的精力的。除了他自己所撰写的几章之外，他将全部稿子都细加审阅和校改过。对于排版格式、图版排列、装订样式等也都是他和刘屿霞二人仔细斟酌决定的。梁先生又另撰《龙山文化》一篇论文，来综合鲁西、豫北、皖浙各处的龙山文化遗址的材料；这是迄今为止的介绍龙山文化的最精辟的一篇论文。梁先生又根据自己在安阳后冈发掘的材料，写了《后冈发掘小记》和《小屯龙山和仰韶》两篇论文，后者是一篇非常重要的文章，在这里第一次依据地层学上的证据，确定了仰韶与龙山两种新石器文化的前后关系，以及二者与小屯殷墟文化的关系，因此解决了中国考古学上一个很重要的关键问题。

安阳侯家庄西北冈殷陵的发掘工作结束后，梁先生便以全力从事于这发掘的报告的写作。因为《城子崖》报告是他就各人分撰的草稿加以改编的，费力很大，而有时为着迁就原稿仍保留着许多缺点。所以他编纂西北冈的报告时，就决定以自己独力撰写，以便一气呵成，可以得到更完美的结果。不幸1937年日本帝国主义发动了侵略我国的战争，打断了原来的写作报告的计划。抗日战争爆发后，梁先生随着机关撤退到长沙，后来经由桂林入昆明，最后迁移到四川南溪李庄。但是即便在这种情形下，梁先生在昆明及李庄时，都仍旧打开西北冈发掘所得的标本，加以整理。他将全部出土的古物，都摩挲过一遍并写下要点；对于报告的内容组织，也已有大致的轮廓。这报告的完成，似乎是指日可待了。不幸梁先生于1942年肺结核病发作，只好将这工作中途停止了。但是他仍念念不忘这件工作。1944年阴历元旦，给他看病的张大夫来向他贺年，梁先生曾对张大夫说："趁我的内人此刻不在跟前，我有一件事向你商量，看来我这身体是无法完全恢复康健了，但是现下我仍可勉强工作。我想要知道我这病体能不能勉强支持工作一年。只要给我一年的工夫，我便可将西北冈的报告赶完了。那时纵使因精力耗尽而死亡，我也是甘愿的。"张大夫劝他说，病体是仍可慢慢地恢复健康的，刻下已比初发作时好一些。劝他不要勉强起来工作，恐怕工作到不多久，身体便要垮下来。那时候报告写作工作仍是中途而废，可是如果病体再度垮下去，恐便无法救治了。梁先生听罢，噙着泪低头不语，张大夫也觉得心里很难受。这是张大夫后来告诉我的。抗战胜利后，梁先生复员到北平，这批材料留在南京，解放的前夜，这些又被运往台湾去了。解放后，梁先生时常渴想着台湾的收复。我们相信台湾是一定要收复的，收复后这批材料也一定要整理好出版的。但是梁先生永远离开我们了。别人代为整理绝不会像他那样的亲自领导过当时的工作，了解全面的情况。又曾费了好几年的时间，以全力从事整理，又是十几年来念念不忘，想将这报告怎样地编写得尽善尽美；更休提很难找到一个具有梁先生的学识，才力和经验的人来担当这件工作，我们见不到这部巨著在梁先生手中完成，实是中国考古学上无法补偿的大损失。

梁先生虽然没有将西北冈殷陵的发掘报告写出来，但是他对于殷代文化的好些见解，已被美国的顾立雅攘窃去后发表于《中国文化的诞生》一书中。梁先生曾告诉过我，他的老师迭克逊教授临死以前写了一封介绍信，将顾立雅介绍给他。他记念着死去的老师的情谊，所以对于顾立雅特别照顾，对于他所提出的问题，无不竭尽所知加以解答。有好些见解是梁先生多年思索的结果，也都告诉了他。谁知道他回国去后写了这部书，将梁先生的见解都攘为己有。顾立雅便因为这书而一举成名了，但是二十年来再没有写出一部或一篇比得上这书的东西出来。梁先生还提起这小子另一件丑事来，顾立雅到安阳来参观，便住在城内冠带巷的发掘团工作站中。当时殷陵所发掘出来的人骨都用粗纸糊了好几层，免得运输时碰碎。那次星期天梁先生返城中休息，发现走廊上放着的已糊好的人头骨中，有一个的口吻部的糊纸被撕破了，门齿也被拔走了，梁先生责问工作站的工人，工人说，这是前星期住在这里的那位洋鬼子干的事。受了人家的招待，反偷窃人家的东西。大概是他想看殷人的门齿是否也是具有蒙古人种的铲形，所以便干这窃贼的勾当，偷些回去做标本。这是美帝的学者的真面目。梁先生深悔当时的警惕性不够，常引这件事来告诫我们。

1935 年梁先生和我在安阳分手后，直到 1941 年春间才在李庄再度会面。那时他正在整理西北冈的材料，工作得非常起劲。但是身体方面已比在安阳时更差，患了相当重的胃病，并且有时咳嗽，恐已沾染上肺结核。他不但不肯多休息，连到宜宾去检查肺部都不肯去，以为是支气管炎，不关紧要，他反而工作得越发紧张，想一口气将这发掘报告草写完成。次年夏间，我在家乡收到友人从李庄的来信，知道梁先生在端午节前病倒了，那次肺结核的发作，来势很是凶猛。体温高到四十一二度，一个来月不曾退烧。大家都以为无可救治了，据说连坟地都在李庄后山替他找好了。友人的那封信中，惋惜这位病已垂危的考古学者，带着失望的口气，引用诗经中"如可赎兮，人百其身"两句话。后来总算是抵抗住了病菌，但仍长期偃卧病榻，不能起床。抗战胜利那年，他下了决心，到重庆去施行大手术，用外科办法治疗肺病，截去六根肋骨，使受害的左肺萎缩下来。他的勇敢和忍耐，获取了初步的战果。复员到北京后继续休养，逐渐恢复，后来居然可以执笔写信，在天暖时还可以扶杖出来坐在院中晒太阳，这除了由于他的坚韧的奋斗意志之外，还应该归功于梁太太的十几年持续不断的殷勤护理，梁先生时常说："假使没有她，我早已没命了。"好像惜十几年抛尽心力的护理，终于无计留住。但是这心力不是枉抛的。现在虽然花儿不顾如何护持终究化做片片落红而凋谢了，但是枝头已结上了果实。这果实便是梁先生于解放后在人民的考古事业上所留下的永垂不朽的贡献。

　　北平解放后，梁先生看着人民政权的建立，很是兴奋。新的社会环境使他产生了新的力量。他抛弃了七八年以来的蛰居休养的生活，愿意出来全心全意为人民的考古事业服务。1950 年 8 月考古研究所成立，梁先生担任了副所长，更是积极工作。虽因为体弱不能出门，但仍参加或主持在所内所开的各种会议。因为郑所长是兼职干部，所外事情很忙，考古所的具体领导工作便都落在梁先生的身上。计划与指导田野调查发掘和室内研究工作，批阅公文，编制预算，筹划基本建设和添置仪器，掌握人事工作等等，一天忙到晚，很少休息。那时考古研究所初成立，一切都未上正轨，当时所中情形又特别复杂时；梁先生任劳任怨，埋首苦干，他的体力不及普通人的一半，但是他所做的工作，便在分量上也抵得上普通人好几个，在质量上，更远非几个普通人拼凑起来所能抵得上的。大家都以为他真已恢复健康了，谁知道这只是由于他的忘我的为人民服务的精神使他忘记了疲劳忽视了休养。人民的考古事业在梁先生的领导下逐渐展开了，但是暗中他的原已脆弱的体力也逐渐消耗了。他的那股劲儿只是灯油将干涸时灯光的骤亮，只是陨星将毁灭时在空中的闪光。我们大家，包括他自己在内，都为着这灯光或星光能照耀着我们考古事业前进的一段路程而感觉无限的喜悦，竟没有想到这只是灯火将熄、星光将灭以前的一种"回光返照"。等到我们发现这错误时，已是后悔无及了！

　　考古研究所成立后，我奉命北上，抵京后便去看梁先生，他虽是躺在藤椅上，但确比在重庆我们会面时好得多了。他看见我便说："你来了，好极了！"他很兴奋地谈着对于考古研究所的计划，他说："所中一切事情都由我和郑先生来管好了，我只希望你和所中其他有田野工作经验的高级研究人员，带着一班小伙计们在外面多跑跑。训练年轻的田野考古工作人才是现下最迫急的任务。我是没有机会参加野外工作了。书面的指示是不能代替当地实际工作中的亲自下坑指点。"我轻易地相信了梁先生的话，以为他的体力是能够支持的。所以我到所后一年半，大部分时间都在外地工作，在所中总共不到五个月，没有多替梁先生分劳。直到 1952 年 1 月，在长沙接到他的两封电报三封快信，才赶回所中分担他的工作。那时他卧病在床上，据医师的诊断，血压稍高（高压 144），心脏向左扩大，心跳加速，咳嗽，气促，心悸，消化不良，经常失眠，体温每日微升，极度消瘦和畏寒。症候并不算轻，需要好好地休养。往年每冬梁先生都易患病，我们希望他休养到天气转暖时仍旧像往年一样身体好转。但是这一年他于 4 月间销假后，连夏天五六月也病了好几次，显然他的身体已是坏下去了。冬间又是照例患了几次感冒发烧，困卧在床上。1953 年 5 月检查，血压竟高到 210。一个体重仅 85 磅左右的人，竟有这样的高血压，连他自己也吃了一惊，遵医嘱休息。在这一年多的时间中，只要病体稍好时，他仍是计划和领导所中的工作；便是发现了高血压后，仍是如此。后来从 10 月起，才决定完全休息六个月，院中领导也特别指示，所中一切事情都不要去找他商量，以便早日恢复康健，阴历新年有位朋友到他家贺年，他还说再过一个月便要销假上班工作了。这次他决定进医院检查，也就是为着假期满后上班工作做准备。谁知道他的心脏病已发展到这样严重的地步。他死时连六个月的休息还没有满期呢！许多人为了他的死亡而悲伤。他的"曙后孤星"的女孩子甚至于哭得晕过去。4 月 18 日在中国科学院举行梁先生的纪念会，参加的有科学院各研究所负责人、中华全国自然科学专门学会联合会、高等教育部、文化部等单位的代表，考古所全体工作人员，北京大学考古专业师生及生前友好。

梁先生是绝顶聪明的人，同时又非常勤奋。晚年虽在病中，只要精神稍好，仍是手不释卷，因为他是"新会梁任公的哲嗣"，早年初进学术界工作时，是有许多方便的，但是他后来的成就，仍是由于他的聪明和努力。虽是少年得志，但并没有骄傲和自满的情绪。他有相当的自信力，英敏果断，但是别人如能提出理由来说服他，他仍很愿意接受意

227

见。考虑问题很仔细而不狭隘；筹拟计划气魄大而仍建立在实际的基础上，并不一味好大喜功。有分析问题的能力，同时又肯费心思来分析问题。他和年轻的后辈谈话的态度能引起人的尊敬；但又并不使人感觉到在他跟前局促不安，不敢发言。审阅文稿，尤其是校改年轻人的论文，非常仔细而负责。有时很直爽地叫人拿回去重写过再送来校改。加以他对于考古学的室内研究及野外工作的业务的熟识，让他来领导考古事业，实在是很适当的。事实上，梁先生也确是考古研究所的领导的核心，是考古研究所的灵魂。报纸上发表梁先生的死耗时说："解放后几年来，中国考古研究工作方面的成就和发展，是和梁先生的努力分不开的。"这并不是虚夸的话。

自然梁先生也并不是没有缺点的。尤其是晚年因体弱不能出门，和外间接触少，因之免不了有一些隔膜。他自己也知道这缺点，时常要我们多提意见，以免做计划时产生"闭门造车，出而不能合辙"的毛病。这自然是一个缺陷，但更不幸的是因此引起一些人的误会，以为他是一个幕后人物，是一个阴谋家，但是如果和梁先生接触较多便知道他并不是这样的人物。他是肯仔细考虑问题的，但是他的考虑并不是为着自私自利，他是相当直爽的人，碰到不快意的事情，他便要嚷"岂有此理"，只要是他认为合理的事，他便要去做，不怕得罪人。现在我们认识到梁先生已将生命贡献给人民的事业了。一切的误会和怨望，都应该溶解在这一个认识中。

梁先生永远离开我们了，这是中国考古事业不可补偿的大损失。从前亡友吴金鼎先生于抗战胜利后感觉到考古工作的沉寂，曾写信对我说："不知何时我们能够再出来做野外工作，一同晒太阳？"吴先生于解放战争胜利的前夜病殁。太阳出来了，可是吴先生却永埋在"长夜不旦"的黄泉下了。梁先生的身体能支持到解放后考古事业大发展的时期，又处在领导中国考古事业的地位，正是大可作为。现在，梁先生亲手所草拟的考古研究所五年计划，刚实施了一年，梁先生竟匆匆离开我们了。他的心血已经耗尽，脑汁已经绞干，现在连他的尸骨也已成灰，但是他的精神和功绩是永存不朽的。我们只有忍住悲痛，承继着梁先生的遗志，大家团结一致继续为人民的考古事业的发展而努力！他的热爱祖国科学事业的献身的精神，将永远成为鼓舞我们前进的力量。

马衡先生传略（之一）[*]

先生字叔平，浙江鄞县人。曾肄业南洋公学。1922 年北京大学创办研究所国学门，延聘先生为考古学研究室主任，兼任导师。北京大学的考古学这一学科，在先生的筹划和领导之下，奠定了日后发展的基础。当时先生还在历史系授中国金石学一课，且编有《金石学讲义》，对于宋代以来的中国金石学，作一总结。先生一生致力于中国金石考古的研究；以先生的才识和学力，适值我国古物出土较多的时期，所以能有了卓越的成就。先生对于秦石鼓、汉居延简和戈戟，都曾写过具有创造性的论文；而对于汉魏石经，钻研尤深，著有论文多种。我国度量衡制度有很久的历史，从前的研究者，大都就文献从事考证，而未能把文献和实物结合起来进行研究。先生曾考释王莽时候的"新嘉量"，并根据这一实物作《隋书·律历志》的十五等尺。对于我国古代度量衡的研究，实有贡献。

先生不仅在书斋中研究拓本和器物，还常亲身到现场去做实地调查。1923 年曾赴新郑和孟津调查铜器出土地，1924 年再度赴洛阳时，

---
* 本文原载《考古学报》1955 年第 10 册，未署名。

曾往朱圪垱村调查汉魏石经出土地的太学遗址。1928 年曾短期参加辽东半岛貔子窝发掘。1930 年担任燕下都考古发掘的团长，赴易县做发掘工作。先生的后半生，正是中国由金石学过渡为考古学的时期，先生于此，很有推进的功绩。

1925 年 10 月，故宫博物院初成立时，先生便担任古物馆副馆长，对于清点和保管故宫的古物，很有功绩。1933 年先生任故宫博物院院长。抗日战争爆发，先生于事前筹划，煞费苦心，将故宫收藏的珍品，辗转运往内地。抗战八年，这批国宝未受损坏散失，先生的功绩，实属不可泯灭。北京解放前，国民党政府曾胁迫先生离开北平，先生毅然拒绝，不为所动。解放后，更积极参加工作。

先生貌虽清瘦，而气概至老不衰。1952 年以年逾七旬，辞去故宫博物院院长一职，专任北京文物整理委员会主任委员。1954 年以病入医院检查，发现肺部患有癌病，医嘱休息。而先生在养病期内，仍坚持继续研究汉魏石经残石，汉石经研究已脱稿，而魏三体石经刚开始整理，遽行逝世，实是我国考古界的大损失。先生生于清光绪七年（1881 年）辛巳五月二十四日，卒于 1955 年 3 月 26 日，享年 74 岁。

马衡先生传略（之二）[*]

　　马衡先生于 3 月 26 日在京逝世，享年 74 岁。先生字叔平，浙江鄞县人。先生于 1923 年任北京大学教授，兼任研究所国学门导师，授中国金石学一课，编有讲义。先生一生致力于中国金石学的研究，对于汉魏石经，钻研尤深，著有论文多种。对于我国古代的度量衡，也有深刻研究，曾考释"新嘉量"，并根据这器以作《隋书·律历志》的十五等尺。先生不仅在书斋中研究拓本和器物，还常亲身到现场去做实地调查。1923 年曾赴新郑和孟津调查铜器出地。1924 年再度赴洛阳时，曾往朱圪垱村调查汉魏石经出土地的太学遗址。1928 年曾短期参加貔子窝发掘。1930 年担任燕下都考古发掘团的团长。先生的后半生，正是中国金石学过渡为考古学的时期。先生于此，很有推动前进的功绩。

　　先生于 1933 年任故宫博物院院长。抗日战争爆发，先生于事前筹划，将故宫收藏珍品运往内地。抗战八年，这批国宝未受损坏散失，先生的功绩，实属不可泯灭。北京解放前，国民党政府曾胁迫先生离京，先生毅然拒绝。解放后，积极参加工作。后以年老，专任北京文物整理

---

* 本文原载《考古通讯》1955 年第 3 期，署名"编辑部"。

委员会主任委员。最近养病期内，仍坚持继续研究汉魏石经残石。汉石经研究已脱稿，魏三字石经刚开始整理，遽行逝世，实是我国学术界的大损失。

先生已刊的主要著作目录：①石鼓为秦刻石考（《国学季刊》1卷第1期，1953年）；②汉熹平石经论语尧曰篇残字跋（同上，第3期）；③新郑古物出物调查记（《东方杂志》，21卷第2期，1925年）；④隋书律历志十五等尺一册（1927年？）；⑤集拓新出汉魏石经残字四册（1927年）；⑥中国之铜器时代（《北京大学研究所国学门月刊》，1卷第6期，1928年）；⑦戈戟之研究（《燕京学报》，5册，1929年）；⑧记汉"居延简"（《国学季刊》，3卷第1期，1932年）；⑨从实验上窥见汉石经之一斑（史语所集刊号外，《庆祝蔡元培先生六十五岁论文集》，上册，1933年）；⑩新嘉量考释（故宫博物院年刊，1936年）；⑪宋范祖禹书古文孝经石刻校释（《历史语言研究所集刊》，第20本，1948年）。

杨树达先生传略 *

　　杨树达先生于 2 月 14 日在长沙逝世，享年 71 岁。先生字遇夫，湖南长沙人。少时肄业长沙时务学堂。1905 年留学日本。辛亥革命后返国，在长沙设教中学。1920 年赴北京就教育部编审员，后任北平师范大学国文系主任、清华大学国文系教授。抗日战争起后，先生南下避难，执教于湖南大学。解放后，任湖南省文史馆馆长，仍设教于湖南师范学院。先生是中国科学院哲学社会科学部委员。1955 年秋曾来北京出席汉语规范化会议，身体还康健如常。岂意南归不久，便因高血压症逝世，真可惋惜！

　　先生早年研究古代汉语语法，并攻治班固《汉书》，钻研很深入，创获很丰富，许多人认为先生实是当代我国训诂小学的第一人。先生自说年十四五，便有志于训诂；又专心读书，日手一编，数十年如一日，所以才有这样的成就。先生兼治古文字学。1940 年起才专治殷周铜器铭文，十余年来也有很大的成绩。先生自述研究金文的方法："每释一器，首求字形之无牾，终期文义之大安，初因字以求义，继复因义而定

---

　　* 本文原载《考古通讯》1956 年第 2 期，未署名。

234

字。义有不合，则活用其字形，借助于文法，乞灵于声韵，以假读通之。"先生所以有这样成绩，不独由于先生博通经史诸子，也由于所用的方法的严密。

先生著述丰富，已刊的主要著作，除散见于《清华学报》、《师大月刊》、《武大文哲季刊》、《历史研究》等的零篇以外，单行的专著，有下列各种：①《老子古义》，中华书局，1922；②《古书疑义举例续补》，2 卷，家刻本，1924；③《汉书补注补正》，6 卷，商务印书馆，1925；④《词诠》，5 卷，商务印书馆，1928；⑤《周易古义》，7 卷，中华书局，1929；⑥《高等国文法》，商务印书馆，1930；⑦《马氏文通刊误》，商务印书馆，1931；⑧《积微居文录》，3 卷，商务印书馆，1931；⑨《汉代婚丧礼俗考》，商务印书馆，1933；⑩《中国修辞学》，世界书局，1933；增订本，科学出版社，1954；⑪《古声韵讨论集》，好望，1934；⑫《群书检目》，同上；⑬《论语古义》，商务印书馆，1934；⑭《古书句读释例》，同上；⑮《积微居小学金石论丛》，5 卷，1937；增订本，6 卷，科学出版社，1955；⑯《积微居金文说》，7 卷，科学出版社，1952；⑰《淮南子证闻》，科学出版社，1953；⑱《积微居小学述林》，7 卷，科学出版社，1954；⑲《积微居甲文说·卜辞琐记》，同上；⑳《论语疏证》，20 卷，同上；㉑《耐林庼甲文说·卜辞求义》，群联出版社，1954；㉒《汉书窥管》，10 卷，科学出版社，1955。

林惠祥教授传略*

林惠祥教授已于 1958 年 2 月 13 日以脑出血逝世。参加过 1956 年的全国考古工作者会议的同志们，一定都曾留下这位诚恳而朴素的老科学家的印象，听到这噩耗后一定都会觉得惋惜而表示哀悼。

林教授是福建晋江人，生于 1901 年。在厦门大学文科社会学系毕业后，赴菲律宾大学深造，获得人类学硕士学位。历任厦门大学预科、龙溪高级中学等校的教员，中央研究院特约编辑员，厦门大学历史社会学系主任。解放后，任厦大历史主任、厦大人类博物馆馆长兼教授，一直至逝世，享年 57 岁。

林教授专攻文化人类学（即民族学），但对于原始社会考古学也曾下过功夫。关于文化人类学的著作有《民俗学》（1931 年）、《世界人种志》（1933 年）、《神话论》（1933 年）、《文化人类学》（1934 年）等书，都由商务出版。1929 年曾赴台湾做过民族调查工作，写有报告《台湾番族之原始文化》（1930 年），为中央研究院社会科学研究所专刊之一。

---

* 本文原载《考古通讯》1958 年第 3 期，署名"作铭"。

在台湾做调查时他便注意到新石器文化遗物，到过圆山遗址采集标本。在厦大任教时在闽南各地做考古调查，发现新石器遗址多处。1938 年曾在第三届国际远东史前考古学会议上宣读过论文，介绍福建武平的新石器。解放以后，在我国考古工作空前发展的情况下，他的劲头更大，发现更多。他曾陆续发表几篇研究报告于《考古学报》和《厦门大学学报》中，奠定了福建南部的新石器文化研究的初步基础。他很希望将来台湾解放后能再度前往做考古调查，以阐明远古时期台湾和福建二者间在文化上或甚至人种上的关系。他在解放后积极参加各种社会活动，立志要把自己锻炼成一个又红又专的科学家。1957 年秋季他光荣地参加了中国共产党。今不幸突然逝世，实是我国考古学界的一个损失。

附录：林教授关于考古学的论文：

（1）《福建武平的石器》，《古代文化》第 18 期，1937 年 7 月 18 日《时事新报》。

（2）"A Neolithic Site in Wuping"（《武平的新石器遗址》），第三届远东史前考古学会议报告集，1940 年新加坡出版。

（3）《福建南部的新石器时代遗址》，《考古学报》1954 年第 8 册。

（4）《1950 年厦门大学泉州考古队报告》，《厦门大学学报》（文史版）1954 年第 1 期。

（5）《福建闽侯县甘蔗恒心联乡新石器时代遗址考察报告》，《厦门大学学报》（文史版）1954 年第 5 期。

（6）《台湾石器时代遗物的研究》，《厦门大学学报》（社会科学版）1955 年第 4 期。

（7）《雷公石考》，《厦门大学学报》（社会科学版）1956 年第 1 期。

（8）《福建武平县的新石器时代遗址》，《厦门大学学报》（社会科学版）1956 年第 4 期。

（9）《1956 年厦门大学考古实习队报告》（合写），《厦门大学学报》（社会科学版）1956 年第 6 期。

（10）《福建长汀县河田区新石器时代遗址》，《厦门大学学报》（社会科学版）1957 年第 1 期；又《考古学报》1957 年第 1 期。

纪念郑振铎先生逝世一周年[*]

郑振铎先生因飞机失事遇难已一周年了，但是我永远不能忘记去年 10 月 20 日早晨我初听到他的凶耗时的震惊和悲恸。

那时，我正住在小汤山疗养院中休养。秋意越来越浓了。那天晨起后，我望着窗外的阴霾的天空，带上床边放着的矿石收音机的耳机，倾听广播新闻以解闷。新闻中突然宣布了郑振铎先生于 17 日飞机失事遭难的消息，我听到后，不禁怔着了。真想不到生龙活虎般精力充沛的郑先生，竟是这样像流星似的由空中突然消逝了。我的眼睛有点矇眬了，在我的眼前，立即涌现出他的形象，他的热情的友谊的举止，一幅一幅地继续不断涌现出来。我们最后一次会面时，他还为我的病况而关心，坚嘱我要好好疗养。想不到那便是最后的一面。今后人天永隔，不能再听到他的亲切的慰语了。我的眼泪不禁夺眶而出。

1922 年我还在做小学生时，便因为读《儿童世界》而知道郑先生的名字。后来在清华园时，虽没有选读郑先生的课，但在校园中曾有同学指出来告诉我，这位夹着皮包跨着大步身长而年青的教授便是郑先

———————————

* 本文原载《考古》1959 年第 12 期。

生。但是真正的相识，是 1947 年 3 月 28 日在南京鸡鸣寺下的历史语言研究所。那时，他正为他所编的《中国历史参考图谱》搜集材料。我领着他参观考古组的古物标本。他对于一些精美的标本，常喜悦地抚摩着不忍释手，"好极了！美极了！"赞不绝口。虽是初次交谈，我立即被他的热情和坦率所吸引住了。他的诚挚和直爽，是他的心灵的反映。1948 年 3 月、6 月和 10 月，郑先生都曾由上海来过南京。为了选择《中国历史参考图谱》的图片，这三次都曾来历史语言研究所找我接洽，还为这事通过几次信。那时他正在大量收购陶俑，因为他怕它们被古董商买去盗运出国。我还记得 1947 年 12 月和 1948 年 11 月两次到他的上海愚园路寓所去访他时，他的书房中摆满了这些陶俑。书架上、桌上、地上，到处都是。他津津有味地介绍他新近购入的得意的珍品。我笑说："您这书房真可称为俑庐了。"他更高兴了，笑着说："我还有件珍品，是唐代蓝釉的女俑，漂亮极了。"他用手比给我看，"只有这样高，我花了几条金子才抢购得的，差不多和金子等价。可惜现在不能拿给你看，因为我把它存到银行保险箱中去了。"他的这一批陶俑，解放后他便捐献给故宫博物院陶瓷馆。

　　1948 年 10 月淮海战役后，南京已陷入混乱状态。历史语言研究所于 11 月 29 日起已开始将古物装箱，12 月 4 日所务会议决定逃往台湾。6 日郑先生寄来一封信，说："古物古书，在南京者'身份'极重。故宫所藏，固为流传有自之'国宝'，即研究未竟之'生坑'，未为世人所知者，亦复极多。不知作何打算？弟耿耿不寐，殊为焦虑。为安全计，也说不上有什么好办法。弟总以化整为另之策为妥当。但因不愿说话，也未便有所主张。弟所怕者，唯以'北京人'之复辙为虑耳。"先生当时虽没有负责文物保卫工作，但因为珍视祖国的文物所以为了它们可能遭到损失，竟"忧虑"得"耿耿不寐"。1947 年所发表的《保存古物刍议》也是这种珍视祖国文化遗产的心情的表现。解放后，先生在文化部领导全国保护祖国文物的工作了。党和政府的政策，也正是先生多年来所蕴藏着的心愿。九年来全力从事，辛勤筹划，取得了巨大的成绩。这批去往台湾的文物，我们一定要争取"全璧归赵"，以慰先生之灵。

我和先生一起工作，是在解放后的考古研究所中。解放后，他几次由北京发信催促我北上。那时，他被任命为中央文化部文物局局长。他写信告诉我说："弟生平不惯做行政事，但今日为了人民，为了国家民族，也不能不努力的做些事。且既做了，则必须做好。"（1949 年 11 月10 日信）1950 年中国科学院设立考古研究所，由先生兼任所长。我现在还很明晰地记忆到，那年 7 月 10 日我刚由南方前来北京初次去团城文物局会晤他时的情况。那天他正从局中一个会议散会出来回到他的办公室。两年多未见面，先生变得更为年轻了。神采奕奕，精神更为饱满。我那时政治觉悟不高，一见面便先向他提出我自己想不担任行政工作，想推辞掉副所长的职务，专搞研究员的工作。他听后便笑了。那时他还没有戒烟，一面谈话，一面不断地把香烟一根接着一根燃点起吸着。他推开桌上待他批阅的公文，隔着桌子向我说："不用提了。党这样重视我们，信任我们。我们还能推辞吗？你是知道的，我也是生平不惯做行政事的人，现在还当这里的局长呢！"我隔着桌子朝他看去，在他的眼镜的后面，光彩炯炯的一对眼睛，正透过眼镜的玻璃，透过眼镜前面的香烟所散发的白雾，和我的眼光相接触。我低下头来，深惭自己虽比他年轻十几岁，干劲比他差得太远了。从此后，我便不再提辞去行政职务的事了。

郑先生的活动方面很广，在文学事业和文化事业方面，都是有他的贡献的。考古学并不是他的主要活动方面，但他对之有很大的兴趣。1928 年写的《近百年古城古墓发掘史》的自序中，他便提倡"有系统的、有意义的、有方法的发掘工作"，并且说："谁要是有意于这种的工作，我愿执锹铲以从之。"1950 年冬，我在河南辉县做发掘工作时，还收到他的一封信。信中说："在那里过年，倒是别有风趣。我老想念着帐幕中的生活，——很像'蒙古包'——可惜一时还走不开；否则，一定在年内要和天木同来，带点年礼，大家来一同痛快的过个新年。正在作此准备，不知能如愿否？"（12月13日信）当时这封信曾在发掘队中传观。我们大家过惯了田野考古生活，对于田野生活的感情有点迟钝了。读了这封信后，大家都不禁精神为之一振。可惜他那一年没有"如愿"前来和我们一起过年。

他在考古研究所中领导工作，给我印象最深的是他做事的气魄。在1950年时，他在给我的信中曾说："考古工作在最近一二年，也许不过'少试其技'，到了三五年之后，工作一定可以大为展开。人民的力量是无限量的巨大的。"（1月25日信）果然如他所预料的，解放后三五年，考古工作便大为展开。去年大跃进后，更为迅速展开，可惜先生不及见了。考古所成立后的头几年，每次商谈所中经费和工作计划，郑先生总是希望规模宏大，大干一下。梁先生和我都是比较保守。商量的结果，多采取折中的办法。郑先生常嫌我们做事"束手束脚"，气魄不够。现在回忆到郑先生的音容言行，便给人以一股勇气和干劲。

郑先生具有高度的正义感。还记得去年他将一部《中国文学研究》赠送给我时，特别指出其中"净与丑"一篇，说："这是我的一篇得意之作。那天我听到章某当了上海流氓头子杜月笙的秘书和法律顾问，我压不住一肚子的气，便动笔写了这一篇，以发泄心中的愤慨。这是所谓正义感。"便是这一种正义感，使他在五四运动时举起新文化的旗帜反抗旧社会制度。也是这一种正义感，使他后来反抗国民党的黑暗统治，走上了靠近中国共产党的道路，成为党的真正的同路人。至于抗战时期，他陷在孤岛的上海，蛰居沪西，不顾生命的危险，百折不挠地继续抗日，更是一种民族正气，大义凛然！

他虽说没有入党，但是他拥护党的政策，跟着党走。他的学术思想是有它的局限性的，但是他热情地要求进步。在1953年思想改造运动中，他在考古研究所的会上曾做了相当深入的自我检查，其恳挚的情感，溢于言表。去年批判资产阶级思想时，有些人对他的学术思想曾作了些批评，他曾认真考虑了这些意见，表示决心要消除资产阶级学术思想的影响，纠正过去的错误观点。他表示在这次出国归来后，要对于他自己的过去的主要著作，再仔细地加以检查和改正。想不到这一个最好的愿望，竟因突然的死去而无法实现了。

郑先生的为人和他的贡献，去年他逝世时在许多追悼他的文章中都已提到。那时我也想写一篇来哀悼他，但只写了一段，便因病况恶化而遵医嘱停止写作。现在已一周年了，决心把他续写下去。回忆一些往事，拉杂地写出来，以表示对于他的怀念。

最后，我想用高尔基在《母亲》中所说的一句话，作为本文的结束：

"好人是不死的！给我们充实而美丽的生活的人是永远不死的！"

　　　　　　写毕于郑振铎同志遇难一周年座谈会归来后

山东王献唐先生传略*

王献唐先生于 1960 年 11 月 16 日在山东济南市去世，享年 64 岁。

先生原名琯，以字行，山东日照人。他父亲廷霖先生承当地金石学家许瀚（印林）之学，著有《泉币图释》、《读说文日记》等书。先生幼承家学，博览旧籍，尤其是酷爱金石学和版本学。青岛特别高等专门学校毕业后，曾任山东专门法政学校教员等职务。

1928 年先生就任山东省立图书馆馆长，直到 1937 年抗战后撤到后方为止。在这时期中，该馆在先生的主持之下，展开各种工作，极为活跃。除了编印该馆的季刊（1931 年 3 月创刊）之外，还广行搜集山东前代学者的遗著，印行了一些未曾刊行过的稿本。对于山东聊城海源阁藏书散佚的善后保管问题，也尽了很大的努力。对于当时山东出土的先秦铜器和汉代画像石等文物，曾加以搜集和保管。1930 年 11 月山东古迹研究会成立，先生被聘任为委员之一，对于该会的工作，也很热心。城子崖的龙山文化遗址的发掘，就是由该会主持而借用中央研究院的人力以进行的。先生对于当时山东文物保护工作，是起了很大作用的。

---

* 本文原载《考古》1960 年第 10 期，署名"作铭"。

　　抗战期间，先生撤退到四川，曾住在南溪李庄，从事于东周古币的研究，钻研很深，闻颇多创获，惜未曾写成定稿。抗战胜利后，先生已患脑病，虽经医治，始终未能完全恢复健康。解放后，担任山东省文物保管委员会副主任，力疾从公，为人民服务。这一年来，病情增剧，经长期医疗，终于不起。

　　先生在行政工作之外，对于研究工作也是努力不懈的。已刊的单行著作有下列各种：①《公孙龙子悬解》六卷（中华书局，1930 年）；②《两汉印帑》三册（1933 年钤印本）；③《邹滕古陶文字》三册（1934 年）；④《临淄封泥文字》叙一卷、文字目一卷（1936 年，以上二种山东省立图书馆印行）。关于金石学的重要论文有下列各篇：①《汉魏石经残字叙》（1935 年 5 月北平《华北日报》图书副刊 28 ～ 30 期）；②《甲饰》（《说文月刊》1942 年第 3 卷第 7 期）；③《新出土汉熹平春秋石经校记》（《说文月刊》1942 年第 3 卷第 8 期）；④《新出汉三老赵宽碑考释》（《说文月刊》1943 年第 10 期）等。

　　先生承袭了乾嘉时期金石学者的治学方法，对于金石学确曾下过不少功夫。他的著作是有一定参考价值的。闻先生遗稿还有待于出版，希望有人加以整理，早日刊行。

《冯家昇论著辑粹》跋[*]

　　友人家昇同志的这本论文集，是他在"文革"前亲自选定的。现在，距他选定时已是 20 来年了，距他去世也已是 10 多年了。这本论文集终于能够出版，这是令人高兴的。

　　这本论文集共有三组文章。其中第一组是有关东北史方面的文章，主要是关于辽史的文章。在二十四史中，《辽史》是凭借原始资料最少而成书最速的一部官修书，从开始设局到成书只有一年左右，所以一般认为，它是二十四史中最劣的一史。20 世纪 30 年代初，家昇同志在燕京大学从洪业和顾颉刚二位教授治学。据他自己说：1929 年夏，他初读《辽史》，后来又费了四五年时间，读了十几遍，写了《辽史源流考》和《辽史初校》，后来合为一本，1933 年由燕京大学出版，列为《燕京学报专号》之一。在这一时期，家昇同志又写了好几篇关于辽史的有分量的论文，发表于《燕京学报》等学术刊物上，如《契丹名号考释》、《契丹祀天之俗与其宗教神话风俗之关系》等，受到了当时学术界的重视。那时他还不到 30 岁。他和当时另外两位青年辽史专家傅

　　* 《冯家昇论著辑粹》，中华书局，1986。

246

乐焕、陈述，鼎足而三，对于辽史的研究都有贡献。

由于日本军国主义对我国东北的侵略，特别是"九一八"事变后，国难日深。我国史学界也开始重视对东北史地的研究。家昇同志曾慨叹说："九一八"以前，我国对于东北史地，简直无人过问；"九一八"以后，为了想证明东北是中国的领土，才临时作起文章。他自己决心把研究范围由辽史扩大到东北史地。他在 1934 年 7 月出版的《禹贡》第 1 卷第 10 期上，发表了为自己拟订的研究东北史地的计划，以十年之力，写出一部高质量的《东北史地》。其中头五年是搜集和整理文献资料；然后再以两年时间作民族、考古、地理调查、参加考古发掘和参观博物馆有关藏品；最后用三年的时间撰写《东北史地》一书。他在出国以前，已写出几篇有关论文，上溯鲜卑慕容氏建国始末，下及金代。这些论文都收在本集，作为第一组。还有一篇关于大月氏的论文，表示家昇同志的治学兴趣，由东北史渐次扩大到了西北史，这留在后面再谈。至于《辽史初校》，家昇同志没有将它收入本集，这是由于 1938 年出版的罗继祖《辽史校勘记》，凡冯书已有的，罗书亦都出校，并增加内容，多出了冯书许多。家昇同志似乎认为，他自己的《初校》已没有重印的必要了，这是他认真治学风度的一种表现。

1937 年，抗日战争爆发以后，家昇同志远渡重洋到美国去工作，他的编写《东北史地》的宏伟计划便只好告吹了。但是他到美国后，仍继续研究辽史。他最初是在美国国会图书馆汉文部工作，后来到哥伦比亚大学襄助魏特夫（K. A. Wittfogel）教授编写了《辽代社会史》。这部书后来以二人合写的名义，用英文于 1949 年出版。魏氏计划用英文编写一套《中国社会史丛书》，断代分册，他自己担任主编。这本《辽代社会史》即其中之一册，也是最先出版的一册。这部书分为两部分，第一部分为通论，由魏氏执笔；第二部分为资料汇编，主要由家昇来搜辑和甄选，并加以注释。因为他熟悉辽代史料，驾轻就熟，所以不仅成书较快，并且就内容而言，取材广泛，选择精严，注释明晰，是一部研究辽史的重要参考书。但魏氏所写的通论部分，尽管他自以为得到了马克思主义的真诠，标榜所谓"历史唯物主义"，在当时颇能唬人，实则魏氏的那一套并不是真的马克思主义，而是被歪曲、被阉割了的马克思主义。据说，魏氏在 50 年代初期，当美国麦卡锡主义得势的时期，曾和非美调查委员会有瓜葛，因之正直的同行们都鄙视他这种行为，他的学术地位和声誉也便随之下降了。家昇同志解放后很少提到他和魏氏合作编写的这部书，虽然他没有写过文章加以说明，但当时他和魏氏的思想、观点有所不同，则是毋庸置疑的。

家昇同志是一位勤奋过人的学者。他在美国时，曾利用美国国会图书馆和哥伦比亚大学图书馆等收藏图书丰富的有利条件，摘抄过大量的有关火药问题的史料，然后加以分析研究，写出了几篇论文，论证火药确是中国发明，再向西方传播的。这是中国科技史，也是世界科技史上的一个重要问题。在家昇以前，我国学者还没有人对这个问题作过如此广博而深入的研究。他自 1947 年回国以后，在这方面还曾写过几篇文章，这些文章，都收入本集，作为第二组。

家昇同志在美国时，还利用美国大学中的有利条件，学习古维文（回鹘文）。这一时期，他的研究兴趣虽然仍是中国边疆史，但重心已从东北史移到了西北史，尤其是古代维族史。他的治学态度是踏踏实实的。他认为，要搞古代维族史，必须先要掌握古维文，而这正是他研究西北史地的一个重要部分。早在清代中叶以后，由于英、俄等帝国主义对这一地区有领土野心，西北边疆问题极为突出，引起了我国学术界的极大重视。我国学术界研究西北史地蔚然成风。但最初的几位学者，如徐松、张穆、何秋涛等，都只能利用汉文方面的史料。后来洪钧、屠寄、柯劭忞（他的弟子黄文弼也属这一派，不过已超出文献研究范围，开始利用考古资料）等，虽然都不懂外文，但却能看到大量的译文，用以与汉文史料对比、整理，他们虽然功力有深浅，但是都取得了前所未有的成果，可以说是比以前进了一层。王国维晚年亦治西北史地和元史学，成绩斐然，可惜他以50之年自沉而死，他的工作很遗憾地中断了。在王国维之后，冯承钧、张星烺、向达、岑仲勉等，都是以中西交通史专家兼治西北史地的。他们能直接阅读近代外文有关著作，可以说是又进了一步。最后，韩儒林、邵循正、季羡林、王静如、翁独健等，更能直接利用中亚的古文字史料进行研究，可以说是又进了一步。虽然，他们或侧重古代史地的研究，或侧重古文字的解读，但都做出了一定的贡献。家昇同志便是属于这一派的学者。他由美归国后的学术研究工作，主要便是考释古维文（回鹘文）的写本、刻本和文书。这些文章在本集为第三组。我在这方面是外行，不过我看到，解放以后这方面的新材料层出不穷，其工作是有广阔前途的。

家昇同志是中年以后才搞古维文的。在世界范围内，只有寥寥几位学者攻治古维文，在我国，当时还是一个缺门。家昇很用功，可惜他缺乏普通语言学的基础，未能掌握语言变化和发展的规律；他也不谙现代维语，不能利用现代维语以阐明古维文的一些不易解决的问题。但是作为我国研究古维文的开创人，我们是不能过于求全责备的。

解放后，家昇同志在中国科学院（先在考古所，后在民族所）和中央民族学院研究部工作时，在西北史地方面，除了研究古维文，并发表了几篇研究成果之外，还和他人合作，编写了维族史的古代部分，参加主持了《中国历史地图集》（《杨图》）的新疆维吾尔自治区的编绘工作。1970年，他所在单位的同志几乎全都下了"五七干校"，家昇是特许留在北京者之一，以便继续编制这部历史地图集。但不幸，"文革"的动乱给他很大震动，他的心脏病突发，夺去了他的生命。

我曾在燕京大学读过一年书，那时家昇是比我高几班的同学。我听到过他的大名，但当时并不相识。我们正式相识是在1950年，地点是中国科学院考古研究所。当时，这个研究所分成历史组和考古组，我们二人虽分属两个组，但接触还是比较多的。他这个人日常生活，有时很马虎，在北研史学研究所中有"文呆公"之称，是一位书呆子。但是在治学方面，却是专心一志，几至废寝忘食，令人钦佩。

家昇同志和大多数从旧社会过来的知识分子一样，热爱新中国，热爱社会主义事业。他勤勤恳恳，把自己的智慧献给了祖国，而这本论文集，就正是他为祖国辛勤劳动的成果之一。

中华书局编辑部和家昇同志的夫人张秀龄同志都要我为家昇的论文集出版写几句话，我拉杂地写了这些跋语，既为家昇这本文集的出版而高兴，又借此以志我对故友的怀念。

1984 年 12 月 2 日

我所知道的史学家吴晗同志[*]

　　30 年代初的清华园，是《早春二月》中的芙蓉镇，一座"世外桃源"。校园中的古月堂，据住在这里的诗人吴雨僧（宓）教授说，便是大观园中的怡红院，虽然红学专家们都不同意这说法。校园中小桥流水，绿树成荫。绿荫中露出矗立于小丘上的白色气象台，背衬着蔚蓝的天空。园中还点缀着红砖砌成的大礼堂、体育馆和图书馆，以及几座宿舍和教学楼。教学大楼中教课的有几位当时中外闻名的大师。吴晗同志的治学，便是在这个环境中熏陶出来的。他在校读书的几年中，勤奋攻读，打下了后来做学问的基础。

　　吴晗同志当时叫吴春晗，字辰伯。他个子不高，戴着近视眼镜，衣着朴素，几乎终年穿着一件蓝布大褂。那时他刚年过二十，但已是一位饱读古籍的青年学者了。他是 1931 年暑假后转学来清华大学的。听说他曾在上海中国公学读过一年书，选读了校长胡适的一门"中国文化史"的课，写了一篇《西汉的经济状况》学年论文，便初露头角，受

---

　　* 本文原载《社会科学战线》1980 年第 2 期。又见《吴晗纪念文集》，北京出版社，1984；《吴晗的学术生涯》，浙江人民出版社，1984，有修改。

到胡适的赏识。他后来也不讳言自己是胡适的学生，不过在政治觉悟提高后便"反戈一击"了。曾在中国公学教过书的王庸教授，解放后在一次闲谈中曾对我说，他在上海各大学教过几年书，他所教过的学生中天分高而用力勤的，只有二人，后来都学有成就，其一便是吴晗同志。

1930年他因家贫辍学，北上到燕京大学，在图书馆中工作了一年。在燕大时，他结识了燕大"国学研究所"的陈垣所长和研究员顾颉刚、容庚等，及文学院的钱穆、张尔田、邓之诚等教授。次年他转学来清华大学。当时清华教授中的著名学者，仅就文史方面而言，就有陈寅恪、朱自清、闻一多、郑振铎、俞平伯、黄节、潘光旦、金岳霖、雷海宗、冯友兰、蒋廷黻等。他又时常进城，到他的老师胡适家中做客，又与在北大执教的一些学者相结识。他那种求知若渴的精神，很为前辈学者们所赏识。同学中有人给他起个外号叫作"太史公"。

我和他相识，是由于我也是同一年转学来清华历史系的。当时清华大学制度，自二年级起所开课程多是选修课，而我又必须补读历史系一年级的一些必修课。那一年中，我们很少共同上课（也许便没有），所以当初并不相识。第二年（1932）他担任清华学生会所办的《清华周刊》文史栏主任，看到我所投的几篇稿子，他采用了。是年10月的一天，他来了一张条子，约我去面谈。我们虽然已经同学了一年多，这还是第一次正式相见面谈。我们谈得很融洽。我最初觉得他是以一个老大哥的身份来招呼我的，加之我不善于与陌生人交际谈话，所以初见面时有点不自然。但是他是那么爽直和坦白，谈了一会儿便驱散了我的拘谨。

到了第二年即1933年的初春，有一天，他忽然来找我。他说：他已决定不再担任文史栏主任的职务，要推荐我来担任。我表示拒绝。我说我不会组稿，不能干这种工作，还是由他继续干下去为是。他劝我说："答应下来吧，不要害怕，你会办好的。拉稿的事，我帮你的忙。我所以要你来替代我，因为我有朋友，也有敌人。你呢，你似乎没有很亲昵的朋友，但也没有反对你的敌人。"经过他几次的劝说，我才答应下来。那一学期的《清华周刊》（第 39 卷）文史栏所刊登的稿子，有许多篇便是他拉来的，尤其是第 8 期《文史专号》，更是如此。我的工作主要是审稿和退稿。半年的工作使我深感到来稿不少而可采用的太少，拉稿不易而退稿更难。由于退稿，不知得罪了多少投稿者。半年后，我也步吴晗同志的后尘，不再继续干下去了。

我们临毕业的前两个月，即 1934 年的 4 月下旬，吴晗同志约我到他房间去商量组织史学会事。这事他从前也曾向我提起过。这时他已约好几位志同道合的朋友，筹备已有眉目，约我加入。他说：我们组织这个会的目的，是为了经常叙会一起，交换各人的心得，以便能对中国新史学的建设尽一点力量。

5 月 20 日星期天，我们进城到骑河楼的清华同学会里，和别的发起人一起开个会。发起人一共 10 人：吴晗、汤象龙、罗尔纲、梁方仲、谷霁光、朱庆永、孙毓棠、刘隽、罗玉东和我（那天孙同志因事未来）。我们开了一天的会，通过了会章，把这团体叫作"史学研究会"。曾有人提名吴晗同志为主席，因为筹备工作中他最卖力气。他再三谦让，后来大家推汤象龙同志为主席。吴晗同志干起事来，总是有那么一股劲儿，勇往直前，热情洋溢，但是从来不计较报酬、名义和地位。那天会上还决定每月叙会一次，并且继续征求会员。后来张荫麟、杨绍震、吴铎诸位也加入这个会。当时大家都是青年人，有的还在大学读书，有的也是刚出校门不久的青年史学工作者。后来加入的会友张荫麟先生当时已是名教授，但是他是个早慧的学者，当时仍很年轻，不过30 岁左右，1942 年他去世时还只有 37 岁。这个研究会，后来主办过两个日报的《史学副刊》。此外，《社会经济史集刊》（社会科学研究所出版）主编和撰稿人也是我们会友。那年冬间我离开了北京，但我从和吴晗的私人通信中，知道在他们的主持下，会务蒸蒸日上，一直维持到"七七事变"。此后，烽火连天，会友星散，这个会才跟着也

"寿终正寝"了。

我们知道，在"九一八"事变以后，当时爱国的文化界人士，包括大学生，分别走上了三条道路：第一种人是投笔从戎，拿起枪杆子；第二种人是执笔从戎，披上了戎装，从事文化救亡工作；第三种人是仍留在原岗位上工作，但是思想上有矛盾，内心很苦闷。吴晗同志便属于这里的第三种人。他仍是埋首在故纸堆中，有时按捺不住心中那一股感情，便动笔写一些忧国伤时的诗词。清华大学校史组的同志曾从1932年的《清华周刊》上抄录下吴晗同志的二首七律诗寄给我。诗的题目是《感事》，署名是"辰伯"：

> 阴风起地走黄砂，战士何曾有室家。叱咤世惊狮梦醒，汤除人作国魂夸。烦冤故鬼增新鬼，轩轾南衙又北衙。翘首海东烽火赤，小朝廷远哭声遮。
>
> 将军雄武迈时贤，缓带轻裘事管弦。马服有儿秦不帝，绍兴无桧宋无边。江南喋血降书后，北地征歌虎帐前。回首辽阳惊日暮，温柔乡里著鞭先。

他当时曾把这二首诗抄出来分赠他的一些诗友。校史组的同志又抄录给我一首默存诗人回赠的诗，题目是"辰伯以诗见赠，大佳。调二十八字"。50年的岁月使诗人成为诗翁。最近我遇到默存诗翁，曾向他打听过。他记得当年和吴晗同志往来很密，时有唱酬。不过他不仅没有保留吴晗同志的原诗，连他自己的那一首诗当时便扔到字纸篓中去了。我现加抄录如下："精研博综一身兼，每读高文意不厌。余事为诗亦妙绝，多才多艺太伤廉。"我并不是想搞"辑佚"的工作，想编一本《默存诗佚存》，希望得附骥尾。我只想以这首诗来表明：吴晗同志的钻研史学的成就，在学生时代便已以"精研博综一身兼"而赢得师友们的钦佩。

吴晗同志学识渊博，而且博而能专。他在校读书时已是明史专家，已曾发表过好几篇有关明史的论文。除了《清华周刊》之外，他还曾在当时几种重要学术刊物如《燕京学报》、《清华学报》、《文学季刊》等上面发表过几篇有分量的学术论文。他当时是胡适的信徒，以胡适的"大胆假设，小心求证"为座右铭。胡适是五四运动以后中国资产阶级史学的代表人物。平心而论，资产阶级的史学思想和史学方法，在当时反封建的新文化运动中是起了一定的积极作用的。资产阶级史学家有他们的阶级立场，有意地或无意地为本阶级服务，因之，他们的史学研究，尤其是历史观、选题和评论方面，都会打上资产阶级的烙印。但是，他们那种搜集、鉴别和排比史料的方法，仍有许多可供我们参考的地方。

吴晗同志对于治学方法，总是强调要先打好基础，主张"多读多抄"。他自己在青年时候便开始这样做。他自己说，在大学学习时，虽然住在北京，京戏却一次也没有看过，而是经常进城上北京图书馆去摘抄卷帙浩繁的2900余卷的《明实录》（当时未有刊本）和1700余卷的《李朝实录》（当时日本有影印本，但印数极少，国内仅北图有一部）。我们第一次见面时，他便滔滔不绝地大谈他自己的这种治学方法。他还提起在馆中时常遇到的前辈史学家孟森（心史）先生，当时已年逾花甲，但还是一有时间便来馆摘抄《明实录》和《李朝实录》。吴晗同志提倡不仅要眼勤，还要手勤。他说："抄录下来是为了巩固自己的记忆，也为了应用时可以查考"（《学习集》，第14～15页）。听说他后来积累了一万多张摘抄史料的卡片。又听说在他决心离开清华教学工作从事政治时，把这全部卡片送给接他的明史课程的学生丁则良。丁死后，这批卡片到哪里去了，我便不知道了。

他在鉴别史料方面，态度很是谨严。对于许多文献和传说，都不轻易置信，要加以考订。尤其是遇到有矛盾的地方，总是去细心寻求解决的线索，鉴别真伪，以求得到客观史实的本来面目。他当时曾对我们说：一篇好的考据文章，犹如剥笋子一样，一层一层剥下去，终于得到真正的核心，写作的人写得痛快，读的人读起来也觉得痛快。他自己的许多文章，便是这样的。关于《朱元璋传》中彭和尚（莹玉）的结局问题，虽然毛主席曾对他指出彭和尚的结局不应是功成身退，吴晗同志还是一定要查出有关彭和尚被元朝军队杀害的可靠史料，才心安理得地把它写入书中。

至于排比史料和写作论文或专著的问题，他继承了我国从《左传》、《史记》以来的传统，文笔简练谨严，而又生动活泼。他是写文章的能手。他写的杂文别具一种风格，是中国作家协会中这方面的一员健将。他主张"文章非天成，努力才写好"，因之，他提倡"三多：多读书，多写作，多修改"，而不同意"文章本天成，妙手偶得之"的旧说法（《学习集》，第16页）。他的史学著述，不仅内容充实，逻辑性强，而且文笔流畅，没有含糊或晦涩的地方。这是得力于他青年时写作方面的修养。

他的史学文章，充分表现了实事求是的学风。他青年时便主张为学要实事求是。到了晚年，在接受了马列主义之后，他更认为，"违反实事求是的学风，是非马克思列宁主义的学风，是不合于毛泽东思想的学风。"他对于60年代初期我国史学界开始出现的那一股邪风的苗头，很不以为然。他说："不从历史的具体实际研究出发，而只从今天的某些政策、方针出发，强迫历史服从今天的实际，是非科学的、非历史主义的学风"，他是"坚决反对"的（《学习集》，第272页）。谁知道这种邪风后来越刮越厉害，成为一股血腥的恶风。在"四人帮"统治史学界的时候，他便成为这股恶风的牺牲品。

我回想起往事，时常不胜惆怅。我仍然记得1935年初夏，我由安阳参加考古田野实习后返北平，顺便参加了在清华工字厅举行的史学研究会的年会。吴晗同志在会上宣读了一篇论文：《建文生母考》。那正是日本帝国主义占领我国东北后，扶植傀儡溥仪为伪满洲帝国皇帝，并向东北作进一步的扩张的时候。华北乌云满天，大家心情都很沉重。我在古月堂与他握手凄然告别时，彼此都感到后会不知何时何地，但是也都估计到后会不会是在北平了。

一别六年，我们虽然相隔万里，通信也不多，但是我知道他为学日进，著作日富。我由伦敦到开罗，又勾留了一年余。1941年初，我返国到四川南溪李庄工作。途经昆明时，我在城里遇到他和向达同志。久别重逢，欣喜可知。三人一起下乡，步行20多华里，花了两个多小时，才抵达他们所住的浪口村。在路上和在他们的家中，我们畅谈一切。昆明冬天和暖如春，阳光灿烂，山茶花正盛开，但是时常有日寇飞机前来空投炸弹，大家胸中充满着憎恨和愤慨，心情很不安静。向达同志于1938年8月提前由欧洲返国，当时他抱着奔赴国难的满腔热情，但是返国后一年多的经历，把他的梦想完全打破了。国民党反动派对外消极抗日，内政腐败专制，使吴晗很是失望。他说还不如回到书斋中安心学术工作为佳。

但是，他不久终于离开书斋，投入反对国民党反动派的政治斗争中去了。昆明一别，我们又是10年未见面。我只知道他从1943年起，在党的帮助和教育下，响应时代的号召，挺身投进斗争的激流中去。他这段转变过程和后来斗争的情况，他的许多朋友近来在悼念他的文章中写得很多，这里不再重复了。抗战胜利前后，我正在西北荒漠中从事考古工作和在历史语言研究所考古组作室内研究。我只听说他在昆明和在北平，与其他进步教授和学生在一起，展开对反动派的斗争。当时反动派恨之入骨，称他为"赤化分子"，叫他"吴晗诺夫"。他与被叫作"闻一多夫"的闻教授齐名。闻一多同志被反动派暗杀后，我们都替他担心。但他并没有屈服，反而斗志更加昂扬。最后他由北平转到中国共产党中央所在地西柏坡去。

北平解放后，吴晗同志以军代表的身份回到清华园，参加接管工作和后来学校的管理工作，不久便负担起北京市副市长的职务。1950年7

月我接受中国科学院的聘约，北上北京到考古研究所工作，乘间到清华园访友。那时吴晗同志已当上副市长，但仍住在清华园西院的旧式平房中。十年未见，他已老得多了，头上添了几根白发，并且开始脱发。但是他还是有那么一股劲儿，甚至于可以说比从前更加朝气蓬勃、精力充沛了。那时他很忙，在家里接见来客，还有几次从城内打来的电话。我们只匆匆地说上几句，我便起身告辞了。临走时，他说：不久要搬到城里来住，可以有更多的机会见面。不过我后来始终没有去过他的副市长"官邸"，只在公共场合或会议上曾几度相见。他除了副市长的工作以外，还担任民盟领导工作。1957 年他光荣地加入了中国共产党。他全心全意地为党做了许多工作，是很有贡献的。

自从他积极参加政治活动以后，他没有大块时间可以坐下来专心从事史学研究了。但是他仍抓时间、挤时间来读书和写作。他这时期内很少写长篇的学术论文，但是却写下许多杂文、评论和札记，还修改或重写他从前的著作。在领导史学研究工作方面，他是中国史学会的理事，又是北京市史学会的会长。他还亲自领导主编过好几种小丛书（《中国历史小丛书》等），还主持过改绘杨守敬的《历代舆地图》（后改名《中国历史地图集》）的工作。他真是一个坚持社会主义道路而又有专业知识的领导干部。我还记得 1951 年 2 月初，在一次新史学研究会上，大家讨论到在中国科学院中应该筹建历史（古代史）研究所的问题。会后郭沫若院长曾和郑振铎所长商量，打算将考古所历史组划出来，成立一个历史（古代史）研究所，并且打算请吴晗同志来具体领导这个所的业务工作。后来考虑到北京市未必肯放他，这事便搁下来了。事虽未成，但可见他当时在史学界的声望。大家对他的组织能力是有很高评价的。

吴晗同志在保护首都文物方面，也起了重要的作用。他很重视出土的考古资料，认为"是最可靠的历史资料"（《学习集》，第 282 页）。1956 年他同郭沫若、沈雁冰、范文澜、邓拓、张苏等同志一共六人，写报告请示国务院，要求发掘十三陵中的长陵，后来决定先试掘定陵。郑振铎同志反对这件事，以为当时考古工作很忙，这些不急之务可以暂缓。我还替郑同志做说客，知道吴晗同志是此一举的发起人，亲自劝说他不要急于搞这项发掘工作。我说："老吴，你还记得我毕业后改行搞考古的时候，曾经问过你：如果由你来选择，你打算挖掘什么古迹。你不加思索地说：'挖明十三陵。'但是现下你应该从全国整个考古工作的轻重缓急来考虑问题，不能以明史专家角度来安排发掘工作。"他笑了，说记得有这样一回事，但是还是坚持要发掘，先发掘定陵。后来郑振铎同志以主管全国文物工作的负责人的名义打报告请示周总理。周总理接受郑的意见，由国务院下指示，短期内不准再发掘古代帝王陵墓。吴晗同志也便同意在定陵发掘后暂不发掘长陵，认为周总理的指示和郑振铎同志的意见是正确的。1965 年 9 月，我还陪同他到元大都后英房发掘工地去参观。这是一座保存比较良好的元代民房遗址。我建议加以保存，可以作为一个现场博物馆。他同意了，还吩咐在场的市文化局的一个同志作计划及预算。后来不到几个月，反动文痞姚文元写的黑文《评新编历史剧〈海瑞罢官〉》发表了，吴晗同志横遭迫害。保存这项古迹的事当然就不再提起了。

他的治学精神的另一特点是谦虚不自满，乐意接受别人的意见。1959 年 9 月他在《人民日报》上发表了一篇《论海瑞》。其中有一段引《海瑞行状》中的"特其质多由于天植，学未进于时中"一句话。他译为"他的本性是天赋的，大概读的书和当时的人不大一样"。我读了后，写封信给他，大意说：尊译"时中"一语，译文大成问题。《礼记·中庸》说："君子之中庸也，君子而时中。"郑玄注："时节其中"。孔颖达疏："时节其中，谓喜怒不过节也"。这里是说他的学习还未达到"随时节制而不偏"的境界。古人处世治事之道，都称之为"学"，不一定指读书。他收到信后，立即回信说："示悉。承教时中译文，甚是。这是我的疏忽，当在出集时改正。谢谢。一隔几十年，头发都白了。得兄信，恍如重温旧谊，极喜。以后盼多指教。"过了几年，我有一次又给他去信。那是我在 1963 年春做胃切除手术后在小汤山疗养的时候。我在病房无事，便翻阅他所赠的《学习集》。我发现引文有问题，便写信给他，大意说：大作《〈敕勒川〉歌唱者家族的命运》一文中，引斛律金的话："明月猎得虽少，他射的鸟总是背上中箭。"就常理而论，这是错误的。鸟飞戾天，猎者仰射，着箭处应在胸部，不在背上。就训诂而言，《北史》和《北齐书》的《斛律金传》中都说："光（即明月）所获禽兽或少，必丽龟达腋。"其中所引斛律金的话皆为"明月必背上着箭"。虽未确说是禽或是兽，但猎人骑在马上射兽，中箭处为背脊而非胸部。"丽龟"一辞，出于《左传》宣公十二年："射麇丽龟"，孔颖达疏曰："丽为着之义。龟之形，背高而前后下。此时麇丽龟，谓著其高处"。鸟背并无龟形隆起，可见此乃指兽无疑。吾兄酷嗜钓鱼，而不习打猎，故易致误。他回信说："承指出背上着箭是指的野兽而非飞鸟，甚是。我确是只会钓鱼，不会打猎。有渔无猎，只能算半个渔猎社会的人，不如你全面也。出院后，请你吃一次小馆子，吹吹牛，如何？"实则我不仅不会打猎，并且也没有钓过鱼。他不仅虚夸了我，后来还真的请我吃一次馆子。那是一年以后的事，我已出了疗养院，恢复上班。5 月间，石榴花正盛开。他在北海庆霄楼召集修改杨图委员会的一部分同志，商谈抽出有关北京城的几幅历史地图，另编一集。我不是杨图编委，但这次承他约我参加。会后在仿膳饭庄吃了一顿。谁知道后来"四人帮"迫害他时，竟把这次会议叫作"庆霄楼事件"，说是一起严重的反革命事件，阴谋搞政变。这是他的几大罪状之一，同时也牵涉了我，说我参与了这件反革命阴谋。谁叫你嘴馋，这是活该！当时某单位还特别派人三番两次来外调，要我写材料。那位外调人员指着他皮包里的文件说：吴晗都已经交代了，他交代的材料便在这里。我说："他既已交代了，那便解决问题了。我确实不知底细，不知道有什么阴谋。既然是阴谋，难道人家还会在公开会议上宣扬吗？"他瞪着眼骂了我一顿，说我顽固不化，死不悔改。真是有口难辩。但是他们也没有如愿以偿，没有获得假证明。

吴晗同志于 1959 年底动笔试写京戏《海瑞罢官》，写完修改后曾经上演。1965 年 11 月 10 日反动文痞姚文元抛出了他的黑文后，批判《海瑞罢官》的运动便开始了，到 12 月底便逐渐展开。听说吴晗同志最初还很自信，认为这是学术问题，不是政治问题。他曾忿忿地说："姚文元的文章连起码的史实都不顾。"后来被迫写自我批判，在 12 月 30 日《人民日报》上发表。文中虽承认"这不止是一个学术性问题，而是一个政治性问题"，但他仍以为通过这次的批评和讨论，展开百家争鸣，分清是非，可以提高学术水平。文中用大量的篇幅来考证退田、除霸、修吴淞江等的史事。有人以为吴晗同志的政治敏感性很强，实则他始终是个文人、学者，书生气很重。有人说，吴晗同志写《海瑞罢官》直刺林彪、"四人帮"祸国殃民，刚正不阿，致遭毒手。实则 1959 年底他着手写这本戏时，林彪刚取代彭德怀同志当上国防部长，劣迹未显，"四人帮"则还未登台操权作孽；而且吴晗同志曾多次声明，这戏只是为了歌颂海瑞的刚毅精神，并没有影射讽刺任何人物。我是相信他的话的。林彪、"四人帮"阴谋篡党夺权，借《海瑞罢官》以掀起批判运动，打开一个缺口，把矛头指向北京市委，指向党中央许多革命老前辈。吴晗同志和别的千千万万的无辜受害的好人们一样，成为这个阴谋的牺牲品。

1966 年 5 月间，批判《海瑞罢官》运动已入高潮，并且已经开始批判"三家村"中另一位健将邓拓同志。有一天，向达同志进城开会，会后和我一起到东安市场和平餐厅用餐。他对我说："辰伯真害人不浅！他写了一本戏，害得我好几次远道来城里参加批判会。"又问我去过老吴的副市长"官邸"没有。我说从来没有去过。他叹口气说："从前我经过他家时，门前总是停着几辆小轿车。今天我经过时，双门紧闭，真是门庭冷落车马稀了。"我听了后，深有所感。回家后写了一首打油诗《赠吴晗》："史学文才两绝畴，十年京兆擅风流。无端试笔清官戏，纱帽一丢剩秃头。"还没有等到我寄去，传来关于他的消息已越来越恶，因而终于未寄成，后来我便将诗稿毁掉了，深恐被发现又得多挨斗一次。最初我还时常在报纸和小报上看到全市性斗争黑帮大会的批斗者名单中有"反共老手吴晗"的名字，后来便阒然无闻了。好久以后，我才知道他已于1969年10月11日含冤逝世。他的最后遭遇，非常悲惨。他是被投入监狱，打成内伤，口吐鲜血，最后被折磨摧残致死的。

　　粉碎"四人帮"后，吴晗同志的冤狱得到了平反。1979年9月14日我参加了他的追悼会。会上看到了他的遗像时，他生前那种谈笑风生的形象又复呈现在眼前。回忆起将近50年的往事，仿佛如昨。时光若驶，他已成为历史上的人物了。前几天，我参加了重建中国史学会的筹备会议，看到了当年（1951）该会理事名单，一共43人，已去世的便达27人之多，其中便有他的名字。吴晗同志终年60岁。如果他不遭受"四人帮"的残酷迫害，可能他今天还生活在我们中间生龙活虎一般地工作着，继续为中国史学做出贡献。不过，"野火烧不尽，春风吹又生"，年轻一代的史学工作者正在迅速萌长、壮大。他们中有许多都曾受到他的影响，有的还是他的受业弟子。我相信，在不久的将来，我国史学园地中将是春色满园。我们会更想念他这位辛勤的园丁。他不仅用笔杆写作史籍，还用他的鲜血、他的生命，写出了悲壮的史篇。我们深刻地怀念他。他的崇高品质和治学精神将永远留在我们的心中。

悼念尹达同志[*]

　　〔1983 年〕7 月 18 日我一下飞机，在机场上便得到了尹达同志于 7
月 1 日去世的消息。骤然听到这不幸的消息，我不禁一怔。那时便立刻
回想起 50 年来我们之间的交情。前尘往事，一一涌上心头，心情十分
沉痛，不胜哀悼。

　　尹达是著名的马克思主义历史学家、考古学家。我和他初次会面是
48 年前在安阳考古工作队里，所谈的是考古学上的问题。最后一次会
面是今年 3 月 4 日在首都医院病房，所谈的仍是一些考古学上的问题。
我所想起的关于他的往事，也是以考古学方面的印象最为深刻。我以
为，一个名副其实的马克思主义考古学家，他首先应该是马克思主义
者，要能掌握马克思主义的理论和方法，把它运用到他的专业中去。另
一方面，他又必须是一个考古学家，熟谙近代考古学的搜集资料的调查
发掘技术和综合研究的理论和方法，要有广博的考古知识，而又能坚持
严谨的科学态度。这两方面不可偏废。这是由于考古学家不一定是马克
思主义者。反过来说，马克思主义者也并不一定是考古学家。尹达于

---

　　* 本文原载《考古》1983 年第 11 期。

1931 年便参加安阳殷墟的考古发掘工作，学习了近代考古学的方法和理论，掌握了大量的考古学知识。1937 年他奔向革命圣地延安，第二年便加入中国共产党。他在党的长期教育和领导之下，从事马克思主义理论工作。所以，他被誉称为马克思主义考古学家，是当之无愧的。

我第一次遇到尹达是在 1935 年 3 月 12 日。那时他还不到 30 岁，正是"风华正茂"的年纪。他那时名叫刘燿，但是我们都叫他"照林"，那是他的字号。我那天午后由南京偕同李光宇来安阳参加工作。一到安阳城里冠带巷办事处，便遇到尹达、石璋如和胡厚宣。傍晚，梁思永率领祁延霈、王湘由北平来。我和梁思永等是第一次见面，但是他们之间都已是老搭伴，曾经长期共同工作。晚餐时还添了酒菜。他们酒酣耳热，谈笑风生。我本来沉默寡言，这里又是新入伙的，只好在一旁洗耳恭听，尤其是谈到他们田野工作中的轶事趣闻，我更不能插嘴。我只是觉得另有风味。尹达的言谈给我印象很深。

他穿的是蓝布大褂。那时他便有点清瘦。但是工作起来精神奋发。那时他主持的是侯家庄西北冈 1001 号大墓。他蹲在墓中二层台上，一丝不苟地描摹花土的花纹。这不能不教人佩服他的耐性和细心。他热爱这考古工作。白天辛苦勤劳，经常亲自拿着小铲动手，并且当天即做好记录。晚间整理标本和补充记录之后，他还经常找梁思永团长，汇报新发现和新看法，交换意见，有时谈到深夜，一直等到工作站服务员提醒他们："明天清早还要上工，赶快上床睡觉吧！"他们才中止了讨论。如果天雨停工或者晚上没有零活，他们谈得更为起劲。这是当时发掘团中非正式的学术活动的一部分。后来尹达去延安后，我在李庄时好几次听到梁思永在怀念他。

那一季度的西北冈发掘，四座大墓分别由四员"大将"主持工作：1001 号是尹达，1002 号是王湘，1003 号是祁延霈，1004 号是胡厚宣。我是初次上战场的新兵，所以在东区柏树坟墓地跟着石璋如和李光宇学习挖小墓。收工或工间休息时，有时跑到西区的大墓那里去看看。那里工程规模宏大，操作工序繁复，出土器物丰富，我看后非常羡慕。

那时是史语所考古组的极盛时期，安阳殷墟是训练田野考古人员的基地。梁思永为团长，在安阳前线指挥。李济在南京坐镇大本营，运筹划策。西北冈发掘时，梁思永点将时叫尹达主持 1001 号，是有他的用意的。据说这墓就是当年出土（后归日本根津氏收藏）那三件一套大铜盉的。所以梁思永对这墓的发掘工作特别重视，寄以很大的希望。他特派尹达来主持，可见对于尹达的器重和赏识。

我后来知道尹达是河南省滑县人，与石璋如一起在河南大学读书。1931 年中央研究院答应替河南省培养田野考古工作人才，由河南大学推荐两位在校的高年级的高材生参加殷墟发掘工作。他二人便因此进入殷墟发掘团，以在发掘团的实习顶替在校中教室上的功课。期满后，大学颁发毕业证书，他二人便留在史语所考古组做研究工作。最初是研究生（1932～1934），后来是助理员（相当于研究实习员）。没有几年他们二人便升任助理研究员。当时考古组的同人都认为作为一个做田野考古工作的人，必须具下列条件：对于学术的热诚、信心、耐性、忠实和恒心。他们二人对于这些条件，是无一不备的。但是，李济喜欢石璋如，到台湾后还曾称赞石璋如，说他追求这工作，数十年如一日，"他的恒心，尤值得称赞"。梁思永喜欢尹达，说他的工作认真、细致，说他思想敏锐，善于思考，有综合研究的能力。

那几年，他除了参加西北冈大墓的发掘外，还参加过安阳后冈、浚县辛村和大赉店、山东日照两城镇等处的考古发掘。他所写的大赉店的发掘报告，已于 1936 年发表于《田野考古报告》第一册中。他的两城镇遗址的报告，无论就材料而论，或就整理编写方法而论，都远胜大赉店遗址的报告。据他自己说："已成十分之九，未完稿存历史语言研究所中"。（《新石器时代》，1979 年版，第 88 页，注 2）我在李庄时曾看到这报告的底稿，实际上只缺结论一章。还附有尹达的留言，希望梁思永加以完成。后来梁思永连他视为终身大业的侯家庄西北冈殷代陵墓发掘报告也没有写完便病倒了，这两城镇遗址的未完稿便一直到如今还仍搁置在台湾的历史语言所中。尹达生前谈起这未完稿，也非常惋惜当时未能完成，功亏一篑。尹达当时已能利用考古资料作科学分析，时有创见。他于1937年曾写过一篇《龙山文化与仰韶文化之分析》，批判被当时研究中国新石器考古学者视为"权威"的瑞典人安特生的错误理论，立论颇为中肯。在当时是难能可贵的。可惜这一期的《中国考古学报》（第二期）拖延了10年，到1947年才出版。

1935年夏初，我和尹达分手后，便分道扬镳。我一直埋首于学习考古学和从事考古工作。他于1937年抗战爆发后便毅然脱离了他多年工作的史语所考古组，丢开了他酷爱的考古事业，奔向革命圣地延安。次年（1938年）4月，他便在延安加入中国共产党。在党的培养和教育之下，他终于成为马克思主义理论家。

我们安阳一别便是16个年头，一直到1951年我们才在北京梁思永家中相遇。这16年间，我们不仅没有会过面，并且也没有通过信。消息完全隔绝。只有一次，有人从延安带回尹达于1943年在延安作者出版社出版的《中国原始社会》一书。我才知道他到延安后仍未忘情于考古研究工作。他企图以发掘所得的比较可信的材料作基础，使用马克思主义的观点、立场和方法以探索中国原始社会。其中关于新石器时代方面，虽然由于他所处的环境关系材料不够丰富，但理论倾向，基本正确。关于殷商的社会性质问题，因为他采纳了郭沫若《中国古代社会研究》（1930年初版）一书中《卜辞中的古代社会》一篇的结论，认为当时还是处于原始社会阶段末期。他在延安似乎不知道郭沫若这时已经批判了自己的最初结论，1944年郭沫若发表了《古代研究的自我批判》（后来收入《十批判书》中），认为殷商应为奴隶制时代。后来尹达也依照郭沫若的更为成熟的结论，而对于他自己收入《中国原始社会》中关于殷商社会的几篇文章，便不再提及了。他自认为"郭沫若的私淑弟子"，在"不固执己见，从善如流"这一点上，他也应该算是郭沫若的弟子了。郭沫若是结合古文字学和古铭刻学的资料运用马克思主义来研究中国古代史的第一人，尹达是结合考古实物资料运用马克思主义来研究中国古代史的第一人。像一切开创性的著作一样，他们的最初著作中会有一些未成熟的或甚至错误的判断，但是他们开辟了一个正确的新路子，为马克思主义占领中国史学阵地打下了基础，立下了影响深远的功劳。

1951年9月10日我们解放后第一次见面时，我发现他对于考古工作的兴趣仍是很浓厚。我把那年春间在仰韶村采集的陶片拿一部分出来给他看。当时他仍然关心仰韶文化和龙山文化二者之间的关系问题。他抚摸着这些陶片，不忍释手。他走后，梁思永对我说：如果能把尹达请来担任考古所领导，那是多么好啊！但是，解放初期，尹达正担任着党所交给的更重要的任务。我们只是表示明知道不易实现的奢望而已。

后来几年，好几次在梁思永家中遇到尹达。考古所又聘请他担任学术委员。关于所中研究工作的方针和任务，具体到科研规划，我们都是时常向他请教的。他是很谦虚的，常说自己已久不搞考古工作，对于考古学，已经是"一脚门里，一脚门外"。但是他仍是知无不言，言无不尽。1953年他到中国科学院参加领导工作，1954年梁思永去世后，他以历史所第一副所长兼任考古所第一副所长。1958年郑振铎去世后，他兼任考古研究所所长，一直到1962年，才辞去这兼职，专管历史所工作。但是关于考古所的事情，我们仍是时常和他商量的。

我和尹达在考古所共事多年，可以说我是在他的领导下工作的。但是他知道自己兼职多、事务忙，所以他只抓大事。他通过所中党组进行政治上的领导，而在业务上他通过计划来领导，只抓研究计划的制定。研究计划的具体实施，他完全放手让我们搞具体业务的人去做。关于原则性的问题，他决不马虎。

在党的教育之下，主要是通过尹达的谆谆善诱的指导，我的政治觉悟逐渐提高，世界观有了改变。在我们共同的工作中，他观察到我的进步，最后他认为我具备了入党的条件，便作为介绍人介绍我入党。1959年我被吸收入党。这是因为我们二人都相信，在我国社会主义的祖国，要使中国考古学取得进一步的发展，使之成为一门自具体系的科学，是一定要用马克思主义理论来指导的。

尹达是提倡在占有大量材料的基础上，用马克思主义理论指导考古研究的。他在"文化大革命"以前，身兼多职，几乎每天要参加一个甚至于几个会议。但是他仍挤出时间做些历史学和考古学的研究工作。他在1954年兼任考古所第一副所长后，曾于1954年12月至1955年4月，写过三篇考古论文，都收入他的《中国新石器时代》（1955年）中。1963年他借助于考古所集体编写的《新中国的考古收获》（1961年）一书所提供的资料，写成论文《新石器时代研究的回顾和展望》，后来收入《新石器时代》（1979年）中。这是一篇洋洋大作，是他最后一篇有分量的用马克思主义观点所写的考古学论文。尹达曾对我说：学术领导者决不能放弃自己的研究工作，仍要挤出时间来亲自摸索研究工作，否则是领导不好的。

"文化大革命"期间，他没有机会从事研究工作。十一届三中全会之后，他带病复职，虽已年高体弱，但是仍雄心勃勃，有许多研究计划想要做。他在1978年3月所写的《新石器时代·前记》中还说："我准备抽出时间，到有关地方去看看那些新发现的遗址，对新出现的问题也作些必要的探讨，再写一本《新石器时代》的续篇。"可惜他力不从心，未能完成这计划。这是我国考古学界的一个重大损失。

尹达逝世已经两个月了，他的骨灰也遵遗嘱被撒在他的故乡河南省境的黄河里，但是他感人的形象，仿佛仍在我的眼帘前。他对我的关怀和友情，使我终生不忘。而他对于党、对于人民、对于历史学和考古学等各方面所做的贡献，也将会永垂不朽的。

1983年9月4日

英国汉学家叶慈教授逝世[*]

　　叶慈教授（W. P. Yetts）已于 1957 年 5 月 14 日逝世。氏系英国人，生于 1878 年。曾于 1932 ~ 1946 年任伦敦大学中国艺术和考古学教授。1946 年以年老退休，仍为名誉教授。十年来隐居乡间，从事著述，至老不倦。

　　氏于 1903 年毕业于英国皇家海军军医学校，在军舰中服务。1912 年辞去军职，次年改任驻华的英国公使馆医官。第一次世界大战时在英国陆军医疗队中工作。复员后，1920 ~ 1927 年在英国卫生部工作。他在中国任职时，便对于中国艺术和古物发生了爱好，后来继续深入钻研。对于中国古铜器，曾下过一番功夫。西方资本主义国家中研究中国古代铜器的学者中，除了瑞典高本汉教授以外，要算叶慈（Hanford. S. H.）教授是比较有成绩的一位。所以伦敦大学于 1932 年添设中国艺术和考古学讲座时，便延聘他为教授。现任伦敦大学中国考古学教授的韩斯福（S. H. Hanford），便是他的弟子。

　　氏的重要著作，首推《猷氏集古录》　　（*The George Emorfopoulos*

---

　　* 本文原载《考古通讯》1958 年第 2 期，署名"作铭"。

Collection）和《寇尔所藏中国吉金录》（*The Cull Chinese Bronges*）二书。前者氏所担任的为铜器部分二卷（1929～1930），佛教雕刻部分一卷（1932）。后者系 1939 年出版。据闻，氏曾从事于《中国古代彝器考》一书的写作，已历二十余年，尚未脱稿。此外，有许多论文发表于英国各刊物中，有些已有中文译本，例如《营造法式跋记》曾译载于《北平图书馆馆刊》第四期中，《柯基洛夫探险队的发现》曾译载于《东方杂志》24 卷第 15 号（1927 年）。

氏曾任英国皇家亚细亚学会名誉副会长，对于我国颇具好感。1940～1945 年曾任中国协会主席。我国已故考古学家吴金鼎博士的著作《中国史前的陶器》（英文本），便是在他的指导之下写成的，并由他介绍出版。1935 年在伦敦举办的中国艺术展览会，氏是发起人之一，并担任筹备委员，力促其成。并在展览会期中作公开讲演，介绍中国艺术的成就。氏的逝世，我们在西方国家中失去了一位国际友人。

英国进步考古学家柴尔德逝世[*]

柴尔德（G. V. Childe）教授已于 1957 年 10 月 19 日逝世。

他是一个马克思主义者，又是一位权威的考古学家。1892 年他生于澳洲的悉尼，后来毕业于悉尼大学和牛津大学。1927 ~ 1946 年他任职爱丁堡大学为史前考古学教授。1946 ~ 1956 任伦敦大学考古学研究所所长和教授。

1928 ~ 1930 年他曾主持苏格兰的奥克尼岛上的斯卡拉布累（Skara Brae）史前村落遗址的发掘工作，取得了重要的收获。正式发掘报告于 1931 年出版。

他的最重要的贡献是在于欧洲和近东的史前考古学的综合研究。除了在刊物上发表论文以外，还著有下列重要专著：①《史前时代的多瑙河》（1527 年）；②《青铜器时代》（1930 年）；③《苏格兰先史》（1935 年）；④《苏格兰人以前的苏格兰》（1946 年）；⑤《不列颠岛上的史前社会》（1949 年第 3 版）；⑥《欧洲的史前移民》（1950 年）；⑦《欧洲文明的黎明》（1951 年第 5 版）；⑧《古代东方史的新发现》（1952 年

* 本文原载《考古通讯》1958 年第 3 期，署名"作铭"。

第4版）。这些著作中尤以最后两种更为重要，曾先后译成俄文，分别于 1952 年和 1956 年在莫斯科出版。（编者按：后者的俄译本序文，本刊 1957 年 6 期曾加以中译发表。）

他又著有通俗性的考古著作多种：①《进步和考古学》（1944 年初版）；②《工具的故事》（1944 年为"英国青年共产主义者同盟"而写的）；③《人类创造了自己》（1936 年初版，1956 年第 3 版）；④《历史上发生了什么事》（1942 年初版，1952 年第 6 次印刷）；⑤《历史（1947 年）》等。其中第①种曾译成俄文于 1949 年在莫斯科出版。第②和第③种曾译成中文，前者改题为《工具发展小史》，后者改题为《远古文化史》，先后于 1953 年和 1954 年在上海出版。

他又著有讨论考古学上理论的著作，例如《社会演化》（1951 年）和《将过去补缀起来》（1956 年）。后者有副题为"考古资料的解释"，是他根据在伦敦大学的讲稿改写成的。在这书中叙述考古发掘方法的新近进步时，他还特别提到 1951 年中国考古发掘工作者在战国时代车马坑中将古代木车的痕迹很成功地剔剥出来（12 页）。这是指河南辉县琉璃阁 131 号的车马坑（见《辉县发掘报告》46 ~ 52 页，1956 年）。

他的游迹不限于西欧国家和美洲、澳洲，还曾到过苏联和东欧国家，以及近东的埃及、伊拉克、土耳其和印度，参观各地的博物馆和发掘地点，有第一手的感性认识。他曾从事比较语言学以便研究阿利安问题，因而著作中涉及所谓的欧洲语言很多，包括俄语和东欧国家语言。他信奉马克思主义，又加上他的综合研究的高度能力，所以能取得这样的成绩。1956 年退休后，1957 年他曾经过印度返澳洲一次。我们很希望他能来我国一次，参观我国解放后考古学上的新收获。可惜这事现在是无法实现了。

苏联考古学家伯恩斯坦传略[*]

    伯恩斯坦（А. Н. Бернштам，1910～1956）是苏联著名的考古学家、民族学家、和东方学家。一生从事于中亚古代史的研究，多年率领中亚各地考古工作队从事调查发掘工作。不幸于1956年12月去世，英年凋谢，倍增哀惜。

    他于1927年加入共青团，1940年光荣入党，在党的领导下，为建立马克思列宁主义的考古学和民族学而努力，是一位又红又专的考古学家，可以做我们的榜样。

    1928年他进入列宁格勒大学，1931年毕业后仍继续攻读，做研究生。1934年获得学位后，即进国立物质文化史研究院（后来改为苏联科学院物质文化史研究所）从事研究工作。他又在列宁格勒大学执教，培养青年新生力量，包括中亚少数民族的学生。

    从1930年起，他便从事于中亚的田野考古，工作范围广泛地包括了哈萨克斯坦和基尔吉斯两个加盟共和国的草原，天山、阿尔泰山和帕米尔的山区，以及费尔干的河谷。他曾领导过考古工作队至20次之多，

---

* 本文原载《考古通讯》1958年第10期，署名"作铭"。

直到他死前不久还率领过一队在帕米尔区作考古工作。他的收获很是丰富，工作对象的时代，从铜器时代一直到 18 世纪。

他的研究工作，并不局限于编写发掘调查报告，光做描述考古资料的工作；他总是企图进一步诠释这些资料，阐明它们在历史研究上的意义。他把文献与古物相结合，尽量地利用汉文和突厥文的史料。

他的重要发现之一，是在中亚发现了游牧的塞种人的文化遗迹。这是从他于 30 年代在帕米尔山区发现塞种人的墓葬群开始的，直到他最后一次于 1956 年在帕米尔的发掘工作还是仍旧涉及这问题。对于中亚过着定居的人民的古代史的研究，他也做了奠定基础的工作。他在锡尔河流域和费尔干等地区的考古工作的收获，补充了和丰富了从文献史料研究的结果，因之阐明了基尔吉斯、哈萨克、乌孜别克等各民族的历史。

他的著作达 250 种之多，其中较重要的 141 种，见托尔斯托夫于追悼他逝世的那篇纪念文章的篇末，包括 20 种专刊、（《苏联民族学》，1957 年第 1 期）。其中最重要的有下列几种：①《VI – VIII 世纪鄂尔浑和叶尼塞流域的突厥人的社会组织》，1946 年；②《塞米莱察伊的考古报告》，1950 年；③《古代的费尔干》，1951 年；④《匈奴族的历史》，1951 年；⑤《中部天山和帕米尔 – 阿兰的历史考古概述》，1952 年；⑥《试论基尔吉斯人民的起源》（《苏联民族学》1955 年第 2 期）。《科学通报》1950 年第 8 期曾有张之毅《游牧的封建社会》一文介绍他的上述第一种著作。但是他逝世后，我国的刊物上似乎没有发表过纪念他的文章，所以补写这文以志哀悼。

英国著名考古学家吴理逝世[*]

英国著名的田野考古学家吴理（C. J. Woolley 或译"伍莱"）据报载已于 1960 年 2 月间去世。吴理的名字，在我国并不陌生。远在 1935 年，商务印书馆便曾刊印他的《考古发掘方法论》的汉文译本。这书原是通俗性的广播稿，原本的书名叫做《把过去发掘出来》，1930 年出版，汉译时给它改取了一个冠冕堂皇的书名。在解放以前，这书几乎是汉文中唯一的专论考古发掘方法的书。从日文译来的滨田耕作的《考古学通论》中发掘方法一部分，主要是依据 1904 年出版的英人彼德里的《考古学的目的和方法》一书，实在太嫌陈旧了。吴理这本书中也有些荒谬的言论，例如主张"凡工人发现古物，发掘者须酬以金钱，数目超过其工资"。他认为"酬劳根本就是担保盗贼的行为，而且所付的酬金是照骨董家的眼光评定的"（见汉译本 23 页）。这里资产阶级对于工人的诬蔑和侮辱。但是他这书在英国风行一时，出版后不久即行再版；战后于 1949 年又出普及版，收入鹈鹕丛书，屡次再版。

吴理 1880 年生于伦敦。他在牛津大学毕业时，他的学院院长叫他

从事考古事业。据他自己后来自述，这事使他大吃一惊，因为他从来没有打算过在毕业后要搞这一行业。他在校时，除了选修一门希腊雕刻课以外，并没有学过有关考古学的课程。毕业后于 1905 年才第一次参加英国的古罗马遗址可博律治的发掘，初步学了一些田野工作方法。1907～1911 年他被派往埃及，在努比亚做了好几年的发掘工作，在田野考古老手麦金弗尔的指导下，他才提高了工作的水平。1911 年被派到土耳其去主持卡开米什（现属叙利亚）的发掘。在这里，后来以煽动和组织阿拉伯叛乱出名的英国间谍"阿拉伯的劳伦斯"，便是他的工作队中主要助手。二人曾于 1914 年在巴勒斯坦的南部荒原中作探险工作，后来合写《西阿荒原》一书，于 1915 年出版。

第一次世界大战爆发后，吴理和劳伦斯一起都改行，替英国政府在埃及搞情报工作。我们知道帝国主义国家派到国外的考古队，是与它们的情报工作相联系的；平时隐藏在考古调查和发掘的外衣下，一到战时，这些考古家便成为正式的情报人员了。吴理和劳伦斯便是显明的例子。1916 年吴理为土耳其所俘，直到战争结束后才被释放。1939 年第二次世界大战发生后，他又在英国陆军部情报司工作。

吴理于 1922 年在埃及的埃尔阿马那工作。在这个公元前 14 世纪的王都中，发现了当时的工人住宅区和法老的御苑。尤其重要的是他在伊拉克的吾珥遗址的工作。1922～1934 年间，他一连在这里工作达 12 年之久，取得了非常辉煌的成绩。他发掘了苏美尔早期（吾珥第一王朝，约公元前 2900～前 2700 年）的帝王陵墓，发现了许多极为精美的随葬品，显示该地当时工艺技术的高度水平。同时他又发掘古城中吾珥第三王朝（约公元前第 21 世纪）的寺塔。1936 年起，他又在叙利亚西北部安提阿附近的哈泰（战后属土耳其）做发掘工作。除了第二次世界大战中曾中止一时期以外，他在这里一共做了 7 年，至 1949 年才结束。在这里他发掘到了一个被遗忘了的王国的都市——阿拉拉。在这里，他找到了公元前约 1800～1400 年间欧洲克里特和两河流域文化交流和经济关系的证据。1949 年他以年老退休了，但是仍旧孜孜不辍地从事著作。

吴理的著作，除了好几厚册的发掘报告和一本《苏马尔艺术的发展史》（1935 年）以外，还写了许多通俗性或半通俗性的考古学书籍。例如上文引及的"《考古发掘方法论》"以外，还有《死城和活人》（1928 年）、《苏马尔人》（1928 年）、《迦尔底的吾珥》（1929 年）、《中东考古学》（1949 年）、《锄头工作——考古工作中的遭遇》（1953 年）、《一个被遗忘掉的王国》（1953 年）、《吾珥的发掘》（1954 年）、《被发掘出来的历史》（1958 年）等。他以考古专家而写通俗的书，深入浅出，文笔生动，很受读者欢迎。对于普及考古学知识，起了很大的作用。他主张考古工作和著作，不应该"见物而不见人"，所以他的通俗性著作，能够吸引读者。但是他所写的"人"，仍是超阶级的人。他并不能从阶级观点去复原古代历史。这是由于被他的资产阶级的世界观所局限，这也是一般资产阶级学者共有的通病。

裴文中《从古猿到现代人》的商榷[*]

    关于人类的发展史，裴文中先生根据近年来所累积的科学知识，来发挥 70 年前恩格斯的"劳动在从猿到人过程中的作用"一问题，曾在《大公报》[①] 及《学习》杂志[②] 上连续发表了两篇文章。前者标题虽为自然发展史，但仍是注重人类发展史部分。裴先生对于史前考古学的修养和成绩，大家都是知道的，在国内恐找不出第二个人来。由他来写这个题目真是再适当不过了。像艾思奇先生所说的，我们不应该不去认真研究马列主义的理论，而以笼统抽象的讲述一大堆关于"劳动观点"的名词为满足，我们应该把马列主义的历史唯物主义的理论以及科学知识作为基础，来解答"从猿到人"这一主题[③]。裴先生的文章，自然成了我们学习"从猿到人"这问题时的重要参考文件。不过，我读过后，觉得有几点似乎值得商榷一下。我们都知道在学习的过程中，需要互相商榷，才能使我们对一问题有更深切的了解，才能使我们的学习提高一

---

    [*] 本文原载《进步青年》1950 年第 223 期，署名"夏作铭"。

    ① 《自然发展史》，1949 年 10 月 20 日《大公报》。

    ② 《从古猿到现代人》，《学习》第一卷第四期。

    ③ 《再评关于社会发展问题的非历史观点》，《学习》第一卷第二期。

步。我知道有好些学习班上是用裴先生这两篇文章做参考的，所以我把自己所想到的写出来，以求裴先生及其他读者的批评和指正。

一 "灵生代"的问题

裴先生说："新生代之后，是为灵生代，人类出现了。"我们颇觉得奇怪，裴先生在新生代研究室中工作了 20 多年，为什么把这研究室的最重要工作（北京猿人的研究）放逐到新生代以外去呢？地史学上虽常将中生代以后，分做第三纪和第四纪；但大都将二者合并成为一"代"，称为新生代。只有极少数的学者，将新生代限于第三纪，另以灵生代一名词来称第四纪。"灵生代"这名词是英人勒可德于 1877 年首先使用的，以表示这时代人类已经出现了，心灵控制了世界。现在各国地质学界很少使用这名词。裴先生的老师葛利普教授在他的地质学教本（1921 年出版）中曾加采用，所以在中国地质文献上反常见到这名词。但是现下的地质学界，多以为第三纪和第四纪的年代很短，二者的界线不明，差异处又并不重大，决不能称为一"代"，和"古生代""中生代"等并立。并且连称为二"纪"都有问题。所以最近有好些学者主张放弃"第三纪""第四纪"二名词，不再采用。至于灵生代这名词，现今更少有人采用[①]。在地史的研究上，我们所接触的是岩石和化石等物质世界，并不是心灵。这个带着浓厚的唯心论色彩的"灵生代"一名词，还是放弃为妥。

二 猿和人的区别

裴先生说："现代人和现代猿有许多重要区别，如人能说话，两

[①] 休启特和都巴合著《地史学》（1947 年，第 4 版）第 383 页。费林特著《冰山地质学和更新世》（1947 年）第 204 ~ 205 页。

腿直立行走，两手能制造工具，头大脑量大和有智力等。这几种性质，都是人所特有，猿是没有的。"这一段话似可稍加补充。我的意思并不指解剖学上人和猿的区别点可以多列举一些，这点裴先生答应我们将来在专门的文章中再谈。我想指出上文所已举出的各特点，似应该区分为三类，一类是仅有量的不同，例如脑量大，这只有大小之差，不能说是人所特有，猿是没有的。另一类是由量的不同已达到质的不同。例如说话的能力。我们应该指出猿也能发声表示警告或表达感情；但是人的发音的繁复及表达意思能力的完备，已经成了一种新的性质。这种性质是猿所没有的。最后一类是质的不同。例如两手能制造工具，猿是没有这种能力的。由于这样一分析，我们可利用辩证法中由量变引起质变的原则，来说明从猿到人的变化过程，似可以清楚些了。

三　手和足的演化

裴先生说："现代猿要用五个手指共同取物（因为大拇指及食指等不能单独行动）。古猿初到地面上来也是这样攫取食物的。后来人的各指能单独动作，主要的是大拇指和其余四指对立，这样就使猿的手渐渐演变成人的手。"又说："人类到平地上以后，手上的大拇指与其余四指更分开。"这话也值得商榷。人类和猿的不同，并不是大拇指和其余四指的分开，能够对立。这在猿类及旧世界猴类，都能办得到。我们在国内虽不容易看到猩猩之类，但总看见过马猴用大拇指与其他四指对立着握攀树枝和拿东西。并且猿猴类的大足趾和其他四趾也能对立着，和手一样。所以19世纪中叶有些动物学家称猿猴为四手类，人为二手类，以别于其他四足类的走兽。从猿到人过程中最有决定意义的一步，是手和脚的分化。但是，像恩格斯所说的，双脚行走和直立行走，是猿变人的最初阶段①。解剖学上可以很容易看得出来，人的足是从手变成的。足趾缩短，并且失去把握的能力。大趾和其他四趾靠拢，不复能分开对立。足部变为直立行走时支持之用。足掌变成拱形，更为坚固。由于两足专管行走的任务，于是两手可以多从事其他活动，变得更灵活，更完善了。然而在构造上，人的手和猿的手，大致相同，不过人的手在活动方面更灵活一些，所谓量变。人的足却有决定性的质的变化。有些人虽知道从猿到人过程中最有决定意义的一步是手和脚的分工，但是以为"只有人这一动物是有手的"②。可以说是上下倒置了。恩格斯又说，脑的进一步的发展是在手足分工之后，这最近也得了科学的证明。北京猿人和爪哇猿人的脑量虽在现代人和猿之间，但是他们的腿骨证明他们已能直立行走。1947年发现了非洲南方猿的腿骨，知道这个南方猿的脑的容量虽和大猩猩很相近，但是已能大致直立行走了。所以有些人主张把他放在猿人类之中。至少，我们知道脑的发展是在手足分工之后的。

四　灵长类的分类

裴先生说："灵长类又分三大类，猴类、猿类和人类。"我们知道这篇并不是专门文章，凡通俗文章都需要简单明白，少用专门名词，但是不能为了通俗的缘故，拗曲了事实的真相，使人发生误解。生物学上分类的目的，并不仅为归类方便，还要顾到各类属的相似程序，以表示演化史上可能的关系。将人和猿以外的灵长类都归到猴类里去，颇有点像将鲸鱼鳄鱼和其他鱼类都归并在一起，叫作"鱼类"。我以为这似可修改为"灵长类中有一类叫作狭鼻类，又分作三科，为旧世界猴科、猿科、人科"。有些动物学家将猿科和人科合并为一类；因为现代人只

---

①　恩格斯：《从猿到人》（解放社版）。
②　例如《学习》第一卷第一期，郭大力《谈〈从猿到人〉》，第24页。

有一种，不能成类；若将古代的人算在一起，则有许多种可以单独成一类。实是由于人和猿在构造上及生理上太相近了，所以有人主张把他们归并在一起。更进一步，人和猿和旧世界猴较相近，可以合并为一大类，而新世界猴又自成一大类。至于狐猴和跗猴，虽然也在灵长类中，但相差距离更大了①。据我所知道的，似乎没有一个动物学家说狐猴和跗猴可以归并到猴类中去，而猿和人反要从猴类中分出去的。上面所提出的修正，字句自然仍可商酌，但我们至少要避免违反动物学上分类的原意。

五　人类化石的发现

裴先生说："达尔文之后，除了美洲和澳洲之外，世界上各地方，都陆续有人类化石发现。"据我所知道的，美洲和澳洲也都曾发现过人类化石，年代虽不十分古老，但确是"人类的化石"。澳洲从前曾在塔尔该（1884 年）和卡胡拿（1925 年）二处发现过人类化石②。最近（1940 年）又在基洛尔发现人类化石，据云年代颇早，可能为第三间冰期③。南北美洲的近代人类化石也常有发现，时代或有疑问，或属晚近；但最近德特拉在 1947 年发现的特克萨班人类化石，据云可能是第四纪末期的④。所以我们似乎仅能说：美洲和澳洲没有"很古"的人类化石发现过，但不能说没有发现过人类化石。

裴先生说："'尼人'在欧洲发现很多，又在北非及小亚细亚也有相似的人类化石发现。"据我所知道的，小亚细亚迄今尚未发现过"尼

---

① 参考罗美尔《脊椎动物化石学》（1946 年，第 2 版），第 613～614 页。
② 凯斯：《人类化石的新发现》（1931 年），第 302～311 页。
③ 1944 年英国《自然周刊》（第 211～212 页、第 622～623 页、第 742 页），转引墨尔本《自然历史博物馆专刊》第 13 号。
④ 德特拉：《特克萨班人》，1949。

人"化石，不知道裴先生能否指示出处，以广见闻。又裴先生省略了
许多曾发现过"尼人"的地方，未加提及。例如苏联考古家在毗邻阿
富汗的乌孜别克斯坦的杰什尼克坦什洞穴，于1938年发现了"尼人"
遗骸。这不但可以表示苏联考古学的成绩，并且将我们关于"尼人"
分布的知识也增加了不少。爪哇苏罗河畔及巴勒斯坦所发现的类似
"尼人"的人类化石，也未见提及，又南非洲的"罗地西亚人"化石，
不知是否将他也归入"尼人"中。这些和这种人的地理分布问题，关
系很大；又与现代人和"尼人"二者间的联系问题，也有关系，似不
应该省略。

六　人类的发展和化石人类的灭绝

裴先生说："第四纪末的那种人类，现在已经绝灭了，只有化石遗
留下来，所以叫做真人化石。"这段文章似乎也有点欠明晰。如果是说
这一种人并没有长寿一直活到现在，留在世上，自然谁也不作此想。如
果是说这一种人已灭了种，也有点说不通。我们知道真人化石发现得很
多，分布于五大洲，如果以为现代人的第四纪末期的祖先都不曾留下化
石；所有那时留有化石的真人却又都灭种了，这不是有点太凑巧吗？我
们知道这些真人化石的体质和现代人相同，纵使其间有一部分是灭了
种，至少总有一部分是现代人的祖先。并且我们读这段的上下文，则不
但以真人化石为人类形态的一阶段，连猿人和"尼人"也认为现代人
发展史上更早的二阶段。不过，这三阶段，不知是根据体质特征，还是
根据地质年代。如说是前者，则海德堡人年代虽早，体质上是属于
"尼人"一类的。步氏巨人的年代尚无法确定，体质方面也嫌材料过
少。又若依年代先后，则曙人头颅骨（下颚骨仍成问题）及斯万斯孔
人也是属于比尼人较早的一时期，但体质上却与真人化石相类似。像魏
敦瑞那样专谈解剖学的，可以完全将地层年代撇开，以为不足为凭。不

知道从地质学的观点，是否也作此见解？又关于尼人是否系现代人所曾经过的一阶段？抑或是特殊化了向灭绝的路上去的另一支？根据现下的材料，似仍有问题。魏敦瑞以为人类形态发展是经过猿人、尼人及真人三阶段的，他叫这三阶段的人类化石为原人、古人、新人。尼人只是"古人"中的一种，发展为高加索种，并不是全部现代人的祖先。美国人类学家海特列席加以为尼人是全部现代人的祖先，现代各种人是由尼人演化并且分化而成的。苏联的考古学家如叶菲明科等从前也以为人类形态方面的变化是由尼人变成现代人[①]。不过，最近的发现，似乎供给尼人旁支说以新证据。不知道苏联的考古学家在知道了新证据后，现下所持的态度如何？前面所提及的曙人头颅骨，时代早而体质为真人型，许多人加以怀疑。但是斯万斯孔人化石在 1935 年发现，年代是可以确定的。又尼人中较早期的化石如斯坦海母人等，体质上反较近真人；到了第四冰期，年代较晚，典型的尼人化石多在此期，形态上反而特殊化了，反而和真人相去较远。其后忽然消灭了，真人化石取而代之。所以有许多学者以为真人在另一处现下尚未发现的地方发展成功，并不是由尼人变过来的。最近（1947 年）在法国沙兰德的洞穴中发现人类化石，有石器及动物化石一起出土，时代是第三间冰期。所得的两具头骨虽残破，但是形态方面是真人型的，不是尼人型[②]。这时候人类的另一支却是向典型的尼人一条路上去发展，终归消灭。裴先生虽曾声明人类体质的发展史并不是一条孤立的单线，仅是一条直线前进；恐怕是像树枝一样，有许多向旁伸张的枝桠。并引步氏巨人及非洲南方古猿为证，以为走入歧途，而没有发展成"人"。但似乎仍以为这树枝当中伸长最高的一枝，是沿着已发现的猿人尼人阶段而变成真人。没有指出现已发现的猿人和尼人也许是灭种了的旁支的可能，似会使读者发生误会的。

[①] 原发现人曾以英文在《亚细亚杂志》1940 年 7～8 月份中发表，附有插图；闻俄文报告已于 1940 年由苏联科学院乌孜别克分院出版，附有法文提要。

[②] 美国《人类学杂志》1948 年第 50 卷第 2 期，第 365 页。

七 旧石器时代的真人和洞居人

裴先生说："旧石器时代的真人居住在山洞之中。"我们知道后期旧石器的遗居从前都发现于洞穴之中，所以有些人便称之为"穴居人"。但是近来的新发现，知道他们不仅居住于洞穴中，并且也于平原上搭起房子来居住。捷克的考古学家阿布索隆在摩拉维亚的黄土平原上，从 1924 年一直到 1939 年，欧战发生以前，一直继续发掘后期旧石器时代的平原上居住遗址，收获很丰①。苏联的考古学家，自十月革命以后，也发展史前考古工作，在南俄的平原上（如白俄罗斯及顿河流域）发现了许多后期旧石器居住遗址。屋址在黄土中稍向下陷，屋内有火堆及其他遗物②。他们发掘工作的结果，使我们知道在这时期控制自然环境的能力增高了。他们不但利用天然的洞穴做居室，并且还能够在平原上造房子居住。同时由于造屋的关系，不但促成人类劳动技术的发展，并且使社会中各成员互相帮助和共同协作，促进社会组织的进步。

八 "从猿到人"和"从古猿到现代人"

裴先生在第二篇中，将恩格斯的原来命题更改了。我以为这更改似乎也可不必。原来的命题"从猿到人"，本包括有时间的观念在里面，自然是指"古"猿发展成后来的人。若说为求精确起见，则不但现代猿不能变成人，便是古猿，也不是一切古猿都变成人。所以仍未精确，仍曾引起误会。若更进一步改为"某一种古猿"，则不但太啰唆，并且我们还不能确定到底哪一种古猿变成人。并且在古生物学上有两种猿类化石的学名，可以译成"古猿"，但是他们的形态已特殊化，可能是现代猿的祖

---

① 美国《考古学杂志》1949 年第 53 卷第 1 期第 19 ~ 28 页。
② 英国《人类月刊》1942 年第 42 卷，第 100 ~ 103 页。

先，但不会是现代人的祖先。我们是不是要加以解释，说我们所谓古猿不是古生物学家定学名为古猿的那两种呢？裴先生恐怕有人因字面上而怀疑为什么现代猿不能变成人，实则对于只看见标题便自以为知道一切的粗心人，这种"望文生义"的误会是始终免不了的。你为着使他避免这种误会而更改命题，他对于新命题又要发生其他的误会。只要恩格斯的原来命题没有错误，我们可以详细解释这"猿"字不是指现代猿，以及说明现代猿不会再变成人的缘故，用不着去修改原来命题。至于"现代人"一名词添上"现代"二字似乎是为着和"古猿"的"古"字对称。恩氏原来的意思，是指从猿变成到与现代人相似的人类。这在真人化石中已达到这阶段，不一定要一直到"现代人"。裴先生这第二篇文章，也仅以达到真人化石为止。从真人化石到现代人，体质形态上变化很多。重要的是文化的发展，那是完全属于社会发展史的范围，并非属于自然辩证法。而恩格斯这个命题是在自然辩证法中提出来的。所以我以为原来的命题较为简洁切当，他的精确度也够适用，还是仍旧不改为佳。

余　论

也许有人以为我这篇东西"学术"气息过重。不过，像前面所提及的艾思奇先生那篇文章中所说的，我们现在必须多谈马列主义的"学术"。我们学习《从猿到人》，不仅要知道劳动观点，懂得劳动观点，还要提高马列主义的"学术"水平（或理论水平），使我们有能力回答由旧的观点所提出来的各种问题。我这篇商榷中也许有些地方理论不正确，事实有错误。但是在学习的过程中，不妨将这些写出来，以便得到人家的指正，可以改掉错误，使学习前进一步。希望裴先生和读者能帮助我学习，加以批评。

1950 年 2 月 1 日写毕

附：裴文中的《答夏作铭先生》及
夏鼐对其答辩的批注①

《进步青年》的编者寄给我夏鼐先生写的《〈古猿到现代人〉的商榷》，并嘱我答复夏先生所提出的几个问题，我现在简单答复如后。

（一）"灵生代"的问题

早在 1759 年，当地质学开始的时候，地质学的先驱就将地球表面上的岩石分成四种，代表四个前后不同的时代。后来地质学研究进步，经过了多次的讨论改进，才将这四个时代订名为："古生代"、"中生代"、"新生代"和"灵生代"，或者就地层上讲叫作"古生代"、"第二纪"、"第三纪"、"第四纪"。因为地质时代的最末后一"纪"有了人类，且有人为"万物之灵"的说法，所以将这个名词译为"灵生代"，是表示有人类之意。在现在世界上的地质学家，对于分地质时代为四个大阶段的说法，有着不同的意见，特别是英国人，保守成性，多半将第三纪和第四纪合为一代，谓之"新生代"（Kainozoic），若用英文，则可与普通所谓"新生代"（Cenozoic）区别（但有时英国人也用 Cenozoic）。

新生代是否包括第三纪和第四纪［美国学者普通亦以新生代包括第三及第四纪，前文注四所引二书，皆为美国权威著作（德、法学者亦以新生代包括第三及第四纪）］，或单指第三纪而言，这完全是在资产社会中"学派"的惯例，同派别的因袭成风，不同派别者可互相争论。但哪一个派别为是，哪一派为非，若讨论起来，恐要牵连到许多专门问题，实非一时所能解决。［此问题不仅"学派"争执的资产社会作风，确是值

---

① 夏鼐于1950年在《进步青年》第223期发表《〈从古猿到现代人〉的商榷》一文，同期刊有裴文中的《答夏作铭先生》。夏鼐在自存的该刊上，对该答辩文章作了多处眉批，现以楷体录出一并收入文集。

得讨论的分期问题，社会主义的社会亦有不同学说互相争论]

我们中国地质学界，受了葛利普教授的影响，多半采用了新生代只包括第三纪之说。而第四纪另叫作灵生代。这仅仅代表一种习惯，并非否定新生代包括第三纪和第四纪的说法。[这习惯仅代表葛氏一宗派，普通皆不采用，商务出版之《地质学大辞典》即无"灵生代"一词]

至于我从前工作的地方叫作"新生代研究室"，最初为什么用新生代三个字，恕我不清楚，但是新生代研究室已存在了将近二十年，工作也向多方面发展，一方面也研究比新生代更古的中生代的爬行动物，另一方面也研究考古学上的新石器时代（在地质上则谓之"现代"），并不能因为名为新生代，而不许研究比新生代更古或较晚的时代，更不能说因此则新生代之意义包括了中生代和现代。[据安特生诸人所云，新生代研究室之成立为研究周口店化石堆积为主，换言之，即研究裴氏所云之灵生代也。（即普通所谓"新生代"之后期）（裴氏等合著之《中国原人史要》亦作此说，以为1929年组织此室，以研究周口店堆积为主，兼及华北其他各地）二者可以分为两个时代，但在地史学上似不应认为两"代"，只是两"纪"，或是两"世"。余文中"代"字用括弧，即指地质学上之 era，和"纪"period 及"世"epoch 不同。并非谓不能分成两个时代也]

至于说"灵生代"带着浓厚的唯心论色彩，我觉得这个帽子扣得不很合适。"灵生代"是一个专名词，意思是说有人类的时代，并不能说用这名词就是唯心论者。况且夏先生在后面也用了"灵长类"这个名词，足见"灵"字并不是完全不可用。["灵生代"一名词之创设者，确带唯心论色彩，既有"第四纪"一名词可代，似可放弃。若"灵长类"，虽亦不甚妥当，但实无另一已久用之名词可代。]

提到学理上的理由，夏先生主张放弃灵生代这一名词，根据："第三纪和第四纪的年代都很短，二者的界线不明，差异又不重大"，我知道这说法完全是地质界一个派别的说法，并不是"现下的地质界"多以为如此。我若用另一个派别的理由来说，不能以时间短而不能称之为"代"，例如我国历史上的秦、隋，时间都很短，没有人将秦、隋从中国历史中去掉。至于第三纪和第四纪的分界不明，这是就一个地方的地层而言，然若就许多地方做一比较研究的话，新生代与灵生代的地层中，所含的化石及沉积性质，则大有区别，如三趾马与单趾马之分，如古象（Mastodon）与真象（Elephas）之分。我们还可不将人类计算在内，差异处已很重大了，何能不分别为两个时代？

综上所述，我个人及大部中国地质学者认为，新生代与灵生代应当分别为两个时代，灵生代这个名词虽不能说尽美尽善，但能代表这个时代的意义，且用得久了，惯了，也不必因为有"灵"字而放弃了。

（二）猿和人的区别

我很同意，且很赞美夏先生将猿与人的区别联系到唯物辩证法质量变化的理论上去。不过关于这一段，我应当指出，我所说的猿与人的区别，有"头大脑量大"一句话。我们不能曲解为，脑是人类所特有，猿则没有的意思，正常的解释应当着重"大"字，就是人的脑量大，猿的脑量小。

（三）手和足的区别

我应当很清楚地、很坦白地说，我所用的参考书，并不像夏先生所用的那样多，且种类也少有差别，关于人与猿的手的比较部分，我大半是参考赫胥黎（T. H. Huxley）著的《人在自然界之位置》（*Man's Place in Nature*），这本书虽是"古董"，但仍不失其科学上的伟大价值。我根据该书的 118 页（New York，D. Appleton and Co. 1894 年版）将 Opposable 译为"对立"，但因简略，未将对立之意再加解释。按赫氏原文的解释，对立就是指大拇指的尖端能够很容易地和其余的手指接触。[在通俗文章中，将"对立"一词解释得这样特殊化，又未明确解释，又未注明依赫氏原文，则吾人读时只当作"对立"二字的通用意义]

　　至于夏先生认为"人的足是从手变成的"，我则以为不然，我们应该特别注意，人的手和足是分化了，分工了，因之，足与手截然不同。但是猿和猴的足和手并未完全分工，所以在地上时，猿猴用前后四肢支持全身，在树上时，也是用前后四肢把握枝干，攀援动作。因为四肢皆担任运动身体的工作，与人的两腿的功用相同，因之，我们通常皆称前后四肢的末端为足。夏先生虽说："有些动物学家称猿猴为四手类"，但一般人或平常人总不会说：猿有四只手，四条胳膊，全是说：猿有四条腿，四只足。［长臂猿、猴子用手拿东西，则平常人并不以猿猴为四条腿或四只足，因受人类本位成见之囿，故仅以为猿猴前肢为手，不像动物学家以其后两肢亦为手耳。］

　　再提到"脑的发展是在手足分工之后的"，我觉得这犯了唯心论看事物是孤立的毛病，唯物辩证的理论是要把事物看成彼此关联，互相制约的。我们且放下理论，从实事上讲，由古猿演变成人，也绝对不会，脑量不变化增大，只是身体先直立起来，等直立好了之后，脑筋再发达。我认为，古猿一方面身体渐渐直立起来，脑量也同时渐渐增加，等身体完全直立了，脑量也增大了。北京猿人和爪哇猿人的脑量已经比猿的脑量大了，并不是没有增大呀！同时他们能直立行走，正是证明人类先直立，后增加脑量的说法之不正确。关于南方古猿的问题，我们知道，大家还在争论之中，但我们不能否认南方古猿是发展而走入歧途的一支，即不正常的，与人类发展不同的一支。假定夏先生所说为是，南方古猿的脑容量和大猩猩相近，但是已经能大致直立行走了，我们可以这样解释，正因为南方古猿的脑量未能配合身体直立而增长，所以南方古猿绝灭了，没有像"猿人"一样更向前发展下去。［原意是说脑的飞跃的大量的发展，是在手足分工之后的，并不是说手足的分工过程中，脑子完全停滞不发展。恩格斯说："首先是劳动，然后是同劳动产生的语言，这两者乃是最主要的推动力，在它们的影响之下，猿的脑髓才逐渐变成在基本构造上完全相类似，但较大和较完善的人的脑髓。"］

（四）灵长类的分类

关于灵长类的分类，我是根据奇特尔（Zittel）的说法，采自他的古生物学教科书英文本第三册（英国伍德渥德 Woodward 修订版），这本书上将灵长类分为三个亚目，Prosimia，Anthropoidea 及 Bimana，我将上三名词，译为猴、猿、人三类。"猴"字不很正确，似可为"原猴类"，因为当时为写通俗稿，所以将原字省掉。想不到夏先生因此竟谓："拗曲了事实的真相，使人发生误解"，甚至说：颇有点像将鲸鱼、鳄鱼和其他鱼类都归并在一起，叫作鱼类，我虽然没有学识，但鲸鱼、鳄鱼非鱼类尚可知之。[鲸鱼、鳄鱼是鱼，但不属于"鱼类"，狐猴、蹜猴是猴，但不属于"猴类"，因为"×类"是动物学上的专门名词，猴和鱼只是通俗用语。"原猴类"是比"猴类"较低的一类动物，决不能省略"原"字，称之为"猴类"]

奇特尔所谓之"人类"，不只包括现代人，实也包括各种化石人类，如各种猿人、尼人等，我觉得这种分类很好，很合适，丝毫不违反动物学上分类的原意。[奇特尔原书分灵长类为三亚目，原猴类（狐猴），猿猴类（包括西半球猴，东半球猴及猿类）及人类]

若再提到狐猴和蹜猴，夏先生说，似乎没有一个动物学家说狐猴和蹜猴可以归并到猴类中去，我觉得夏先生自己在矛盾了，明明写的是狐"猴"和蹜"猴"，而自己却不承认是"猴"。假如我们现在只以中国所习见的猕猴（Macacns）为猴，那自然不是。但是这里是"猴类"，即近乎猴的一类动物，似乎我们也不能否认狐猴和蹜猴与"猴"有若干相似之处，若归入猴类之中，也不能说是错误。我们看问题，应当看全面，不能只看片面。因此，我希望我们不要专门由动物学上来谈动物的分类，同时也要参考一些古生物的书籍来判断动物间的互相关系而分别种类。

（五）人类化石的发现

夏先生在这一段文章，博引旁征，好像是在证明我不知道美洲和澳洲有人的化石发现一样，其实，就假定我不知道夏先生所列举的发现的话，也未必由此即可断定我所谈的问题失掉学理上的根据。我应当承认，我这句话，有相当的不明确的地方。我写文章之时，在我用字方面，"人"字常是指真人（Homo sapieus）来讲，"人类"则是指 Hominidae 而言，通常是指 Homo 以外的如中国猿人、爪哇猿人等。我们若就我用字方面而论，则澳洲和美洲的发现只为 Homo 或 Homo sapieus，而不列入"人类"。话虽如此，我自己用字有这样习惯，有没有注解出来，读者当然容易误会，所以我应当承认这一点写得不够明确。[裴先生的用字，将"人类"限于"人"以外的猿人等，殊为特别（但前文谈动物学上分类，又以人类指 Bimana，包括真人）又未声明，叫读者如何知道。现在吾虽知道了裴先生的原意，但以为这样的用字，确出于意外] 但是若细心看看我所写的文章，也是可以了解的。夏先生所引证的德特拉在墨西哥的发现，我早有而且屡有所闻，因为曾有许多朋友来信告诉我这件事，虽然现在尚有许多争论，但这是"人"的化石是不能否认的。[我虽细心再看看裴先生的这两篇文章，仍看不出裴先生曾提到也对于德特拉的发现是早有并且屡有所闻，惟我相信裴先生是知道的，不过原文漏去未提] 当我修改我原文之时，因为习惯认"人类"有上述的意义，所以我没有改掉。但是我这样将"人"和"人类"分别起来，读者是容易混淆的，我应当感谢夏先生，给我指出这一点不明确之处。

至尼人分布的问题。我实在不能在那篇文章中完全指出。只能举出重要者。如爪哇的似尼人的安栋人，南非的罗的西亚人，则都略去。至夏先生所云之巴勒斯坦人，即我所指的小亚细亚所发现的化石人，假如我们作一篇人类化石的研究一文或一书，我们不应当省略去，但在一般杂志或报纸的文章中，则大可不必这样详尽。[巴勒斯坦并不属于小亚细亚半岛。化石分布虽不必详尽，一一举名，但似应略举其最远点（所谓四至），以表示其广布]

（六）人类的发展和化石人类的灭绝

在这一段文章里，夏先生提出的问题有三：

一是真人化石绝灭的问题。夏先生所引我那段原文，是"第四纪末的那种人类，现在已经绝灭了"，如果不断章取义的话，便可知道我所谓"那种人类"，是指克鲁马努人而言，我并未说第四纪末期的一切人类都绝灭了，只是说那种人类。〔我并没有"断章取义"，我问过几个人，他们读后也作如此解释，似应归咎于原文之欠明了〕至克鲁马努人是否绝灭，人类学家的意见也不一致，欧洲资产社会的"学者"有许多人是认为克鲁马努人的子孙是南斯拉德人，南斯拉德人又是欧洲北部白种人的祖先，因之，他们认为白种人由猿猴分划出来比其他现代人种早，文化进步，是现代人种的最优越的人，我们不能再因袭这一套统治理论了。

二是人类发展的三阶段问题。没有疑问的，人类发展的过程是错综复杂，绝非以三个阶段即可说明一切，不过为简单和一般人能了解，我根据地质年代和人类体质形态分成三阶段，不是专以地质年代为根据，也不专以体质形态为根据。在这三个阶段中，我没有提英国境内所发现的曙人，因为现在大部分人认为曙人不像英国人认为的那样古老。许多人都将黑德堡人列入"人"（Momo）之中，并不列入"猿人"之中，但他的下颚骨的形状的确与猿相似。而牙齿排列及形状则似人。我觉得应谓之为"猿人"，即具有猿性质的人类。此外更因为黑德堡人发现的地层为第一间冰期，所以根据地质时代也应列为"猿人"。

至斯万斯孔人和斯坦海母人，的确是不易划入这三个阶段之中，因他们很像真人，但地质时代仍可早于尼人。我对于这个解释是这样：后一期发展的东西，都蕴孕在前一期之中，例如在封建社会中，已经有了发展资本主义社会的种子，但不能因此即将封建社会和资本主义社会混在一起而不划分为二。

三是尼人是否人类发展史的一个阶段的问题。关于尼人和真人的关系，若讨论起来，怕是一个没有完的故事。最近苏联专家吉谢列夫来京，曾在座谈会中讲到，现在苏联人类学家认为尼人演变成了真人，他并举出人类文化上的旁证。他说，同时人类文化由 l'Abri Andi 演变成了 Chatelperron，为什么在同一时期中人类体质形态不能由尼人演变成真人，他并且说尼人演变成真人迅速的原因，是因"族外婚"的关系。我个人对于苏联专家的说法，也不完全赞同，因为尼人的形态实在很特殊，并不一定就是由尼人演变成真人，很可能是由与尼人相似的一种人，现在还没有发现，演变而成真人。但无论如何，以尼人及似尼人分布之广，占一定的地质时代而论，尼人在人类发展史中占一个阶段，是不容否认的。

（七）旧石器时代的真人和洞居人

人类在创造力还没有发达的时候，不能自己修造房屋，不能不居住在天然生成的山洞之中。就我们现在所知，中国猿人是住在山洞之中，尼人大部住在山洞之中，克鲁马努人也住在山洞之中，但也有住在河边台地之上者，后者在考古学上称为露天遗址（Open Air Station）。从布舍德波特（Boucher de Perthes）研究旧石器时代初期的石器起（远在1846 年），人类就知道了在河边堆积之中，有人类使用的石器存在。此后研究旧石器时代的考古学者，虽然大部分工作在山洞之中，但如所谓之露天的莫斯特文化，则时有发现。现在则大部谓之勒瓦娄哇（Levalloisean）文化，并不是像夏先生所说："但是近来的新发现，知道他们不仅居住于山洞中"，实在是早已知之。[我的原意是说在旧石器时代露天营居室，是近来的新发现。波特氏的露天遗址，是工具的制造地或抛弃用具的垃圾堆，并无居室痕迹（如火灶、屋基之类）。南俄所发现之房屋原来大约有屋顶，并不露天，裴先生似未习过逻辑学，此段论辩有些不合逻辑。]

我在写《从古猿到现代人》之时，曾写了一句"旧石器时代的真人居住在山洞之中"。原来写的是克鲁马努人，但修改时因觉得这克鲁马努人是一个专名词，避免多用，后来才改为"旧石器时代的真人"，我觉得并没有错误，因为我并没有写"旧石器时代的真人全住在山洞之中，没有例外。"而是只写："旧石器时代的真人居住在山洞之中"，我想夏先生也不会写："旧石器时代的真人没有住在山洞之中者。"

（八）"从猿到人"和"从古猿到现代人"

在这一段里，夏先生说："裴先生在第二篇中，将恩格斯原来的命题更改了。"［我所谓"命题"是逻辑学中的 Preposition，便是说恩氏的原命题说人是由猿变成，裴氏改为现代人是由古猿变成的，我并不是说原书的标题（原书标题，我在第一段中即引及。）］我觉得这话不很正确。恩格斯原来的命题是"劳动在从猿到人过程中的作用"，是《自然辩证法》的一章，解放社将这一章单独译出出版，名之为《从猿到人》。在北京方面，各团体学习这个文件的时候，许多人都提出问题："现在的猿什么不变人"，或者"现在的猿是不是要变成人"，为什么有这样的问题发生，主要是一般人没有时间的观念，认为"从猿到人"，就好像动物园中的猿也要演变成人，也可以变成戴着礼帽、拿着手杖在动物园里游玩者。所以我觉得单单一个"猿"字难免有人这样误会，所以加一个"古"字，好明确地表示出时间性来。至若说，并非古猿完全可以演变成人，我们需要注释出来，那自然就太啰唆了。这就是用"古猿到现代人"的命题的原意，既不因为简略而发生误会，又不太复杂，我想这就是一个重大命题的意义和使命。也就是座谈会中大多数人同意这个命题的意思。

至于"现代人"，我在最初的原稿中，有一大段说明许多不同的人种是由同一祖先而来，只因地理分布不同，而演变成不同的种族，并没有贵贱优劣之分。后来因为简缩一下，将这一段删去了大部。但我这里说得很清楚，我说的是人类体质发展史，到了真人化石的时期，人类的体质形态的演变迟缓了，"与现代人没有显著区别"，所以讲现代人的部分较少，但主要的意思还存在，不能因此而谓用"现代人"不适宜，也并非如夏先生所说："……仅以达到真人化石为止。"

结　语

夏先生于提出若干问题之后，曾有余论一段。在这一段中，夏先生很客气，自称："我这篇商榷中也许有些地方理论不正确，事实有错。"我觉得《从古猿到现代人》一文的作用是启发劳动的观点，事物发展的观点，不是一篇专门研究古人类化石的科学论文，因之不能将许多错综复杂的理论提出来讨论，所以我们不能用看科学论文的尺度来衡量这篇文章。

我将夏先生提到的问题，逐条简答如上，我希望我们再有相似的讨论，可在专门的刊物上公开商讨，不好占据一般刊物的篇幅，不知夏先生同意否？［我原来是将稿子交与周予同先先生求正，周先生即扣住，交与《进步青年》上发表，实则此种讨论，仍是通俗性，不值得在十分专门性的刊物上发表］

最后我应当说明两点：一是感谢夏先生给我提出来许多问题来商榷，使我重新考虑了这篇文章的写法，对我今后的工作很有帮助。以我写自然发展史而言，确实要广泛征求各方面意见，我曾接到一百多件信件，使我增加了许多知识。二是我再看看我所写的两篇文章，尚有许多地方应当再商榷商榷，因为我们搞专门东西搞惯了，有许多专门术语，在我们看来很平常易懂，但在一般人则要费很大的解释。我觉得我们今后的工作，自己做专门研究，使科学有发展，固然很重要，但一般通俗的文字也很重要，这就是说，我们自己钻入了牛犄角尖，但不可忘记了群众。然而通俗的工作实在不容易，我们只有一步一步地学习前进，且非一两个人之力，要群众自己来担负起责任。我愿意与读者及夏先生一起，大家同心协力向着这个方向前进。

1950 年 3 月 28 日

对裴文中著二书的批注[*]

一 《第二次大战前后世界各地对于人类化石的新研究》

（中国科学院古脊椎动物研究室丙种专刊第 1 号，1954 年 11 月出版）

第 1 页，关于苏联发现的乌达布诺古猿，补注资料来源：

"Н. О. Бурчак – Абрамов и Е. Г. Габашвили, Высшая человекооб разная обезьян из верхнетретичных отложний Восточной Грузии, "Сообщения АН Груз. ССР." т. VI. No. 6 1945，стр. 451.［Н. О. 布尔恰克－阿布拉莫维奇、Е. Г. 加巴什维利：《东格鲁吉亚第三纪晚期沉积层出土的高等类人猿》，《格鲁吉亚加盟共和国科学院通报》第 6 卷第 6 期，1945，第 451 页。］"

---

[*] 作者在 1956 年 1 月 2 日的日记中记载："上午阅毕裴文中《关于考古和第四纪地质工作上一些新方法》（第 1～41 页），颇多错误，连译文亦有大错处，真是粗枝大叶。（见《夏鼐日记》卷五第 200 页）现将作者对裴氏该书及《第二次大战前后世界各地对于人类化石的新研究》的批注，一并录出，编入文集。这反映了作者学识的渊博和治学的谨严。

第 5 页，关于 1947 年英美古人类学家去南非发现的古猿化石，补注："Fluorine analysis has provided support for the presumed contemporaneousness of Telanthropus and parsntthropus at Swartkrans in Transvaal. (*Anthropology Today*, p. 49.)［氟含量分析显示，关于德兰士瓦省之斯瓦特克朗发现的远人和傍人属于同一时期的假说可予以支持。《现代人类学》第 49 页。]"

第 6 页，关于东非发现的魁人，

其一，补注：发现时间为"1935 年"，发现者为"Kohl – Larsen"，发现地为 Kenya 之"Njarasa 或 Eyassi 湖北"，研究者为"Vallois"。又补注资料来源："H. Weinert，*Africanthropus njarasensis*（Zaitsch. fur morphol. Und anthrop.，XXXVIII，1939）［H. 维纳特：《地貌学与人类学》第 38 卷，1939］. Kohl Larsen 的简报，见 Forschunzen und Forschritte，XII，Berlin 1936［《研究与进步》第 12 卷，柏林，1936]。"

其二，补注：发现地为 Kenya 之"Eyassi 湖北几公里"，又补注资料来源："H. Weinert，Uber die nenen vor…und Frül menschenfunde am Afrika，Java，China und Frunbereich（Z. M. A. XLII，1950）［H. 维纳特：《论非洲、爪哇、中国和 Frunbereich》，Z. M. A.，第 42 卷，1950]。"

第 9 页，关于爪哇人的研究，补注资料来源："Bergman and Karsten，*The Fluorine of Pithecamthropus and other specimens from the Trinil Fauna. Proceeding…Ned Wetansch.* Ser. B. Vol. LV，No. 2，1952［柏格曼和卡斯滕：《特里尼尔动物群中的猿人及其他标本的含氟量》……B 集，第 55 卷第 2 册，1952]。"

第 12 页，关于所谓"曙人"的研究，批注：采用的是"氟的分析（Fluorine)，不能称为萤光的分析。Fluorescence（萤光）为物理学名词，氟石能发萤光，但能发萤光者不限于氟石，如硫化锌、铂氰化钡等亦然。鉴定古画者曾用萤光分析法，以鉴定表面相似而实质不同的颜料，因在紫外线下发不同色彩之萤光。至于欧克莱的工作，是用氟的定性定量分析，并不是萤光分析。"

第 13 页，关于欧克莱（K. P. Oakley）等所作分析，批注："是用氟的分析，并且不仅氟的分析，还应用其他方法（如显微中观察、氮的分析、重铬酸钾加染的鉴定）。"

关于巴甫洛夫的著述，批注："巴氏论文，见俄文《人类学杂志》XIV（1935），附有法文撮要"。

第 14 页，关于苏联克里米亚的发现，补注资料来源："Бонч - Осмоловский，Г. А. Лалеолит Крыма，В. I. Грот Киик - Коба，М. - Л. 1940，В. II，1941 ［邦奇 - 奥斯莫洛夫斯基，Г. А. :《克里米亚的旧石器》，第 1 卷《基易克寇巴洞》，莫斯科 - 列宁格勒，1940；第 2 卷，1941］。"

第 15 页，关于基易克寇巴石窟中的人类化石，批注："据 Vallois 云，在 1941 年的正式报告，认为共生的文化属泰亚克文化（《化石人类》，1952，第 218 页）。"

关于彼梯高尔斯克的人类化石，批注："葛里米亚茨基的论文，发表于俄文《人类学杂志》XII（1922）及 XIV（1926）中，但一般皆认为乃近代人骨。发现年份，Vallois 未提及，只引其发表年份，据 Keith（1931）云，1918 年发现。"

关于巴甫洛夫的著述，批注："巴氏论文，见俄文《人类学杂志》XIV（1935），附有法文撮要。"

第 17 页，关于专心在阿富汗与苏联交界地区"工作"的寇恩，补注："C. S. Coon, *Cave Explorations in Iran*, 1949. Philadelphia 1951。"

第 18 页，关于日本的发现，Kuzu 补注："葛生"；Tochigi 补注："栃木。"

第 19 页，关于德利南教授等人的发现，开普堂括注订正为："Cape Town"；好普菲地方增注："Saldanka 村附近"。又增注资料来源："见 *Anthropologic*，T. 57（1953），pp. 366 - 367。"

第 20 页，末尾增补："斯洛伐克——1950 年 E. Vlcek 宣布于 Poprad 附近的 Ganovir 于第四纪的住堆积岩中发现一属于尼人的脑印痕，头骨已不见。（此第 5 节"欧洲各国发现的尼人新标本"，抄自 Vallois《人类化石》，1952. pp. 220－221）。"

第 21 页，关于资阳人的性别，批注："据吴汝康云，可能系男童。"

第 22 页，关于南楝人三说，批注："对于南楝人原始和进步混合性质，三说是一致的，并不相矛盾。前两说的不同处，是解释这性质的来源的假说不同，并不是对于其性质有不同见解。"

第 23 页，关于北非摩洛哥的拉巴特人，批注："Rabat specimen is Neanderthaloid in character, and its age is contemporary either with Heidelberg man or Stainheisn skull. (*Anthropology Today*, 1953, pp. 47－50) [拉巴特的标本具有尼安德特人的性状，其年代与海得堡人或 Stainheisn 头骨同时代。（《现代人类学》，1953，第 47～50 页）]。

又批注："Vallois" 1952 年版《人类化石》pp. 443－444 引 1934 年 Marcais 的发现报告，V. 曾作研究，以为近于尼人。1951 年 Eunouchi 在 Rabat 附近发现 Mechta 型人骨，见 *Anthropologie*, 7.57（1953），p. 272。但此犹山顶洞人之不能称"北京人"，不能称拉巴特人，且亦非 Marcais 所发现。"

第 24 页倒 2 行，关于"鉴定的年代的差误不能超过十年"，批注："± error of 100 to 1200 years, the magnitude of the error being in part a function of the age of the material. This error is assumed not to exceed the sampling error in counting in runs of 48 hours. (*Anthropology Today*, 1953, p. 15) [有 ±100 到 1200 年的差误，差误数的大小部分地是由于材料的年龄所致。这种误差据称不超过在连续 48 小时的计算过程的取样误差。（《现代人类学》，1953，第 15 页）]。"

二 《关于考古和第四纪地质工作上一些新方法》

（中国科学院古脊椎动物研究室丙种专刊第 2 号，1955 年 8 月出版）

第 3 页，关于"绝对年代"，批注："地质学家从前也有估计的'绝对年代'。所谓'绝对年代'，不一定以'年'为单位，可以用'世纪'或'月'或'日'为单位，而仍为'绝对年代'。如果只知道甲文化比较乙文化早了若干年，而不知二者距今的年代，则虽以年为单位，仍不算是'绝对年代'。作者的界说，仍嫌含糊不清。考古学家所得的结果，除了史前时代，只能得到粗略的'绝对年代'（如说北京猿人是五十万至一百万年，但仍是'绝对年代'），其余都是除了"相对年代"之外，兼能指出其'绝对年代'。作者泛称考古学是不妥当的。"

第 4 页，"（2）放射性碳素的研究"，批注："此为（7）[放射性物质测定方法] 的一种"，即二者不应并列。

同页，"（3）测定砖和陶器的地磁性的方法"中"各个年代和各个时期有不同的磁性"，批注："不知此处年代和时期如何区分？实则应该说'各地区在不同时代常有不同的磁性'，省略去'地区'的条件是不对的，而年代和时期倒可不必区分。"

同页，"（5）花粉和孢子的分析"，批注："花粉与孢子，普通都是指 Pollen，此可以定其绝对年代。"

同页，脚注（2）中"砌窑的砖"，批注："大部分窑址没有砖块，只是用土堆成。"

第 5 页，"法国矿物学家喀诺（A. Caanit）早于 1893 年首先分析了骨化石中的含氟量"，订正"A. Carnot"，批注"英国化学家 Middleton 于 1844 年首先指出此点，Carnot 重新提出而已。"

第 6 页倒 4 行，关于奥克莱的"发现在地面八英尺下的砾石层中（但在表面露出）"，批注："原文为 'trouvés à 8 pieds au dessous de la surface des graviers fluviatiles du Pléistocène Moyen'应译为'发现在更新世中期的现积砾石层的表面下八英尺处'。换言之，发现化石处的上面压有八英尺的砾石并不是在'表面露出的'。"

第 8 页倒 5 行，批注：荷兰人分析爪哇猿人的时间"1952 年"，数据"头骨 1.22% ~ 1.20%，第一号大腿骨 1.01% ~ 1.56%，另一大腿骨 1.17% ~ 1.75%。"

同页脚注，批注："最近中国科学院古脊椎动物研究室的研究，托人分析氟素，知道试验的不准确数颇大。1953 年的分析，各块不同 Piltdown［辟尔当］人骨的含氟量为 0.01% ~ 0.1%，与 1950 年的 0.2% 虽颇有差异，但是仍属可能。又后来揭穿兽类化石中亦有近代物伪涂成化石色，所以使人易误会有一化石群包括 Piltdown 人在内。"

第 10 页第 20 行，批注："邱中郎《含氟量分析在中国几种人类化石上试用的初步报告》，《古生物学报》第 3 卷第 4 期 323 ~ 329 页，1955 年。"

第 11 页第 3 行，哥伦布发现美洲的时间，批注："公元 1492 年，相当于弘治五年。"

同页第 4 行，"印第安人是没有文字历史的"，批注："Mexico（Maya）和 Peru 已有文化历史，并不是完全不知道的。"

第 15 页，关于道格拉斯开始想将年轮的研究应用到考古上去的时间，由 1901 年订正为"1911 年"。又批注："在 Colorado 所获得的年轮表，晚期的可上推到 13 世纪，早期数百年，与后期的不相接连。Showlow 的一段 1260 ~ 1237，恰好补其中断之年，还可更上推至公元始时左右。"

第 17 页第 4 段，关于中国考古学上从器形和钱币的研究，"得到一些相对年代"，批注："所获得的仍是绝对年代，仅其较粗和较不正确而已。譬如说西汉、东汉和战国，皆有绝对年代之意，并非'相对年代'。"

同页第 5 段，关于没有加以年轮的研究，不能确定墓葬的绝对年代，批注："年轮的研究，如果不和历史上一定时代（或距今年代）联系起来，仍是相对年代，不是绝对年代（即甲墓较早于乙墓而已）。"

第 18 页脚注（1），关于"C14 饱和量"，批注："化学上所谓饱和量，是说因为化学性质的关系，不能再多。但大气中含碳 14 的量，只是因为在现今高空中所产生的与大气中因放射而丧失的，几乎相等，所以产生一定比量，这并不是化学性质的关系，这是可能更多的，不能算是饱和量。"

同页脚注（2），关于动植物生长的年龄都很短，批注："这并不是仅由于生长的年龄很短（植物有生长几千年的），而是由于生存时放射掉的与吸收进去的相抵消，而丧亡后只有出无进，所以可以开始计算。"

第 19 页，所谓放射性碳 14 含量分析法的"缺点"，批注："这些所谓'缺点'；有些是它的局限性（或可称为缺点）；有些是每种科学工作都需要的科学精确性，不能算是缺点。"

同页，所谓某些人吹嘘"一万年中误差不超过 10 年"，批注："似乎没有人这样吹嘘过。"

第 20 页第 15、18 行，关于试样中的"骨骼"，批注："骨骼当时曾经燃烧的可用，未经燃烧过的石化的骨骼现今条件下不能用。原文作'les os ayant subi un début de carbonisation'，乃炭化，即燃烧之意，以骨外肌肉经燃烧而炭化，故含炭较多可用。"又批注："主要的是不能羼入近代的碳素，至于破碎等现象是可以的，标本□到后也要破碎的。原文作'pulvérisés pulveresis'，是指腐化或松化，即已去已了化学变化，并不指物理上破碎的。"

第 21 页，举例中"已知年代"项，批注："已知年代必须注明'距离作试验的那年'，一般是用 1950 年起算。"

第 27 页第 14 ~ 15 行，关于砾石之"海水中生成者永远比淡水中生成者的平度较小"一段，批注："原文作'les galets fluviatiles sont toujours moins aplatis que les galets marins（淡水中生成者永远比海水中生成者平度较小），译文适相反。"

同页第17行，关于"更不对称的石灰岩砾石的平度很小的原因"一段，批注："原文作'les galets calcaire fluviatiles⋯peuvent être dans certain cas très aplatis. Comment alors les distinquer des galets marins calcaire par leur dissymétrie toujours, plus forte pour les galets fluviatiles'（淡水中生成的石灰岩砾石有时也是平度很大的，那么，如何将它与海水中生成的区别开来呢？这可以由淡水中生成者更不对称这一点来区分开来。)"

同页第18行，"海滨的热水中"后加"或冰川的冷水中"。

第28页第3行末，加"淡水中生成的石灰岩砾石而平度大的（1.7～3.5)，当由于气候寒冷"。

同页脚注（2），批注增补参考书若干。

"辟尔当人"疑案的解决及其教训[*]

　　关于"辟尔当人"疑案的解决，《科学通报》今年第 5 期中，已有李泗同志加以报道[①]。接着又有田汝康同志在《光明日报》史学副刊上的介绍[②]。两篇文中都追述这疑案当年发生的经过，和去年这纠缠了 40 多年的疑案如何被解决；并且都指出这事可以清楚地说明资产阶级伪学者虚伪作假的卑鄙无耻。我现在对他们两篇文章加以补充，希望能由这件事情中获得更多的教训。

　　第一点，我想指出资产阶级科学的局限性。伪造"科学"证据这类事项，大家都知道要加以唾弃的。但是更重要的为什么这骗局能维持 40 多年之久，忠实的人类学家中也有人相信它。这便是思想方法的问题。资产阶级的思想体系容易使人迷惑，看不出真理来。田汝康同志的文中，说英国科学界对这头骨大吹大捧，英国以外的科学家便加以怀疑。事实上，英国以外的科学家，也有许多人加以相信，例如德国的

----

　　[*]　本文原载《科学通报》1954 年第 8 期。
　　[①]　李泗：《"辟尔当人"的秘密》，《科学通报》1954 年 5 月号，第 66～67 页。文中将 Dawnman 误作 Downman。
　　[②]　田汝康：《辟尔当人头骨》。1954 年 6 月 10 日《光明日报·史学副刊》第 32 期。

H. 卫尼特、法国的 M. 波尔、美国的 E. A. 荷顿。这位反动的美国人类学家荷顿教授，甚至于在这骗局被揭穿之后，还发表文章说，"辟尔当人"果然被证明是一骗局，但是他仍相信将来还有可能发现这种人型头盖骨和猿型下颚相结合的"曙人"的真正化石。我们再看苏联的科学家们。他们在这骗局未被揭穿以前，便已认定这"辟尔当人"是显然很成问题的。高度发展的人类头骨是不可能与猿型下颚相配合。纵使解释为人类化石的人猿化石偶然混在一起被发现也是说不通的，因为据我们所知道的，在这时期中（鲜新世晚期和更新世早期）欧洲境内未曾发现过任何类人猿的化石。资产阶级的科学家们毫无批判地轻信这种不可能的配合，同时更利用它做反动的"种族优劣论"的根据①。

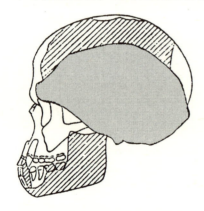

图 1　中国猿人头盖骨侧面图，套印于"辟尔当人"头骨上，以作比较

为了更清楚地说明这问题，我将"辟尔当人"的头骨及下颚骨和周口店发现的中国猿人（北京人）相比较。由图 1，我们可以看出来，"辟尔当人"的头盖骨，是高度发展的人类头骨。他的眉骨上边没有突出的棱脊，额骨隆起，脑量据估计达 1300 ~ 1400 立方厘米，换言之，它跟现代人几乎没有什么区别。不像北京猿人那样额骨低平，有巨大的眉骨脊，脑量平均数只有 1000 立方厘米（现代人脑量平均 1400 立方厘米，现代猿约 600 ~ 800 立方厘米）。反过来，试比较他们的下颚骨和牙齿，"辟尔当人"的是和现代类人猿相似，尤其是和雌性黑猩猩的，几乎完全相同。他的下颚有"猿型板"（Simian shelf，即下颚的下端有向后伸延的骨板，见图 2 下颚缝合部分的剖面）。牙的排列，两侧

———————————

① П. П. Ефименко: *Первобытное Общество*，1953，Киев，第 95 ~ 97 页。

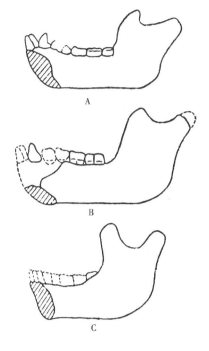

图2 下颚骨比较图

A. 黑猩猩　B. "辟尔当人"

C. 中国猿人

由犬齿至第三臼齿，左右两列互相平等。犬齿突出于其他各齿之外，尖端尖锐，上下犬齿互相交错。这些都是现代猿类下颚的特征。只有牙齿的透蚀痕迹表示他的咀嚼方式是现代人和现代猿的中间过渡型（这是由于伪造者故意磨成的，见下面关于检查结果的一节）。再看中国猿人的下颚，虽然仍保留有一些原始性，例如完全无颐部（这个原始性，连后来的尼安德特人还保留着）。但是已经向现代人类型的构造这方面演进了。他们下颚没有"猿型板"，这部分不但不向后伸延，反而稍向内收缩。左右两行由犬齿至第三臼齿的行列，是向后逐渐扩张，不是互相平行。犬齿也并不凸出于其他各齿之外，而是齐平的（南非洲发现的"南方猿"化石的下颚便已如此）。由于这个比较，我们便可以知道这"辟尔当人"是大成问题的。人类体质的演化是有它的规律性的，决不能在远古时代，有一种"曙人"，他的头盖骨的发展已超越过中国猿人的阶段，而和现代人相同，但是他的下颚骨及牙齿的发展，不仅赶不上中国猿人，还远不及"南方猿"，而和"现代猿"相同。

我们再深究为什么资产阶级的科学家们竟能对于这个四不像的"辟尔当人"深信不疑呢？像苏联叶菲明科院士所说的，主要的是由于他们想拿这头骨做他们"种族优劣论"的根据，以为人类体质的发展是不平衡的，是曾采取不同的道路而进化的，所以便产生了现代的

"优秀种族"和"愚劣种族"[①]。另一原因，是由于他们的唯心论的观点。恩格斯在他的经典著作《自然辩证法》中，创立了"劳动创造人"的理论，阐明了劳动在从猿到人转变过程中所起的决定性的作用。但是唯心的资产阶级科学家们，却以为心灵是人类演化的根源，因之认为在人类演化的过程中，脑子的发展是起了先驱者的作用，而其他部分如四肢、下颚、牙齿等随后跟着起了变化。研究人类化石的"权威"如 G. 义律斯密、A. 刻茨都曾发表过这类的说法。受了这种唯心论观点的影响，自然对于"辟尔当人"的不配合，不但不加怀疑，反以为正是他们所欲寻找的人类演化过程中的"一环"，而定名为"曙人"。但是近 40 年来科学的发现，像北京猿人和非洲南方猿的化石，都证明：便于劳动的手足分工，却早于脑子的发展。下颚和牙齿的演化，也早于脑子的发展。这次骗局的被揭穿，更粉碎了资产阶级科学家的唯心的说法，证实了恩格斯及苏联科学家们的正确的论断。

第二点，我想指出的，是科学研究中各部门间的联系性。一个科学问题的解决，时常依赖其他科学部门的帮助。这次"辟尔当人"的鉴定工作，是包括了氟、氮的分析，X 射线的透视，和显微镜下的检查[②]。

"辟尔当人"的牙齿，包括犬齿和臼齿，经过了显微镜的检查，证明它们磨蚀面是曾经人工磨蚀的，显露纤细的人工磨痕，和猿类或人类由于咀嚼而造成的自然的磨蚀痕迹不同。X 射线的透视，犬齿上并没有形成次生的齿质，如果是生前由于咀嚼而磨蚀，那么必定会有次生齿质的形成。这猿型牙齿上磨蚀痕和现代猿不同，完全由于伪造者的作假，故意加以人工磨蚀所致的。

骨中所含氮的成分的分析，更新世晚期的几件化石中含有0.3% ~

[①] П. П. ЕФименко: *Первобытное Общество*, 1953, Киев, 第 96 页。

[②] J. S. Weiner、K. P. Oakley and W. E. Le Gros Clark 的鉴定工作报告，原文见 *Bulletin of the British Museum*, *Natural History*, *Geology*, II (1953)，第 141 页及以下。我未获得原报告，现在根据 *Science*, Vol. 119, No. 3087 (1954)，第 267 页转引。

1.2%；几件现代骨中含有 3.2% ~ 4.1%。至于"辟尔当人"的"头盖骨一"和"头骨二中的额骨"，是 1.1% ~ 1.4%，和前面所引的化石相近，下颚骨及牙齿是 3.9% ~ 5.1%，和现代骨相同。我们知道埋在土内骨骸中的氮，是逐渐由于有机质的腐化而减少。一般说来，时代越久，所含的氮越少。但是就其所埋的地方不同，减少的速度也不同。使氮消失的因素颇多，其中变化也颇大，单靠这分析是不够的。例如"头骨二"的枕骨残片，含氮只有 0.6%，似乎可以推断它的年代最早。但是由于氟的分析，和它的表面上的人工染色，可以断定是近代骨骸的伪造。

氟的分析是比较氮的分析更为可靠，现在已成为鉴定化石年代的一个很有用的方法①。泥土中或水成岩中的水分内包含有氟。埋在地下的骨骸或化石，由于游子的交换作用，便逐渐吸收水分中这元素，将之固定于骨中，有增无减。同一地点同一地层中的化石，因为埋入土中后的环境相同，所以包含的氟的比例，也大致相同。这比较氮的分析可靠得多。但是如果环境不同，它们所含的氟的增长率也便不同，所以这方法仍有它的局限性，具体的分析方法，是将一定量的标本，加以过氯酸，把其中的氟蒸馏出来，然后用硝酸钍的溶液来测定这蒸馏液的浓度。

辟尔当这地方的化石堆积，原来是包括两个时代的化石，一些是鲜新世晚期的次生的化石堆积（依照现在公认的"更新世"的定义，应该改称为更新世初期），另一些是更新世末期的化石。根据几件化石标本氟的分析，前者包含 2% ~ 3%，后者包含 0.1% ~ 0.2%，至于一个现代猿的臼齿只包含 0.06% 或更少。"辟尔当人"的"头骨一"和"头骨二中的额骨"都包含 0.1%，证明是属于更新世的末期而不是初期，大约是 5 万年而不是 50 万年。下颚骨和牙齿仅含 0.01% ~ 0.04%，是现代物。

---

① K. P. 欧克莱：《氟素分析断定化石年代方法》，见 A. Laming（ed），*La découverte du passé*，1952，第 199 ~ 203、322 ~ 323 页。

"头骨二"的枕骨残片也只有0.03%，表明也是现代物或近代物。

再加仔细检查，这些属于更新世末期的头骨，在地下受氧化铁的长期侵染，褐色深入骨中；但是这些冒充的现代骨骼，仅只外表面有一层铬酸物，显然是伪造者涂上以配合那几片古头骨化石的颜色。我们根据发现时的文献，知道原发现人达森自己承认曾经将第一次所发现的骨头，浸到重铬酸钾里去。据他自己说，因为错误的想法以为这样可以使之更坚固一些。

去年11月鉴定工作的结果，可得下列结论：①"辟尔当人"的"头骨一"和"头骨二的额骨"在构造方面是属于现代人型，年代是更新世末期，这时代的现代人型的真人化石颇多，学术价值并不大。②下颚骨和牙齿是现代猿型（猩猩或黑猩猩），年代上是现代物，但曾经人工故意加以磨蚀和染色，以配合上述的头骨化石。③"头骨二"的枕骨残片是现代人型，年代上也是近代物，但曾经人工染色以冒充古化石。

这问题的解决，是依赖生物学、解剖学、体质人类学、化学等各方面的合作，充分表明了科学研究中各部门间的联系性。

由氟的分析来鉴定化石年代这方法，现在颇多采用。对于爪哇猿人、英国"斯万孔人"等化石，都曾试用过。从前在河套发现旧石器遗物时曾在地面捡到人骨，有人以为或即属于"河套人"，我认为这便可用这方法来解决。又如仰韶村新石器遗址中墓葬内的人骨，从前以为便是"仰韶人"的骨骼。我们现在知道有些是后世埋入的，并不与仰韶文化同时代。这也可用氟和氮的分析来解决。

总之，由于这"辟尔当人"事件的教训，我们除已警惕资产阶级科学界别有用心的伪造证据之外，还应该注意到他们唯心观点的科学思想的局限性。我们要掌握马克思列宁主义的武器，以摆脱资产阶级科学理论的影响；同时要充分利用各科学部门的联系性，依靠科学上各种不同领域内的专家们的共同努力，以解决科学上许多重要问题。

关于什么是青铜器时代的问题解答[*]

  "青铜器时代"在考古学上是指能够应用青铜铸造器物的时代。青铜是一种含有铜和锡的合金，其中含锡的百分比是 10% 至 35%。这种合金稍带青灰色，所以称为青铜。它比较纯铜（即红铜、一称紫铜）的优越点为：①熔点较低。纯铜为摄氏 1083 度，加锡 25% 时熔点可减至摄氏 800 度。②翻铸较易。纯铜易于吸收空气，合范翻铸时所成的制品往往有砂眼。③硬度增高。纯铜硬度为 35 度（布林尼尔硬度计），加锡 10%，硬度增至 165 度。在应用红铜的时代，石器仍占优势，所以或称金石并用时代。只有青铜发明以后，金属器物才大量地在许多部门代替了石器，人类才进入金属时代。青铜的发明在社会发展史上是具有很重要的意义的。

  青铜发现很早，那时还没有文字把它的发现经过记录下来。现在一般考古学家根据现有的实物证据作推论，以为青铜的发现和应用过程大概是这样的：人类最初利用自然铜，把它当作石头来打制成器。后来发现在铜矿中也可提炼出铜来，并且知道铜可以熔化成液体再翻铸成器。

---

 * 本文原载《历史教学》1955 年第 11 期。

在炼铜时偶然混进锡矿（锡石），无意中发现了青铜。根据生产的经验，知道这种铜比较一般的铜为优。后来才知道由矿中提炼出锡来，以锡和铜相混合以成青铜。最后，知道含锡的比例不同的青铜是各有其特性，可适合于各种不同的用途；因之，搀锡的比例，也有一定的规定了。我国在殷商时代，青铜器铸造的技术已是非常卓越。战国时所撰的《考工记》，在"攻金之工"一条中，已经明白记录各种不同种类的器物所需要的各种青铜所含的锡的不同比例。

青铜的发现和应用较铁为早，这是历史上的事实。有人凭着主观来推测铁的发现和应用或许比铜更早，这是不对的。至于铁的发现较迟的原因，可以说有下列诸点：①铁易生锈，只有含镍的铁可以持久不锈。但是含镍的自然铁（包括陨石）极稀少，又不易引人注意。所以不像自然铜和自然金被发现早而应用广。（原始人民偶有利用陨铁者，但不能导致铁的正式应用。）②铁由铁矿中提炼出来时，最初是海绵状的一块黝暗无光的铁饼，必须再加热锤打，去掉渣滓。不像金、铜等矿，提炼后即为有光泽的金属物。只有冶金术已有长期历史后，才发明了冶铁。③原始的铁，并不较青铜为优。生铁质脆易碎。熟铁质柔不硬，只有发明淬锻法后（加热后投于水中急冷之）始能增高硬度可远胜过青铜。钢是后来的发明，须要较高技术，使其含碳适中，又能去掉硫磷等杂质。并且只有发明淬锻法之后，钢的优点才可充分发挥。在劳动过程中发明了淬锻法，并不是一件简单的事。至于熔度方面，纯铁化为液体须要摄氏 1535 度。有人以为原始炼炉不能达到这样高度，所以铁的发明较迟。实则一般铁矿砂在摄氏 700～800 度即可提炼出铁来。（今日非洲土人，仍以原始炼炉提炼）。生铁含碳较多，在摄氏 1100 度即行熔化。熟铁和钢只要烧到红热，便可锤打成器，不必一定要熔化为液体。铁的熔度虽高，但显然这并不是问题的关键之所在。

放射性同位素在考古学上的应用[*]

——放射性碳素或碳 14 的断定年代法

今年 1 月苏联部长会议发表声明，决定帮助我国和其他国家研究和平利用原子能问题以后，大家对这问题都非常重视。许多报纸、杂志都介绍和宣传放射性同位素在工业上、医学上、生物上和其他自然科学上的应用。但是关于放射性同位素在考古学上的应用，仍很少有人谈起。所以我写这一篇来介绍一下。

一

我们都知道化学上的不同的元素是由不同的原子所组成。依照现代物理学的研究，原子是像行星系一样，中心是原子核，外围有像行星一样绕核旋转的电子若干个。原子核又是由质子和中子等组成的。不同的原子所带的电子数目也各不相同，例如氢原子只有 1 个电子，碳原子有 6 个电子。第一种元素的原子中，它的电子和质子的数目都是相等的，但是中子的数目可以不同，例如氢原子一定要有电子、质子各 1 个，但

---

* 本文原载《考古通讯》1955 年第 4 期。

是它可以没有中子，也可以有 1 个或 2 个；碳原子一定要有电子、质子各 6 个，但是中子可以有 6 个或 7 个。化学家把各种元素依照它们原子所带电子逐渐增加的数量和它们的化学性质，排列成一个表，叫作元素周期表。在这一表中，每种元素都有它一定的位置。像上面所说的那 3 种含有不同数目的中子的氢气元素，在这表中是占同一位置的。那两种不同的碳元素也是另外占同一位置的。因此，这三种氢元素或这两种碳元素，就叫作"同位素"。这些同一元素的同位素，不仅在周期表中序数的位置相同，并且化学性质也相同；但是它们的原子量却因为所带的中子数目不同而各不相同（所谓"原子量"是指某一元素的一个原子对于普通氧原子的比较重量，假定普通氧的原子量是 16）。上面所说的碳元素的两种同位素，它们的原子量是 12 和 14，各不相同。前者是普通的碳素，后者是带放射性的，所以叫作"放射性碳素"，它是碳素的"放射性同位素"。化学家也有根据它的原子量叫它"碳 14"，如果采用化学符号可以写作 C^{14}。所谓"放射性"，是指它们能够自发地不断地分裂而放射出一种粒子或者射线，直至完全丧失这性能而后止（关于原子构造和同位素，可参阅中华全国科学技术普及协会出版《原子能通俗讲话》3 ~ 5 页，1955 年。）

在高空的上层气流中，因为宇宙射线的放射，产生了中子。这些中子和空气中的氮元素起了反应，便产生了碳 14。氮原子受了宇宙射线中子的撞击后便发生了爆炸，放出一个质子，而吸取一个中子，因之便转化为碳 14。这些碳 14 和普通碳素一样，在空气中和氧化合成为二氧化碳而被植物所吸收以光合成碳水化合物，又由经过食用植物而被动物所摄取。此外，二氧化碳也有溶解于水中的。所以，动植物体内的组织中和海水中都含有这种碳 14。一切放射性同位素都有一定的"半衰期"，即在一定的期间中，其中一半因为放射而转化为不带放射性的普通元素。例如氢 3 的半衰期是 12.5 年，钴 60 的半衰期是 5.3 年。至于碳 14 的半衰期，据精密的测量是 5568 ± 30 年。地球上的碳 14 因放射而消失的分量，和高空中新产生的分量，据研究的结果是成一平衡状态。并且可以计算得出来，地球现有的碳 14 是 81 吨左右。每一定量的碳素中含碳 14 的分量仅 3100000000 之 1。动植物活着的时候，他们所吸收进来的碳 14 的分量，可以抵偿他们体内原有的碳 14 的分裂消失，所以他们体内所含的碳素中碳 14 的分量，是和地球上一般的碳素中的相同。据精密测定，每克的碳素每分钟分裂 15.6 次，即放射出 15.6 粒的 β 粒子。动植物死亡后，碳 14 不再被吸收进去，只有因放射而逐渐减少的速度，便是依照前面所说的"半衰期"的年数，即经过 5568 ± 30 年后减少一半。也就是说，每克碳素每分钟只分裂 7.8 次，残留的部分，每再经过 5568 ± 30 年，便减少二分之一。这种碳 14 的衰减过程，在地球上任何地点都是一样的，和经纬度或高度无关；并且不受外界普通物理作用如压力、温度等的影响，也不受所接触的物体的化学成分的影响。所以我们只要能测定古代动植物体内碳素所含的碳 14 的分量，便可以计算出这些动植物的死亡的年代。和这些动植物同时代的当时人类的年代，也便可以计算得出来了。因为碳 14 的放射性是很微弱的，测量的方法，需要使用该革氏计数器。计数器是现代物理学最精密的仪器之一，能够用来发现和纪录个别原子衰变。它的灵敏度超过天平的灵敏度好几万万倍。碳 14 所放射出的 β 粒子，每一粒穿过计数管的薄管时，便在管中引起一个瞬时间的电流冲。这个电流经过放大之后，利用扬声器就很容易听见。用机械记录器也可以记录下来（关于放射性同位素的性质，可参阅聂依芒《放射性同位素在工业上的应用》的导论，译文见《科学通报》1955 年第 2 期）。

二

放射性化学家发现了上节所说的事实，并用实验证明后，便想拿来应用到考古学上。并在 1948 年后由考古学家和地质学家组织一个委员

会来协助搜集和鉴定有关的古物标本。最初是拿已知年代的古代有机物
遗存做试验，以考验所测定的结果是否和根据文献所推知的估计相符
合。1949 年初次发表结果，到了 1951 年末，所做的试验标本已达 300
种以上。现在选出几个例子，列表于下（所列的年代都是指距今若干
年，即从做试验时起算）：

试验标本	碳 14 测定年代	根据文献推知年代
埃及第一朝宰相黑曼卡墓顶橡木	4883 ±200	4900 ±200
埃及第三朝法老左赛墓中木头	3979 ±350	4650 ±75
埃及第四朝法老斯内腓卢墓中扁柏木材	4802 ±210	4575 ±75
埃及第十二朝施努塞特三世的墓侧神船	3621 ±180	3750
埃及托勒密时代木棺	2190 ±450	2280
死海附近新发现旧约以赛亚书抄本包袱	1917 ±200	公元前 1 或前 2 世纪
叙利亚亚泰伊奈特遗址房屋地板	2531 ±150	2625 ±50

这里除了左赛墓出土的标本所测定的年代太低，其余大致都还符
合。那件不符合的标本，或许是后世物混入墓内，或原物污染了近代的
碳素。像这种试验结果和预计的相差很大的例子，曾发生过几次。大多
归因于资料方面有问题，虽然有时可能由于技术方面的欠缺。一般的结
果可以说已证明了碳 14 测定法的可靠，并且同时也证明了过去几千年
来空气中碳 14 的分量，保持一种平衡状态，和今日的相同。

对于已知年代的标本的试验成功以后，接着拿不知确实年代的来做
试验，这是完全依靠所测定的碳 14 的含量来计算标本的年代。因为碳
14 的测定法有相当程度的误差（说明见下节），所以在有文献记载的时
期内，它所断定的年代还是远不及文献所供给的断代材料的细密，只能
作为校对或印证文献材料之用。至于有文献记载以前的年代，从前都是
出于不可靠的推测，时常引起争执，难有定论。这个测定法供给了客观
的解决方法。虽然它并不像文献上年历的那样精密，但出入不大。对于
断定有文献记载以前的时代，用处最大。

现在根据已发表的材料，举出几个例子如下（所标年代都是指距今年数）：①法国 1940 年所发现的有壁画的拉斯科山洞文化层中木炭（马格德林期初期或稍早），15516±900；②法国拉加累内山洞文化层（马格德林期第 III 分期）烧过的两批兽骨标本，11109±480 和 12986±560，含有烧过兽骨、木炭和泥沙的灰土，15847±1200；③美国拉布克地方，福尔索姆文化层（美洲最早的人类文化遗迹）中烧过兽骨 9883±350；④英国纽克州 1940～1950 年发掘的斯塔卡尔遗址（中石器文化）出土的木材，9488±350；⑤英国昆布兰地方湖畔居住遗址（新石器 A 文化）出土焦木 4964±300；⑥英国斯同亨治（石栏）第 32 号柱洞所出的木炭（新石器晚期），3798±275；⑦伊拉克 1950 年发现的查摩文化（最早的新石器文化定居地遗址）蜗牛壳，6707±320；⑧埃及法雍伊 A 期文化（新石器）麦粒两批标本，6095±250 和 6391±180；⑨埃及开罗附近埃尔俄马利地方王朝前文化中期（新石器）遗址所出木炭，5256±230；⑩日本 1948 年发现的姥山贝冢底层（日本最早的房屋遗迹，属于绳文土器文化）出土的木炭，4546±220；⑪中国辽宁普兰店沼泽层出土莲子，1040±210 年。

前面所举的 11 个例子，在考古学都是很有意义的。从前以为旧石器时代的马格德林文化是距今 5 万至 2 万年。现在根据碳 14 的测定，便应该缩短了不少。美洲的文化遗迹，从前多以为 25000 年以前，现在知道距今仅 10000 年左右，美洲才有人类。北美洲的威斯康星冰期的曼卡托分期的年代，从前以为 25000 年以前的事，现在由冰期堆积层中树木标本 5 种的碳 14 的测定，可以断定为 11000 年前的事。美洲的最初殖民，便是在冰河北退后由亚洲经白令海峡过去的。北美洲的这最后一次冰河的最后一分期，和欧洲北部的是同一时代。后者的年代也曾由碳 14 测定法来确定过。这在地质学上也解决了一个重要问题。第④至⑥例所测定的年数，显示西欧由中石器文化演化到新石器文化的过程。第⑦至⑨例子，确定了近东新石器文化起源的年代。至于日本的新石器文化的开始，从前有以为早到公元前 3000 年以前，现在知道并没有这样早。普兰店所出的莲子，是日本人大贺一郎所采集的，据说在普兰店河畔古代泥炭层中发现的，并且据说这泥炭层可能早到第四纪（更新统）。大贺一郎曾经使这种莲子发了芽。当时曾惊动一时，以为居然使几千年或甚至万年以前的莲子发了芽。现在根据碳 14 含量的测定，知道它们距今不过 1040±210 年而已。

就上面所说的结果，便可以知道这测定法的重要性。从前对于有文献记载以前的年代，只能根据地层的证据以确定各有关文化的相对年代，譬如说，仰韶文化早于龙山文化，龙山文化又早于殷商。至于绝对年代，便无法确知；有些人加以大胆推测，譬如安特生推定的甘肃"史前文化"六期的年代，但决不能取得大家的同意和信任。有些文化因为没有地层证据可以与别的文化发生关系，因之，连它们的相对年代也不能确定。我们想要知道一个区域内文化的演化阶段的先后，和各阶段演化的迟速，我们需要知道它们的绝对年代。我们想要知道毗连区域的文化到底是谁影响了谁，也须要先知道它们的绝对年代，以便确定它们的先后。虽然我们也可用遗物的形态的比较来推测它们的先后，但一般考古工作者都知道这种型式学的证据常常是靠不住的。现在这碳 14 测定法给予了我们以有利的武器，使我们可以解决这些困难的年代问题。

三

但是这测定法有它的局限性。由上节所引的测定数字，我们可以看出来，所测定的年代并不能精密到可以确定到那一年。测定数的"误差"是 100 年到 1200 年不等。这误差的大小，一方面是和标本的年代远近有关，因为碳 14 的半衰期的测定中已有 ±30 年的误差，即每一个半衰期便有这样大的误差。年代越长，误差当然也越大。另一方面，也和实验时间的长短有关。普通这种实验是继续 48 小时。如果计数的时间拉长，误差也可减少。有人以为 "±100 年" 是表示错误不会超过 100 年。这说法是不正确的。"误差" 这名词和代表它的符号，是统计学上所用以表示 "标准差" 的。它的意义是：真实的年代在这标准差以外的或然率仅只有 1/3，在这标准差加倍数以外的或然率仅只有 1/20。拿我们在上节所举的第一个测定年数 4883±200 作为例子。这是说真实的年代在距今 5083～4683 年间的可能性是 2/3，在这范围以外的可能性只有 1/3。在距今 5283～4483 年间的可能性是 19/20，在这以外的只有 1/20。这是统计学上一般所用的意义。

另一种限制是由于碳 14 的放射性的低微，现下的技术只能测定 25000 年以内的年代。因为它的半衰期是 5568±30 年，我们可用它的约数 6000 年来计算一下，便可知道经过了 12000 年只剩 1/4，18000 年只剩 1/8，24000 年只剩 1/16，经过了这四个半衰期，所剩余的放射性便太过于微弱了。最近听说企图用提炼试样使浓化的方法以便能测定到 30000 万年，但还未成功。所以像北京猿人时代的标本，已超出这年代的范围以外，现下是不能使用这方法来测定的。

最后我们谈一谈试样的质量和分量。这些古代有机物的试样一定要纯粹未经污染的。如果混入时代较近的有机物，纵使是草根的残丝，霉菌的粒点，都要影响到测定的正确性。如果地层不清楚，所用的标本整个是近代的东西，那么测定的结果不仅完全不能用，反会引起错误的推论。考古发掘时，采集标本要特别留意。储藏和寄递时也都要注意，不要使之潮湿生霉，不要用棉花包裹以致混入纤维。根据实验的经验，试样的材料最好是木炭或烧成炭的其他有机物如兽骨之类，其次是木头，或草、布和泥炭，再其次为保存良好的鹿角和贝壳。至于兽骨因为所含碳素极少，须要大量标本，并且质如海绵多孔，易受沾染，所以不大适用。烧过的骨头因为当时所含的有机质未经腐化消失，也烧成碳素，所以和木炭一样适用。试样的分量，每一回试验须要纯粹碳素 10～12 克。

为了获得正确的结果，最好是能做两回或更多的试验。各种不同性质的试样，以两回计算，所需要的分量如下（克为单位）：木炭 65，木头、草或泥炭 130，保存良好的贝壳 260，烧过的骨 1000，鹿角或其他角质物 1000 ~ 1500。

从前做考古发掘工作的，对于这些东西，时常完全丢掉不要；或仅加记录，而抛弃实物，不加采取。现在我们知道了它们的重要性，今后做发掘工作时，要特别加以注意。

以上各节材料，根据利俾所著的《放射性碳素测定年代法》一书（W. F. Libby, *Radiocatbon Dating*, 1952, University of Chicago Press）。

四

碳 14 的测定年代法，对于考古学的研究是非常重要的。苏联科学院在总结 1951 年的苏联科学工作时，便已指出，"考古学者至今还没有利用这一种大有前途的确定有机来源的化石年龄的方法——按照化石中所含放射性碳素来确定其年代的方法"，这种情况是应加改进的（译文见《科学通报》1952 年第 6 期，368 页）。苏联现在早已经利用这法了（《人民日报》，1955 年 4 月 9 日第 4 版，新华社消息）。我国到现在还没有利用这方法来测定年代。考古研究所现正在向有关的研究机构提出计划请求协助。我们希望在不久的将来，这计划能够实现。

《江苏宜兴晋墓发掘报告》跋 [*]

    江苏宜兴周墓墩的晋墓的发掘，获得了很重要的出土文物，尤其是一批早期的青瓷，是中国青瓷史上非常重要的资料，这篇报告写得很详细。我在原稿校样二校的时候才读到，读后有几点看法想提出来谈一谈，所以利用篇末的空白，写上这段跋语。

    （1）94 页，说镂花带饰的成分是 85% 铝。按：铝在自然界分布虽广，但提炼很不容易。据大家所知道的，炼铝法是 19 世纪才发明的。1808 ~ 1809 年初次用电解提炼铝。最初我疑这是 "铅" 字之误。去函查询，承作者寄来标本碎片，又承中国科学院应用物理研究所陆学善副所长代为交所中作光谱分析，结果这标本的主要成分确为铝。这是化学史和冶金史中的新发现。我们要问在当时是用什么方法提炼出这不易炼冶的金属达到 85% 的纯度？

    （2）100 页，说釉含氧化矽特多，又含不少的氧化铝，所以绝大部分呈青绿色。按：青瓷釉质的青绿色，并不由于氧化矽，也不由于氧化铝。纯粹的氧化矽是透明无色的（水晶即为一例）。氧化铝是白色的。

———————————

    * 本文原载《考古学报》1957 年第 4 期。

釉质的青绿色是由于含有氧化铁。尤其是一氧化铁（FeO）；至于三氧化二铁（Fe_2O_3）是使釉色带黄色、棕黄色以至黑褐色的（可参阅 A. L. Hetherington, *Chinese Ceramic Glazes*, 1948, pp. 24–30）。如果没有氧化铁，纵使氧化矽和氧化铝的含量更多，也不会呈青绿色。至于青釉的化学分析中氧化铁常以三氧化二铁出现，这大概由于一氧化铁是不安定的，在分析实验的过程中易吸取氧而氧化成三氧化二铁。

（3）105 页，说在过道中发现有一只暗红色釉的小陶壶（图版七，2），它的形式和制作和晋代瓷器绝不相同，估计是盗掘者带进去点灯的工具。按：这种暗红色釉的小陶壶，是晋代墓葬中的随葬品。洛阳西晋墓中常有出土，形式和宜兴出土的几乎完全相同（《考古学报》1957年1期，《洛阳晋墓的发掘》，图版四，4）。洛阳的报告中称之绛色釉陶小壶。据云形制特小，高度最大者9厘米，最小者2.5厘米，一般4厘米。每墓中一件者居多，只有一墓出2件（同上178页）。宜兴这一件高4.7厘米（本文90页，表一），大小也和洛阳出土的一般的这种小壶相同。虽然和青瓷不属于同一系统，仍旧是西晋墓中物。我怀疑这种暗红釉的小壶是洛阳附近所烧造的，所以洛阳晋墓中常见，但江南的晋墓中似很罕见。宜兴1号墓的一件，或许是赐葬时由洛阳送去的，可能是盛有贵重的液体如香料之类。

（4）87 页，说议曹是汉代官名，《晋书》中不见此官，但西晋去汉不远，多还袭汉制。按：议曹一官名虽不见于《晋书·职官志》，但严耕望《魏晋南北朝地方政府属佐考》中已根据《晋书》卷91徐邈传，《宋书》52《褚叔度传》和《容斋随笔》转引《南乡太守司马整碑阴》，指出晋、宋时郡置议曹、有掾，或又称祭酒，多至数十人，盖随事遣任，不具常职（《中央研究院历史语言研究所集刊》第20本上册，1948年，504页）。

对宿白同志《隋唐长安城和洛阳城》的一点商榷[*]

　　宿白《隋唐长安城和洛阳城》一文注 43 谓："像这类为突厥所掳掠的中原人民在中亚集居的城堡，《新唐书·西域传》上记有'小城三百'，这种城堡，当然也会接近中原城市的布局。"（《考古》1978 年第 6 期 401 页）

　　按：此事（中原人民在中亚集居的城堡即小城有"三百"之多）唯一的根据是《新唐书·西域传》上，原文如下："西赢百里至呾逻私城，亦比国，商胡杂居，有小城三百，本华人为突厥所掠，群保此，尚华语。"（"龟兹国"条，见百纳本卷二二一上，第 10 页）查《旧唐书·西戎传》，龟兹国条下紧接疏勒国，并无呾逻私城条。此条显系欧阳修所增，所谓"其事则增於前，其文则省於旧"。欧阳修时，关于中亚之事，中原所知已极有限。欧阳修所增者，当系根据唐人著作。唐人关于中亚史地之著作中，宋人所常引用者为《大唐西域记》。考《大唐西域记》卷一所记载，呾逻私城"城周八九里，诸国商胡杂居也。"又

　　＊　本文据作者手稿编入。宿白著《魏晋南北朝唐宋考古文稿辑丛》（文物出版社，2011 年），收录的《隋唐长安城和洛阳城》一文，已将该注 43 中的这段话删去。

说："南行十余里有小孤城，三百余户，本中国人也，昔为突厥所掠，后遂鸠集同国，共保此城，於中宅居，衣裳去就，遂同突厥；言词仪范，犹存本国。"（章巽校释 9 页）余疑《新唐书》即利用《大唐西域记》或另一相类似之著作，加以摘抄。今本《新唐书》此条讹夺处颇多，当改订如下："西赢百里，至呾逻私城，亦比国，商胡杂居，〔南〕有小城，三百〔余户〕，本华人为突厥所掠，群保此〔城〕，尚华语。"若改订可用，则"三百"乃户数，并非城数，下文接云"群保此城"，即《大唐西域记》中"共保此城"，此城即指"小孤城"或"小城"。城堡应为单数，而非复数。就我们所接触到的历史文献或考古发现而论，并且依常理而言，唐代中亚并没有"为突厥所掠的中原人民在中亚集居的城堡"达"三百"之多，实际上现下所知的，只有呾逻私城南十余里的这一三百余户人家的小孤城而已。

以上所论，乃系细节，无关宏旨。大作所谓"这种城堡，当然也会接近中原城市的布局"，说仍可通。不过，"这种城堡"现在可以确定的只有一座"小孤城"，并没有"小城三百"。质之大雅，以为如何？

1979 年 1 月 13 日

评柴尔德著《远古文化史》中译本[*]

这本书的原作者前伦敦大学考古研究所所长柴尔德教授是一位马克思主义者，已于去年〔1957 年〕10 月去世。本书是他用通俗的叙述法，利用考古学的材料，从历史唯物主义的论点，来说明人类文化如何产生和初期发展的情形，叙事到公元前第二个千年前半的古代东方文明的造就而止。

这书原著很受欢迎，1936 年第一版和 1941 年的修正版，都印刷过三次，1956 年又出第三版。1954 年 7 月中译本出版后，到这年 12 月便已第三次印刷，现在又于 1958 年中华书局出新版，可见这类书籍是一般读者所喜欢的。

这个中译本的译文，大致还过得去，但有好些误译。虽然标明曾经周谷城教授校订，但校订者并没有将这些误译的地方都加纠正过来。误译的地方，有些是属于常识的专门名词，例如 47 页 5 行谈到从石头原块上打击下石片，著者在"原块"下加注释说："考古学上术语叫作石

　＊　本文原载《考古通讯》1958 年第 6 期，署名"作铭"。《远古文化史》中译本为周进楷译，
　中华书局 1958 年 1 月新版。

核。"这注释却被译成"地球内部不透水的石核的学"。84 页 9 行"黏土水"应采用通行的术语"色衣"。66 页 13 行、173 页 3 行的"公元的初期，便是公元后第 1～2 世纪的意思"，却被译成"我们这个时代的初期"或"我们这时代之初"。104 页 8 行（又 122 页 6 行、138 页 8 行、140 页 12 行）的"琉璃"，152 页末行、153 页 8 行的"玻璃"，都应改译为"青金石"；这是一种深蓝色的矿物，和各种颜色的人工制造品的琉璃或玻璃无涉。104 页 4 行、8 行（又 106 页 2 行、107 页 7 行、8 行、151 页 2 行、152 页末行、163 页 16 行、164 页 9 行、17 行、165 页 13 行）的"蓝宝石"，应改译为"松绿石"；二者虽都是矿物，但完全不同。蓝宝石硬度极高，仅次于金刚石，远古的人类是无法改治它使成为饰物的。105 页末行（又 152 页 10 行、140 页 4 行）的"翡翠"，应音译为"法伊斯"，可加译注，说明这是以石英末或细砂为胎，加以黏合剂烧成，外加以色釉。这相近于我国所谓"料器"，和翡翠玉无关。138 页 8～9 行的"光亮的黏性物品"，也便是这东西，应改译为"带釉的法伊斯"。140 页 4 行的"光亮的石头"，154 页 5 行"放亮的瓦"，应改译为"加釉的石头"和"加釉的瓦"（相类于我国的琉璃瓦，但胎质不同）。110 页 8 行至 14 行（又 134 页 10 行、139 页 9 行、153 页 5 行、166 页 10 行）的"铁匠"，都应改为"铸冶匠"，原书是指铸冶青铜器的匠人，当时人类还不知道用铁呢！174 页 14 行埃及草体字"术语叫作僧侣用语"，应改译为"僧侣用字体"或"圣书字体"；这是指"字体"，不是指"用语"。184 页末行"秤锤"，应改译为"砝码"。原物是放置在天平盘中的砝码，不是悬挂在秤杆上的秤锤。209 页 3 行"完成十二官之作用"应改译为"代替黄道带十二宫之作用"（"官"字当系排印之误，和 220 页 7 行的"神通"误为"神过"相同，或非译者之过错）。

　　另一些误译，是译者没有读懂原文，因以致误。这也可举例如下：40 页 2～3 行"为着保持更新统之与旧石器时代相当，许多考古学家，每采用插入一个中石器时代的办法"。这是指更新统时代以后的旧石器文化，虽然在文化面貌和经济生活仍属于旧石器文化体系，但时代却较晚，所以另用"中石器"一名词。现在被误译成"对于更新统之和新石器时代相当，许多考古学家，每采用插入一个中石器时代的办法，来加以保留"，这恐怕谁也读不懂。47 页 3 行"物质上的东西"，应改译为"重要的东西"，这不是说和"精神"对立的"物质"而是指重要与否。84 页 14 行"那块光亮底子，须表现画上去的装饰品的"，只能借助于陶窑的发明。上半句也是无法使人读懂的，应改译为"那种为了能表现画上去的花纹所需要的浅色的底子"。原意是说：如果想使花纹显明，那必须使底子的颜色浅淡；原始简陋的陶器，表面作浓褐色或灰黑色，便无法使绘上去的花纹显出。119 页 16 行"其他诸因素，在这么获得的知识之前所产生的，也都已应用于实地的实践"。应改译为"在这么获得的知识都已应用于实地的实践之前，旁的因素已参加进去了"。121 页 4 行"诡计和遁辞"，应改译为"窍门和对付办法"。这是指劳动人民所学会的对付环境的方法，这不是诡计，也不是遁辞。122 页 2 行"新来的那些人，有其在不同条件之下成长起来的一种臆断；因之"，应改译为"新来的那些人，假使他们是在不同条件之下成长起来的话，那么……"。148 页 8 行"把诡称的话附上权力，能叫人堵塞灌溉水道，撇开水流，那就会是一个有效的手段了"。应改译为"用堵塞灌溉渠道来断绝水流的实权，那就会是一个巩固这种权威的有效手段了"。159 页 3 行"某些艺术的动机、边上呈锯齿形的砖所建造的建筑物"，应改译为"某些艺术的母题、砖构的呈锯齿形墙面的建筑物"。艺术母题是指像我国古代艺术的龙凤纹、海马葡萄纹等图案的题材，和"动机"无关。建筑物的墙面齿形，不是砖本身的边上呈锯齿形。225 页 7 行"那些军器所指出的著名地方"，应改译为"武器占着突出的地位"。这是指武器在出土古物中占很大的比例，并不是什么"著名地方"。

上面所举的例子，可以看出译文的质量的一斑。中译本在 6 个月内竟能印刷三次，这应归功于原作的通俗性和科学性。这译本可能今后还会重版，希望能细校一下，改正那些比较严重的误译。

原书 1956 年第三版作者自序说，自初版以后 20 年来最重要的考古发现，是我们知道了最古的农业人民还不知道用陶器。在库提斯坦（伊拉克）的查摩和巴勒斯坦的耶利哥，在有陶器的新石器文化层之下更深处，都发现了没有陶器的农业村落的遗址。所以原书第五章说新石器时代普遍特征之一是制造陶器，陶器的发现可能在农业的兴起以前（中译本 82 页及以下）。这说法须要修正。其次是原书第六章说冶铜术的发明可能由于铜矿石落于燃烧着的营火中（中译本 108 页），这假说现为一般冶金学家所反驳。营火的热度过低，如要熔铜，至少须要像烧陶器那种窑炉，而不是露天的营火所能办到的。第三是关于上古史的年代问题，现在一般古史专家对于美索不达米亚的年代（中译本目录前的纪年说明和纪年表）都采用短的纪年。但作者自认为本书中的概括性的结论仍是站得住的。在第三版的正文，作者将有关于辟尔当人（曙人）的文句（中译本 20 页、22 页、23 页），都加删去，因为现已证明这化石是伪造的[①]。中译本如果重版，最好能根据原书第三版加以修订，并将第三版的作者自序也译出来。

---

① 编者按：关于辟尔当人问题，参阅《"辟尔当人"疑案的解决及其教训》一文，见本书本册。

评贾兰坡著《旧石器时代文化》[*]

本书分五章，一、序言，介绍旧石器文化研究的历史；二、旧石器的制作，分别叙述所用的原料，打击石片法和修整法，以及石片的使用；三、自然力破碎的石块和石器的区别；四、介绍中国和欧洲的旧石器时代文化，都分作初、中、后三期分别叙述；五、旧石器文化的发现和发掘。末附参考文献。

本书作者曾参加周口店和丁村的发掘工作，对于中国的旧石器文化有多年的研究。这是一本初步入门的小册子，但仍值得介绍给想知道旧石器文化概况的读者。第二章关于旧石器的制作方法，有些是作者根据自己试验的结果，这是符合于最近研究旧石器文化工作的方向的。第四章介绍各种旧石器文化概况，占篇幅最多，但颇为清楚扼要。全书除图版 10 幅之外，还有 63 幅插图也是有助于读者对于各种石器形制的了解。

叙述旧石器发现的历史时，说康伊尔发现石器是 1790 年（页 1），

---

*　本文原载《考古通讯》1958 年第 2 期，署名"作铭"。《旧石器时代文化》一书，科学出版社 1957 年出版。

这是 1690 年之误，相差一百年，应加改正。1869 年莫尔蒂耶分旧石器时代为 5 期，并不是本书所说的 6 期（页 2）。步日耶于 1912 年才提出分为 6 期，并得到公认。书中说勒瓦娄哇"大石片向背面加工"（页 54），易使人以为是大石片打下后才加工的。实则勒瓦娄哇的制造法是：石片未在石核上打下以前即先行加工打出形态，然后用一击将它从石核上打下来，可以不再加工。以为莫斯特文化"在我国发现的即为河套文化"（页 55），实则河套文化中仅有少量的石器有点像莫斯特文化的石器，就全部石器而言，并不能说它便是莫斯特文化。其中长条石片（或译为石叶 blades），尤其是所谓"雕刻器"，是旧石器后期的产物，并不见于莫斯特文化。作者以为莫斯特文化"在北非发现者名为阿梯尔文化"（页 55），这也是旧说法，实则它与欧洲的莫斯特文化很不相同。1947 年卡同·汤卜逊（Caton-Thompson）发表了她的研究结果，这文化的典型石器是有柄的尖形器。这种类型的石器以及一些别的，都是典型的莫斯特文化所没有的。同时它的石器制作法是勒瓦娄哇技术，而与莫斯特技术不同。奥瑞纳文化作者以为"由莫斯特文化直接演化而来"（页 56），但据剑桥大学加罗德（Garrod）教授的研究，奥瑞纳文化本身所包括的便不止一种文化，其中典型的狭义奥瑞纳文化（从前称为奥瑞纳中期）似乎是由近东传过来的。舍德柏隆（Chatelperronian 从前称为奥瑞纳早期）和格拉维特（Gravettian 从前称为奥瑞纳后期）似有前后承继的关系，但前者本身似乎并不是由莫斯特文化直接演化而来，因为二者之间差别很大。总之，奥瑞纳文化的内容及其起源的问题，据最近的研究，是相当复杂的，并不像旧说法的那样简单。

本书对于国外的旧石器文化的介绍，几乎限于西欧。这或许是由于篇幅的关系。但对于苏联的旧石器文化研究成果，例如在当时平地上建筑的住宅的发现和研究等，都未提及；对于当时人民的生活和社会经济生活的描写，似嫌分量不够。这是由于未能充分利用苏联学者的成绩之故。

参考文献中，关于国外的部分，似乎过时些。Burkitt 书有 1949 年新版，Leakey 的书有 1953 年的第 4 版。本书都仅举 1933～1934 年的初版。前者修改不多，后者几乎是重新写过的修订版。有几本战后新出的入门书，似乎也应列入，例如欧克莱：《制造工具者的人类》（K. P. Oakley：*Man the Tool-maker*，1951 年初版，1952 年再版），华生：《火石工具》（W. Watson：*Flint Implements*，1949 年初版，1956 年再版），步日耶（H. Breuil）等：《旧石器人类》（*Les hommes de la pierse ancienne*，1951 年）。至于俄文书籍则完全没有列入。

又本书中外文的人名和地名，常有拼错，这当由于误排（例如图 8、图 18、图 44、图 61 等所注的人名，页 57 倒 2 行，页 62 第 2 及 6 行的地名）。希望再版时能加改正。页 11 的图 9 放倒了，应该一只手平放，另一手由上向下击。

评贾兰坡等著《周口店发掘记》[*]

    我国周口店的发掘，取得了惊人的收获，这是中国古人类学和旧石器时代考古学史上一件具有世界性意义的大事。贾兰坡同志是参加周口店发掘的早期工作中主要人员里面中国方面的唯一生存者，由他和他的助手来写这发掘记是最适当不过的。

    这书的内容，除了贾同志他亲身经历的事以外，还包括大批没有公布的资料。作者用熟练的文笔，很生动地把这些史实加以叙述，引人入胜。我一口气读完它，不忍释手。这使我想起 50 年前读安特生的《黄土的儿女》一书的情况。本书也是带有自传性的，虽然是用第三身写的。不过本书较之《黄土的儿女》，则新闻报道或报告文学的气味更为浓厚。例如章节的标题，什么"山门初扣"、"姗姗来迟"、"一声春雷"、"扒祖坟"等，便可以看出来；又如内容方面，关于北京人化石的失踪和搜寻失败的经过，达五章之多（第 123 ~ 155 页）。这事在当时是热门的新闻，今天读起来还是有趣的故事。

---

    * 本文原载《考古》1985 年第 4 期，署名"作铭"。《周口店发掘记》一书，天津科学技术出版社 1984 年 4 月出版。

但是，本书有时又收入干巴巴的公文，如第 22 章不仅抄录外交方面的几件备忘录，一字不遗；还抄录了归还物品清单，列举 16 项之多（第 132～134 页）。接着第 23 章中除了 40 多行的一份北京人化石失落清单之外，还有脊椎动物化石 67 箱的清单，列举每箱的内容。这有点像我们看电视故事片时忽然插进一大段广告，令人有不调和之感。我倒欣赏贾同志的初稿的写作计划。据说那是按故事体裁写，既有工作，也有生活断片，主要都是他自己经历过的事。这种记述，它的史料价值很大，我猜想一定写得更为生动。可惜这近五万字的初稿在"文革"时期由作者付之一炬，无法补救。贾同志曾追述当时的心情，他说："我每向火炉中投掷一页原稿，心里就感到一阵绞痛。"（序文第 2 页）这令人想起《红楼梦》中林黛玉焚稿那一回。

本书中相当一部分是根据档案或记录材料写的。据说翻阅过的资料不下百公斤，可见二位作者所花的精力之多。作者所用的资料，不管是根据档案或是亲身经历，我们相信是可以信赖的。至于有些原来曾引起争论的问题，如曙石器问题、骨器问题、匼河文化问题（第 29～31 章），这些主要是贾老和裴老二人之间打擂台，别的人不过在旁边呐喊助兴而已。到了 20 世纪 60 年代初暂时休战的时候，仍是"各持己见"，谁也说服不了谁。依我看来，问题不在于有否所谓"曙石器"。我们现在可以承认有比北京人的石器更为原始的早期石器，但是这些原始的石器是否便是"曙石器"？有些认为"曙石器"的标本是否真是石器？骨器问题，不是北京人曾否使用过骨器，而是所发现的那几件经人工砍砸打击、劈削或截断的兽骨是否是北京人有意制成的工具。裴老已埋骨长眠于周口店地下，但是这些问题似乎仍未能解决。

贾同志在本书最后一页上，提出了关于中国旧石器的研究中，"有些问题还应该争取国际上的合作"（第 218 页）。他没有说清楚所谓"国际上的合作"，是指怎么样的"合作"。早期的周口店（1927～1937年）的发掘是一个国际性的合作事业，参加这工作的主要人物，有一半以上是外国人，即本书中特别提及的安特生、步达生、步林、德日进、魏敦瑞、师丹斯基，而其中步达生是占了总指挥的地位。第 16 章"忘记了自己国籍的人"以全章的篇幅来叙述他的生平。记得 1934 年秋我随着袁复礼教授初次上周口店时，裴老那时还没有去法国留学，牢骚很多。他的最大牢骚是对于外国参加者把北京人头骨化石的发现的荣誉归他们自己，背后说裴文中不过是一位管理工人的工头。我们知道北京人的最初学名是"步氏中国猿人北京种"，加上"步氏"是依生物学命名规例以指明发明人（或对于发现贡献最大者）。这里把发现归功于步达生氏，也许未可厚非。当时我国的古人类学和旧石器时代考古学是缺门，研究无人。步氏于 1934 年死后，我国只好从美国请来德国犹太学者魏敦瑞来研究北京人化石。我们承认这些参加合作的国际友人对于科学所做的贡献，我们要虚心向人家学习。但是作为一个中国人，像这种只有中国学者才有机会来做研究的工作，我们不能为挣取少量外汇而把研究权拱手让人。我国如果没有人才，我国可以派人出国受训练，或请人进来在大学开课培训。何况我国现已培养出古人类学和考古学方面的人才。科学是没有国界的，但是科学家是有国界的。最近方毅同志在北京猿人第一个头盖骨发现 55 周年的纪念会上说："北京猿人化石的发现是中国科学界在世界科学界拿到的第一块金牌。"（1984 年 12 月 21 日《人民日报》）我很同意。我认为正像奥运会中的我国球队一样，我们决不能把外国人引进国家队当队员，这样便得到金牌也不光彩。有些带有地区性的学科，如考古学、地质学、地理学等，都应该像我国的女排一样，应该有一个代表我国水平的国家队，而不要也不应该采取国际合作办法。当然在我们发表了原始资料和初步研究成果以后，我们欢迎国际友人根据我们发表的报告或论文，进一步加以研究，交换意见，进行讨论。在某种意义来说，这也是一种国际上的学术合作。

本书中提起安特生在中国的十年，是"以采矿专家、化石采集家、考古学家的身份度过的"（第 8 页）。安特生是以采矿专家被中国政府聘请来当矿政顾问。由于中国田野工作中到处碰到龙骨（脊椎动物化石）和古物，他转而研究古生物学。最后他成为考古学家，回国后担任瑞典的大学中的中国考古学教授。他是由采矿专家转为古生物学家，更转为考古学家，而他的学术贡献在考古学方面最为卓越。这表示我国的化石和古物的丰富。我们作为中国的考古工作者不要辜负了我国这块宝地上考古发现和研究的好机会。

此外，还有几个小地方，似可考虑修改一下：①第 69 页的"洛热里巴斯"和第 70 页的"洛格里巴瑟"，实际上是一地，似应加统一。ge 一音节在法文中应音译为"热"，不是"格"。"巴斯"和"巴瑟"原文都是 Basse（下），这地名似可译为"下洛热里"。另有一"上洛热里"，也是法国的重要旧石器地点。②第 207 页英国的"森林层"，实际上便是 208 页的"克罗默尔期"。"森林"和"克罗默尔"二名在英国地质学书中常合在一起写。地层学上称为"克罗默尔森林层"，地史学上称为"克罗默尔森林期"。有时简称，仅用一名。本书可能是从两本中文书中抄来，但应加注明，或加统一。③第 63 页的"罗密斯"和第 91 页的"艾利奥特·史密斯"是一个人。本书译名对照把二者分列，又未加说明。这似应加统一。④本书图版丰富，达 56 幅之多，但图幅都没有编号，当然没有办法编"图版目录"。这对于检查和引用都不方便。⑤本书错字不多，但也有几处错排的，例如第 26 页的"锥指集"误为"椎指集"。第 13 页的"中央大学"为"北京大学"之误。第 157 页"竞生生物研究所"为"静生生物研究所"之误。第 176 页"有鲠在喉"当为"骨鲠在喉"。这句成语中"鲠"字作动词用，不作名词用。

我知道本书将来一定会再版的，所以代为勘误，以便再版时改正。

评陈万里编著《陶俑》*

　　陶俑是我国考古发掘工作中常遇到的古物。解放以后出土了许多年代确定的标本，其中有些非常精美。我们需要一部有系统的陶俑研究的著述。陈先生是我国有数的古代陶瓷研究专家，但是这一部书却未能满足我们的要求。

　　陶俑的研究可分别由几方面着手：美术史家可以把它们作为造型艺术的代表，工艺史家可以研究它的制造技术，社会经济史家可以将它作为研究古代社会生活和埋葬风俗的材料。作为历史资料而论，我们要求它们真实可靠和年代明确。

　　如果作为美术史的参考图谱，这部书的图版是令人失望的，制版的技术实在太差。如果拿它们和《文物参考资料》和《考古通讯》所发表的陶俑相比较便可以看出来。不要说没有彩色版显不出三彩陶俑的精美，便是单色版也显得混浊模糊。

　　陈先生所写的前言仅 10 页，自然无法对于制造技术和所表现的社

* 本文原载《考古通讯》1958 年第 5 期，署名"作铭"。所评陈书，系中国古典艺术出版社1957 年出版。

会生活情况作充分的说明。叙述我国陶俑的历史，也未免有错误处。譬如追溯我们最古的陶俑，像李京华同志所指出的，竟忘记了安阳出土的殷代俑（《文物参考资料》1957 年第 10 期第 64 页。李同志误以为安阳所出为玉石雕刻，实则是陶俑。石志廉同志于《文物参考资料》1957 年第 12 期第 95 页中已加指正）。陈先生又说："明器"这个名词最早见《周礼》（第 1 页）。实则《周礼》中并无"明器"一名词。这名词最早见《礼记·檀弓》篇："孔子谓为明器者知丧道矣，备物而不可用也。"虽然《礼记》和《周礼》同属于礼经，但不能张冠李戴。陈先生谈及古代以活人殉葬，竟引《西京杂记》为证。他说："从刘歆的《西京杂记》来看，还可以发现，汉代广川王所发掘的周幽王冢，里面有尸百余，纵横满地，只有一个男子，其余都是女子。"（第 1 页）这书现下都认为是伪托刘歆的，作者不会是刘歆，著书时代也不是汉代（参阅张心澂《伪书通考》，第 544～547 页，1954 年重印本）；并且这书是小说体裁，不能作为史料引用。所引的这一段见原书卷六，说周幽王墓中有百余尸，"惟一男子，余皆女子，或坐或卧，亦有独立者。衣服形色，不异生人"（汉魏丛书本）。解放以来也曾发掘过许多周墓，哪里会有殉葬的尸身数百年后还仍旧坐着甚至于站立着？这恐是古今中外所未见的。这只能作为出于幻想的小说来看待。

其次谈到作者所选的标本。84 幅的图版中，共有 117 件标本，其中注明出土地点的仅 36 件，仅占全数的 30%（按图 12 汉俑，系四川彭山出土；图 14 陶狗，系河南辉县出土，图下说明不知何故漏注）。这些注明出土地点的标本似应无问题，但是茹士安同志指出：作者所说的"黄釉长裙"的汉俑（图四），陕西文管会在历年的发掘所得的这种汉俑，没有发现过一件具有"黄釉长裙"的，"甚至据我所知，在全国范围内也似乎还没有发现过这种黄釉的西汉俑"（见《文物参考资料》1947 年第 10 期第 63 页）。至于没有注明出土地点的，当是过去经过古董商之手所得到的，其中恐有些是赝物，但仅看照片殊难断定。我们希望的是能多利用正式考古发掘的出土品，不致有真伪的问题发生。

发掘的墓葬中经常有旁的东西如墓志之类一起出土，可以确定制造的年代。解放以来我们考古工作取得很大的进展，如汉代唐代器物的断代，我们可以精确到百年以内。但是本书中的年代，仍是注明汉代或唐代。两汉是 425 年，唐代也达 290 年。这样的断代，就现今的水平而言，是嫌太宽泛而不确定。

总之，我们仍缺乏一本关于陶俑的好书，希望不久能得补满这个缺陷。

评《陕西省出土唐俑选集》[*]

解放以来各省出土的唐俑，以陕西省为最多和最精。这本图谱选出陕西省近年来发掘所得的唐俑中精品，制成 168 幅图片，加以发表，自然是我们所欢迎的。

卷首有郑振铎先生的序言，大概是由于在"旅舍"中匆促写成的，文章虽写得生动，但免不了有些错误。第一句说"俑是中国所特有的雕塑艺术的一个大类型"便不合事实。"俑"并不是"中国所特有的"。不仅埃及中王国时代的墓中有很多的表示日常生活的木俑，并且希腊的塔那格拉、雅典、罗兹等地方，也有大量的艺术价值很高的陶俑。外国的大型的古物博物馆中差不多都有它们的标本，周游过列国的郑先生一定是看到的。

序文中又提到洛阳金村的战国时代金属俑。说"以铜或银铸的为多"（第 1 页）。据我所知道的，金村曾出土铅俑；考古研究所在洛阳西郊的战国墓中，也曾得到这一类型的铅俑一件（见《考古通讯》

---

* 本文原载《考古通讯》1958 年第 10 期，署名"作铭"。所评书，系陕西省文物管理委员会编，文物出版社 1958 年出版。

1955 年第 5 期图版陆 1），似乎值得一提。又说"三国两晋的陶俑，其作风和汉代似分别不大出来，且发现得也很少"（第 2 页）。三国和东晋的陶俑确是很少；但西晋的陶俑并不少，在洛阳即曾出土过好一些，其作风与汉代的极易分别出来（例如执盾戴尖顶帽的武士俑、犀牛形的兽俑等，见《考古学报》1957 年第 1 期第 169 ~ 185 页和附图）。郑州也有晋代陶俑，作风和洛阳的相同（见《考古通讯》1957 年第 1 期第 37 ~ 41 页，图版拾肆）。我们可以推想，东晋的陶俑一定要比西晋的更容易与汉代的分别出来。例如南京的几座有纪年砖的东晋墓所出的陶俑（见《考古通讯》1958 年第 4 期，图版玖和拾），和汉代陶俑很不相同，但那可能有地方性的因素。又说唐代还没有发明红色和黑色的釉（第 6 页）。唐代虽没有红釉，但是已有黑釉。我们曾发现过单色黑釉的陶罐。但这种黑釉在高温中融化后便会浸润开来，不适宜于描绘细部。又说唐代马俑，"马的鬃毛则大都是用实物插附上去"（第 6 页）。这大概根据唐代马俑的鬃毛都是很短的这一事实推想出来的结论。但是我们细察马俑颈部，都没有曾用实物插附上去的痕迹。并且我们知道唐代习俗常将马的鬃毛剪短而留下三花或一花（见《考古通讯》1958 年第 1 期图版叁和肆）；有些便全部剪短了不留鬃花。这些陶马的鬃花便是剪短了的，并不是另有实物插附上去做鬃毛。

序文中说："插秧村出土的一群舞乐俑，一共十个人，一人立而舞，九人是乐队。"（第 5 页）但图版 146 中，仅有 7 个人，其中乐队仅 6 人。序文中接着列举奏乐的俑，也仅 6 人。不知是人数有误，或另有二俑没有收入。序文中说，"奏乐者一吹笛，笛已失去。"我以为更可能是吹筚篥而不是吹笛。筚篥是唐代胡乐中仅次于琵琶的主要乐器，其形制略似今日的唢呐，但没有下部的喇叭头。唐代燕乐的主要伴奏乐器为琵琶，宋代则为筚篥（王光祈《中国音乐史》上册第 159 页）。笛子并不占重要地位，并且唐代的笛子，多是横笛，不是直吹的。

这本图谱所收的唐俑，主要是 1953 ~ 1956 年间咸阳底张湾，西安郭家滩、韩森寨、羊头镇、红庆村、高楼村、路家湾、小土门、三桥镇、东十里铺、王家坟、西枣园、插秧村，长安嘉里村、灞桥等处唐墓中出土的。虽有一部分曾发表于《文物参考资料》、《考古通讯》、《全国基本建设工程中出土文物展览图录》和《五省出土重要文物展览图录》中，但大部分是初次发表的。图版中说明仅标明名称、大小和年代，但图版目次中，分别列举各件器物的名称、尺寸、出土时间、出土地点，以及同出墓志的年代（备注），颇便于参考。但图123以下，都仅标明地点，没有说明是哪一墓出土的。我们知道一个地点所发掘的常不止一墓。这样一来我们无法知它们是否同出于一墓。至于四幅最重要的彩色插页的图次，却省略去出土时间和地点更令人不解（彩色版1，1955年东十里铺出土；彩色版2，1955年王家坟出土；彩色版3~4，1956年西枣园出土）。

我们对于这类图谱的意见是：这类书籍的出版，也是我们所欢迎的。但这类书籍决不能替代考古发掘报告。一般依靠古董铺收买陈列品的博物馆，只能出这一类的图谱，因为同出的器物多已不可知了。但是我们这些根据考古发掘所得到的标本，如果不将一个墓中全部器物一起发表，却使它们失了群，便减少了它们的学术研究价值。例如这本图谱中有将近三分之一的标本，只能定为唐代（618~907年）。如果能将整个墓葬作成考古报告来发表，我们根据同出的其他可断定时代的器物，以及墓的形制和葬式等，是可以将这些陶俑的年代推断出更为明确的年代断限。同时关于一个墓中的陶俑的组合，墓中全部器物群的组合，我们也无法由这种图谱中获知。在考古发掘中费了很大的精力所获得的知识，对于历史研究很有用的资料，可以说大部分都没有加以利用。这是很可惜的。我们希望这类图谱作为考古报告的先驱，因为它们是比较容易编纂出来。但是切望不要成为考古发掘报告的替代品。如果因为有了这类图谱而停止了或延迟了考古发掘报告的编纂和出版，那未免是学术界的一个大损失。

但是，作为图谱而论，这本书仍是值得推荐的。如果拿这书和陈万里编的《陶俑》一书相比较，图版增加了一倍，但定价却比陈书的精装本为廉，即较之平装本也仅高出 3 角钱。图版照片质量较陈书好得多，还有彩色版 4 幅。内容虽仅限于唐代，但都是发掘品，大部分有同出的墓志作为断代的标准。它虽仍有缺点，但不失为一部很好的图谱类的资料书。

评陕西省博物馆编《耀瓷图录》[*]

这书内封面作 1956 年出版，但实际上应依版权页作 1957 年 6 月出版。序文是古瓷专家陈万里先生的"谈耀瓷（代序）"，略谈耀瓷的烧造和品质问题，1954 年彬县大批耀瓷出土的经过，并介绍图录中的精品。

图录分两部分：第一部分是彬县出土的共 29 幅；第二部分是陕西各地的，共 22 幅。篇首有彬县出土耀瓷的原坑的照片。

耀瓷是北宋的民窑，虽不及五大名窑的精美，但在中国瓷器史上是占一相当的位置。从前所见到的整器不多。这本图录中所发表的差不多都是整器，尤其是彬县出土的 50 来件，提供了非常重要的资料。

根据耀县的窑址所出的瓷片，我们所了解的耀瓷特色，以青瓷为主，釉色较临汝窑为淡，略呈姜黄色。虽然在文献上曾提到有仿定的白瓷，但这次彬县出土的少数几件白瓷器（图版 26～29）是否属于耀窑，实属疑问。我曾目睹过这几件白瓷器，就质料及釉色而言，这几件白瓷

---

　*　本文原载《考古通讯》1958 年第 3 期，署名"作铭"。所评之书，系中国古典艺术出版社 1957 年出版，序文 6 页，图版 51 幅。

器还可分为不同的两个系统。同时出土的黑釉瓷（图版25）似乎并不属于耀窑系统。便是青瓷中，除了典型的耀窑瓷之外，记得还有一件是豆灰色，似乎也不是耀窑。我们不能因为出现时都是贮藏在一个陶缸中，便以为都是耀窑。我们应该以耀县古窑址的碎片作为标准。编辑图录者似乎没有注意到这一点。

瓷器原物很是精美。这图录的图片却是都不见佳，并不能表示出原物的釉彩的滋润光泽和印花的工细流利。第一幅彬县出土耀瓷全影的照相更劣。我国印刷技术虽不高，但是如果在照相、制版和印刷各方面加以注意，是可以获得较好的效果。这本图录中的图片质量，是够不上我国现下古代文物出版物中的图片的一般水平的。这实是一个缺点。

评周仁等著《景德镇瓷器的研究》[*]

瓷器在我国有悠久的历史，在我国工艺上和文化上，都有它的特殊地位。我国考古工作中所遇到的古物，瓷器也是最重要的文物之一。但是对于它的科学的研究，可以说是很不够的。这本专刊的出版，是表示国内这项科学研究的开端，是值得十分欢迎的。

这本书包括四篇报告：第一篇是清初瓷器胎、釉的研究。作者们作了外貌观察、化学分析、矿物显微镜观察和物理性能检定，最后一项包括瓷胎的强度、透光度、热膨胀系数、比重和显孔隙度，以及胎和釉的硬度和白度。试验的结论，证明清初的瓷胎和釉都是属于硬质的；它们颜色白里微泛青色是由于原料中含铁较高和在强的还原焰中烧成的缘故；它们的硬度和强度已接近、有些还超过了现代优质硬质瓷的技术指标；它们的透明度也很高。可见当时中国制瓷工艺已达到了高度的技术水平。

第二篇是景德镇制瓷原料及胎、釉的研究。作者先对原料作化学分

---

* 本文原载《考古》1959 年第 6 期，署名"作铭"。评介之书，系中国科学院冶金陶瓷研究所专刊，科学出版社，1958。

析和矿物鉴定，对于胎的原料，还测定了它们的颗粒度和颗粒分布、可塑性、干燥性质、耐火度、线收缩和孔隙度。然后作者采用了当地的原料和它的传统配胎方法，配成了五种胎泥配方，进行了对它们的加热收缩试验，还测定了它们经不同温度后的显孔隙度，从而确定了它们的烧成范围。对于釉也合成了五种配方，分别作了加热收缩试验、差热分析和显孔隙度的测定，又进一步作了它们的白度、流动性、膨胀系数、热稳定性和耐火度等的测定。最后结合胎、釉的各种性能，建议哪种配方最为适用。

第三篇是景德镇瓷器质量的改进和中间工场生产试验。作者先在实验室中作了试制工作，然后在中间工场作了生产试验；对于如何处理原料、选定配方、制备胎泥和釉浆、成形和上釉，以及烧成的过程，作者都有详细的叙述。烧成后，将成品作了一些物理性能的检验，证明这次试制工作是成功的。与古瓷相比，白度很相接近，透光则比古瓷差一点。瓷胎的抗折强度和抗压强度是接近和有的超过了古瓷的指标。

第四篇是钴土矿的拣炼和青花色料的配制。作者先对明清二朝的青花料作了化学分析，证明宣德青料在成分上和国产青料不同，氧化锰的含量与氧化钴含量差不多（0.25%左右），而氧化铁特高（2.17%）。国产青料的成分中氧化锰的含量要比氧化钴高达数倍乃至十余倍，而含铁不多。这些事实可以与古籍上宣德青花是用外国青料（苏泥勃青或回青）的记载互相印证的。清初青花料一部分是用浙江产的，含氧化猛比较氧化钴高达数倍。后来也采用云南产的，成分和浙江的相埒。作者对于今日的国产青料（钴土矿）作了化学分析；又调查了目前景德镇拣炼青料的操作程度，作了详细的记录。然后作了几种配制青料的试验，观察它们在不同温度下烧成所显出的颜色。最后依照当地的习惯和手法，进行绘彩和上釉，放在窑中烧成。所得的成品，其中有些可以与古瓷相比。

这四篇论文是自1955年以来对于景德镇瓷器进行研究的一些结果。

不仅是对于改进陶瓷生产方面有现实的意义，便是对于我们作考古学研究的，也有启发的作用。作者应用了现代的新技术进行研究，例如用X－射线衍射和电子显微镜观察等；并且还设计了一些特别的仪器，例如测定陶瓷试样连续测量收缩仪。本书中各种化学分析方法和测定物理性能的方法，我们考古学的实验室大部分都可以采用以研究古代陶瓷。当然的，研究比较原始的陶器，有些方法是用不着的，例如测定白度和透光度（该书第 6～7 页）；另一方面，例如鉴定胎中的矿物，在研究陶器的工作中将占更重要地位。瓷器因为火候高，除了少量石英颗粒以外，绝大部分成为玻璃相，并且有因高温而发育了的谟来石，低火候的陶器，却可保留陶土中原来矿物的结晶，我们可以加以鉴定，以研究陶土的来源。

周仁所长不仅是冶金学和陶冶学的专家，并且对于古物研究也具有很大的兴趣。最近在北京相遇时，曾说打算由研究清初瓷器进而研究明代瓷器，更进而研究宋元瓷器，最后更研究宋以前的瓷器。我们希望周先生能实现这计划，并且希望除了研究瓷器之外，同时更能研究古代陶器，对于我们考古学中关于陶瓷方面一些问题，能够加以解决。

考古工作者应该对于陶瓷学有一些基本的知识。周先生曾写过一篇半通俗性的文章叫作《我国传统制瓷工艺述略》（《文物参考资料》1958 年第 2 期，第 6～9 页），介绍初步的知识。这本书更进而详细介绍研究瓷器工艺的方法。考古工作者读过后可以得益很多。考古工作者应和陶瓷学家合作，在这合作中，前者学得了关于陶瓷的原料和制造法的知识，各种分析方法的原理和它们的局限性，后者也可以知道考古学方面所需要的是哪一些试验和鉴定以及要解决的是哪一些问题。这样便可以推进我国陶瓷史的研究。

作为一个社会科学工作者，我们所最感觉到兴趣的，不是作为古董来玩赏的古瓷，而是制造这些古瓷的陶业工人。我们所以要分析和鉴定古代陶瓷的原料的成分、成品的物理性能和制造的技术，只是因为它们是陶瓷工人的技术知识和手艺技巧的表现。此外，古代陶瓷工业还有另一方面，便是当时的审美观念。这便须要研究古瓷的器形和花纹。这是可以由考古工作者和美术史家来进行研究的。如果忽视了这一方面，仍不能算是对于古瓷的全面的研究。本书是以自然科学和技术科学的方法来研究瓷器，我们不能过于求全，苛求它能包罗万象。这里不过只想指出古瓷研究还有另一方面而已。

考古学的对象是古代物质文化，我们应该尽量设法多多利用物理科学方面的方法，以解决考古学上的问题。本书在这方面对于我们研究古代陶瓷，有很大的启发，所以在这里加以介绍。

评罗伯·提查儿著《中国青瓷的青釉》[*]

　　本书是一本专门讨论宋代瓷釉技术（尤其是青瓷釉）的专门著作。全书分十八章。开始是序论性的三章，包括导言、参考文献和中国陶瓷简史（从商代至清代）。中间九章是按不同窑口来分别讨论各窑所烧的瓷器的胎、釉的成分和烧制，包括越窑、龙泉、磁州及定窑、均窑、北方青瓷、南宋官窑、柴及汝窑、建窑（即天目窑）、青白瓷（即影青），而以讨论龙泉、均窑、南宋官窑和建窑的四章所占篇幅尤多。最后六章是综合性的，分列专题讨论瓷釉的显微结构和成分、釉的厚薄、烧炉（试验用的烧炉）、玻璃釉中各"相"的分离、釉的原料、釉和烧炉中气氛的互相反应以及胎釉二者间的互相反应。全书末尾为附录（瓷胎和釉的化学成分表）和索引。

　　中国古代瓷器的科学研究，已有很长久的历史。近 30 年来，这项研究工作又有了新发展，开辟了两个新的研究领域：一方面是考古田野工作，注意古窑址的调查和发掘；另一方面是室内研究工作，注意引进

　　* 本文原载《考古》1980 年第 2 期，署名"作铭"。评介之书（Robert Tichane，*Those Celadon Blues*），系美国纽约州立瓷釉研究所 1978 年出版，全书 214 页，插图 154 幅。

现代科技方法。调查古窑址的工作，在 20 世纪的 30 年代，我国陶瓷学者如陈万里先生便已开始进行，但是正式进行发掘古瓷窑废址的工作是解放后才开始的。解放后，外国学者没有机会再来我国境内进行调查发掘工作，因此，这方面的工作主要是我国人自己做的，取得了一定的成果。至于引进现代科技方法来研究中国古代瓷器，我国陶瓷学者如周仁先生等，也曾做了不少工作。后来由于古瓷研究是学术性较强的，为生产服务只是间接的，因之被中断了十年之久。但是国外的现代科技方法，近一二十年中又有许多创新。国外的陶瓷学家利用他们本国博物馆收藏的中国古瓷，以现代科技方法进行分析和研究，取得了一些重要成果。

关于中国古瓷釉的研究，早在 1948 年，英国人 A. L. 赫瑟林顿（Hetherington）便写过一本《中国陶瓷的釉》一书。1963 年瑞典 N. 巴尔格伦（Palmgren）、N. 孙提埃斯（Sundius）等合写了一本《宋代瓷片》，是一部 504 页的皇皇巨帙。书中对于宋代瓷片的胎和釉进行过仔细的分析和研究。此外，像英国的《东方陶瓷学会会志》（TOCS）、美国的《远东陶瓷杂志》（FECB）、日本的《陶说》等期刊上也曾发表过有关这方面的论文。本书便是在前人的基础上又亲自对于宋瓷进行分析和试制。据作者自己说，他曾继续不断地进行工作几近十年，在现代化的烧焙陶瓷中，试烧过上千件仿宋的瓷器。分析工作中他采用了"扫描电子显微镜"（SEM）和"能量射散 X 光分析"（EDXR）二种新方法。前者的放大能力可达一万倍，以观察瓷胎和釉的显微结构。书中有许多幅清晰的显微照片。后者是一种不损坏标本的定量化学分析。书中有多幅用这仪器所取得的成分记录的照片。

作者所使用的试验烧焙陶瓷炉（test kiln），是用电流控制炉内温度的度数和升温的快慢，也可控制炉内气氛（氧化或还原）。作者利用这现代炉进行试验，并用上述两种新仪器对古瓷和他所仿制瓷进行分析。他所获得的结果，有些是很有意思的。例如，他指出釉料融化成玻璃质的液体釉以后，炉中气氛性质的变化，不管是氧化或是还原，都不会对于釉色发生显著影响。这和从前一般的想法不同。又釉的原料对于青釉的影响很大，例如釉的主要原料像长石、石英和黏土的颗粒大小和纯度高低对青釉的颜色和光泽都影响很大。所以对于胎和釉的研究，不能限于化学元素的分析。又釉中需要石灰和木灰（草灰）为助溶剂，更需要少量的氧化铁以便呈色。如果釉中含有少量的钛，则在有氧化铁存在于釉中的时候，青釉便会带黄褐色。又玻璃釉中如果含有气体"相"（phase）的气泡或固体"相"的结晶粒（硅），则釉色便变得温润一些。如果釉中分离出液体"相"的小玻璃球（粒）。则釉会呈蛋白石状的光泽。这种现象叫作"相的分离"。宋瓷烧焙时间久而冷却慢，因之，使瓷胎和釉交互反应更为突出，以致胎和釉的交界处常产生许多大粒的结晶物。这种结晶物的存在也会影响到青釉的色泽。此外，作者还有好一些值得注意的结论，因为这些是他多年试制和研究的成果。

本书美中不足之处，是没有彩色图版。像宋代青瓷的色泽，绝不是黑白照相所能充分表达的。

评德劳特著《考古学和它的一些问题》[*]

　　本书作者是比利时的根脱大学考古学教授。这书最初是用法兰德斯文（这种语文是比利时北部人民所使用的，属日耳曼语系，和荷兰语相近）写成出版的，1954 年增订后译成法文出版，现在又译成英文出版。这是一本考古学的概论，用比较通俗的体裁写成的。虽然篇幅不多，但比较全面，接触到考古学的各方面。所举例子也很生动，但稍嫌偏重于比利时和法国北部的例子。

　　引言中说明考古学的意义和它的各部门。考古学是研究古代文化所遗留下来的一切物质遗存。从巨大的罗马格斗场到烧制得很坏的破陶片，都要从各方面去研究，以便复原古代文明的生活（13～14 页）。第一章题为"土地和它所包含的记录"，考古学不仅是挖古物，还要研究地下所留的人类活动的痕迹和他们当时的自然环境；接着讨论古物在地下保存良好与否的几种因素。第二和第三章分别介绍各种考古调查方法（包括空中摄影、土壤的化学分析和物理探矿法等）和发掘的方法。发

---

　　* 本文原载《考古通讯》1958 年第 4 期，署名"作铭"。评介之书为：Sigfried J. De Laet, *Archaeology and its Problems*，Phoenix House Ltd. London，1957，136 页，20 幅图版。

掘方法叙述得殊嫌简略而不够具体。第四章讨论断定时代的方法，分为相对年代（型式学、地层学、自然环境研究和分布的研究等）和绝对年代（年轮断代学、冰泥沉积层研究和放射性碳素断代法等）两项。第五和第六章都是讨论考古资料解释方面的一些问题。先讨论考古学的局限性，然后讨论考古学可能告诉我们什么。这最后两章最为重要，也最引起兴趣。

谈到考古学的局限性时，他指出考古资料有否价值先要视它们是否可靠。他指责比利时、法兰西、意大利、希腊和近东各国的许多缺点：发掘工作做得很糟，报告写得既不正确又不完备，博物馆陈列和保管很杂乱，许多"古物"可疑或是赝品。历史科学的研究是不能建筑在这类考古资料上面的。现今的迫切工作是用谨严的态度和最新的方法去多做田野考古工作，并对于过去做过的重要发掘的成果以批判的精神重加估价。有人以为考古学的研究工作是在发掘以后回到书房中做的。他以为这是错误的看法。他以为目前考古学最重要的工作是在考古发掘（81~82页）。这些话我以为也可以给我们中国考古工作者作为借鉴。他又讨论考古学上的"文化"，是和种族、语言或民族共同体，都不是一回事，因而指斥纳粹德国的种族主义学说（85页）。这也是我们可以同意的。

他又讨论考古学可以告诉我们关于古人生活的各方面：①自然环境；②饮食；③住宅和居住地；④工具、武器、衣服、装饰物；⑤工矿业技术；⑥商业和贸易路线；⑦海陆交通和运输工具；⑧艺术；⑨宗教；⑩人口问题（人口密度、寿命长短）；⑪社会组织；⑫侵服、移徙和概念的传播。可见考古学的资料虽仅限于物质遗存，并且是古代物质文化中的一部分（有些物质已腐朽无存），但只要我们能细加分析，不但可以知道古代物质文化的概括的全貌，并且也可知道精神生活的一部分。

关于社会组织一项，他说考古学方面关于社会组织的资料仍是带有极端的片面性和表面性。他不同意苏联的考古学家们将分期标准放在社会组织上，将石器时代分作：原始群或前氏族社会（旧石器早期），母权氏族社会（旧石器晚期至中石器时代），父权氏族社会或阶级社会的萌芽（新石器时代）。他以为我们现在没有足够的资料。现有一些资料似乎表示不同文化和不同时代有各种不同的社会组织，并不视技术和经济的发展而定（117～118 页）。苏联考古学者蒙盖特在一篇评介本书的文章中已加以驳斥，说他这种论调仍落在一般资产阶级考古学家们的窠臼中。蒙盖特指出：苏联考古学家和资产阶级考古学家的不同点，在于前者是相信马克思主义，以为社会发展是依照一定的规律，这些规律包括关于生产力和生产关系的发展的定律。物质文化是和社会经济生活有一定的关系的。资产阶级考古学家们否认有这些规律。这是基本的不同点。苏联学者采用新的分期法，因为在原始社会中家族—氏族制度是反映当时的生产关系的。他们也承认这种新的分期法所依据的事实还是不够丰富的，例如旧石器早期的社会组织，证据很薄弱。但这是为进行研究的一种科学假设，至于有人以为苏联学者依照古代生产工具以恢复经济情况，依照经济以恢复社会组织，方法似乎过于简单化。这是资产阶级学者的误会。苏联学者也反对将历史唯物主义这样庸俗化；不能将社会发展的理论来代替每个氏族或人民的具体历史的研究。马克思主义者是根据这些历史事实建立社会发展的通例，而资产阶级学者认为人类历史不过是许多偶然性的事件的累积。原始社会的社会组织的研究工作，须要耐心的钻研和谨严的推理，但也只有在历史唯物主义的指道之下进行才能获得成功（《苏联考古学》1957 年第 4 期 197～198 页）。我们阅读资产阶级学者的著作，要抱着高度的批判态度，才不致在有些地方被误引入唯心主义的迷途。

评普伦德莱思著
《古物和艺术品的保存方法》[*]

关于古物保存方面的专著，当推德人 F. Rathgen 的 *Die Konservierung von Altertumsfunden*（初版年份未详，1915 ~ 1924 年修订再版）为最早，其书第一版出来后不久即译成英文（1905 年）。后来有 A. Lucas 的 *Preservation and Restoration of antiquities*（1924 年初版，1932 年修正再版）和本书著者的 *The Preservation of antiquities*（1934 年）。后者虽仅寥寥 66 页，但很扼要清楚。可惜这些书都已绝版了，不易购得。

本书是 373 页的巨著，是根据著者在不列颠博物馆的实验室中几十年累积的经验所写成的。引论首先讨论环境对于古物的影响，如湿度、温度、污染空气等。然后依据器物资料分三部分来介绍保存古物和艺术品的方法：①有机物（又分为皮革和革制物，纸草书，羊皮纸和人造纸，印刷品，版画和手稿，纺织品，木制物，骨制和象牙制物，架画等

---

* 本文原载《考古通讯》1958 年第 4 期，署名"作铭"。评介之书为：H. J. Plenderleth, *The Conservation of Antiquities and Work of Art*, Oxford University Press, London, 1956 年初版, 1957 年再版。

七节）；②金属物（又分为总论、金、银、铜及其合金、铅和锡、铁和钢等六节）；③矽化物及其有关的物质（又分为石制物、陶瓷、玻璃等三节），最后有"溶液的浓度"等附录 13 条。

这书关于保存古物的方法，介绍得很详细。这是田野考古人员、博物馆保管人员和古物修理人员都应该仔细阅读并且时加参考的一本手册。可惜所介绍的化学药品和塑料等，有许多只是英国商品的货名；作者虽注出供销店的地点，但在英国以外的读者如果想做试验，未免有些困难。这未免是美中不足。

新中国的考古工作[*]

——1951 年 4 月 13 日在河南文管会欢迎会上的报告

诸位同志：我这一次奉命来到河南调查发掘黄河南岸的古代文化遗迹，得到在开封和诸位见面的机会，我感觉到非常高兴，过去我曾来过河南，到开封来这还是第一次，这一次的工作中心是沿着陇海线从郑州至陕州作一个普遍性的考察。

在考古工作方面，中央和地方在领导上，都非常重视的。在新中国展开科学建设的方针下，科学院考古研究所于去年 8 月成立了，秋冬两季间我们进行了一次辉县的考古发掘，这一次虽然在古物的收获上不多，但是在发掘工程上已经相当可观，由于该墓的建筑太大，又适逢严冬大雪，一直费了三个多月的时间，才算把它完全清理出来（发掘的详情和经过，在《科学通报》第 1 卷第 8 期及 2 卷第 2、3 期中已有报道，想诸位都已看过了，我在这里不再多说）。其中比较值得重视的，要算是车马坑的发掘，在这一个土坑中间掘出了战国时代的车，达 19 辆之多，只是经时太久，木质的车箱、车轮及辕衡等都已朽烂了，但在土中还留着木构的痕迹，把各个车辆的遗痕，排比对照以全补缺的加以

---

　　* 本文原载《新史学通讯》1951 年第 3 期，系蒋若是笔记。

合拢后，终于把当时的车形完全地给它复原起来。存留了中国二千年的车制疑案，经过了许多考据学家的研究而不能确定的问题，今天把它正确地解决了，消耗了百十天的人力物力，就在这一点上说，也算取得了相当大的成绩。

由这一点上我们可以看出来，我们的代价不是完全在于所得的物质上着眼，而是在于古代的文物发展阶段上唯物的来确定我们伟大祖国的历史过程，所以在考古的态度上要把过去的观点基本的转变过来。我们与过去的考古工作者不同，我们不是要抽象的文物，我们主要的目的，在于由这些文物当中，窥测出一个时代的社会生活，和一个时代决定社会生活的生产工具。

为了如此，我们和大古董商有所不同，我们所要的不偏重于贵重的珍品和稀奇的明器，同时我们热爱那些破烂的铁铲、铁犁，甚至于把它们看得更珍贵。我们保存古物不在于欣赏，我们在于得到那一时代的生产资料、生活资料。过去很少能把这个问题重视起来。

最可憾的是，过去的许多考古工作是在帝国主义和反动派的勾结下进行的，无数的祖国文物遗产，都被他们窃掠或者是盗卖了。现在中国人民是站起来了，再不能容许他们的胡作乱为，在中央和地方的各级人民政府领导下，各阶层在爱护祖国文物上都表现得非常积极，帝国主义分子企图盗走的文物，随时的都被他们没收过来，加以保管和爱护。

其次，是在研究方法上也和过去有所不同了。

第一，是要全面的注意文物。我们的方法，既然有如上的不同，所有古代社会的一切遗产，我们都要注意，都要收集，就是残砖片瓦破铜烂铁，只要是与当时人民直接发生关系的，就都有保存和研究的价值。例如一个斧头，本来是一块烂铁，好像没有什么价值，但是，那一时代的生产工具，就直接的反映在它的身上，因而有时候，就能借着它把当时的生活形式及社会情况窥探出来。再如这次辉县发掘的车子，其实已经腐朽得不成样子了，但是由于找到了它的形制，就把当时的交通工具，和它的发展过程决定了。

第二，不能孤立地去研究问题。一件东西的意义就在于它给它周围所发生的相互联系的关系上，一件东西孤立了，你也就找不到它的作用和价值，所以在工作中就必须随时地全面地注意到它的周围，它的彼此联系，然后在它的关联环节当中，才能得出它的真实意义来。

第三，必须是科学的配合研究。社会的发展是多方面的，我们一个人不能有许多的专门知识，所以必须大家配合起来，不能在一件事物上，去推断它的发展过程，例如一个工地发现猪骨，是不是就能确定这个社会对于家畜已到了圈养阶段呢？显然是不能的，因为这只是一个抽象的发现，如果它是由打猎得来的，那就要落到一个畋猎民族相反的结论上去，再如殷墟发现了象骨，能不能确定当时的安阳就适于产象呢？也许是南方运过来的，便又反映到一个社会的交通和商业的概况上去了，所以抽象的观察常常会歪曲了真正的事实，那就必须各方面的研究配合起来，才能得到一个正确的结论。

特别是一切事物的发展，都是根据着生活的要求，随着时代的进步而来的，当时的一切社会现象，也都围绕着当时的人民生活。所以要把发现的一切随时联系到当时的社会上去，离开了当时的人民生活，那就失掉了研究文物的意义了。

由于以上的要求，我们的工作已不是停留在书本上研究问题了，而是亲自走上工地里去。我们要随时把这些要求与工作结合起来，我们要在实践中去寻求知识，然后再将所得的新认识，打进下一次的工作中去。

我们祖国的历史是悠久的，我们先人的劳动传统和创造精神是伟大的，我们考古工作者的任务是要把先人遗留给我们的文化遗产，在今日全盘的承受下来，转授给世人，给我们的兄弟姊妹们知道，把我们伟大祖国的宝贵遗产保卫起来！

三年来我国考古学方面的成就*

　　解放以后，我国考古学有了新的进展。1950 年中国科学院成立了考古研究所。考古的目标，不复是学院式的研究，而是设法复原古代社会的真相，并且将成果以通俗报道及展览会的方式，介绍给人民大众。除了主动地计划发掘地点之外，为了配合伟大的经济建设，还派遣了考古工作队到大规模建设的工程地带去工作。现在将三年来的重要工作，简单介绍于下。

　　1950 年的安阳殷墟的发掘，对于殷代的奴隶社会提供了新材料。引起了史学界对于这问题的热烈讨论。同年辉县的发掘，对于中国铁器时代初期（战国末期）的灿烂文化有了新发现。史前方面，1951 年在周口店北京猿人洞再做发掘，找到了一些动物化石及石器。关于新石器时代的文化，曾有调查队到豫西及陕西去工作，发现了好几个新遗址。在南京附近、江西清江、湖南长沙、察哈尔大同及海南岛文昌县，都曾发现过新石器时代遗址。在吉林西团山发掘过史前的墓葬。湖南长沙考古工作队发掘了一百多个战国时代至西汉晚年的墓葬，获得了优美的漆

---

　　* 本文原载《历史教学》1952 年第 10 期。

器、铜器、玉器、木俑、木车和木船的模型；还有带文字的战国时代竹
简及汉简。南京近郊发掘了南唐二陵。这二陵虽曾经盗掘过，但所剩余
的遗物及墓室建筑，都可表示当时的优越文化。

为了配合建设工程，我们清理了许多在工程中已发现的古墓。北京
近郊发掘了明末万历和天启的妃嫔墓，获得了许多精美的珠宝首饰。又
在北郊及西郊发现了几座汉墓，获得了精巧的瓦屋、瓦灶和陶器等。在
北京城内南部，也发现过战国时代的古墓及居住遗迹。治淮工程中的考
古工作，以白沙水库的发现为最多，清理了三四百个墓葬，时代由战国
直至宋代。宋墓中保存有精美的壁画。又在河北唐山市贾各庄发掘的战
国墓中，有精美的铜器及形状奇特的陶器，是燕国文化的代表。

地面上保存的古迹，大同云冈、洛阳龙门和敦煌千佛洞，都已严加
保护。1952 年在甘肃凉州及永靖，还发现了两处石窟寺。窟中造像创
始于 5 世纪。这是很重要的发现。

关于展览会的工作，北京开过或正开着关于安阳殷墟、北京西郊明
墓、陕西斗鸡台、河北唐山市、新疆古物等的展览会，并且利用考古学
的材料，布置了原始社会、先秦社会及伟大祖国艺术等展览会。南京开
过南唐二陵发掘的展览。

为了培养年轻干部，北京大学的历史系中下设了考古学组。为了要
在短期中培养大批人才，1952 年暑期在北京开办了考古训练班。为了
配合国家的经济建设，现有的考古工作人员是不够的。中国考古学的前
途，是有无限的光明的。

清理发掘和考古研究[*]

——全国基建中出土文物展览会参观记

　　这次文化部把全国各地区在基本建设工程中出土的古代文物的一部分，在北京历史博物馆展出，实在是一件令人兴奋的事情。虽然所展出的只有 3000 余件，但是这些是从 16 万多件的出土文物中选出来的。随着国家的社会主义工业化的发展，各地的基本建设工程将展开，将来出土的文物将更加众多。这些文物在历史研究上和爱国主义教育上，都将发生很大的作用。大家，尤其是考古工作者，对于这样丰富的宝贵材料的发现，自然要感到万分的兴奋。

　　考古研究的性质，有点像地质科学，室内工作固然是研究，野外的调查发掘，做得好的也便是研究。不仅是有计划的考古发掘是如此，便是配合基本建设的清理工作，也是考古发掘，也便是如此。清理发掘的工作，有做得好的，有做得不够好的。清理发掘工作的好坏，对于材料的学术价值，影响很大；但是无论如何，总可以提供一大批室内研究的材料。这次展出的文物，时代由旧石器时代直到明代，地区遍及全国各大行政区。这是各地的考古工作干部在基本建设部门和当地群众的积极

＊ 本文原载《文物参考资料》1954 年第 9 期。

协助之下所做出来的成绩的具体表现。这个成绩，我们应该加以肯定。解放以前，由于社会条件的限制，考古学无法发展；因之所留下的考古工作者，人数很少；前年起，虽办了两届训练班，但仍不能适应现今客观的要求。并且配合基本建设工作，需要及时完成清理发掘工作，所以进行工作是有些困难的。这次展览会，表现出各地的考古工作者，都能克服种种困难，不辞劳苦地努力把古代文物保存下来，做出很大的成绩。

同时，这次展览会也很清楚地显示出各个清理发掘工作的质量是有高下不同的。有些是做得很好的，有些是不够好的。譬如，同是发掘墓葬，有些做得很仔细，记录很完备，在这展览会中，能够用模型图片来表示原来发掘开时墓室情形。有些似乎并未注意到这一些，似乎只是把古物拿出来以便将来陈列之用。此外还有一些缺点，将在下面介绍展览会内容时提出，与大家共同商讨。有些小缺点，只需加以注意，是可以立刻加以避免的。有些缺点是需要很大的努力才能克服的。

尽管有这样的成绩，我们仍希望在已取得的成绩的基础上，更能继续提高工作的质量。不仅工作做得不够好的应该学习，便是做得好的也应该虚心学习，不能骄傲自满。这次展览会，便是一个交流经验的好机会。希望考古工作者不要辜负了这一个好机会。

一

关于展览会的内容，我想依照着年代的次序来谈一谈。

先谈旧石器时代的文物。这次旧石器时代的很少，只有山西汾城（后属襄汾——编者）丁村的石器和四川资阳的骨器和人头骨。旧石器制作比较原始，不易辨识，因之容易被忽视；并且，由于西欧的旧石器中期和晚期的遗物，多发现于山洞中，有"洞居人"之称；加之我国的"中国猿人"和"山顶洞人"的文化，也都如此。这容易使人误会，

以为中国的旧石器时代的人，都生活在山洞中。事实上，黄土平原不比
石灰岩山陵地带，不会有很多的自然山洞。河套文化的遗址，已足证
明。这次所展出的两处遗物，又给我们添了证据。今后对于挖土很深的
基建工程，都应该特别注意旧石器时代的文物和化石，不要以为旧石器
只限于山洞中。除了检取标本之外，同样重要的是要注意它们地层的关
系。如果自己不能解决，最好立刻和中国科学院联系。这次丁村发现旧
石器的地层，便有不清楚的地方。现在中国科学院古脊椎动物研究室已
派人去就地再加研究。四川"资阳人"头骨化石的发现，幸得有专家
在近旁立即前来协助解决了地层问题。地层问题只能当时就地加以解
决，过后往往便无法追补。

至于石器及人类化石的详细研究，自然可以拿回室内来做，并且需
要专门的知识，不能随便说"资阳人"头骨构造和"山顶洞人"没有
相同或相似之处。因为他们都是"真人"化石，他们的头骨构造，大
致相似，其中相同之处颇多。就理论而言，没有两副头骨处处绝对相
同。但是如果都归入"真人"中，也绝不会没有相同之处（事实上，
"山顶洞人"的三副头骨便各有其不同处）。试以之与"北京猿人"或
"尼安德特人"相比较，便可了然。"资阳人"如果与"山顶洞人"有
某些不同，也只是"真人"这一"生物种"中的种族性的小差别。根
据体质人类学研究的经验，"真人"中种族不同的表现，以颜面骨为最
显著（如鼻骨、颧骨、下颚骨等）；最好要以成年人的体质为标准，并
且一般是需要一定数量的标本，否则所看出来的特征，也许是个体上的
特殊性，而不是种族的特征。"资阳人"化石是未成年人的标本，颜面
骨只剩下颚骨一小残片，并且只是一个孤单的标本。纵使用人体测量学
及解剖学的方法，详加鉴定，我们仍难决定他和"山顶洞人"大致相
同中某一些不同处，是否构成种族的特征。现在是不能断言他们之间没
有相同或相似之处。我们只能说："它的种族关系，还要等待更详尽的
研究；更重要的还要更多标本的发现，我们才能作更确切的论断。"就

此可见某一些室内研究的繁难，与我们对于这方面工作的欠缺。就野外工作而言，最重要的是将出土地层弄清楚。旧石器时代不仅离现今最远，并且包含的时间最长久。地层上一有错误，便"差之毫厘，失之千里"了。这次展览会没有附带陈列出"资阳人"出土地层图，也是一个缺点。

二

到了新石器时代，我们祖先知道了畜牧和农业，不但增加了生活资料的数量，并且也使之有一定的保障，因之社会繁荣，人口繁衍，大部分定居下来，成为村落。近四年来新发现的新石器时代遗址，已达百余处，不像旧石器遗址那样稀少。这些新发现，增加了我们对于当时人民生活的了解。有些人以为新石器文化只是指使用磨制石器的文化；这不但不合事实，并且也看轻了时代划分的重要意义。新石器遗址仍多打制的石器甚或完全是打制石器。我们不能以拣拾这些石器和陶片为满足；我们要想了解他们当时的经济生活，他们的居住情况，以及这些石器和陶器在他们生活中所起的作用。例如根据遗址出土的兽骨的研究，河南渑池仰韶村遗址所出的多是家猪，青海贵德罗汉堂遗址所出的以牛羊为多，野兽骨亦多，但猪骨极少；虽然都是有彩陶和石器，但是经济生活上一以农业为主，养猪为副业，一以牧畜狩猎为主，农业并不重要。这种工作，在采集兽骨标本后要生物学家来鉴定，不仅要知道所代表的动物的种类，还要知道它们所占的比例。大规模的发掘，不仅要知道遗址中个别房屋的形式，还要知道它们如何组成村落。这次展览会中所表现的，似乎并没有注意到这些方面。这是由于做清理发掘的时候，只挖几道探沟，对遗址的了解不够全面，许多现象易被忽略过去。同时也表示我们要提高发掘居住遗址的技术，并且要纠正那种只企图挖取古物标本的狭窄思想。

　　这次展出品中新石器部分，自然也有它相当的贡献。有些使我们对于已知道的某几种新石器文化，了解得更清楚。甘肃永登的红沙沟口和教场沙沟（分布图上误作"沙蒲"）所出的半山马厂式的彩陶罐，即是一例。从前在洮河和湟水流域所出的彩陶罐在千数以上，但除了边家沟一墓和朱家寨数墓之外，都是购买得的，出土情况不明。这次不但添了新地点，并且也提供了出土情况清楚的古物群，可以解决了仅由型式学研究所不能解决的问题。又如山西、陕西、河南的仰韶文化遗址，山东、安徽、河南的龙山文化遗址，江苏、浙江、福建的出有几何印纹硬陶的新石器文化遗址，都可以增加我们对这些文化分布情况的了解，并且看到同一文化的各遗址间的共通点和小差异。至于淮安青莲岗和新沂花厅村的出土物，虽然和已知的文化有相似之点，但是特异处颇多，是值得注意的。至于吉林江依兰倭肯哈达的洞穴文化和四川绵阳石塘乡的新石器文化，都是完全自成一体系，时代可能晚得多，已入中原的历史时代。这次所展出的绵阳出土的几片黑陶，和龙山文化的黑陶相比较（见展览会中山东禹县及河南舞阳所出的黑陶），除了表面黑色之外，并没有什么相同之处。在我国考古学文献中，时常随便乱用"彩陶"名词来探究文化关系，已经造成了相当的混乱。但是彩陶除了陶色、陶质、制法和器形之外，还有其他标准，例如加彩的方法，色衣的有无，绘彩的颜色，绘图的母题和布局等，可以来控制两个不同遗址所出的彩陶异同的讨论。至于黑陶，只能根据它们的陶质、器形和制法来考察它们的异同。如果仅有"黑色"这一特点，那是无法来推论它们的文化关系的。由于好些不同的原因，都可能使陶器成为黑色。我们不必远举国外的例子。只看这个展览会中，洛阳的战国黑陶器，四川理县汉初的两耳黑陶罐，西安湖广义园的元代黑陶器，如果是砸碎了的器腹小片，都是很相似的。我们不能因为绵阳发现了几片黑色陶片，便推论到它和沿海的龙山文化有什么关系，便认定黑陶在这里发现是值得注意的问题。

　　因为殷周以前的原始社会的考古研究从前为人所忽视，所以多谈一些。为了考古研究工作的向前发展，对于某一些混乱的观念，须要加以澄清。有了根据考古研究而得的理论作为指导，清理发掘时才知道如何去找寻古人活动所留下的痕迹，和对于这些痕迹应该如何去解释。

三

这次展览会的陈列品中，最出色的还是历史时代的文物。这些文物，除了郑州的殷代遗址以外，所发掘的差不多都是些墓葬。热河古代矿场及曲阳、成都两处废寺址，似乎都是检些标本，并没有作为遗址来发掘的。这原因一部分由于清理时碰到墓葬的机会较多，一部分也由于我们对于居住遗址的工作太忽视了。新石器时代的遗址，因为有磨得发亮的石斧、石刀，大家对之似还比较有兴趣。历史时代的居住遗址，往往只有灰陶片、残土墙和红烧土，所以容易被忽视过去，有些人见到了也仍"视若无睹"。这些遗址的发掘，也许不易挖到值得陈列在玻璃框中的精美工艺品，但对于确定古代的社会经济生活的面貌，将有很大的帮助。这须要我们发展一种工作精细而大规模的发掘方法，却不能随便乱挖，破坏了古迹，给科学带来损失。

殷代的文物，这次展出的有郑州出土的陶器（包括带釉的硬陶）、卜骨和两片带字的骨、铜器等。这是安阳以外的又一个殷代重要中心，这里也像小屯一样，有龙山文化和殷代相叠的文化层。展出的陶器中有一件标明"殷代"的横耳弦纹黑陶罐，就器形和质料而论，当属于龙山文化。不知道是原来混入殷代文化层中呢？还是发掘时或展出时疏忽所致？陕西岐山县出土的玉刀、铜器等，和河南新安玉梅水库出土的陶鬲、陶甗、石镰等，也属于殷代文化系统。安阳大司空村殷墓出土物中的车马器零件，可惜没有和出土情况图一并展出。那一个表面磨光的双竖耳红陶壶，在殷代陶器中颇为特异，是前所未发现的。湖南衡阳汉墓中出土的两件殷代铜器（爵、觯），使人联想到辉县战国晚年墓中出土的仰韶彩陶罐。古人中便有喜欢古董的，死后便以当时的古物随葬了。同时使我们注意到这一点，判断一座古墓的年代，应该全面考虑，决不能以孤证为凭。

战国以前的周代文物，这次展出的只有山东临沭和河南郏县的铜器，以及洛阳所发掘的几个墓中所出的铜器、铅器和陶器（包括两件带釉的陶豆）等。如果和它的前后各时代丰富的文物相比较，殊为冷落。至于战国时代的文物，这次展览会中有很好的表现，尤其是长沙的楚墓和唐山的燕墓，最为精彩。前者有竹简、漆器、雕花板、木俑、石璧、铜镜等；后者有狩猎壶、兽纹盘、蟠螭鼎等。如果再加上辉县的出土物，可以看出这时代的文化繁荣和灿烂。我们根据文献上的记载，知道这时代的大都市中常有"车毂击、人肩摩"的现象，人口极为繁衍。这次展览会中的战国墓葬，有北京、唐山、山西河津、洛阳、郑州、禹县白沙、长沙等；此外我们知道的，还有辉县的褚丘、赵固和固围村，安阳的大司空村等处。这是由于当时知道利用铁器，生产力大为增加。热河省冶铜场址附近发现战国时有字的铸造农业工具的铁范，是很重要的发现，是研究古代生产工具及冶铸技术的好资料。这时期中上述各地出土物，有他们的共同性，当时一看到便可知是这时的制品。例如陶制或铜制的容器（鼎、豆、壶、敦、鬲等）和铜制兵器（剑、戈、戟、镞等）的形式，铜器上繁缛纤细的花纹（蟠螭纹等），陶器上烧后加上去的彩绘（郑州出土的彩绘陶鸭，是一件很优美的制品）。好几个地方发现了当时创始的新材料（漆器、铁器、料器）或新器物（铜镜、带钩、铜剑、耳杯、货币等）。但是各区域在大同中又有小异；不仅各国的货币不同，便是别的器物也有差异。尤其是四川所出的几件铜兵器，更为特异。这些有地方性或时代性意义的小异，是我们做考古研究要致力探究的，希望能辨别出不同的类型来。我们要注意到，古代劳动于各地的我们祖先，在延续过去优良传统的同时，都贡献出他们的知识，发挥出他们的创造性，汇集综合成了我国伟大的文化传统。

四

汉代承继了战国时代的文化而更向前推进一步。这时铁器更普遍地被使用。这次展出的汉代铁器很多，北京清河镇，河北井陉矿区，东北的鞍山、海城、辽阳，河南的洛阳、禹县白沙，湖南的长沙，陕西的西安、临潼，甘肃的古浪、宁县，四川的宝成路南段，都有标本在这里陈列。汉代生产力提高，人口繁殖。这几年来基本建设工程中所清理的文物，实以汉墓为最多。洛阳和鞍山所清理的，都达三百座左右，长沙和白沙都达数百座，北京、唐山、华东治淮工程、郑州、广州、西安、宝成路南段，也都有大批汉墓出土。两汉继承了秦代的中央集权制而加以巩固。文化方面，所被及的地域更为广大，但内容更为统一化了；做到了《礼记·中庸篇》所谓"车同轨，书同文，行同伦"的地步。自然，地方性的小差异，仍是存在的；例如墓制方面，除了土坑及东汉时盛行的砖券墓以外，山东多画像石墓，长沙和广州多木椁墓，洛阳和白沙多空心砖墓，四川多崖墓及画像砖墓。随葬品方面，各地在大同中也有小异。例如长沙、广州有舟船模型、带釉印纹硬陶、滑石容器（广州标本的说明卡片误以滑石为云母），四川有陶制水田及摇钱树的陶座，并且陶俑特多，洛阳一带多陶仓、陶灶和井亭，唐山多圜底陶器。这些小差异，有些是与地理环境有关系，如江南水乡多使船，而滑石制品，由于附近有原料。有些是由于当地的技术上的传统，例如长沙、广州的带釉印纹硬陶，似与当地新石器时代的几何印纹硬陶有关。长沙许多汉墓中常有好几个这种陶器；但是洛阳三百来座汉墓中只有两三个，似乎不是本地制的。又如唐山的圜底陶器也是继承当地过去的制陶传统（"鱼骨盘"质的陶器和当地战国陶器）。就美术史方面而言，这次展出品中的精品，壁画有河北望都东关汉墓和山西太原赵澄墓，浮雕有山东沂南画像石和四川扬子山画像砖，塑像和雕刻有四川和洛阳的陶俑及四川德阳出土的辟邪，图案画有洛阳的彩绘陶壶，西安的朱绘陶器，广州、长沙的漆器花纹，长沙、四川宝成沿线、洛阳、西安的铜镜图案（四川标本的说明，以为铜镜"涂上水银"是不正确的；铜锡合金中锡超一半时即作银白色）。就物质文化史的价值而言，洛阳的谷物标本，广州的果核标本及木船模型，南阳与广州的车子模型，甘肃古浪的建武铜斛，热河铸冶场刻款的铜饼，北京、广州、望都、洛阳等处的房屋模型，以及上面提到的各地铁制生产工具，都是很珍贵的资料。

魏晋南北朝时期，我国和印度开始有了很密切的文化关系，印度的佛教艺术，便在这时代传入我国。我们祖先吸收它的精华，融入我国的传统艺术中，便产生了这时期灿烂的中国佛教艺术。这次展出的有河北曲阳修德寺废址出土的由北魏至唐的白石造像，和四川成都万佛寺旧址出土的六朝隋唐的红砂岩造像，为我国雕刻史供给了不少新材料。曲阳出土的据说达2200余件，这次仅展出49件，多有纪年铭刻，年代可以确定，所以更为重要。听说废寺基址保存尚佳，有两三层的建筑层；可是挖取造像时似乎没有对这些方面细加研究，以阐明这寺庙的结构和这批造像如何掩埋到地下去的历史。

这时期中工艺方面的一个重要的发展，是由釉陶演化成瓷器。这次展出的，最重要的是宜兴周处墓出土的瓷陶器。器胎灰白坚硬，釉彩光润；不仅形制精美，年代也很明确。其他各地六朝墓也有瓷陶器出土，有些是近于汉代的带釉硬陶，如杭州老和山及河南板桥水库；有些是近于近来的青瓷，如南京邓府山、安徽芜湖、广州市郊、四川宝成铁路沿线。到了六朝末年，像从前在历史博物馆展览过的景县封氏墓出土的青瓷器，便已与唐宋青瓷差不多了。至于陶俑方面，四川在汉墓中虽多陶俑，到了南北朝时，反而绝迹了。中原的西安洛阳一带，陶俑发展成整套的明器。这次陈列品，有西安咸阳的北魏、北周和隋代的整套的彩绘骑士及男女俑，不仅是精美的艺术品，也是研究当时服饰和风俗的好资料。墓志方面，由圭首形汉碑式竖立墓中的晋初贾后乳母徐美人墓志，发展到正方形平卧墓中的北周杜欢墓志和隋代段威墓志。就铭辞而言，这三件也是重要的历史资料。

唐代的灿烂文化，在这次展览会中，并不显得十分特出，但仍有它的相当的代表品。佛教雕刻方面，有上面已提到过的曲阳和成都的废寺出土的造像。陶俑方面有太原西郊和西安附近出土的。西安附近出土的，不仅数量丰富，并且非常精美，尤以那件三彩釉陶女俑，最为漂亮。咸阳底张湾的彩绘壁画，也值得注意。可惜没有用总图或模型来表示它们在墓壁上的排列。山西太原赵澄墓的壁画也有照片陈列。北京唐墓的石刻十二神，虽仅余五尊，但艺术上的价值颇高。将兽头安在人身，仍显得自然生动，使人并不觉得矫揉拼凑。长沙出土了好些浅褐色釉陶和淡青色的岳州窑瓷器。

五

五代以后的考古学，素来为人所忽视。这是由于印刷术发明后，文献资料丰富，并且离现今较近，未曾入土的传世古物较多，例如宋版书籍、宋人字画、宋瓷和缂丝，以及宋辽建筑，传世尚多。不像宋以前的东西，宋人已视为古物而录入金石书籍中了。但在这次展览会中，五代以后的文物出土者仍不少，并且有些是出人意料的收获。

从前以为宋代纸冥器流行后，陶俑便绝迹了。这次展出品中，宋代的有四川广汉的陶俑，杭州建校区的木俑，元代的有西安湖广义园和山东祝店王深墓的陶俑，明代的有成都五里墩的陶俑（北京西郊明墓也曾出木俑）。这些可以纠正我们以前的错误看法。壁画方面，禹县白沙的宋墓壁画，虽艺术价值并不太高，但生动地表现了当时地主们的日常生活。山东济南凤凰岗有元代壁画墓。成都永兴乡明墓的彩画，完全是配合建筑的装饰图案。

砖墓的形制，汉代的都是砖券的洞室，这是由于材料的限制，不像石室墓或崖墓，容易模仿木构的住宅。到了唐代，我们从前曾在敦煌发现砖室内砌有窗棂门户，模仿木构。这次展出的宋辽砖墓（图片和模型），更进一层，有斗拱和柱子，以仿木构，例如北京西郊辽墓，太原东郊周全墓和禹县白沙宋墓（河南郑州和安徽六安也都有发现）。到了明代，像北京西郊董四墓第一号墓，连屋顶上也安置琉璃瓦的鸱尾和屋脊，模仿地面上生人的住宅更为彻底了。

这时代最重要的随葬品是瓷器。由宋代青瓷和白瓷一直到明末的青花和五彩，在各地墓中都有标本出土。虽然未必都是精品，但作为断定年代比较之用，无疑是陶瓷史上的好资料。泉州建阳的烧瓷工具（匣钵和垫钵），也是研究陶瓷制造技术的好资料。金属的随葬品，除了铜镜之外，有南京出土的景泰七年的铜灶模型和北京西郊明墓的金银首饰器皿，表明当时这种工艺的成就。铭刻方面，除了墓志铭之外，这时还流行着买地券，如山西襄陵元梁琼墓及四川华阳明代二刘墓出土的，可以考见当时的一种民间信仰。

六

在国家总路线的照耀下，社会主义工业化便要展开了，基本建设工程中出土的古代文物，将越来越多，重要的发现将层出不穷。我们的清理发掘工作，远赶不上基建工程，而考古研究的工作又远赶不上清理发掘的工作。这情况在短时期中是无法避免的。听说文化部已就此次展出的文物，先择要出版一个图录。这是一个好消息；图录的出版也许可以推进研究的工作。

我们做考古工作的人，每参观一次这些展出品，便觉得非常兴奋，同时又感觉到责任的沉重。为着配合国家的总路线，我们是有很大的责任，将祖国的古代文物保存下来。不仅要使它们"出土"而已，而且要尽量使它们不失其学术价值地发掘出来。关于交流经验和提高业务水平的工作，在过去我们是做得不够的。考古训练班时间太短促，毕业的学员须要继续提高。现在由中国科学院考古研究所发起，想创办一个叫作《考古通讯》的刊物。由这刊物来交流大家实际工作的经验，提高考古野外工作的业务水平。我们伟大的祖先遗留给我们很丰富的古代文物，我们应该将它们好好地保存下来。在基本建设及其他部门的合作之下，我们希望能圆满地完成这光荣的任务。

考古工作在新中国的蓬勃发展[*]

现今我们全国人民都满怀着欢乐的心情来迎接全国人民代表大会第一次会议的召开和第五届国庆节的降临。我们的祖国在这五年中各方面都在飞跃进步。这次会议通过的宪法，更将保证今后的顺利发展，并提出了新的伟大任务。在这喜气洋洋的历史性日子里，作为中国的考古工作者，一方面庆幸自己生在这伟大的时代能够充分地尽我们的所能，好好地为人民服务；另一方面我们回忆起解放以前的日子，便不禁要"百感交集"。像郭沫若院长所说的，我们很庆幸，那样的时期是永远一去不复返了（1952 年重印本《甲骨文字研究》序言）。

一

解放以前，我国是一个半殖民地半封建的社会。像向达先生所说的，我国考古工作的历史，也便是反映这样一个社会的历史（《过去图书馆博物馆及考古工作的检讨》，《新华月报》第 1 卷第 4 期）。不仅是

---

[*] 本文原载《科学通报》1954 年第 10 期。

374

20 世纪初年的帝国主义侵略者以考古调查队为名，到我国各地阴谋探取我国的机密和攫夺我国的古物，造成我国文化遗产的巨大损失；就是我国学术机关的考古工作，也大多数是在帝国主义操纵之下进行的。当时最重要的考古工作，如周口店的发掘和安阳小屯殷墟的发掘，都是由美帝国主义分子资助和操纵的。同时，在我们国内的考古工作也就养成了一种买办风气，以博得外国的资产阶级学者的称道为荣。考古工作的报告和论文，许多是用外国文字发表的，不附中文或只有中文节略。这些充分表示了半殖民地的性质。

当时的反动政府，对于帝国主义的侵略，不但熟视无睹，反而与之互相勾结。对于国人的学术工作，包括考古工作在内，毫不重视，至多不过作为一种粉饰门面的东西而已。考古工作方面，仅有两三个学术机构附带地做一点发掘工作，始终没有一个专设的研究所。各大学中连设有这一门课程的也很少，更说不上培养考古工作的专门人材。这一门科学可以说是很寂寞的冷门。

当时的考古工作，不但没有得到反动政府和社会的支持，反而受到了许多的阻碍和打击。盘踞在伪中央政府中的重要官僚兼党棍的戴季陶，便曾提议禁止考古发掘。同时地方上的封建势力又是根深蒂固。有些国民党的地方政府视古物为地方所有，宁肯让当地奸民盗掘古物，偷卖给古董商或帝国主义分子，而不肯让学术考古团体来做科学发掘。有些以盗掘古物发财的土豪恶霸，更视考古发掘工作者为死对头。在安阳侯家庄西北冈进行发掘工作的考古发掘工作站虽然曾用武装警卫，但还免不了受到威胁。

这种封建社会的环境，也反映到学术研究的风气上。室内研究方面，许多人是沿袭清朝遗老的金石学，仍视考古学为经学的附庸，三代以下的古物是不屑一顾的。有些考古发掘工作者也染上这种轻视三代以后古物的偏见。封建思想遗毒也表现在宗派主义和技术封锁。从事于考古工作的人，本来就不多，但还要分成宗派，各立门户，有些人还染上了封建社会中行会制度的作风。除了闹宗派之外，技术封锁的空气也很严重，不肯多培养后进人才，甚至于根本拒绝认真带徒弟，自己要留一手。这些都是封建思想的遗毒。

二

中国共产党领导的中国人民革命的胜利，结束了这半殖民地半封建社会的局面，建立了中央人民政府，把政权转移到以工人阶级为领导、工农联盟为基础的全体人民的手中。这五年来，一系列伟大的政治运动，如土地改革、镇压反革命、抗美援朝等，不仅在政治上和经济上铲除了帝国主义和封建主义的势力，就是在思想方面，也肃清了恐美媚外的心理和封建思想。同时，我们在社会主义建设事业中，也取得了巨大的成就。去年开始了第一个五年计划，在过渡时期总路线的照耀下，国民经济有了迅速的发展，为文化事业的发展创造了有利的条件。为社会主义服务的各门科学，包括考古学在内，在党和人民政府的亲切关怀和积极支持之下，也都在蓬勃发展，并且确立了考古学在目前应该配合国家伟大的经济建设，而为历史科学服务。因之，在过去的一年中，考古工作发展得更为广泛、更为迅速。

去年国庆节刚过后，我曾为《科学通报》1953 年 12 月号写了一篇《中国考古学的现状》（见本书第一册），叙述了解放以后四年来我国考古学方面的成就，并且预期未来的更广泛的开展。现在总结过去的一年，知道在这短短的一年中，我国考古学又有了很大的进展。在下面我只举出比较重要的新收获（其中有些是 1953 年的工作，因为在 1954 年才发表出来，所以也在这里一并叙述）。

石器时代方面，1953 年冬，于山西汾城（后属襄汾——编者）丁村发现了一个旧石器时代遗址，是在靠近黄土底部的砾石层中。出土物有粗加打制的大石片，就制造技术而言，似较河套文化的石器为原始。

新石器时代遗址，这一年来又发现了五六十处以上。范围广及全国，北至内蒙古（包头市东门外转龙藏），南至广西（全县卢家桥），东至吉林（吉林市），西至青海（乐都县）。仅在青海乐都县境内，便发现了11处之多。较重要的有下列几处：1953年发掘的河南信阳三里店遗址的下层，出土有龙山式黑陶和圈足彩绘红陶，可证明在仰韶文化区的边缘，确有仰韶和龙山二者汇流而成的文化。江苏淮安青莲岗遗址出土有彩陶，花纹特殊，和典型的仰韶彩陶不同，并且也有少量黑陶片。江苏新沂花厅村遗址出土有骨制鱼镖、骨针，以及与龙山文化中陶鬶、陶豆相近的陶器。以上三处，那是前次那篇文章所提到过的，但附有插图的简报，今年才发表出来。此外，1954年春，陕西宝鸡百首岭发现有彩陶罐的墓葬，其器形和花纹，不但与甘肃的不同，便与陕西一般的仰韶文化居住遗址所出土的彩陶，也是不同。但是同出土的素红陶，仍是常见的小口尖底瓶。

殷周时代文化方面，郑州的殷代居住遗址，仍继续发掘。这里于1954年发现了很清楚的建筑遗存。在地层上，可分辨出早晚两文化层，遗物也可以看出两期的区别。殷代墓葬也续有发现。这些增加了我们对于殷代文化的了解。西周的遗存，我们于1954年春在西安斗门镇发掘了两座墓葬，发现了陶器多件。其中一座曾于1951年被农民掘出有铭文的铜器。战国时代遗存，1954年鞍山市曾发现燕国居住遗址，出土有明刀钱及铁制生产工具。热河兴隆县曾发现了战国时代有字的铸造农业工具的铁范70件，使我们对当时农业和冶铸技术有进一步的了解。战国时代墓葬发现较多，最重要的要推长沙近郊。1953年7月长沙仰天湖在一座木椁墓中发现大批竹简、彩绘木俑及雕花板等。1954年6月，又在长沙左家山发现了一座完整的战国墓。出土物除了普通的陶器、漆器和铜器之外，又有一副丝织服装的革铠，剑鞘俱全的铜剑，装剑的木椟，装有箭的箙，装有砝码、天平、筹码的竹笈和一枝长约5寸的毛笔。1953年冬间，郑州二里岗发掘了十几座无盖的空心砖墓，出土有战国式的陶制鼎豆壶以及铜带钩、璜形铜饰（桥梁币）、料珠等，时代是战国末年，但也可能晚到西汉初年，是汉代这一带流行的空心砖墓的原始型。1954年夏初，四川宝成路沿线的昭化宝轮院发现了十几座用独木凿成的木棺为葬具的墓，出土有秦半两和所谓"巴蜀式"的铜兵器（剑、戈、矛、斧等）。从前对于这一类型的"巴蜀"铜器，无法确定其年代，甚或有疑其全部出于伪造。这一次的发掘，确定它们是从战国晚年到秦汉之际的东西，解决了考古学上一个悬案。

汉代的物质文化，这一年来在西安、洛阳、长沙、广州、鞍山等各处，都继续有好些汉墓发现。重要的值得特别提出的有下列几处发现：1953年11月广州郊区发掘了一座完整的汉代木椁墓，出土物有木车、木船、木俑、陶器、明器、漆器、王莽钱、水晶和玻璃串珠、绸绢残片等。1953年12月，湖南衡阳蒋家山清理了一座汉墓，出土物有金锭、陶器、殷代的铜觚和爵杯等。汉代墓中发现了殷代铜器，是一件有意思的事实。1954年1月河北望都县清理了一座有彩绘壁画的砖墓，描绘有墓主人的侍从人物等，时代属于东汉晚年。1954年3月，清理了山东沂南县的汉代（？）画像石墓，有大批的刻着故事、神话和社会生活的画像石。1953年冬，山东梁山县后银山村也发现了有彩绘壁画的汉墓，尚未清理。1954年春，在洛阳西宫小屯村一带发掘出一座古城，城垣至晚是汉代所建，当即汉河南县城，但一部分可能早到东周。城内有汉代、战国及春秋时代的灰坑。周代的王城或许便在这城垣的范围内。这是我国古城发掘的一个开端。

六朝隋唐的遗迹，佛教艺术方面，1953年10月，在河北曲阳县修德寺故址，发现了两千余件造像和残片，是从北魏至中唐的作品，增添一批极重要的雕刻艺术史上的资料。古建筑方面，1953年在山西五台县的李家庄，发现了唐建中三年（782年）建筑的南禅寺，是国内现存的最早的木构建筑，比五台山佛光寺更早75年。墓葬方面，这一年内最重要的是在西安咸阳所发掘的北周隋唐的古墓，出土物有墓志和精美的陶俑。有几座墓还有彩绘壁画。隋代一位做过突厥使的段威墓内，还出土有一个东罗马金币，是中西交通史上的重要资料。

三

这一年来我国的考古工作，由于上节简单的介绍，可以知道是有很丰富的收获的。更重要的是这些收获很快地便和人民群众见面。1954年5月由中央人民政府文化部主办的全国基本建设工程中出土文物展览会在北京历史博物馆展出。这是一件多么令人兴奋的事情。这在过去反动政府时期是根本做不到的。这个展览会将解放以来各地基本建设工程中出土的16万余件文物选择了3000余件加以陈列。时代由旧石器时代直至明末，地区广及全国。这种展览会可以起很大的作用，既可引起人民群众对于祖国古代文物爱护的心理，又可进行爱国主义的教育，使大家认识到祖国文化的源远流长及其优越性。

这个展览会也充分地表现出各基本建设工程部门对于文物工作的重视和支持。而这一年来，有些基本建设工程部门和文化部门作更进一步的密切联系，将关于工地中发现古迹古物的处理办法，订立了协议书，以便充分地合作。这是一件可喜的事情。

另一件可喜的事情，是考古工作者队伍中新的力量的生长。这一年来各地的考古发掘工作，大部分是有前两年考古人员训练班毕业学员参加的。这一年来所发表的发掘简报也有许多便是他们执笔写出的。在实际的野外工作中受到了锻炼，他们逐渐提高了业务水平。1954年夏间所举办的第三届考古人员训练班又调集了一百多名的地方文物干部来北京训练。在北京大学经过了一个多月的课堂学习后，现今正在西安市做野外实习工作。北京大学历史系考古专业今年开始有了毕业生。高等教育部今夏又决定全国各综合大学历史系，只要是教学的条件具备，都可以添设考古专门化。这些新的力量的生长，是值得我们欣喜的。

现在公布的宪法，一方面保证国民经济的发展和改造，另一方面又保障公民进行科学研究等文化活动的自由，并给予鼓励和帮助（第95条）。我们相信配合国家基本建设的考古工作，此后更将飞跃地发展起来。我们保证要在党和政府的领导下，为着祖国建设社会主义社会而努力做好我们的考古工作！

一九五四年我国考古工作[*]

    1954 年是值得重视的一年。全国经济、文化各方面都有飞跃的进展。在中国考古学的发展过程中，这一年也是值得特别重视的一年。它不仅有了一般的进展，并且有了好几件非常重要的新收获。解放以来的中国考古学的情况，我曾于 1953 年的年底写过一篇概括的介绍[①]。现在这里专就 1954 年的新成就来谈一谈。

    旧石器时代的研究，1954 年冬，中国科学院有系统地发掘山西襄汾县丁村的遗址。这是 1953 年发现的。这次的发掘，获得 20 多种脊椎动物化石，包括 3 枚人类牙齿。这些化石可以说明当时的自然环境，同时也是判断地层时代的根据，知道它比中国猿人的时代稍晚。人齿虽仍具有若干原始的性质，但显然比中国猿人的为进步。更重要的是发现了石器约 2000 多件。石器的类型以厚重的石片为最多，包括多边形石器、厚尖状器和薄尖状器。打击台面与破裂面的角度很大，一般都达到 120 度。又有相当多的球形的石头，上面有许多敲砸的痕迹。丁村的石器有一定的

* 本文原载《考古通讯》1955 年第 6 期。编入本文集时，省去资料来源。
① 夏鼐：《中国考古学的现状》，见本书第一册。

类型，有些石片上有第二步加工的痕迹。可见它比较中国猿人的文化为进步。我国旧石器文化的遗址，过去发现的很少。这次丁村石器的大量发现，丰富了我们对于这辽远时代的中国文化的研究资料。关于解放后周口店新发现的中国猿人化石，研究的结果已于今年发表，为恩格斯的从猿到人的学说，增添了新的证据。此外，今年在安徽泗洪县下草湾，发现了人类股骨的化石，据云可能属于更新统晚期。12 月 27 日中国科学院召开了中国猿人第一个头盖骨发现 25 周年纪念会。会上所宣读的几篇论文和报告，后来在《科学通报》1955 年第 1 期上发表。

新石器文化的遗址，在我国分布得很广泛、很稠密。光是这一年中新发现的地点，已达百处以上。分布的范围东至吉林，西至新疆和云南，北至内蒙古自治区，南至广东。各地区新石器文化的终结的年代并不一致。所表现的文化特征，也并不完全相同。可惜大多数的发现物只是地面采集品，仅有少数地点是做了正式发掘的。已发表的报道，也大多数是过于简略，难窥全貌。将来全部材料加以整理发表后，将使中国新石器文化的研究，完全改观。现在这里只提出几个重要的发现谈一谈。

河北曲阳县钓鱼台发现了一处遗址，采集有石斧、石环、彩陶片、红陶片、和陶鼎足等。这是河北省第一次发现的仰韶文化遗址，可以将仰韶文化分布的主要地区如山西、河南等省和长城以外的辽宁貔子窝、赤峰红山后等遗址联系起来：至少可以供给它们之间联系的一环。这一年在河南信阳的阳山遗址曾做过发掘，证明在同一文化层中包含有彩陶和光面的黑陶，发现有很多陶鼎片，但没有陶鬲的踪迹。同年 12 月在湖北京山屈家岭发现一新石器遗址，除了龙山式的镂孔陶片、黑陶、篮纹陶以外，还有少数彩陶片。这些彩陶片和典型的仰韶彩陶不同，表面不磨光，花纹也不同，但是和江苏淮安青莲岗的彩陶极相似。后一遗址也包括龙山式的陶器。这些淮水流域和汉水流域所发现的遗址，将是我国今后新石器文化研究的主题之一。只有将这一地带研究清楚后，才可以把长江流域及其以南的许多新石器文化遗址，和华北的黄土地带的早期各时代的文化联系起来。

除了发掘的地点增加以外，还做了较深入和较全面的发掘，使我们对于已熟悉的新石器文化，获得了更深刻的了解。西安半城村的发掘，便是一个良好的例子。今年的发掘，揭开了一块约 650 平方米的面积，将仰韶文化人民的生活情况，很生动地暴露在我们面前。我们可以看到土筑的墙垣、墙上和室内的柱洞、屋的中央的炉灶。屋主人虽离开这里已经 4000 多年，焚余的灰烬和食剩的兽骨、果核，仍旧狼藉满地。住屋有直径约 5 米的圆形土屋，也有宽 12.5 米，长 20 米左右的长方形大屋子。后者是比较晚期的形式，可能是氏族成员的共同住宅。房屋内外的文化层中，遗物很是丰富，最多的自然是陶器和陶片。器形有 20 种以上不同的类型。其中也有花纹精美的彩陶，包括图案化了的人脸形。有 200 来件的石器，包括斧、刀、凿、镞等。骨器更多，有针、锥、镞、鱼钓等，共达 300 余件。又发现了一个盛有谷粒的小陶罐，谷粒的外壳还保存原形，经鉴定为现今仍属华北主要食粮的粟米（Setaria italica（L）Beauv）。这对于我们研究当时的农业生产情况，提供了非常宝贵的材料。这一重要的遗址，1955 年已继续加以发掘。

关于我们熟悉的殷商文化，这一年的发掘也提供了重要的新资料。主要的发现是在郑州。这里发掘到殷商时代的住宅、铸铜作坊和制骨器作坊。房屋的遗迹是长方形的，屋墙是用土筑的，门开在北边，屋内东南隅有一高出地面的台基。房子的长宽约 5×4.5 米，显然是平民住宅，不比安阳小屯所发现的宫室遗迹，屋基面可达 28.4×8 米之大。当时劳动人民的生活，正是我们所追求的材料。铸铜作坊发现有坩埚、泥制的外范和内模、铜渣、炭末。根据所发现的泥范，这里能翻铸铜器（鬲、罍、爵）和兵器（斧、刀、镞）。翻铸的技术比较安阳小屯泥范所代表的为原始，不仅兵器多是用简单的两扇合范，便是铸造礼器的复合模也比较简单。制骨器的作坊发现有骨料、半制品和制成品，是利用动物的肢骨来制造，包括人腿骨在内。制成品有锥、镞等。加工所使用的磨石，也发现了好几块，都带有因磨制骨器所造成的凹槽。这年在郑州又发现了殷代墓葬群，虽然都是小型墓，仍发现了许多随葬的陶器、铜器和玉器。又由于地层的关系和器物的演变，知道郑州二里岗的殷商遗物虽代表两个早晚不同的时期，但都较安阳小屯所代表的为早。洛阳防洪工程区发现了殷代烧陶器的窑址一座。这些发现对于殷代奴隶社会的研究，都提供了新材料。

西周的考古材料，从前由正式发掘所得的，很是有限。这一年中，居然也有两处非常重要的发现。一处是西安的斗门镇。这里今年春间清理了两墓，发现了铜器和陶器。从前我们只知道西周初期的铜器是大致仍袭殷代的，现在我们知道陶器也是如此，但没有像铜器那样的密切。墓制采用埋有狗骨的腰坑，似乎也是受殷人的影响。秋季又发现了一座，埋有大批的西周铜器，包括鼎、盉、钟等，并且出有青䍃陶豆。铜盉上铭文54字，叙述一个叫作"长甶"的贵族，受了周穆王（公元前10世纪）的褒奖，便制造这件铜器作为纪念。另一处是江苏丹徒的烟墩山，6月间农民掘到铜器12件，计：鼎、鬲各一，簋、盘、盉、觥、角各两件，后来加以清理，坑中还发现铜马饰和小玉饰等。又于坑旁发现两小坑，出有铜鼎和青釉陶豆等。铜簋之一，有铭文126字之多，叙述一个叫作"矢"的贵族，随着周成王（公元前11世纪）东征，受封为诸侯，并且受到土地、奴隶的赏赐，便制作这件铜器以作纪念。所出的青釉陶豆，据闻和秋间斗门镇西周墓所出的，以及前年洛阳东郊西周墓所出的，形状相近，釉色也相类似。此外在山西洪赵坊堆村、河南洛阳西郊，也都曾掘到西周的墓葬，但没有像上述两处出有长篇铭文的墓葬那样年代明确。

今年关于东周时期的新发现，以洛阳和长沙两处的为最重要。秋间在洛阳西郊发掘了东周墓262座，出土器物很丰富。在陶器上充分表现了器物的演变和交替的规律。它们的组合关系可以帮助我们进行断代的研究。所出的铜器，可以显示当时冶铸技术的水平。形制和花纹都是依着时代有变化。特殊的随葬品，有象牙制的剑鞘、错金铭文的铜戈、铅制跪坐人像、好几套成组的玉器。这些玉器可以复原它们组合的关系。墓葬的附近还有东周时代的文化层，包括陶片、铁器和大量的早期半瓦当。长沙的发掘中，继续有重要的新发现。6 月间发掘的左家公山的战国木椁墓中，除了陶器、漆耳杯、漆奁、木俑、雕花板、铜镜、铜剑、残绢等之外，还在一个竹筐中发现了毛笔、天平、砝码等。一个木制矢箙，盛着完整的箭，旁边有竹弓。又有木制盾牌和革制衣甲。8 月间，在杨家湾第 6 号木椁墓中，除了长沙战国墓所常见的陶器、漆器、木器、铜镜、铜带钩、玉璧等之外，还发现 72 片竹简，似乎是用两条绸带编成为一册。大多数竹简上面有字迹，每件上仅一两个字，大概是随葬物的品名。这是解放后所发现的第三批战国竹简。四川发现的"船棺葬"，也是今年重要的新发现。它们的年代可能早到战国，晚的可以下达秦代。棺的形状像独木舟，中盛尸体和随葬物，上面有木盖一方。随葬的陶器多是瓮、罐之类，圜底无足，色灰，外有绳纹或方格纹。铜器很是特别，以剑、矛、戈、斧等为主，样子和中原战国时代的颇有差异。尤其是花纹方面，多作手、心、龙、虎等纹。同样的铜器从前曾由古董铺出售过，有些人以为是四川远古的巴蜀时代的铜器，有些人怀疑是出于商人的伪造。现在这问题得到解决了。此外还有铜釜一类容器和一些小刀，墓中间或有秦半两一二枚。这类墓葬在昭化宝轮院和重庆附近的巴县铜罐驿冬笋坝都曾发掘过数十座。山西永济所发现的一批铜器，当是冶铸匠的窖藏。其中有汉半两钱，大概是汉初埋进去的，但是绝大部分当为战国时遗留下来的破旧货，预备熔化重铸的。种类很多，包括觯、勺、印、镜、带钩、璜状饰、许多种战国货币和武器、车马饰等。又有直銎斧和锯条等工具和一些类似机械零件的齿轮形物。并且有许多已熔成的不规则的铜块。这是很有意思的发现。此外陕西宝鸡李家崖、山西洪赵坊堆村等，也都发掘到战国墓葬。又在热河承德八家子，发现明刀一瓮，达 4500 枚之多。江苏吴县玉峰山，相传为秦始皇所筑的烽燧墩下的石室内，发现几何形印纹陶罐和陶片。这些陶片和江浙闽粤沿海一带与石器共存的印纹硬陶很相类似。石室和烽墩可能为东周吴越时期的产物。但是在一个石室内又发现 3 件青瓷盂。不知是否为后来混入物？抑或另有他种解释？

汉代已普遍地使用铁器，生产力提高了。政治方面，又巩固了秦始皇所建立的专制主义的中央集权的封建国家。汉代所遗留的物质文化，也便反映这种情况。在我们所遇及的古代墓葬，实以汉墓为最多。1954年所发掘的汉墓，以洛阳和辽阳两地数量最多。洛阳仅防洪工程区，便清理过 203 座，差不多都是汉墓。辽阳市唐户屯一带所清理的汉墓达 213 座，再加上三道濠 103 座、鹅房 19 座，便达 335 座。此外，鞍山市继续清理 86 座，连前一年所清理的共达 400 余座。广州市清理了 74 座。其他各地，发掘汉墓数座至数十座的地方很多，我不必在这里列举。全国总计起来，所发掘的必超过 1000 座，可能接近 2000 座。这样丰富的资料，将来整理研究后加以发表，一定可以使我们对于汉代物质文化各方面的发展过程，以及全国各地的大同小异处，都将得到清楚的说明。现在举出一些特出的来谈一谈。上述洛阳防洪工程区中，有些属于西汉前期的墓，墓制是空心砖墓或土洞墓，另有埋小孩的瓦制棺。随葬物除了常见的西汉初期的器物之外，还发现了好些陶俑头，面上有眉目细部是描绘出来的。1 月间河北望都清理了 1 座有彩绘壁画的汉墓。画中描绘人物和禽兽，都很生动。这些是很宝贵的汉代美术史上的材料。安徽亳县发现了空心砖墓和画像石墓。江苏睢宁也清理了 1 座画像石墓，山西闻喜也有空心砖墓。这些使我们更全面地知道这两种墓制分布的范围。广州市于 9 月间在南郊南石头清理了两座西汉木椁墓，出土有带釉硬陶器、鎏金的铜饼、玻璃串珠等。12 月又于东北郊横技岗清理 3 座西汉木椁墓，除陶器和铜器外，还有滑石制的容器和圆璧，玻璃制的碗、璧和带钩。汉代玻璃的器物，以在广州发现为最多，当和汉代的海外交通有关。云南的昭通和鲁甸清理了 15 座花砖墓，发现有铜洗、铜盂、钱树、陶俑、铁器、五铢钱等，还发现一具雕刻伏羲和女娲像的石棺。这里墓制和随葬物的性质，和四川汉墓最为相近。这证明我国在汉代，东北到辽宁，西南到云南，已有大体一致的文化。

除了墓葬以外，我们又开始注意到汉代古城的发掘。在洛阳西郊发现了一座埋于地下的古城。初步发掘的结果，知道是汉代的河南县城。城基轮廓近于正方形，长宽各约 1400 米。城垣系夯土筑成。城中发现了许多汉代陶片、五铢钱、筒瓦和瓦当等。又发现有汉代灰坑和废井。在汉代的文化层下还压有汉以前时代的文化堆积。这古城的发掘，1955 年又继续进行。洛阳金墉村附近的汉魏时代都城的废址，1954 年也曾勘察过。

魏晋南北朝的墓葬，初期的不易和东汉墓葬区分开来。上面所说的全国各地的汉墓，有一小部分可能是属于这一时期的。南方各地这时期的墓砖上常有年号，因之可以以确定为六朝时代墓葬较多。今年重要的发现是广州和成都的晋墓。广州市犼冈墓的墓砖上有晋永嘉五、六、七年（311～313 年）的纪年。随葬品有带黄绿釉的硬陶制的四耳钱等，又有漆方盘、漆耳杯和漆奁，金银首饰（指环、手镯、钗等），五铢钱和货泉钱等。棺底有四直线镂空的木板一方（"笭床"），使人联想起长沙的楚墓。成都扬子山的两座晋墓，都出有印花青瓷碗和六耳瓷罐。其中一座有"泰始十年"（274 年）的字砖。另一座随葬物很丰富，有铜印、铁行镫、金银首饰、玉雕猪和一个铅质人头像等。它的两扇墓门都雕刻有人像各一。此外在江苏、福建、湖南等各省，也都曾发现六朝的墓葬。这些墓中所出的陶瓷，对于研究中国瓷器的初期历史，是非常珍贵的资料。关于窑址，7 月间在浙江萧山上董，又发现了一处晋代越窑的窑址。

这时期的佛教雕刻艺术，在中国美术史上占有光荣的一页。1953 年10 月，在河北曲阳修德寺发现了大批石刻佛像。1954 年 3～4 月，派人去清理这废寺的遗址，继续掘取佛像和其残片共 1139 片。其中有年号的，唐以前 84 件，唐代 10 件，共 94 件。四川成都万佛寺废址于 1953 年 11 月也曾发现大批六朝至唐的石刻佛像。1954 年 10 月又继续有所发现。这是最重要的两处。此外，8 月间在山西太原西郊也发现了石刻埋藏，共掘到 30 件，其中两件刻有"兴和二年"（540 年）和"武定三年"（545 年）的年号。这些石刻都是研究佛教艺术史的绝好资料。

关于隋唐的遗迹，我们曾对洛阳的隋唐古城的墙垣做过勘察工作。这在上面已经提到过。至于隋唐的墓葬，以西安附近发现的最重要。西安在当时是政治和文化的中心。许多达官显宦，死后便埋骨在这都城的近郊。这一年继续有了重要的发现。郭家滩的隋代姬氏墓，便是一例。墓志铭文典雅，志盖花纹华美。墓中随葬物丰富，陶俑很多。精美的瓷器，在这些隋唐墓中也常有发现。有些唐墓中放置有雕刻精致的花纹的石棺。其他各地也零星有些唐墓发现。窑址方面，冬间，又调查了江西景德镇胜梅亭的唐代窑址和浙江温州唐代的西山窑等。

关于宋元时代的考古工作，墓葬方面在内蒙古和热河曾经发现辽墓。随葬物有辽墓所常见的东西，如鸡冠壶、铁马镫、银面具等。赤峰大营子发现应历九年（959 年）去世的辽驸马赠卫国王墓。辽阳鹅房发现两座辽代烧瓦的窑址，是"马蹄式"的窑，底部大半保存完整，可以增加我们对当时窑业的了解。辽代有一种"长方形行列"状的印纹陶，从前曾有人误以为属于细石器文化。1954 年的实地调查的研究结果，证明它确属于辽代物。宋、金、元的墓葬，各处也有零星的发现。其中稍特出的是：四川成都火葬的宋墓，有彩釉陶俑、瓷器、买地券等；河南安阳天禧镇宋墓和山西平定的元墓，都有生动的壁画。陕西邠县发现了完整的宋瓷器共 50 余件，原来藏在一瓦缸里，大多数是精美的耀州窑。宋代瓷器的窑址，调查了福建晋江的泉州窑、水吉的"建窑"和德化的德化窑。广东阳江石湾村发现了宋代青瓷的窑址。

宋元时的建筑物和居住遗址，在古代木构建筑方面，这一年在浙江金华新发现的天宁寺正殿是元代延祐五年（1318 年）重建，这是长江以南罕有的木构古建筑。福建泉州中山公园曾发现宋代居住遗址，出土有陶瓷片和铜钱。辽宁鞍山市陶官屯，发现了金元时代的农家遗址一处。由所遗存的遗迹和遗物来推测，这大概是一个比较富裕的农家。他们住在一个部分用砖筑的土房子，有牲口和车辆。他们种植小麦和高粱，收割后，自行臼磨加工。有大量的各种瓷器，多是由远处运来的商品。妇女使用玻璃制装饰品。家中存有一定数量的货币（最晚是金"正隆元宝"钱），使用铁锁来藏细软。这是很重要的发现，生动地显示了金元年代辽河流域的小农经济。

我们谈到 1954 年的考古工作，必须提及这一年在北京展出的"全国基本建设工程中出土文物展览会"。这个内容极丰富的展览会，所陈列的 3760 件展出品，是由全国最近出土的 15 万多件文物中选择出来的。5 月 21 日开幕后一直到 11 月 8 日才闭幕，观众达 17 万余人。这不仅引起历史科学研究者的极大的兴趣，并且受到了人民大众的热烈欢迎，以为是上了一课爱国主义的教育。主办这展览会的中央人民政府文化部，已将这次的展出品，择优加以照相，选编一本图录，闻已在付印中。这图录的出版，将推进今后的研究工作。

这一年关于考古著述的出版工作，已经大加改进。但仍是远落后于发现和发掘的工作。考古研究所的《考古学报》出了两册，包括 1950 年依兰倭肯哈达洞穴、同年义县清河门辽墓群、1952 年禹县白沙墓群、同年秋季郑州二里岗殷商遗址、1953 年洛阳烧沟战国墓群、1954 年春季长安普渡村两座西周墓等发掘工作的正式报告，和梁思永的《龙山文化》、陈梦家的《殷代铜器》等论文。文化部的《文物参考资料》，这一年起扩大版面，增加图版，并且偏重文物工作，发表了许多发掘简报和简讯。专刊方面这一年出版的有文化部编的《麦积山石窟》、北京历史博物馆编的《楚文物展览图录》、黄文弼的《吐鲁番考古记》等书。可惜许多重要的新发现，都只有极简单的报道，有些甚至连简讯都没有发表过。所以酿成这种积压现象的原因，一方面由于配合基本建设的任务紧迫，另一方面实由于有训练的工作干部仍是非常缺乏。

关于培养干部的问题，北京大学历史系的考古专业，这一年有第一批毕业生10人。中国科学院、文化部、北京大学合办的考古人员训练班，这一年是第三届，10月间结业，共有毕业学员110人。现在全国各地担任野外工作的编写发掘简报的考古工作者，大部分是训练班出来的学员。新生力量的增添几乎是飞跃式的，但仍是不能适应当前的大量需要。

我们检查这一年的考古工作，可以说是有相当成绩的。关于各地区各时代都做了一些工作，涉及面很广，不像解放以前的考古工作，偏于秦汉以前中原地区的寥寥几处。这一年的工作，开始重视各时代的居住遗址，并且在这一方面也取得了很大的收获。居住遗址虽不像墓葬能出美术价值的珍品，但对于古代一般人民的生活的研究，实是非常重要的。能重视这一方面的发掘工作，这是健全的发展。不过我们考古工作的缺点仍是有的。第一，工作没有重点。在配合基本建设的过程中，仍可以主动地选择重点。第二，组织工作做得不够。如果组织工作做得好，是可以更充分地发挥现有的潜在力量。第三，理论水平不够。应该加强学习马克思列宁主义，学习苏联先进经验。1954年开始的批判学术工作中唯心主义思想的运动，在考古界中展开稍晚，今后要继续进行，并且更为深入。肃清一切反革命分子的运动，也将提高我们的政治觉悟，纯洁我们的队伍。这些学习都有利于我们提高理论水平，肃清资产阶级唯心主义思想的遗毒。

我国第一个五年计划现已通过了。建设社会主义的热潮将引入更高峰。计划中规定："应该配合国家的经济建设，有重点地进行古代文物的清理发掘，保护有历史价值和艺术价值的文物。"考古工作者有许多工作可以做，并且应该去做。例如黄河水库工程中的考古调查，便需要立即开始进行。其他可以配合国家基本建设的考古工作也很多。我们很荣幸生活在这新时代的新中国，我们要为完成第一个五年计划而奋斗。

日益开展的我国考古工作[*]

　　考古是历史科学的一部门。它既不是玩古董，也不是搞文字考据，而是利用过去遗留下来的遗迹和遗物来研究古代人类生活的历史。我们祖国具有悠久的历史，不仅地面上保留有非常丰富的古迹，在地面下也保留有很多的东西，等待我们去发现和研究。这些埋藏在地下的古代城市和村落的废墟，以及古代的墓葬，替我们保存了古人所用的劳动工具和生活用品等。考古学家发掘了它们而加以研究，便可以逐渐清楚地知道我国古代的生产力和社会制度的发展史，知道我国古代劳动人民的成就。

　　这些古代留下来的实物，在史料价值上和文字记载具有同样的重要性。我国有当时文字记载传下来的历史，不过三千多年，便是将传说时代都算进去，也不过四千多年。而我国人民祖先活动所留下来的痕迹，却可以追溯到五十万年前的北京猿人时代。这绵长的远古时代历史，完全要依靠考古学来研究。就是已有文字记载的历史阶段中，文字记录所遗漏掉的或歪曲了的地方，也依赖考古学的材料来补充或纠正。年代越

---

　　* 本文原载 1956 年 2 月 27 日《人民日报》。

古老，需要考古学的地方也越多。实物史料和文字记载，对于历史科学的研究，犹如车之两轮，互相印证，协力合作。至于国内少数民族地区，有些到现今还没有文字。他们的古代历史，将依赖考古学的研究来恢复。

我们祖国不仅有非常丰富的考古学资料，而且对于考古学的研究，也具有优良的传统。在北宋时代，便有了考古学的雏形——金石学。但是，在解放以前，考古学的工作是不受重视的。数十年来，帝国主义侵略者组织了所谓"考古调查队"，来掠夺我们的古物。发掘所得的东西便成为他们所有，被捆载而去。许多在地主的土地上所发现的东西，也都归地主私有。古物成为买卖的商品，许多古迹都被破坏了，造成不可挽救的损失。

人民政府同历史上的反动政府相反，它把一切地面和地下的古迹都视为全民的财产，加以保护。文化部下设文物管理局，中国科学院下设考古研究所，分别从事于保护和研究古代文物的工作。又办了四届考古人员训练班，调训各地区的文物干部，使其接受田野考古学的特殊训练。他们回到原岗位以后，都参加了各地区为配合基本建设而进行的考古调查和发掘工作。北京大学历史系设置了考古专业，以培养考古工作的专门人才。在短短的六年中，中国考古工作取得了巨大的成就，远远超越了过去几十年的总和。六年来，我们除了继续发掘北京猿人发现地周口店以外。还在山西襄汾丁村、四川资阳黄鳝溪和广西来宾麒麟山，发现了旧石器时代的人类化石。在丁村遗址还发掘到两千多件打制石器。这些发现证明我们旧石器时代的人类活动范围并不限于周口店和河套地区，而人类化石的研究，给恩格斯从猿到人的理论，提供了新证据。我们新发现的新石器时代遗址，达三百处以上，广泛地分布于全国各地，东到吉林、西到新疆、北到内蒙古、南到海南岛，都有发现。这些累积的新材料，改变了我们对于中国新石器时代几种文化的分期和分布等的看法。同时，我们改进了发掘的技术，开始从事揭开整个新石器时代村落的工作。例如西安半坡遗址，经过两季的发掘，不仅发现了一些新型的彩陶器，许多磨制石斧、骨锥、骨鱼钩、陶罐等，还在一个陶罐中发现了现今仍为华北主要粮食的小米。又搞清楚了四千多年前的当时房屋的结构和它们如何布置成为村落。这些对于我们研究中国原始社会是极重要的资料。

殷代社会生活的面貌，也由于郑州的居住遗址和安阳的墓葬群发掘而搞得更明白了。郑州二里岗一带有殷代制骨器工场、铸铜工场和陶窑等的发现。安阳武官村发掘了一座有大批殉葬人的大墓。安阳大司空村、辉县琉璃阁和郑州人民公园发掘了许多殷代小墓。这些使我们对于奴隶社会的社会结构和生产技术，有了更明确的认识。西安斗门镇和丹徒烟墩山的西周墓、寿州的有"吴王光"鉴的蔡侯墓，都出了大批的铜器，其中有些铜器一器的铭文便在百字以上，是周代史的重要的补充史料。从前像这样的铜器，差不多都是盗掘出来的，经过古董商人几度转手才传到研究者的手中，因此它们出土情形不明，共存的器物分散，对于科学研究说来是个大损失。现在这种情况是扭转过来了。

我们发现了大批战国时代的铁器。原热河兴隆有战国时代的铁制铸范发现，辉县、长沙、鞍山各处也有这时的铁制农具出土，可以知道当时生产力的发展。辉县、长沙、长治、洛阳各处战国墓葬所出的美术工艺品也是中国美术史上的珍贵资料。我们注意到土中朽木的痕迹，因而在辉县琉璃阁的战国时代车马坑中，发现 19 辆木车的痕迹，经过仔细发掘和记录，可以复原它们的原型。这是我们研究当时交通工具的最宝贵的资料。

至于汉墓，发现的数量更是惊人。不是几座或是几十座，而常是百多座或几百座的墓葬群。洛阳、鞍山、长沙等地都是如此。经过整理研究，往往可以排列出它们的年代顺序，弄清楚那一时期的物质文化的发展史，以及与之相关的社会经济情况的变化。汉代以后的墓葬发掘情况，也常是如此。

我们又开始古代都市和乡村的发掘。洛阳的汉代河南县城，已经发掘了两季，不仅弄清楚了已埋在地下的当时的城垣，并且掘到当时的房屋、粮仓、水井、道路，以及大批汉代遗物。辽阳三道壕西汉村落遗址的发掘，一共清理屋舍 6 处，水井 11 眼，窑址 7 座，铺石道路两段。出土遗物达十多万件。虽然这些遗物大部分都是破陶片和其他残器，但是和遗址结合起来研究，可以知道当时的农村生活、农耕技术和烧砖手工业的情况。居住遗址虽不像墓葬容易出土有美术价值的珍品，但可提供一般人民生活情况的资料。

关于汉代及汉以后各时代的美术品，在解放后的考古发掘工作中常有发现，我想在这里从略不提。现在只稍谈少数民族地区的考古工作。1953 年曾组织考古调查团在新疆维吾尔自治区做过调查工作。对于该地的古迹的分布和现下保存情况，都有了新认识。内蒙古自治区新发现了细石器文化遗址多处，又在绥东二蓝虎沟发现了出土有"鄂尔多斯"式铜器和西汉晚年铜镜的古墓群，可能是匈奴人的葬区。贵州盘县等地也发现有新石器。云南晋宁发掘到一座汉墓，可能是当时一个女酋长的墓。随葬物除了一个铜制的女酋长坐像之外，还有两面西汉晚年的铜镜，几个铜鼓，以及一些从事织布等生产活动的小铜像。这些都是研究少数民族古代史的珍贵史料。

1954 年曾在北京开了一次全国基本建设工程中出土文物展览会，参观的群众达十七万人。给予观众以深刻的爱国主义教育，因为这些珍贵的古物都是我们祖先的辛勤劳动的创造品。大家看了后，都以为中国考古学因为这六年来的工作已经完全改观了。我们几乎可以说，考古学中"中国考古学"这一部门今后的国际水平将要以我国所达到的水平作为标准了。

那么是不是可以说，我国的考古学已达到或接近了国际水平呢？不是，我以为还不可以这样说。我们的发掘工作的质量不平衡，大部分工作还是很差。室内整理工作不但分量赶不上发掘工作，并且质量也不高。我们工作本身的科学性仍不够强，并且还未能充分利用自然科学的各种方法来辅助我们的研究。我们的理论水平较差，掌握马克思列宁主义不够，我们还没有建立起一个比较完整的科学体系来。这些都还须要今后努力。我们要"全面规划，加强领导"，使这些努力有一定方向和步骤，以便十二年内迎头赶上世界科学水平。

不平凡的六十年[*]

我们搞考古工作的人，对于年代，往往是以百年、千年甚至万年作为单位来计算的。短短的六十年，在历史的长流中，只不过是瞬息间而已。但是，过去的这六十年，是何等的不平凡的岁月啊！

六十年前，正在五四运动以后，中国共产党诞生了，中国近代的考古学也产生了。

在这以前，中国早已有"金石学"，但那主要是古董的研究加上古文字学和铭刻学的研究而已。只有到了 20 世纪的二十年代，西方资本主义的科学引入之后，中国近代的考古学才产生。近代的考古学，它的研究对象虽然仍是古老的遗物和遗迹，但是研究的目的和方法都改变了。研究的目的不只是考证古器物或古文字而已，而是阐明人类的历史过程。它的方法是以考古调查发掘的田野工作为主要手段，根据科学操作规程以采集标本，并且采用严密的地层学方法和类型学方法以解决年代早晚问题。研究对象包括一切古人活动所留下的遗物和遗迹。1921年发现并发掘了仰韶村的新石器时代遗址，后来 1927 年更开始发掘周

---

* 本文原载 1981 年 6 月 30 日《人民日报》。

口店的北京猿人遗址。这些遗址出土的标本是骨头、石子（石器）和瓦碴（陶片），在古董市场上可以说是一文不值，但是在近代考古学家看起来，却都是无价之宝。

我国考古学在这三十年内取得了空前的成绩。我想指出的是，这些成绩，不应该理解为挖出了多少件国宝。挖出来的国宝是我们祖先辛勤劳动所创造的遗产。那是祖先们的功劳，不是我们的成绩。我们的科学成果应该是指用什么思想指导工作，用什么方法去发掘和研究以及取得什么科学结论。

在解放以来的三十年中，中国考古学的理论和方法，都有很大的进步。解放以前，早在三十年代，郭沫若同志便已经以历史唯物主义作为古器物学和古文字学研究的指导思想。但是这种理论当时在中国考古学界并不占统治地位。解放以后，在党的领导和教育之下，中国考古工作者都是竭力想把历史唯物主义应用到考古学的研究中去。我们不仅要研究遗物和遗迹，还要研究古代社会的自然环境，还要通过实物来研究古代社会组织、经济状态，生产技术和文化面貌等，以寻求人类社会发展的规律。就考古学方面而言，我们应该学习外国先进的东西，但更重要的是要依靠我们自己的力量来进行研究。

我们相信，只要我们继续努力，方向对头，我们一定能在本世纪内，使中国考古学的研究走到全世界的考古学的前列。

坚持客观真理*

——在中国社会科学院召开批判"两个估计"座谈会上的发言

"四人帮"对于社会科学研究的损害，不仅是迫使许多研究机构（包括原中国科学院哲学社会科学部）停止业务达十余年之久，更为严重的是他们要根本取消社会科学的研究。

科学研究是研究客观事物及其规律的。我们研究的结果，如果是正确地反映了客观事物及其规律，就是客观真理。科学就是追求客观真理的。毛主席一再教导我们，判定认识或理论之是否真理，不是依主观上觉得如何而定，而是依客观上社会实践的结果如何而定。

"四人帮"是反对毛主席讲的这个真理标准的。张春桥说："思想上正确和错误，决定于理论"。他所说的"理论"，当然是臭名昭著的"张春桥思想"。一切要根据他们的"理论"来判断。"四人帮"把他们那套反革命谬论自封为"无产阶级真理"，而把社会科学工作者研究出来的科学结论，统统扣上"封资修"的帽子。在他们看来，真理是没有客观标准的，完全由他们主观任意规定。他们要把什么人或什么理论

---

* 本文是作者于 1978 年 2 月 23 日在中国社会科学院召开的批制"四人帮"炮制的"两个估计"座谈会上的书面发言，所述关于"实践是检验真理的标准"观点，比嗣后"真理标准"大讨论早三个月。原载 1978 年 3 月 16 日《人民日报》第 3 版。

定为什么"阶级"的,这个人或这个理论就成为什么"阶级"的。"四人帮"不承认客观真理,在他们看来,探求社会现象的客观真理的社会科学的研究,便成为多余的了。事实上,在"四人帮"法西斯的"真理标准"的统治下,谁要研究科学,尊重客观真理,谁就被斥为"客观主义",就被扣上"资产阶级"的帽子。这样,还能研究什么科学呢?!

"四人帮"根本不要科学研究工作,只要有能宣传他们的"理论"的吹鼓手便可以了。他们想把原来的哲学社会科学部撤销,至少也要把它纳入"四人帮"的篡党夺权的轨道上去,像梁效、罗思鼎一样,成为他们的反革命宣传工具。这当然是荒谬的。

我以为,社会科学院所担负的任务和一般宣传机构的任务,还是应该有所区别的。我们的研究工作是要为无产阶级政治服务,当然要宣传马克思列宁主义、毛泽东思想;但是,评价我们科学研究是否有成绩,还是要看它能否有所发现,有所发明,有所创造,有所前进。这便是说,科学研究工作必须有创造性的研究。

我认为,在深入揭批"四人帮"的第三战役中,应该从思想上理论上进一步揭批他们在真理问题上所制造的谬论。只有找到根子,才能分清是非,肃清流毒,才能打破思想枷锁,坚持客观真理,抱着要为真理而斗争的精神,做出有创造性的科学研究成果,为马克思主义的社会科学的发展做出贡献。

保护文物和考古发掘[*]

　　我们盼望已久的《文物保护法》最近已由全国人大常委会通过并且公布了。这个法总结了解放以来这方面的历史经验，它的内容体现了国家保护祖国文化遗产的精神。我读了以后，很是兴奋。其中关于考古发掘的部分，我读后，既感到高兴，又感到我们考古工作者所负的责任重大。

　　考古发掘工作是一项学术性和技术性都很强的工作。发掘中要求尽量保持标本的科学性，那些保存在地下的原堆积层中的各种古物，犹如一册珍本书籍，而每一件古物，犹如书中的一页。如果我们对于整本的古书，只撕下一页，其余的都毁掉了，连这撕下的一页也弄得残碎不堪，那将是对于古书的不可补偿的大损失。发掘古物也是这样。如果我们没有在发掘时便搞清楚每件古物所在的位置和它同上下四周的各种遗物、遗迹的关系，没有进行仔细观察，没有作科学记录以供科学研究之用，那么这件古物便将丧失它的大部分的科学价值。所以，《文物保护

＊　本文是作者为全国人大常委会通过并公布《中华人民共和国文物保护法》而作，原载 1982 年 12 月 21 日《人民日报》。

法》中规定一切考古发掘工作都必须履行报批手续，以保证工作的质量，使之符合科学的要求。我们不能让那些没有训练和经验的人来做考古发掘工作。

　　不久前，报纸上刊登一条消息，说某单位在基建中发现了许多古物，后来都交到文物机构，受到了表扬。这一单位没有将发现的文物隐匿不报，那是好的，但是他们没有在发现时请人来进行科学的考古发掘，那是做得不周到的。所以《文物保护法》规定发现地下文物隐匿不报者要给予行政处罚，因为这等于贪污或盗窃国家文物。同时又规定发现地下文物时应立即上报，请有关部门派人清理，以免考古文物的科学价值遭受损失。文物机构和报纸应该在表扬这个单位的时候，也指出它没有立即报告当地文化行政管理部门的缺点。

　　今后有了这个《文物保护法》，就不应再有这类事情发生了。这便需要我们大力宣传《文物保护法》的内容和精神。

在考古发掘工作汇报会
开幕式上的讲话[*]

首先，祝同志们好！

这次考古发掘工作汇报会议，今天在这里开幕了。我们知道，为了准备这次会议，文化部文物局的同志以及四川文物机构的同志们，花费了很大的精力。我作为会议邀请的代表参加，首先，应向他们致以衷心的感谢！同时，祝贺大会胜利召开，预祝大会取得圆满成功！

我从去年起已退到第二线了，这次来参加会议，主要是想同青年同志们、同行们在一起，听大家谈一谈最近一年工作的收获，交流经验，尤其是《文物保护法》公布以后的经验。本来，我不打算讲话的，因为昨夜黄景略同志一定要我在今天开幕式上讲几句。推辞不掉，只好讲几句吧。因为昨天临时开夜车写了个提纲，今天不能多讲，就简单讲几句。

我想谈一谈我们考古工作，尤其是田野考古工作的今昔对比，现在跟过去旧社会的对比。前几年时常在一些会议里，请一些老贫农、老工

---

* 本文是作者于 1984 年 3 月 5 日文化部文物局在成都召开的全国考古发掘工作汇报会开幕式上讲话的记录稿。现据作者自存审改稿编入。

人来忆苦思甜。我谈一点在旧社会里的苦,是因为有许多同志不高兴做这项工作,有部分青年同志感觉到田野考古工作不好做,事情多,生活又特别辛苦。我就拿我从前第一次参加考古发掘工作的情况来讲讲。

我第一次参加考古发掘,是1935年,今年是1984年,快五十年了。1935年在安阳殷墟搞发掘,那一次,今天坐在我左边的徐老(中舒)到我们工地来参观过。那时他已是我的前辈了。在那以前,我们殷墟发掘都是在小屯那里,挖破破烂烂的瓦片,挖碎的甲骨等。这次到西北冈,墓地,是在侯家庄。那地方出铜器。日本人根津氏收藏的三个大铜盉,便是那里出土的,所以我们决定要到那里去挖。这风声传出去以后,安阳当地盗掘古墓的一个集团的头头写了匿名信,他在信里告诉发掘团说:"西北冈出铜器,这是我们盗古墓、卖古物的一个饭碗。我们靠这个吃饭,不能容许你们来抢我这个饭碗。你们什么地方都可以去,不要来这里。你一定要做的话,要当心你们的狗命。"那时候看形势似乎不能做,但是我们还是要做。当时便请了当地武装保护发掘队,工地、门口站着拿枪的,这样才敢挖。我想现在我们没有发掘队要拿着枪来保护了。后来再过了十几年,1945年,抗战胜利了。我那时在西北考察团工作。甘肃工作结束以后就复员了,由甘肃回到四川。因为那时候我的单位在四川。从广元到重庆,找不到交通工具,很困难。大家都复员。抢着要回去。我在广元就坐一条运棉花的船南下,那时叫"搭黄鱼",要给船老板一点钱。可是,我一坐上去,1946年1月3日离开广元,第二天就碰到土匪来抢。在广元县很近的一个小镇,叫作河湾场。这遇盗的事是在那里发生的。船停泊在镇南一里多的地方,附近没有人家,夜里刚刚睡下,还没有睡着,就来了十几个带着手枪、打着手电筒的人,上船要抢东西。他们要抢的,不是我一个人带着的几只箱子,主要是抢船上装的几箱香烟和旁的值钱的东西。土匪们叫我打开我的箱子给他们看。幸亏大部分的标本放在甘肃,随身带的不多。我倒是应该感谢我那去世的老朋友裴文中同志。有一次是1934年秋他在周口店给我上了一课，我们地质学界有名的赵亚曾，古生物学家，在贵州被土匪打死了，他是古生物学家中很有希望的，但很不走运。裴老讲，他是个书呆子，人家来抢东西，你给他看便好了。他把那个龙骨化石像宝贝似的死抱着，怕土匪抢走。土匪以为真是宝贝，就一枪把他打死了，后来看东西不值钱，就不要了。我这次碰到土匪，他要看就看好了。我打开箱子给他看，让他自己拣他要的东西。比如我在甘肃买的滩羊皮筒、紫羔皮筒，这些朋友托我买的，他们都拿去了。可是古物他们又不懂，汉代敦煌玉门关遗址出土的破破烂烂的木简、竹简，有几个字，这是我们研究用的，没有什么商品价值呀，他们不懂就丢在地板上。他手拿着枪，旁边要动动，他就开枪。他要示威，后来我那个被子就被他那个枪的子弹打过去了。他们走时，留一个人看着。等他们走了以后，我们再收拾东西，放回箱子中去。我的这个经验，没有写到《考古工作手册》中去，我想你们现在都使用不上了。

那时的交通很困难，我们 1 月 3 号离开广元的，一直到 2 月 25 号才到重庆。我们那时条件很差。现在我们的同志，有的人以为要有了汽车才好搞考古，没有汽车就不好考了。我想现在有这么好的条件，假使不做好工作，对不起我们这个时代，对不起党、政府和人民，对不起我们考古工作的要求。现在就不再讲老的事情了，以后我们怎么办？考古工作越来越发展，刚才黄景略同志提的三点，我都很同意。

第一点，前年公布了《文物保护法》以后，情况好多了。不过，有一些盗挖、盗卖等违法的那些事还是有的，应该让公安、司法部门帮我们禁止。去年在洛阳，把抓到的偷盗古物搞走私的，枪毙过两个。以后便会要好些。我们要注意的是，《文物保护法》也是为我们定的，我们要依据《文物保护法》遵守审批手续，报到文化部文物局，经过审批再作。

以前，国民党时期也有探掘古物的法令，那时你报不报，人家不管的。而我的单位自己每次参加发掘，如安阳发掘、彭山发掘、西北调查发掘，都报上去领到执照的。有的单位报上去的，可国民党政府退回来，要贴印花，这些单位便嫌麻烦，不理它，它也没有办法。

我们的《文物保护法》，最初我们有点怕执行起来困难。后来下决心搞一个草案，送上去后全国人大常委会通过了。怎样执行这个法？刚才黄景略说过，去年申请了308项，后来知道了还有没有申请的。我希望这方面要注意，有人讲，有时是因为配合基本建议，一下子马上要配合，马上抢救，来不及报批。文物法是有规定，真正急需抢救时，应该一面配合，一面报请审批，这是合法的。我们希望今后这方面做得更好。我同文物局讲了，应该到有些发掘点去检查工作，看看是否符合工作规程。

第二点，我们目前的主要工作，还是配合基本建设。基本建设工程这么多，要投入很大的力量去配合。对一些古遗址、古墓葬，有的可以暂时保留，暂时不动。我今天上午同吴新智同志讲过，周口店的北京猿人遗址，是否暂时不用再挖了。山地已经买下了，那就保存吧。再挖几个石器，再挖些动物化石和北京人的碎骨，也不解决问题。将来新方法出来了，新的断年代的方法出来后，如果那时由于整个遗址都挖完了，岂不可惜。我们保留下来，有些将来还可以做。目前要把主要的力量，用于配合基本建设。有时配合基本建设对我们考古发掘工作也是可以解决很大问题的。譬如，昨天《人民日报》发表洛阳东面的偃师商城，可能是商朝早期的。它的科学意义以后再谈，这个就是配合基本建设发现的。有个国家重点基建项目要在那里盖工厂，洛阳地区配合作钻探，这地区有个钻探公司代为钻探后说，那里没有东西，没有古物。我们说，那个钻探公司是非法的，他拿到钱包工的，不好好做。我们说，那个不算数；我们自己再调派人员，除探工的工资有基建部门负担之外，我们不收钱，自己派人做。现在基建用地向东南迁移了，不破坏这个城址。这个城很重要，可能比郑州二里岗还要早一些，对搞夏文化的问题也很重要。这些都是配合基建的，同时可以解决我们学科的问题，不一定自己主动地去挖才能解决问题。

还有一点，普查工作应该多做点，许多地方都不了解情况。去年不是开了一个关于文物普查的会吗，推动了一下。我们了解一下地下都有些什么，以后呢，有基本建设如公路、铁路、工厂，一来了，我们心中有底，就知道哪个地方能盖，哪个地方不能动。哪个地方可以配合，挖掘完毕可以交给他们使用。现在我们没有谱，人家定了点后，我们才急急忙忙组织个队，搞不好便容易出问题。

第三点，刚才黄景略同志讲的文物局要组织力量检查工作，不要发了执照后就不管了。下去听听汇报，拿了执照后怎么做的？做得怎么样？不一定全靠文物局自己的人，也可以组织地方力量，找几个点检查检查工作是怎么做的。还有一件事是抓紧把报告写出来。一项发掘工作一定要在写出报告后，工作才算完。听说有一个发掘队长，他说：我是发掘队长，我就管挖，挖完后写报告不是我的事。我说：没有那回事！发掘工作是给你一项任务，一直要报告出来，你的任务才算完了。假如没有写出报告，你的工作就没有完成，就算没有一个交待。我向文物局建议，如果有人挖完后把材料丢在那里，又去挖，第二次发掘执照就暂时不发给他。"旧账不清，免开尊口"嘛！

我的话讲完了，再一次预祝会议开得成功！

文物和考古[*]

——在全国考古发掘工作汇报会上的报告

  我们的会议，头一阶段是大会汇报各地考古发掘工作的情况，以后开小组会，将讨论考古发掘对于我们贯彻《文物保护法》有什么经验和体会，并提出问题和建议。我的讲话，谈谈与这方面有关系的问题，为下一阶段大家讨论《工作条例》时思考。我的题目叫作《文物和考古》，我说的不是《文物》与《考古》那两个刊物，而是关于保护文物的工作和考古发掘与研究工作的一些问题。

  现今我在考古所已退到第二线。我是名誉所长，已不管所中具体工作了。昨天我们到灌县参观，到二王庙，我想许多同志都注意到了，我们从上头那个老君庙走下来到二王庙后面院子时，有一个砖砌的门，门楣上面有一个石刻的匾额，刻着"过渡时代"四个字，后面写着"己酉年"，也就是1909年。当时苏秉琦同志就在我旁边，我们两个人都是己酉年生的，我们都是"过渡时代"的人物。我们经过大清帝国、中华民国、中华人民共和国三个时代。我们谈起来，这七十多年来，我们

---

  * 本文是作者1984年3月12日下午在文化部文物局于成都召开的全国考古发掘工作汇报会上报告的记录稿，经本人审核修改后曾在《四川文物》1984年第3期发表。现据作者自存修改稿编入。

所处的时代经过天翻地覆的大变化。在某种意义上讲，不管全世界的历史也好，中国的社会经济历史也好，都过渡到了一个新的时代。

中国的考古工作、中国的文物保护工作也进到一个新的时代。"过渡时代"这四个字就某种意义上讲，就是一个新时代的开始，不过新时代的开始，并不一定代表过渡时代已经完了。我们是不是已经越过一个过渡时代而正式进入新时代？这留着等待以后写考古学史的专家来做估价。不过有一点，现在考古工作方面已有了新气象，同时呢，象征着新的一代的人也已出来了。前几天，看到大会分发的代表名单，我对年龄作了个统计（里面没有写年龄的不算），75人中，我和苏秉琦同志都是74岁，年龄最大了。但比不上在座的张老（四川省人大常委会副主任张秀熟老先生）。代表中有两位61到62岁，下面写的是"顾问"。30岁以下（27、29）有两位，31~40岁的有6位，而大部分是41~50岁和51~60岁。前者有30位，后者有31位，两者合起来共61位，占绝大多数了。假使以10年来划分，46~55年龄共42个人，就是五分之三，更为集中。换言之，代表中以50岁左右的人为最多，超过多半数，这是很可喜的现象，这是代表在一个新的时代中新的人物已经起来了。听说有些年青同志有些不安，太年轻怕干不了。我想不要有自卑感。在解放初期，我和苏秉琦同志都是40来岁。苏先生到北大担任考古教研室主任，还不到45岁，今天下午苏先生没有来。我不能代表他讲话，我自己讲讲我在那个时代的感想。

当时，我也感到自己只40来岁，恐不很胜任。当时老前辈很多。这不只是说40岁年龄不够，而是自己的经验方面和学问方面都是很不够。40来岁的人，大学毕业不过十几年。那时我向科学院郭沫若院长、郑振铎所长都曾提过。他们说，你不要这样，有什么问题，我们负担责任，你只要好好干便是了。我只好答应下来。那时我心里想，学问永远不够，以后努力学习吧。年龄不够那好办，过一年，我们的年龄就大一岁了。现在不是就70多岁了吗。学问不够，还得补课。活到老，学到老嘛！我时常对年青的同志讲，不要有自卑感，要大胆地干起来；同时，也不要自满，虚心学习，总结经验。今后中国的考古发掘工作、文物保护工作的好坏，主要是要靠你们年青的一代了。

我想现在谈一谈"文物与考古"，我时常碰到一些同志们，还有外国的朋友们，他们问，你们中国的文物局和考古研究所是怎样分工的。这里是指中央一级文物局和考古所是怎样分工的。

中央的考古研究所，就是指中国社会科学院的考古研究所。1977年以前它是属于中国科学院，文物局是指文化部的文物局。文物局以前叫国家文物局，国务院直接领导，不归文化部。更早的是文化部的文物局，中间有一度改为文化部的社会文化事业管理局。文物局刚成立的时候，郑振铎是首任局长，副局长就是王冶秋。郑振铎当文化部副部长后，王冶秋担任局长，一直搞到他最近几年退休为止。

考古研究所成立，郑振铎兼考古研究所所长。当时第一副所长是梁思永先生，1954年就去世了。他那时身体不大健康，经过肺切除手术后始终没有恢复健康，所以上班不能到所中去，在他家办公。他家在考古所后面。当时我担任第二副所长。

那时为什么有两个机构，一个文物局、一个考古所呢？郑先生又是为什么以局长而兼所长呢？我想郑先生不会是想多带一个头衔的。为什么不把两个合并到一处呢？这是由于它们有分工的。我谈一下考古研究所的筹备情况。

开始筹备时，我还在杭州浙江大学教书，我所说的这段历史，在考古所历史上是史前史。从开始筹备时起，一直到考古所正式成立，其间的经过情况，现在知道的人不多了，我今天把这些情况稍微谈一谈。解放以前，我在原先的中央研究院历史语言研究所考古组工作。快解放时，傅斯年当所长，他把整个所搬到台湾去了。所中工作人员愿意跟他们去的便去。也有不愿跟他们去的，便留在大陆。当时我借口说，我家母亲年纪大了，我不去了。在家乡住着，等候解放。

解放以后，我仍在家乡温州家居。浙大的熟人知道我在家乡，便约请我到浙江大学教书。后来我知道，北京一些朋友也希望我到北京去。那时已担任文化部文物局局长的郑振铎写信告诉我说，文物局下面想搞一个博物馆处，请裴文中当处长，一个图书馆处，请北大的向达作处长，一个文物处，可以作考古工作，希望我去作处长。当时中国科学院还在筹备中，郭沫若当院长，他负责筹备，托人约我到考古研究所来。同时，北京大学向达让我到北京大学历史系教考古学课程。各方面都希望我去，而我也还是想干考古这一行的。我在浙大教了半年书。教书和考古研究不是一回事，教书主要是把学生培养好。我认为我并不胜任，我还是做自己的考古研究。在文物局，要坐办公室，批公文，画圈圈。这些事我没有兴趣，所以我还是愿意到中国科学院考古研究所工作的。报纸上公布筹备中国科学院的消息，社会科学方面搞了四个研究所，负责人的名单是：考古研究所的所长郑振铎，副所长梁思永和我。最初我自己并不知道，人家看到报纸问我时，我才知道。后来中国科学院通知我，我去报到。当时我在学校里，那时科学院调人很容易。后来教育部抓得紧了，大学里的人就不能随便调走。当时我的课未教完，答应过暑假后到北京去就职，那时我母亲病危，我回家去了。不久，她老人家便去世了。

我头一次到北京是为了先了解一下情况。到科学院报到时，先去看郭老。以后又到文物局看郑振铎局长。文物局那时在团城。我到他的办公室坐下来后，便对他说，到考古研究所做研究人员，让我搞室内研究或考古发掘都可以，但是，不要副所长这个名义行不行？我没有蹲办公室、批公文的习惯，这对我搞考古没有什么好处。那时，他的办公室堆满了书，郑先生喜欢买书，到文物局后，旧书铺还经常送书来任他选择。他对于版画、旧小说、古戏曲都有收集的兴趣，并且什么都收集。我见郑先生一边抽烟、一边说："这个副所长的职务，中央已经定了，不能推辞。你我是一样的。我教了一辈子书和做研究，现在叫我当局长，还得做吧。"后来我只好承担下来了。

我是 1950 年国庆节那天来考古所的。不到一个礼拜，我就到辉县发掘去了。郑先生讲，"家里的事你不用管，你还是带着考古队发掘去，家里的大事我管，小事梁思永可以管。"梁思永当时 40 多岁，身体不好，1954 年去世时只 50 岁。当时他已不能正常工作，我们有时去他家商量，他能坐起来。进入冬天，北京 11 月半生火，他家 10 月就生火了。他在冬天有时候好，有时候病。那时候郑先生和梁先生都明确，考古所的主要任务是考古发掘工作。我们那时有两个组，一个考古组，一个历史组。历史组是老中研和北研留下来的历史专家，大部分是搞考据的。当时科学院里面，近代史所搞近代史，所长是范老（文澜）。古代史就是考古所的历史组。那时候我 40 来岁。北平研究院留下的老人有徐旭生（炳昶）、黄文弼，那时候也不过 60 岁上下。苏先生年轻一点，也 40 来岁。中央研究院留下来的考古学家有梁思永、郭宝钧和我，还有一些助理业务人员，如照相、绘图，还有发掘的技工，如魏善臣、白万玉。白万玉曾在 20 年代做瑞典人安特生的助手。魏善臣也是老技工，30 年代初跟梁思永到热河去做考古调查工作。去辉县发掘时，今天在座的马得志同志才 30 岁还不到，现在是 61 岁了。像安志敏、石兴邦、王仲殊，都是初次参加田野考古。那时候考古所能出来做田野工作一共12 个人，都去参加辉县发掘，可以说是"倾巢而出。"我们在辉县固围村发掘，发现三座大墓。郑先生、梁先生要我们抓紧挖这些大墓，以便有重要的发现，可以向领导汇报。领导一重视，经费、设备等什么事都好办了，所以我们那时就挖辉县大墓。可是挖了两个月还不到底，到冬天了，我们都没回去，还在那里挖。过阳历年的时候，我们写信给郑振铎先生，他在北京给我一封回信说，"在那里过年，倒是别有风趣的。我想念着帐幕中的生活，可惜一时还走不开，否则一定在年内要和天木（指王振铎处长）同来，带点年礼，大家一同痛快的过新年。"郑先生没有做过田野考古工作，他是在书房里考古的。他编译了一本外国人的

《近百年古城古墓发掘史》（那书收入《万有文库》里）。而实际上，当时田野工作条件差，小伙子们大家都在叫苦。现在你们的田野工作的条件一般而论要好些吧。那一年，由于工作延续到深冬，天气冷了，处在华北的辉县，土地表面一层有时一寸多深都冻上了，可是挖深的话，底下就不冻了。大墓的底部不冻，仍可以挖。不过，正由于气候冷不好做，倒反而有一个重要的考古发掘技术的新贡献。

早在我 1935 年参加安阳发掘以前，安阳在 1928 年就开始发掘了。1935 年参加安阳发掘的有好几位是老资格的，像团长梁思永先生，团员石璋如、王湘、尹达（当时名叫刘燿）等。我那时虽是大学毕业，还是头一次下工地。安阳西北岗四个大墓，都是尹达他们挖的。东面那个柏树坟地有大批小墓，石璋如在挖。我只够挖小墓的资格，帮助石璋如挖。最初我总觉得挖小墓不过瘾，不如挖大墓痛痛快快，出土的遗物也较珍贵精美。最近我们所里的年轻人说，已经挖了两个小墓，都是瓶瓶罐罐，还挖什么，没有意思。梁思永先生安排我实习。他说，你们新来的人，还是去挖小墓。我并不希望你挖出什么好东西，主要是训练你怎么去挖。初学考古发掘的要受严格训练。我那次挖到一个车马坑，坑里有马骨架。一般车子应该有轮子，有车箱。这个坑中的车子却看不到车轮。为什么这样子？那车箱旁边有铜车饰，但是木质部分找不出来了。我问石璋如，他说：以前我们也碰到过，就是有什么挖什么。他也解决不了。所以这个问题老是存在我的心里，这次（1950 年）在辉县发掘中我又碰到了这个问题。一个坑里发掘出 19 辆车子，比较完整。我当考古队长，什么都得知道一点，人家忙不过来你得顶上去。在学校教书，教员病了，你校长就得代课，这是同一个道理。

郭宝钧先生田野工作经验是丰富的。1928 年在安阳发掘时，也就开始参加安阳发掘。他说他以前挖的车马坑，那个轮子是靠坑壁放着的。这是因为他所挖的西周车马坑，有时轮子是卸下来埋入的。但是我们这次所挖的是战国时代的，并不是这样放置的。所以我照他的指点向坑壁挖去，没找到。后来再仔细挖掘，仔细观察，终于在紧靠车箱的两侧找到了。这说明考古发掘应当认真细致，即使是有经验的同志，也不能马虎。辉县发掘就给我们提供了这方面的经验教训。

辉县发掘以后，取得了经验，后来在安阳小屯，洛阳东郊，西安张家坡、陕县上村岭、北京琉璃河，都挖到殷周时代的车马坑，都挖出了木制车子的留痕。考古工作要从小处着手。搞小的工作取得经验，然后再去搞大的。其次，考古工作，不要匆匆忙忙去挖，假如古墓没有什么被破坏的危险，就放着。解放三十多年来的经验和教训，制订了国家《文物保护法》经全国人大常委会通过后已经颁布了。我们今后应当按照《文物保护法》来办事。事先要办理报批的手续。我们的发掘工作，大部分应该配合基本建设。有些古代遗址，你要去找还找不到，配合基本建设一下子就出来了。

考古发掘要重视报告的编写。一项发掘工作，如果报告没出来，就不算工作完毕。至于简报，更应该在发掘一结束便尽早写出来。辉县发掘时，中国科学院才开始办《科学通报》。当时《考古学报》是没有稿费的，只给你五十本抽印本。那时认为你的工作是有工资的嘛。工作做得好，可以给你升级、提工资。把工作成果写出来是应尽的义务，不必另给稿费。《科学通报》销路比较大，才开始给稿费。当时我们写的简报得稿费，就拿来大家"打牙祭"，吃掉了。

考古发掘，现场工作很重要，必须在现场搞清楚的一切东西，不能坐在室内搞"遥控"。我们有的同志，年纪稍大一点就不想搞考古发掘了。这不好。年纪大一点，经验就多一些，要注意总结经验，要把经验传给青年人，坐在办公室是没法搞考古发掘工作的。

我们做领导的考古队长，要深入发掘现场，要和队员们打成一片。在1950年至1951年辉县发掘时，我是发掘队队长，当时安排我住小房间，我坚持要和队员一起住大房间。这样，可以和他们更接近一些，能随时发现问题，解决问题。

考古工作，我们中国人要自己去做，我们现在有这个能力。当然我们可以向外国人学习。但我们中国的考古，必须由我们中国人自己来做。我们要赶上国外的先进水平，建立一支能胜任的考古队伍。解放后，有好几个国家的考古学者想到中国来参加我们的考古队，我们没有同意，我们说，你们来一般地参观一下可以，要参加搞考古调查发掘不行。1957 年日本来了个考古代表团，里面有专家、教授 8 人。他们看了我们的工作后，认为我们的发掘水平很不差。他们不熟悉中国北方的考古地层的土质，不熟悉什么是生土、熟土、夯土等。他们看到我们中国人注意认土质，注意古人活动的遗迹，并不是在挖宝，他们很是佩服。外国的发掘队大多数是博物馆或大学出钱，挖不出好东西，回去就不好交账。所以就不能老是挖土。我们的发掘呢，不在乎这个，有好的东西当然好，没有也不要紧。我们不仅仅是为了挖东西，因之，我们不能够乱挖，要注意发掘方法。

在四川成都，我看了博物馆。就展览的出土品来说，史前（也就是秦汉以前）的材料比较全面，居住遗迹和墓葬都有，成绩很大。汉朝以后到唐朝到宋元明，便没有注意居住遗迹和城市遗址，几乎都是挖墓了。墓里可能出土好东西，但是反映人民的生活不够，光靠这些不解决问题。

我们应该搞清楚古代人的日常生活。以前人家对中国营造学社他们搞的古代建筑史有些意见，以前他们偏重于搞古庙和古塔，忽视了古代人民居住建筑。封建社会留下了一些大型庙宇，我们考古也要涉及，但是不要局限于这些东西。我们考古发掘不要只想挖宝。有些地方就是这样，就想挖宝。挖不出好的东西就像不能交账。怎么样对待这些古代文物？如果暂时可以少挖或不挖，留着它配合基建再去挖。暂时保护下来不发掘有什么不可以呢？谈到挖古墓问题，可以拿北京定陵的发掘经过作为一个例子。挖定陵发起人是北京市副市长吴晗，就是为了写《海瑞罢官》出了名也遭了殃的。以前他是我的同班同学。我清华毕业后，改行搞考古了。有次我试问他说，假使你来搞考古。你挖什么？吴晗就讲，假使要我也来搞考古，我就要挖明十三陵。他那时在大学便已是搞明史的。到了解放以后，他当了北京市的副市长，有权了，他就想挖十三陵。挖十三陵就要先挖永乐的长陵。先试掘定陵取得经验后再掘长陵，所以叫"定陵试掘"。那时候郑振铎当文物局局长，他是个好大喜功的人，可他就反对在那个时候挖明陵。吴晗趁他不在北京时候，联合几位文化界要人报告给国务院要求挖明陵，并设法获得批准。定陵发掘正在进行中，郑局长给国务院打了报告，建议目前不要挖掘帝王陵墓。周总理便批示，同意他的意见，多少年以内不准挖帝王陵墓，所以后来长陵便不挖了。明朝传下来的文物和书籍这么多，如果挖了定陵又要挖长陵，便是挖出东西来，能解决多少历史问题呢？同时这个风气不能开呀！那时候定陵发掘这个消息一传开，南京要挖孝陵，西安要挖乾陵，还有一些地方都报上来了。定陵挖得，好像其他地方也挖得，后来国务院批示下来了，才制止住这股歪风。历代帝王的陵墓，除了改朝换代的时代遭受盗掘的以外，这么多年都没有被破坏，再过几十年关系不大。以后保护文物的技术一定会比现在好得多，发掘工作一定做得比我们好。今天我们主要的是要把它们保护下来，没有发掘的必要的可以让后代再发掘吧！现下中国的考古发掘工作一般以配合基本建设为主，不得不挖的才挖。能够保护下来的，你放它几十年或者几百年都可以的，我们就不要去主动发掘。可以就地保护。外国这方面的教训，可以引起我们注意。法国新石器时代的大土冢，差不多都挖过。他们做发掘工作比较早。英国也是如此，史前的大土冢，几乎都被发掘过。还有大量的古遗址，当时没有挖好，有的只好重新挖，还要先清理前人发掘的探沟和探方中的扰土。从前他们也和我们今天有些地方一样，有的就是为了挖宝。后来想再来清理，有时还是弄不清楚原来的情况。我们是搞考古工作的，不是挖宝的。我们的下一代工作一定比我们更好。他们看我们今日的工作的水平，就会骂我们的。我们可以不必去做不必要的大挖特挖，将来少挨一些骂。可以不挖的便不必去挖，保护下来给我们后代做，他们来做，肯定地会比我们要更好些。我们只做那些需要配合基建的和少量的为了解决学术问题的。如果有必要做就做，不能做就让它就地保护起来。

我希望大家围绕保护文物来做考古工作。这是因为保护文物就是为我们考古研究保存资料。保护工作一方面是国家的任务，保护祖先传下来的东西，把它传给子孙后代；一方面要为现在的考古研究工作保存完整的资料。在地下没有动，好保护。挖了以后，如果技术跟不上去，有的实物没法保护，没法补救。我们现在应当是少发掘一点，因为这三十多年我们对于古遗址和古墓葬的调查和发掘，已经累积了不少资料。这些资料需要我们去消化。一个地层，你挖完了以后就没有了，人家就看你的记录（包括照相和图纸）。这个墓挖完后，东西都拿出来了，原来的随葬品位置便只凭记录。有些现象没注意到。发掘后这些现象被破坏了，便无法复原。秦俑坑发掘时，我们第一届考古学会年会在西安开会，有好些同志可能都去了，秦俑坑就文物而言，真是了不起的，全世界都重视。对我们考古工作，东西好那自然是好的。但东西好是我们祖先的功绩。文物是祖先的遗产，祖先创造的东西。人家看我们考古工作的好坏，是看我们怎么挖，够不够现今的科学水平。再看我们的研究水平，能不能把这些新出土的古物的学术价值研究清楚。如果就古物的精美与否而论，古董铺子里有许多东西我们都没有挖到，外国博物馆里许多东西我们也没有挖到。那些东西由于不是经考古学家亲自挖出来的，所以便丧失掉它们的许多科学价值。考古发掘工作的水平，就得看我们是怎么做的、怎么挖的。我们到那个秦俑坑就向他们讲了这一看法。后来国家文物局也指示他们把工作先停下来，赶快写报告，总结经验和教训。然后制订今后的发掘计划和操作规程，经过报批后再继续发掘。

文物保护工作和考古发掘工作，不是一般的什么工作，谁要做就来做，而是应该由全国统一领导地进行这项工作。这次文物局的同志告诉我，要我来参加开会，谈谈文物管理、考古发掘的问题。这个文物工作呢，就是文物局管的事。各个省的考古发掘工作，都应该具备报批手续。省应当有一个地方性的文物管理系统。《文物保护法》大家都应该执行。总的来说，应当维护国家法律的尊严。

有人讲，你们考古所可以做，我们地方的考古所就不能做？这并不是能做不能做的问题，而是统一领导的问题。现在各省、直辖市、自治区都有文物工作系统，有的又在它们社会科学院下面另设立一个考古研究所。有的省在文物处下设有文物研究所，省社会科学院又来一个考古研究所。我们还是要讲讲历史，谈谈解放初期中央对于考古工作的设想和安排。当初政务院要在中国科学院内成立考古研究所；文化部方面成立文物局，局下面成立文物处。郑振铎先生是局长。他最初曾有这个想法：文物处要有考古发掘队，他要我去当文物处处长，可是后来呢，中央的领导，包括郭老和郑先生，最后决定中央文物工作中保护文物的行政工作归文物局，搞研究和发掘归考古所，由郑先生以局长兼所长，就是统一领导。以后换了人，就不兼职了。但是工作还是两个单位分工合作，一个是行政领导，便是保护文物。一个是搞业务，便是考古学研究，兼做发掘工作和室内整理研究。这仍可说是统一领导。保护文物，搞好发掘工作，是我们都应该做的事。中央和地方在具体工作上可以分头做，但一定要有一个全国性的统一领导。

在苏联，考古发掘审批的权力都在苏联科学院考古研究所，还有个文管会，配合科学院考古所，做些行政管理工作。我们是由文化部文物局和中国社会科学院考古研究所会同审批，统一领导。

国家文物局成立到现在三十四年了，没有再成立个文物考古研究所，搞考古发掘工作。假使文物局有个文物考古研究所，科学院有个考古研究所，双方都搞考古发掘工作，就会造成一些不必要的矛盾。

"文物"与"考古"有什么不同？有的同志还不清楚。先说刊物吧，有的同志说我们写的简报，到底是向《文物》投呢，还是向《考古》投？我们说，稿子投送到哪里就在哪里发表，这没有什么关系。这两个刊物在开始时是不同的。《文物》先创刊，叫做《文物参考资料》。当时文物局要管图书馆、博物馆和文物事业；文物事业呢，要管文物保护。文物处不做考古发掘，但是要通过审批管理考古发掘。保护文物包括善本图书、字画、革命文物。这些都跟考古发掘没有关系，但是文物局都要管。《文物参考资料》主要给文物工作者提供参考资料。它里头有"博物馆工作"、"字画鉴定"、"革命文物"，这些都是文物局要管的。这刊物主要是为了搞好文物保护工作，最初并不是为了考古研究。它在"文化大革命"以后才慢慢地大部分地向发表考古资料方向发展。我现在不再谈这两个刊物，转过来谈谈考古学和古器物学。

上一次考古学会开会时，有位同志问我考古学与文物学有什么不同？现在各地方有考古研究所又有文物研究所，这两种研究有哪些不同？考古发掘中出土的古代文物，它不一定像字画那样有很高艺术价值，他们的价值是年代古老和能解决历史问题。但是研究古物，是研究考古学的一部分，是它的一个重要部分。考古不研究古物怎么去考古？所谓"文物学"，在中国以前叫古器物学。解放以后"文物"二字才通行起来。罗振玉提出"古器物学"一名词，他认为金石学是古器物学的一部分，古器物学包括金石，还有旁的古物，例如陶瓷，甲骨，等等。现在我们讲考古学就是包括古器物学在内，考古学是通过研究古物来研究古代人的生活和他们的社会，经济、宗教等各方面情况的一种学科。它的目的和历史（狭义的）一样。狭义的历史学是通过文献来研究历史，我们考古学是通过古物来研究历史，两者结合起研究就会更好地了解古代。史前学的研究，主要是依靠考古材料。我们对于史前史的研究，就是史前考古学。苏联有"原始社会考古学"、"封建社会考古学"。苏联十月革命后建立起来的考古学，为了有别于资产阶级的考古学，曾经改名为"物质文化史"。他们研究考古学的研究所，叫作"物质文化史研究所"；考古学研究的东西虽是物质的，但是它要探索的实际上不限于物质文化，而是涉及社会的各个方面：社会结构、经济、宗教、思想等方面。不过这些都要通过遗留下来的实物的研究来恢复原来面貌。这些，显然是不能用"物质文化史"一名辞所能表达的。因此，1957年起他们又叫回去，叫"考古学研究所"。考古学是通过古代文物来研究古代社会的各个方面的，研究古代文物就是考古。一个文物研究所，也仍是研究考古学的。现今的各地方的考古研究所和文物研究所，他们所干的基本都是一回事。我想，文物局不会因为你叫考古研究所就不拨钱给你嘛。陕西来个《考古与文物》杂志，实则你光标明《文物》或《考古》，人家也知道这刊物的内容是什么。现下的情况是：考古发掘简报这些稿子，投到那里，就归那里发表。《考古》也好，《文物》也好，都一样，可能陕西考虑到两方面的稿子他们都要，现下《考古》与《文物》内容还不是一样的吗？

我觉得，以后管理文物的叫文物事业管理局。研究古代文物，那就叫考古研究所，国外，研究古代文物的都叫考古学。以前我给文物局一位领导同志说：你不要以为光提考古学而不提文物，文物局的成绩就显不出来，好像它便没有份。《文物考古三十年》，它里面讲的几乎都是考古成果。日文译本的书名便叫《中国考古学三十年》。日语中文物称作"文化财"，不可能给你翻译做"文化财考古"，"考古学"就够了嘛。英文呢，也只能译成《中国考古学三十年》。以前，文物局出国的展览都叫"文物考古新发现"，实则"考古"两个字就够了，"文物考古"一词翻译成外文，都是"考古学"或"考古学的"。文物保护法，不可能写成文物考古保护法。保护文物不能说是保护考古。我们的考古工作要协助做好文物保护工作。保护文物工作也就是为考古研究工作保护好古物标本。

目前的考古发掘，大量地要配合基建来进行。我们要争取有关方面的支持和重视。陈老总去西藏参加西藏自治区筹委会成立，路过西安等候飞机时，想找个地方看一看，有人说你到西安半坡去看看，那里有新石器时代古村落遗址。陈老总看了说：这个了不起呀！保存下来！有人说，保护要花钱呀，要盖房子来保护。陈老总说：那就打个报告给国务院，我给你批。后来就保存下来了。这里原来打算的修盖的电厂便改变厂址到别处去了。我们的宣传工作，不只是对群众，还要对领导也要宣传。以前我们一些同志认为好的东西就留下保存起来，不好的就丢掉。这不对，凡是有研究价值的再破烂也得保存。我们祖先遗存下来的文化遗产，我们有责任把它保护下来，传给子孙后代。我们可以做一些研究工作，用这些来宣传爱国主义、历史唯物主义，为建设两个文明服务。

关于文物市场的问题，我也谈谈一些情况。以前，国家《文物保护法》的初稿中有文物市场一章，规定怎么样卖文物等等。后来在审议过程中把这些条文删去了。文物保护机构应当管文物商店，但不能自己去搞买卖文物的勾当。《文物保护法》是国家定的，文物保护工作是为了保护文物，不是把文物拿去卖钱。否则文物事业理局便变成文物专卖局了。

以前我碰到过一个学校的历史教员，他给我写信说：我们那里发现有石器，我们想挖。我说：我们有国家《文物保护法》，私人或一般的学校不准挖。便是地方文物机构也要呈报文化部文物局审批。他说，是这么一回事呀！他们心很好，反映情况是好的，自己要动手发掘便不对了，要注意依法办事。有的考古发掘队挖完了把好的东西留下，不好的就不要了。田野工作结束后，又没有一个报告，你总得有个报告呀！这些报告不一定都发表，但报告总是应该写的。现在发掘执照都是一年一发的。你如果不写报告或简报，人家怎么知道你做了没有？做得好坏如何？今后对发掘工作，应该有检查。文化部文物局如果力量不够，可以调一些省市的同志一起，随时进行检查。

今天我讲的意见，大概就是这些，不是什么学术报告，随便谈谈就是了，耽误大家的时间，很抱歉。

回顾和展望[*]

——《考古》二百期纪念

　　这一期《考古》的出版是它的第二百期，也是它创刊的 30 周年。这 30 年来，中国历史发生了天翻地覆的大变化，在各条战线上都取得了丰硕的成果。我们这刊物也经历了不平凡的 30 年，留下了值得我们回顾和留念的历史。

　　《考古》这刊物的创刊，它的主要推动者是当时中国科学院考古研究所所长郑振铎。1954 年 4 月间，他建议考古所在主编《考古学报》之外，再办一个刊物。这刊物可取名《考古通讯》，要办成半通俗性、半学术性的考古学期刊，以应当前和今后的中国考古学发展的需要。当时他是兼任中央文化部社会文化事业管理局局长（解放后新成立的文物局曾于 1952 年上半年至 1955 年 6 月这三年中改名社管局）。考古所和社管局这两个单位密切合作，自 1952 年起曾会同北京大学联合举办了几届考古工作人员训练班。同年（1952）北京大学设置了中国第一个考古专业，以培养考古工作的专门人材，考古所也派人去支援教学工作。我们考虑到这些年轻的考古工作者们在结业或毕业以后，在业务上

---

[*] 本文原载《考古》1984 年第 5 期。

很需要继续提高；并且，解放后这几年全国各地基本建设工程中陆续出土了大量的重要的古物。这一年（1954 年）5 月，文化部曾在北京主办"全国基本建设工程中出土文物展览"。这些新发现也需要有个可以迅速加以发表的园地。考古研究所于 4 ~ 5 月间在所中研究组内对于这建议酝酿过几次以后，于 5 月 31 日邀约文化部社管局（即文物局的当时名称）和北京大学考古专业的有关同志，在所中四合院南屋开一次会议。会上虽有人发表意见，以为既已有《考古学报》和《文物参考资料》，似乎没有再办《考古通讯》的必要。但是会上大多数人的意见，以为《考古学报》所刊登的多是长篇的报告和较专门性的研究成果，而《文物参考资料》作为文物工作者的参考刊物，不仅要刊登和宣传有关文物的重要政策法令，并且还要刊登有关博物馆和图书馆工作报道与经验介绍，因之对于各地的考古调查和发现的报道，只能占刊物篇幅的一部分，所以都赞成创办《考古通讯》这专业性的刊物，以便考古工作者可以互通声气，互相学习，以便提高考古工作的水平。会上最后拟定这刊物编辑委员会的初步名单和关于这刊物的主要任务的设想。这次会议后又经过了有关方面的协商，终于在 1954 年 7 月 7 日由郑振铎在考古所召开了第一次编委会。在京的编委几乎都参加。会上推选编委会的召集人和正、副主编。郑振铎当时刚升任文化部副部长，而局长的职位由王冶秋继任。考古所第一副所长梁思永这年春间逝世，由尹达继任。现在将该编委会 18 位编委的名单列于下面（名字下面加横线者已去世）：郑振铎（召集人）、尹达、王振铎、王冶秋、向达、李文信、夏鼐（主编）、郭宝钧、黄文弼、张政烺、陈梦家（副主编）、张珩、曾昭燏、冯汉骥、贾兰坡、裴文中、翦伯赞、苏秉琦。我们可以看出当时的编委现今剩下只有三分之一。已去世的各位编委虽然不能和我们共同享受这刊物二百期纪念的欢乐，但是他们对它的诞生和成长的功绩将永远留在我们的心中。

第一次编委会上又讨论了这刊物的主要任务，以为应该是：①普及田野考古知识；②提高田野考古方法；③介绍苏联先进经验；④联系全国考古工作者并交流各地的工作经验。为了完成这些任务，我们欢迎下列性质的文稿，每篇以不超过五千字为原则：①考古学一般论著；②考古调查和发掘的简报、简讯；③苏联先进经验的介绍；④国内外考古消息；⑤书刊评介；⑥读者来信和讨论。这些意见后来写成《稿约》，向全国约稿。经过有关各方面的大力支持，1955 年 1 月 10 日创刊号便按期同读者见面了。最初三年是双月刊，1958 年起改为月刊（1972 ~ 1982 年又曾一度为双月刊）。1959 年改名《考古》，开本也由大 32 开改为 16 开。

《考古》创刊前后，副主编陈梦家出力不少。创刊号的发刊词便是由他执笔的。1957 年他被错划成右派后，《考古》便没有另设副主编，事实上是王伯洪、王仲殊二位轮流负担起这工作，一直到 1966 年 5 月这刊物被迫停刊为止。

经过"文化大革命"的几年动乱，1971 年 7 月中国科学院院长郭沫若在故宫参观了《文化大革命期间出土文物展览》以后，打了报告给周总理，请求将《考古学报》、《文物》、《考古》三种刊物复刊，以便发表新出土的古物。总理便亲自加以批准。当时全国公开发行的期刊只有《红旗》一种，可见这三种刊物是得到非常的重视。1972 年复刊后，在郭老的领导下，《考古》由夏鼐、王仲殊和安志敏三人组成小组具体负责。当时"四人帮"正在当权，这刊物的编辑工作很不好搞。首先是组稿不易。当时的考古工作只靠少数的偶然新发现，其中虽也有很重要的，但新发现不算多，而全国的考古工作者，正像其他部门的干部一样，绝大部分正在"五七干校"接受劳动锻炼，所以，能整理材料写文章的人手非常缺乏。加之有些能动笔的同志，心有余悸，顾虑重重。"文化大革命"中的大字报把他们从前所写的文章，批评得体无完肤。现在旧账刚刚完了，犯不着又写文章，"送货上门"，替大字报提供新资料。更重要的是极"左"思潮正在泛滥，编辑工作受了很大的干扰。复刊后头两年，我们得到郭老的大力支持，他还送来好几篇他撰写的文章在我们刊物上发表。1974 年初，在"批林批孔"运动中，他也遭到批判。1975 年周总理病情加重，"四人帮"越来越猖獗。我们编辑小组几个人无法抵制极"左"思潮的狂澜，又不甘随波逐流，在这年年底以前先后自动地靠边站。1976 年 10 月"四人帮"垮台后，原来的编辑小组才恢复工作。后来在考古所的党政领导之下，由安志敏出面担任主编，所中编辑室主任卢兆荫和其他编辑同志协助工作，一直到现在。这是《考古》编辑部 30 年来的变迁，也是对于《考古》这 30 年来艰难的历程的回顾。

《考古》自从创刊号算起，这二百期中一共发表约 3500 篇文章，文字共达 1756 万余字，插图约 8080 幅，图版约 2100 版。这二百期的文章，我们已编印了一本《总目索引》，以便读者检索之用。其中许多重要的论文和简报，常被国内外的一些综合性著作和学术论文所引用，例如《文物考古工作三十年》（1979 年版）、《新中国的考古发现和研究》（1984 年出版）等。我在这里不再缕举了。现下国内外学者都认为我国这三大杂志（《考古学报》、《文物》和《考古》）是研究中国考古学的学者们的书架上所不可缺少的。他们感到遗憾的是整套的都不易购买到了。

回顾过去后，再来展望我们这刊物的未来。我们认为今后我们要继承《考古》创刊以来的实事求是、认真负责、保证质量的编辑方针，但是在各方面都要加以改进。关于组稿方面，要对研究论文和田野考古报告二者并重。这二者仍将是《考古》的主要内容。在创刊后 30 年的今天，考古资料大量累积使我们有条件多做和做好专题研究和综合研究的工作。我们从前曾号召要建立马克思主义体系的中国考古学，但是现在仍是不能认为已有这样一个体系。我们今后不能停留于一般的号召，而是要真正运用马克思主义解决中国考古学中的理论问题和实际问题。这不是一时便能办到的，但是一定要不断努力。我们要实事求是，要慎重，不要把太不成熟的甚至于错误的东西拿出来充数。研究论文一般都要能实事求是、条理清楚、逻辑性强、有说服力。田野考古简报也要提高写作水平，文字部分要写得有条理，明白扼要，还要能说明问题。我们希望通过这两类的文章，提高我国考古学的水平。作为编辑工作者，我们的做法是"从大处着眼，从小处下手"。在编辑的大方针之下，我们不仅要在文字方面要多加注意，并且在图版和插图方面，也要注意质量，既要清晰悦目，又要配合文字部分，能说明问题。这些也应该是考古学刊物要努力争取做到的事情。

此外，我们要继续介绍外国的先进经验。《考古》创刊时强调苏联经验。后来我们对于一切先进经验都加介绍，以便采用。《考古》上介绍碳-14断定年代法，便是一个好例子（见《中国考古学中碳十四年代数据集》，1983年）。书刊评介方面，从前曾刊登一些，但是还很不够。现下各地出版的考古学书刊很多，今后要加强这方面的工作。我们欢迎读者来信提出意见和要求，我们将择优选登在我们的刊物上。

这二百期的编辑工作的经验告诉我们，像《考古》这一类刊物，如果要办得好，只能依靠撰稿者和读者的热诚的支持。我们希望广大的读者们和撰稿者能继续给我们以这种支持，以便把今后的《考古》办得更好，在建设祖国的精神文明方面做出应有的贡献。

《中国考古学研究》日文版序言[*]

1979 年 6 月我在日本期间，见到了东京学生社社长鹤冈阹巳先生。鹤冈社长提出要我为本书日文版写序言，最近又来信催要序言的稿子。这里，就我是怎样开始从事考古学研究的，和本论文集所收论文的写作背景作一简要的叙述，代之为本书日文版的序言。

在清华大学历史系学习之时，我的兴趣是在中国近代史方面。1934年我在那里毕业以后，一个偶然的机会通过了清华美国公费留学生考古学专业的考试，于是改变了专业，开始专修考古学。1935 年春，我参加了安阳侯家庄西北冈的发掘，当时发掘队的主任是梁思永先生（1904～1954）。这是我第一次从事田野工作。同年夏天，为了留学而远渡重洋，到了英国的伦敦。由留学美国改为留学英国，是根据当时尊师李济先生（1896～1979）的指示。

1930 年代的英国考古学界，是巨星璀璨、大学者辈出的时代。埃及考古学有比特里（W. M. F. Petrie，1853～1942）、美索不达米亚考古

---

* 本书是作者《考古学论文集》的日文版，日本学生社 1981 年出版。其中，删去原附录《十年来的中国考古新发现》一文，另加《碳 14 测定年代和中国史前考古学》、《综述中国出土的波斯萨珊朝银币》二文。本序言由白云翔同志译成中文。

426

学有伍莱（C. L. Woolley，1880～1960）、希腊考古学有伊文思（A. Evans，1851～1941）、理论考古学以及比较考古学有柴尔德（G. Childe，1892～1957）、田野考古学有惠勒（M. Wheeler，1890～1976）。说到惠勒，我曾在他的指导下在梅登堡（Maiden Castel）发掘工地进行过实习，至今我还记得他的名言："我们的发掘不是为了寻找宝物，而是为了寻找居住遗迹的柱洞。" 1973 年，我再度访问英国时，惠勒过去在梅登堡的发掘成为我们谈论的话题。

我在伦敦大学学习的是埃及考古学。当时的中国考古学尚处在开创时期，远不成熟。我认为，我们首先必须学习的是近代考古学中获取资料的田野工作和室内整理研究等一系列科学的方法。因此，在专修埃及学之外，我还到了埃及当地和与其相邻的巴勒斯坦地区参加发掘。另外，我利用伦敦大学的比特里收藏品中的埃及古代文物，完成了博士论文的写作。

直至 1939 年欧洲大战开始，这一时期我就是这样度过的。战争爆发后，我离开了英国。

归国途中，我在埃及逗留了一年之后回到了中国，在四川省的南溪李庄参加了工作。当时，战火熊熊，但在大后方进行考古调查和发掘还是可能的。1941 年，参加了吴金鼎博士（1901～1948）率领的四川彭山发掘队，进行东汉时代崖墓群的发掘。1944～1945 年间，参加向达教授（1900～1966）率领的西北科学考察团沿河西走廊在兰州至敦煌这一地区进行调查。另外，我本人作为负责人，进行了敦煌附近的发掘和洮河流域史前遗址的调查发掘，其成果的一部分见于本论文集中的论文。

我的考古工作的大部分，是 1949 年全国解放以后进行的，1950 年中国科学院创立之时，最初建立的一系列研究所中就包含有考古研究所。郑振铎先生（1898～1958）作为文化部文物事业管理局局长兼任考古研究所所长，健康状况欠佳的梁思永先生（1904～1954）担任第一副所长，另一名副所长就是我。1950 年在北京就任职务仅仅一周之后，我便率领发掘队离开北京前往辉县进行发掘。次年春季，带领发掘队在河南西部进行考古发掘；秋季，率发掘队赴长沙进行发掘。回到北京，主持《辉县发掘报告》（1956 年）和《长沙发掘报告》（1957 年）这两部专著的编写，并执笔了其中的部分章节。

由于郑振铎、梁思永两位先生相继辞世，考古研究所从学术方面的事务到非学术性的行政工作都落到了我的肩上，并且越往后这样的工作越多，长时间到野外亲自主持发掘的时间便越来越少了。但即使如此，1955 年前往洛阳主持黄河水库考古队的调查工作，1958 年在北京主持定陵的发掘工作。其他的发掘工地，也能够前往参观。这样从事发掘工地工作的同时，写就数十篇文章，除本论文集所收之外，1979 年出版了题为《考古学和科技史》的论文集。

1949 年以后的 30 年间，特别是最近 10 年间，我常常到外国访问，参加学术会议。迄今先后访问了法国、日本、巴基斯坦、阿尔巴尼亚、秘鲁、墨西哥、英国、伊朗、希腊、意大利、泰国、美国等，计 14 次，其中英国和日本两国访问过两次。在国内，在考古研究所会见了大量的外国来宾，其中与日本友人的相会为数最多。通过这样的学术交流，相互交流经验，在获得不少有益的知识的同时，同许多外国友人结下了友谊。

此次日本的学生社社长鹤冈阨已先生提出要出版我的《论文集》日文版的时候，最初我并没有马上答应。因为我觉得，这些尚不十分成熟的作品，不值得翻译。后来，又多次收到要求出版的请求，盛情难却，于是也就答应了下来。加之，友人京都大学的樋口隆康教授等精心进行了翻译。对日本诸位友人的热情，禁不住感动不已。本书的日文版，或许可以看作是中日两国考古学界学术交流和友谊的小小纪念品。

1980 年 7 月 22 日

《中国文明的起源》日文版序言[*]

  1983 年 3 月，我应日本广播协会（NHK）的约请，到日本，在东京、福冈和大阪三处分别作了公开讲演。这三次的讲演稿，当时由日本广播协会译成日本语，现在加以修订出版。我想趁这次日本语版讲演集出版的机会，谈谈我对于现代中国考古学发展史的认识和我的一点感想。

  我在《中国考古学研究》日文版（东京，学生社，1981）的序文中曾经说过：我在清华大学历史系肄业时的兴趣主要是在中国近代史方面，1934 年大学毕业后由于偶然的机会考上清华公费留学生的考古学一门，才转而专攻考古学的。我在学校读书的兴趣很广泛，但是都没有深入进去。对于考古学更是所知不多，改行后先要补充考古学的知识。幸亏依照当时清华大学公费留学生的规定，我可以有一年在国内补习的时间，包括在安阳殷墟的田野考古学的实习。

  当时近代式的中国考古学已经开始，但是还刚刚开始不久。当时著名的周口店北京猿人洞（1927 年）和安阳殷墟（1928 年）这两个重要

---

  * 《中国文明的起源》日文版，系日本放送出版协会 1984 年 4 月出版，被列为 NHK 丛书第
453 种。本序言依作者自存中文原稿编入文集。

遗址已开始进行科学发掘了。主要的新石器文化（仰韶文化和龙山文化）也都已被发现了。中国的田野考古学是由国外的先进国家引进来的，而整个中国考古学也是由于引进新观念、新理论和新方法而从金石学（古器物学）转化为近代式的中国考古学。当时中国考古界的问题是怎样继续向先进国家学习，结合已有的成果，以便形成一个现代化的、系统化的中国考古学。

当时日本考古学界的情况，像日本其他学科一样，已经有了明治维新以后为现代科学发展而创造的历史条件，已经在现代化方面取得了可观的成果。明治时期，日本已开始了科学的发掘，1877 年（明治 10 年）E. S. 莫尔斯（Monse，1838~1925）大森贝塚的发掘，一般认为是日本的科学的考古学的开始。甚至于有人称它为日本的"考古学元年"（玉利勋：《発掘への执念》，1983 年版，第 51 页）。至于大正时期（1912~1925 年），它是被认为日本考古学的转换期。在这时期中，经过坪井正五郎（1863~1913）等的努力，日本的科学的考古学已经跨过了形成阶段而渐趋成熟了。后来滨田耕作（1881~1938）从 20 年代后期到他去世时，俨然为日本考古学界的泰斗。他不仅领导日本考古学家发展日本考古学，并且把他们的研究领域扩大到中国考古学方面。

当时我们中国考古学界对于日本学者在中国所做的考古工作是很熟识的。例如滨田耕作发起和主持的东亚考古学会，当时六大册的《东方考古学丛刊（甲种）》已出版了四本：《貔子窝》（1929）、《牧羊城》（1931 年）、《南山里》（1933 年）、《营城子》（1934 年）。我这次访问日本时，雄山阁出版社把 1981 年重印的全部六大册一套的丛刊赠送给我带回中国。这使我回想起 50 年前我初次翻阅这一套巨著头四本时的心情。至于通论性质的考古学著作，如滨田的《通论考古学》（1922 年）、《东亚文化之黎明》（1930 年）等当时也都有汉文的译本。我为了想阅读日文的著作，还曾在清华大学旁听了一学年的日语课。O. 孟德鲁斯（Montelius，1843~1921）的《考古学研究法》（即 1903 年出版的《东方和欧洲的古代文化诸时期》的第一卷《方法论》），当时我在北京找不到原书，还是读滨田的日译本。后来 1937 年才有从德文直接译出的汉文译本，书名为《先史考古学方法论》。我 1935 年到英国以后，有一段时间很少接触日语的书籍，所以始终没有学通日本语。到现在我只记得平假名和片假名以及简单的文法。我读日文书，主要是依靠日文书籍中的汉字和字典，可以勉强懂得大概意思。这是我在学习中"浅尝辄止"的一个例子，实在不足为训。

自从明治维新成功以后，中国的知识分子纷纷留学日本，想从日本学习富国强兵的方法，也学习近代的科学、教育和文化。但是由于日本军国主义侵略活动的关系，到了 1931 年"九一八"事变后，中日两国人民之间的关系降落到最低潮。中国的一部分知识分子当时便有一种想法，以为日本的近代化是学习欧美的。为什么我们不直接向欧美学习呢？所以当时虽然也有人在国内大学毕业后到日本去学考古学，但是一般的大学毕业生，只要有条件的话，还是愿意到欧美留学而不大愿意到日本去。当然，我们也知道日本军国主义所犯下的罪行和日本人民无关。日本人民，包括学术界的人士，有的是公开或暗地反对日本军国主义者，有的是被蒙蔽的、被欺骗的。这是中日人民后来能很快地重新恢复友好的基础。

新中国成立后，中日人民真正恢复友好便有了条件。从前鲁迅曾在一首诗中说过："度尽劫波兄弟在，相逢一笑泯恩仇。"（《题三义塔》）一转眼间便是 20 多年，我们终于在 1957 年有机会第一次接待日本考古学家友好访华代表团。这时中日两国还没恢复邦交，只有民间往来。因为郑振铎所长不在北京。由我出面代表中国科学院考古研究所接待这个友好代表团。团长是当时已年逾古稀的日本考古学界元老原田淑人（1885 ~ 1974）。团员中的考古学家有驹井和爱（1905 ~ 1971）、水野清一（1905 ~ 1971）、杉村勇造（1900 ~ 1978）、杉原庄介（1913 ~ 1983）、关野雄、樋口隆康、冈崎敬等。我和他们虽是初次见面，但是一见如故。他们中好几位都是我慕名已久的日本考古学界著名人士。后来我于 1963 年第一次访问日本时，他们都还健在。这次来时，半数已成古人。连当时风华正茂的青年考古学家们，也已年老退休或将要退休了。这未免使人有今昔之感！但是他们在中国解放后恢复中日两国考古学界的学术交流的功绩，将会记载在两国学术交流的史册中。1957 年以后，尤其是 1972 年 9 月建交以后，中日两国的考古学界友好关系有了新的发展，学者来往也日渐频繁。近几年来，两国的考古学界不断派遣代表团互相参观访问，互派留学生学习考古学，参加学术会议和举行学术讲演。现在中日学术交流确是一片形势大好。

这次我在东京参加与华侨作家陈舜臣的对谈会后，在当晚（3 月 16 日）的宴会上，我曾写了一首诗以表示我的感想："七十三翁未老身，鹊桥幻化作通津。一衣带水隔难断，中日友谊情意真。"作家陈舜臣即席和诗一首："伏枥壮心聚一身，愿翁加餐作通津。雁荡富士同风月，中日学谊情意真。"（雁荡是我故乡温州的名山）我很高兴地能把这讲演集日本语版作为中日两国考古学界的学术交流和友谊的又一个微小的纪念品。

最后，我这次讲演旅行的成功和讲演集日本语版的出版，都要归功于日本广播协会（NHK）川原正人会长和该会各位有关的先生们出色的安排和热心的支持，我为此表示衷心的感谢。为了这日本语版的出版，翻译者小南一郎助教授曾付出了很多的精力以从事编辑和翻译，而结交已 27 年的老朋友樋口隆康教授和冈崎敬教授对日译文又做了仔细的审阅的工作，我为此同样地表示衷心的感谢。书中内容方面如有错误，当然完全要由我来负责。在这方面，希望日本的读者们不吝指教！

1984 年 1 月 28 日

交流经验　互相学习[*]

解放以来的二十五年中，尤其是无产阶级"文化大革命"以来，在毛主席革命外交路线的指引下，我们考古工作者曾经访问过许多国家，受到了各国人民和考古学家的热情接待。他们的诚挚友谊，给我们留下了深刻的印象。

在国外访问时，感受最深的是，我们社会主义祖国的国际声誉日益提高，特别是解放前曾去过外国的人，更是不胜今昔之感。解放前，国民党反动统治时期，挖宝出卖，摧残文化，根本不重视科学发掘，不保护文物。解放后，中国人民站起来了。在毛主席革命路线指引下，我国考古工作发展很快。在发掘工作和研究方面，有的已达到世界先进水平。两年前我们发表了第一批放射性碳素断代的数据后，一位外国朋友对我说，早已预料到中国一定能够自己制造放射性碳素断代的设备。近一年多来，我国在各国巡回展出的"中国出土文物展览"，更是引起国外朋友的称誉和赞赏。在英国展出的四个月中，观众达 76 万余人。每当我们看到人们在展览会会场门口排着长队等候参观时，都不禁为他们

＊　本文原载 1974 年 10 月 4 日《人民日报》。

的热情所感动。

第三世界国家的朋友们，更是高度评价我国自力更生的革命精神。最近，一位秘鲁考古学家对我们表示，秘鲁的考古工作者将从中国的自力更生精神中受到启发。有些国家的领导人在接见我们时说："你们来自伟大的毛泽东主席领导的中国，我们非常欢迎！"

我们参观访问的一些国家的古迹常常是在偏僻的乡间。附近乡村中的群众听说有新中国的客人来了，便跑来热烈欢迎。记得在阿尔巴尼亚参观一座伊里利亚古城时，邻近村庄中一位七十多岁的老人特地拄着拐杖前来欢迎，紧握着我们的手久久不放。老人对我们说："我终于见到了从伟大的新中国来的客人，我说不出有多么高兴啊！"这种情景，常常使我们非常激动。

许多第三世界国家，在摆脱了殖民主义和帝国主义的束缚而取得独立后，正在朝气蓬勃地从事建设，为消除落后状态而奋斗。他们都非常珍视本国古代的文化遗产。这些国家的考古工作者都以能承担发掘地下的历史宝库这一任务为光荣。我们参观访问时，可以看到各国人民的祖先所创造的成果，像巴基斯坦的印度河文化古城和犍陀罗时代的佛教古庙，秘鲁的查文古庙和马丘比丘古城，墨西哥的特奥蒂瓦坎金字塔和马雅古城、古墓。这些历史遗迹成为各国人民的骄傲。当我们一起漫步于这些古代遗迹中，他们常对我们说："中国也是一个文明古国。我们过去都曾为世界文明做出贡献，今后我们还要为世界文明做出新的贡献！"在墨西哥参观塔巴斯科州博物馆时，一位年过七旬的老诗人兼考古学家特地前来陪同参观，他指着二千年前奥尔梅克文化的"微笑石像"，对我们有诗意地说："你们看见了墨西哥最古老的充满对未来信心的微笑！"

通过访问，使我们结交了许多新朋友，促进了各国科学家之间的相互了解和友好情谊。我们和外国的同行，经常交流经验，互相学习。无论是在断壁残墙的古城废墟中，还是在琳琅满目的博物馆陈列室内，他们都热情地向我们做详细的介绍。在一些国际学术会议上，我们有机会宣读或倾听论文报告，参加讨论。这些活动都是在热诚友好的气氛中进行的。

在我们访问的过程中，还遇到我国祖先在国外所留下的古老的友谊。在巴基斯坦参观笪刹尸罗古城废址时，巴基斯坦的朋友便告诉我们，这里是中国和尚法显（5 世纪）和玄奘（7 世纪）所曾游历的地方。他们两人都留下访问这座古城的记载。在日本参观奈良市时，日本的朋友指出鉴真和尚（8 世纪）讲学的唐招提寺是中日学术文化交流的一个纪念碑。我们都表示要在前人的基础上更进一步促进我们同这些国家人民之间的友谊。我们同各国人民的友谊是流源长久的，今后一定要世世代代地发展下去。

可以肯定，通过我国人民和各国人民之间的频繁交往，定将不断地开出友谊的新花。

陈请梅贻琦校长准予延长
留学年限的信函[*]

（附：梅贻琦、傅斯年、李济复信）

  月涵夫子函丈，径启者：^生于本年二月二十四日，将上学期肄业经过，作成报告，挂号邮寄，谅已达座右。^生前函中曾云：本年暂偏重技术方面之学习，自下学期起，拟就史前考古学或埃及考古学二者中认定其一，作比较深入的学习，但现经调查结果，则如转学爱丁堡［大学］攻史前考古学，至少须再学二年，如在伦敦［大学］攻埃及考古学，则再学二年，恐尚不能蒇事。故此特正式提出请求，依公费生管理规程第六条，准予将来期满后再延长一年，并请提前核准。^生之所以出此，实有不得已之原因，兹特缕陈如下：

  考古学之学习，其所需之功力，视他种科目，决不见便易。（清华校友周培智君，系第一级毕业，曾在中央研究院考古组研究，现来英入爱丁堡［大学］，将近四年，尚未蒇事；又校友吴金鼎君系国学研究院毕业，曾在中研院考古组研究，现来英入伦敦［大学］，将近三年，尚未有头绪。）而^生在国内时之预备工夫，更见缺乏，未考取公费以前，

---

  * 此信据作者本人 1936 年日记原件录入。曾刊载于《清华大学学报》（哲学社会科学版）2002 年第 6 期第 1 ~ 5 页，又见夏鼐著《敦煌考古漫记》第 336 ~ 344 页（百花文艺出版社，2002 年）、《夏鼐日记》卷二第 27 ~ 33 页（华东师范大学出版社，2011 年）。

系研究近代史者（有校中课程单可证）。而考取以后，虽自勉力补习，而为时仅及半年，田野工作更占去其半，所得实极有限。^生曾于 12 月 23 日陈请学校拟再留国内预备一年，当时承批复，此事须得导师同意。^生曾与导师李济之、傅孟真二先生商酌。二先生皆劝以早日出国为是（李先生于〔民国〕廿四年 4 月初旬，致函安阳，劝^生能早日出国，还以早日出国为佳。傅先生则系口头接洽）。盖以国内考古学之标本实物，皆极缺乏；而傅、李二先生事忙，又无暇指导，国内预备，实属困难。^生有见于自己预备功力之不足及国内预备之困难，曾企图转习近代经济史，结果未能成功，只得贸然出国，实则对于考古学之知识，实不及他种学科之本科一年级生也。此非^生之自鄙，更非由于^生之不知努力，而实由于环境使然。故其他同学，在本科时已有机会偏重专门，再加以研究或服务二年以上，又加以国内预备一年，则留学年限，二年或已嫌其多，而^生则以特殊情形，三年尚嫌其短促。此实由于环境关系，根柢过于浅薄，所以不得不请求延长一年也。

肄业之学校，李先生以返国已久，情形不甚熟悉，与梁思永先生商洽，始行决定；但梁先生亦系留美返国，对于英国情形，尤其是课程方面，不甚熟悉。惟就教授而言，则爱大之 Childe〔柴尔德〕，实为此学之权威，故主张入爱大。李先生则以为伦大考古学系之历史较久，设备较周，故主张先入伦大一年，以后或转学爱大，或续学于伦大，再行决定。^生离国以前，曾向李、傅二先生请示；二先生均谓将来由^生自行观察情形，再行决定转学与否。李先生并予^生以进见伦大考古学教授 Yetts〔叶慈〕之介绍信。此为^生离国前之情形。

及^生抵英以后，向留英同学打听，知爱丁堡方面设备不周，关于考古学技术方面之课程极少。^生知将来返国以后，技术方面之需要颇殷，故决定关于技术方面，在伦大先预备好，以免将来转学爱大后无从学习。伦大之考古学，则有三处可以学习，一为大学本院（U. C.），分埃及考古学系、考古学系（后者包括希腊罗马考古学），一为艺术所

（Coultand Institute of Art），注重中国方面，李先生介绍之 Yetts 即为此所之教授；一为考古学院（Institute of Archaeology），注重近东方面，系前年新添设，现无校址，借伦敦博物院（London Museum）上课。最后一处新行创办，设备不周；艺术所之中国考古学，亦不见佳。故^生即向大学学院接洽。但以主任教授避暑未返，9 月 3 日抵英，10 月 7 日始见及 Prof. Ashmole〔阿什莫尔教授〕。据云：如欲学埃及、希腊、罗马考古学，须先学文字，至少须费二年工夫学习文字。否则不必注册。^生又携李先生介绍书见 Yetts，彼即劝^生在彼处注册。^生因此间一年以后，或许转学爱丁堡学习史前考古学，则学习埃及、希腊、罗马文字半途而废，殊不合算，不若以全力注意技术方面。伦敦大学之章程，不论在何学院注册，只须导师核准，各学院功课，皆可往读。Yetts 因有李先生之介绍关系，比较容易说话，欲偏重技术方面，必可得允许，故^生即在其所注册，由校中指定 Yetts 为导师。此事^生于去年 10 月 10 日所发之函中，曾经提及。^生与导师 Yetts 商酌功课之结果，决定今年暑假参加田野工作实习。在暑假以前之一年内功课规定如下：

（1）Chinese Bronzes（Yetts）〔中国青铜器（叶慈）〕；

（2）Pottery and Porcelain〔陶瓷〕；

（3）Field and Laboratory Treatment of Archaological Remains〔考古遗存的田野发掘与室内整理〕；以上三者在艺术所上课；

（4）General Surveying〔普通测量学〕；

（5）Demonstration of Minerals and Rocks〔矿物与岩石示范〕；以上二者在大学学院上课；

（6）Museum Archaeology〔博物馆考古学〕；

（7）Aims and Methods of Archaeological Field Work〔田野考古的目的与方法〕；

（8）Archaeological Draftsmanship〔考古绘图〕；以上在伦敦博物馆上课；

（9）Bronze Casting〔青铜铸造〕，在 Central School of Arts and Crapts〔工艺美术中心学校〕上课；

（10）Osteology〔骨学〕Physical Anthropology〔体质人类学〕

（上学期之功课，已于 2 月报告中陈明，其他则俟 8 月中，当再奉上主任教授签字之报告）。以上科目，分四处上课（各处往来，须坐公共汽车，极为不便），更加以（4）（6）（9）有实习钟点，颇为忙碌。^生所以不嫌辞费，娓娓缕陈者，欲陈明此一学年内，^生已就环境所许可之范围内，努力学习。而所以不得不陈请延长一年者，非由于不知努力旷误时间，而实由于^生所从事之科目，以二年之时间，决计不够支配也。

自 10 月 10 日上课后，^生即觉功课颇过繁重，且偏于技术方面，无暇多行读书，至于写论文以求学位，更属无暇。故 11 月 18 日即奉上一函，禀明拟不读学位，实则亦无法读学位也。承批复："公费生在外研究，不必以读得学位为目的。"自当遵谕而行。

关于转学问题，^生之原意，本拟暑假后转学爱大从 Childe 教授，因清华校友周培智君从之习考古学已三年半，情况较为熟悉，故修函商洽，周君复信云："爱大方面，现仅有史前考古，即^弟现所从学者，一切研究材料，太偏重苏格兰方面。"（1 月 5 日来信）又谓："Childe 教授确为苏格兰考古方面之有著作权威者，语及教法及乐掖外人，可谓一完全不热心者，对于有色人种抱轻视之态度，^弟在此亦以此与之屡次相左。此间考古科不能成专门，因除柴尔德外无一讲师及助教。……考古学标本很少，因所称考古学室，即在 Childe 房中，有抽屉数个，标本即在其中。……至兄询及搜集古物及发掘工作，在此可谓不轻见之举。"（2 月 4 日来信）周君又寄来章程一册，则史前考古学系中，果仅有 Childe 教授之功课三门。但^生以为 Childe 教授为此学权威，纵使设备不周，但从之多读考古学之名著，依其指导努力，亦未尝不可。但依简章及周君来信，则三门不能同时并读。周君来信云："考古学可选三门，每年习一门，因一门比较一门难也。……史前学（I）未先考过及格者，

不能选读史前学（II）。"（2月20日来信）查简章亦有此规定（兹将简
章附上呈阅），唯第三年（CourseⅢ）着重自修，或可不必上课，自己
提前修习。但无论如何，至少亦须在爱丁堡学习二年，始能告一段落。
因不仅史前学（I）及（II），不能同时选读，且欲攻史前考古学，对于
未曾学习过之地质学及解剖学等，亦不得不补习。是以事实上必须再读
二年，以学习基本科目，至于较深之研究尚谈不到。

但如不转学爱丁堡，仍在伦敦续学，则此后计划亦成问题。伦大之
考古学，以埃及考古学为最出名，亦为最佳。此外则为希腊罗马考古
学。但无史前考古学之专科，如欲攻史前考古学，则不得不转学爱丁
堡；如欲攻有史以后之考古学，则必须留在伦敦。此二者之选择，据^生
之意见，以攻有史以后之考古学为佳。因未离国以前，李济之先生曾嘱
注意有史考古学，以国人研究考古学者，如李济之、梁思永二先生，皆
为研究史前考古学。现在此间之周培智、吴金鼎二君，亦偏重史前。^生
当时亦以为然，但现下则知学习有史考古学，困难更多。第一，必须依
导师意见，先学习其文字，以便以文籍与古物互证。第二，对于发掘及
保存古物之技术，更须注意；不若史前之遗物，仅留石器、陶器、骨
器，保存较易，技术较简。第三，则以参考书籍较丰富，欲得一眉目，
非多费工夫阅读不可。此项情形，不论攻埃及考古学或希腊罗马考古
学，皆属相同。惟希腊罗马考古学，着重大理石建筑及雕刻，与中国情
形不同，且伦大此科远不及埃及考古学为佳。故^生前月往与埃及考古学
系主任 Prof. Glanville〔格兰维尔教授〕接洽。

据氏之意见，如欲从之攻埃及考古学，因^生已学习过技术方面之
课程几种，故以为再费二年之工夫，或可告一段落。若短于两年，则
不如不学；以半途而废，恐毫无用处也。如欲从之学习，一方面可在
其博物馆中学习保存古物之技术（伦大仅埃及考古学有博物馆），一
方面学习埃及考古学之研究方法。盖^生今年所学者，多为田野工作之
技术。但发掘后如何整理，采集标本后如何研究，尚未暇顾及。故进

一步观其如何就各种古物，依其形制，以探求其发展过程，如何探求其相邻文化交互影响之迹，由古物以证古史，以建设一科学的考古学。凡此种种研究方法，并非听讲空论原则，即可学得，而必须有具体之实物及实例，始能领悟，然后始能以其方法，返国后应用于搜集及整理中国之古物。故欲达此目的，必须先对于其历史、宗教、文字，一切皆有相当知识。因埃及考古学为比较最发达、最完备之考古学。此间埃及考古学系本科生，至少须专习三年始能毕业，故欲从事学习，至少须再学两年。如埃及象形文字，即分一年级课、二年级课，非学习二年，不能直接应用原始史料。以二年之功夫，打成根柢后，以后再赴埃及，参加发掘团，所得必广。埃及之发掘团，规模较大，工作期在 11 月至 4 月之间；吴金鼎君曾参加一次，据吴君云：以事先未学习埃及考古学，参加发掘，获益不多。生本年暑期所拟加入之发掘团，系在英国国内，规模甚小，则为史前之铁器时代。生以为中国将来之考古学，必须以埃及考古学之规模为先范，故中国之考古学界，必须有一人熟悉埃及考古学，以其发掘技术及研究方法，多可借镜。日本考古学界之泰斗滨田青陵，从前即在此间学习埃及考古学，吾国考古学至少须以日人为竞赛对象。但据 Glanville 云：再学二年为最低限度，系学习基本知识及技术，系选读其埃及考古学本科生所必修之课程。课程方面虽可缩成二年，但能否完全领受，须视各人之学习努力如何而定。故能否藏事，殊不可定，但决不能缩成一年。如作较深研究，则非又加一年不可。

无论转学与否，依生所知，皆非再学习两年不可。且此两年内，仅学习基本课程，不能作研究工作。如校中必欲生作研究工作，或不欲生过于专门，希望广行涉猎西方考古学，则惟有续从艺术所之中国考古学教授 Yetts，依其指导，涉猎西方考古学，以研究中西古代之交互影响。但即采用此种办法，亦非再学两年不可。以虽不必学象形文字，但须广涉近东及希腊、罗马之上古史及考古学，始能有所取材。而且与中国最切近之中亚方面考古，成绩多以俄文发表，恐尚须费一年余之工夫学习俄文。清华校友吴金鼎君，即采用此种办法，从 Yetts 研究中国史前之陶器及其与西方关系，已近三年，尚未完竣。据云，至少作四年计划。生固与吴君之作深高研究者不同，留学年限又至多只能延长一年，故以为不若以全力注意西方者为佳。且从 Yetts 学，则对其所开之中国考古学课程，不得不敷衍选读，实属费时而无益。但如果离之改从他人，则不得不依导师之指导，专攻一科。英国重专科，如此间之埃及考古学系，即离开［普通］考古学系，而自成一系。吾人固不必太重专偏，各方面均须顾及，但至少须圈定一范围，为学习之集中点。

以上所述，为生不得不请求延长一年之原因。但生不待至下学年，而现下即行提出者，以校中核准延长与否，不仅与下学期之选科，有连带关系，且与生暑假中转学与否之问题，亦发生连带关系。如校中不能"提前"核准延长一年，则生对于转系埃及考古学一举，只得绝念。以 Prof. Glanville 已有再学二年恐尚不能藏事之警告，安敢以一年之期间，贸然从事二年尚难藏事之事，只能于爱丁堡及原来学院，二者择一，半年后依情形决定再行提出请求延长与否。如校中能提前核准，则生可于三者中自由选择，且对于下学年之选课方面，亦方便不少。因可依确定之留学时间，排定学习之科目。去年以转学问题不能确定，选课即成畸形现象。有种科目，两年成一段落（如母校之第二外国语），如果初为一年计划，后来纵使改成二年计划，此种科目，第二年即不能添入。生所读者为补习基本科目，与其他同学之从事研究者不同。研究者研究一年以后，再扩充一年妨碍甚少，补习基本科目无此种方便。

至于生之提出请求延长一年而非半年者，则以生所请者为补习之依班上课之学年学程，一学年始告一结束，非比作研究工作者，半年一年可不必拘，完全依研究工作进程而定也。

现依上述理由，特此陈请校中提前核准延长留学年限一年。

至于转系及转学问题，以及此后学习之方针，如校中能具体地予以指示，则^生自当依示遵行。惟^生已修函奉达导师李济之先生，陈明此间情形，并表示^生意拟专攻埃及考古学，如李先生亦以为然，而校中不加反对，且核准延长年限，^生即依此进行。如校中不表示意见，则^生与李先生商洽后，即作决定；择定后自当函达校中呈核。惟以途程辽远关系，或许形式上虽为"呈核"，而事实上等于"事后呈请备案"而已，故校中如有何意见，尚以事先示知为佳（李师处或有函致校）。

又此事请校中从速议定示知，于暑假以前抵达此间。以^生须于暑假开始时即须将此事决定。因为（1）此间埃及考古学系主任暑假中（7月中）赴埃及，下学年开始时不能赶回，故曾面嘱^生至迟于7月初与之商定，以便其代^生规定暑假中除田野工作外之作业，以及初开学时之作业。（2）爱丁堡方面，周培智君劝^生暑假中亲往一观，以后决定，"以免后悔"。周君仅暑期开始时在爱大，7月中即他往。（3）^生接洽好暑期中之田野工作，8月中开始，至开学时始能脱身。故一切事务，均须于暑假开始后，即刻进行，希望校中从速复示，以为指针。

国难日殷，母校又风波迭起，引领东望，忧心如焚，极欲早日返国，为祖国服务。但欲求有益于社会，必须在此间先打定相当基础，^生以愚拙，加以预备工夫之不足，纵令延长一年，亦属粗制滥造，难负重任。若即此一年之延长亦不可得，则^生实属惶惧万分，不知将来何以应世。盖粗制滥造，亦须有其限度也。专此奉达，敬请

大安

^生夏鼐　敬启

1936年4月11日

附录一：梅贻琦校长复信

夏鼐同学左右：

443

前获来书，获悉一是。所谓延长留学期限一节，足下目前可以努力作去，当无问题，惟正式决定，则当俟走规定时间再行请求也。匆复，即颂

旅祺　不一

梅贻琦　谨启

廿五、六、十八、二

附录二：傅斯年先生复信

夏鼐先生：

前接来信，逡巡未果复，歉歉，顷见致李先生书，敢尽其见如下：按，随 Yetts 学，实无多少意义，此等大事，不可以"不好意思"了之也。此等外国汉学家，每好以收罗中国学生炫人，然我们可以向之学者甚少。兄与禹铭在彼，恐只备他顾问耳。读书作学问，虽不可过分务远，然亦不可不设一高标。二三年中诚未能多学，然窥一科走门径，回头知自己用功即可矣，^弟意中国考古学之发达，须有下列专科之研究者，各走一路，合为大成，是此学发达之要也。

(1) Prehistory［史前学］ *；

(2) Egyptology［埃及学］；

(3) Assyriology（including Orient，Asia Manor）［亚述学，包括远东、小亚细亚］ *；

(4) Classical Arch［古典考古学］；

(5) Byzantine and Arabic Arch［拜占庭与阿拉伯考古学］；

(6) Indian Arch［印度考古学］ *；

(7) Oceanic Arch［大洋洲考古学］ *；

(8) American Arch［美洲考古学］。

他种领域，在中国虽不能直接应用，然意解与方法，皆可取资。上列加 * 者尤重要，因有直接关系也。其实无论何一行，学好都是好事，只有

中国考古，在外国无从学耳。^弟意兄不必到爱丁堡，因史前考古，中国已有多人，梁思永先生即其最著者，大家都走一行，亦与此学发展上不便。埃及学诚未如古代西方亚洲考古之可与中国考古发生直接关系，然其意解与方法，可资取证者多矣。故舍 Yetts 而专学埃及学，^弟非常赞成，不必学有所成，即学到半途而迫，犹有用处。古文字与语言之补习，暑中可自为王，不必全然了解，亦可上课。至于向清华接洽延长，当由李先生为之，想无问题也。闻曾［昭燏］女士亦在 Yetts 处，^弟意乞便中告之。专此即颂

    学祉

傅斯年　顿首

［1936 年］5 月 8 日

附录三：李济先生复信

作民先生：

    去秋接到来函，事忙至今未复，歉甚。前日又奉到 4 月 13 日手示，廻诵再四，学勤思深，佩甚羡深。英国大学情形，^弟苦于不知，故不能冒昧建议。昨特以尊函商之于傅孟真先生，傅先生甚感兴趣，并特函奉告一切，今附陈。^弟意大致与傅先生相同。外国教授收学生，往往自顾自己兴趣，不顾学生死活，但各人需要，自己知之最切。若认为必需换先生，决不必怕难为情也。博物馆学能留心更好。现博物院建筑已开始，开院时需要专门人才处尚甚多，并祈留心代为物色为盼。清华处容专函代为申请，闻梅校长不日来京，届时当再面请之，一切容再陈。专此，即颂

    学安

^弟李济　拜白

［1936 年］5 月 9 日